認認真真講歷史

天涯社区人气佳作

隋唐英雄

卷一 全二卷

孙峰 孙艺真·著

中国文史出版社

图书在版编目（C I P）数据

隋唐英雄. 第一卷 / 孙峰, 孙艺真著. -- 北京 : 中国文史出版社, 2017.12

（认认真真讲历史）

ISBN 978-7-5034-9540-3

Ⅰ. ①隋… Ⅱ. ①孙… ②孙… Ⅲ. ①中国历史—隋唐时代—通俗读物 Ⅳ. ①K240.9

中国版本图书馆CIP数据核字(2017)第228671号

责任编辑： 刘　夏

封面设计： 陈欣欣

出版发行：中国文史出版社

网　　址： www.wenshipress.com

社　　址： 北京市西城区太平桥大街23号　　**邮编：** 100811

电　　话： 010-66173572 66168268 66192736（发行部）

传　　真： 010-66192703

印　　装： 北京温林源印刷有限公司

经　　销： 全国新华书店

开　　本： 1/16

印　　张： 27　　　**字　数：** 454千字

版　　次： 2018年10月北京第1版

印　　次： 2018年10月第1次印刷

定　　价： 67.50元

目录

一 大力长者（一）

《朝野佥载》卷二记载了一则故事，说的是：北齐时期，邺城（今河北省临漳县）有个叫稠禅师的，自幼落发为僧。僧人们闲来无事，总是打打闹闹，稠禅师因身体虚弱总受欺负，他深以为耻。终于有一天，实在忍受不了的他独自来到佛堂，掩上大门，抱住金刚塑像的双脚，发下了毒誓："我因弱小而总被人欺负，不如一死了之！你以力大无穷闻名天下，求你能保佑我。我手捧你的双脚七天，如果你仍不赐予我力量，我一定死在你的脚下！"说完，稠禅师就紧抱着金刚的双脚，静心祈祷起来。到了第六天凌晨，金刚神果真显灵，只见他手持一个盛满了筋的大钵，强迫稠禅师吃下了钵内的筋，自此，稠禅师果然力大无穷。

后来，稠禅师在林虑山（在今河南省林州市）中修行，手下弟子有数千人，名气很大。北齐文宣帝高洋听说后，担心稠禅师会作乱，就率领数万人马前去讨伐，当高洋率军来到山谷入口时，却见稠禅师率领众弟子早已恭候在此。

高洋吃惊之下，问道："大师为何突然到此？"

稠禅师回答："陛下要杀死贫僧，我恐怕玷污了佛寺，因此特来谷口受死。"

高洋大惊，下马拜谒，并请求允许自己改过，稠禅师却并不答话。高洋又说："听说大师从金刚神那里得到了力量，我想见识一下，可以吗？"

稠禅师回答："过去人们见到的我的力量，只是人力而已，今天，我为陛下展示一下我的神力。"

前不久，稠禅师为修建佛寺命人在谷口放了数千根木材，此时，只见他口吐咒语，顿时，这数千根木材飞到了半空之中，在半空中相互奋击，声如惊雷，打折的断木落如雨下。高洋以及群臣大惊失色，吓得抱头鼠窜，从此再也不敢前来骚扰了。

稠禅师临终时，叹息说："死生事大，如来尚且难以避免，遗憾的是我功德未成，死后但愿能成为一名大力长者，继续完成此生未竟的功德。”

此后三十年，隋文帝杨坚路过并州，仿佛记得自己曾在此修行，顶礼膜拜。当时的人们都说杨坚就是当今的大力长者！

稠禅师在历史上实有其人，他俗名孙溪，为少林寺第二代始祖，是南北朝时期著名的武僧，还是少林武术的创始者，在中国佛教史上拥有很高的地位。隋文帝杨坚出生于西魏大统七年（公元541年）六月十三日，北齐文宣帝高洋则在公元550年到公元559年在位，而据《续高僧传》记载，稠禅师死于高洋去世的次年（公元560年）夏天。《朝野佥载》暗示隋文帝杨坚就是稠禅师脱胎转世，不少人未经考证人云亦云，其实，稠禅师去世时，杨坚已经是二十岁的小伙子了，岂能由稠禅师脱胎？或者是附体？这显然是无稽之谈。

不过，说隋文帝杨坚与佛教非常有缘，这倒是真的。

杨坚的五世祖杨元寿，在北魏初年担任武川镇（今内蒙古自治区武川县）司马，遂在神武郡树颓县（确址不详，一说在今内蒙古自治区呼和浩特市清水河县一带）安家；四世祖杨惠嘏为太原郡守；曾祖杨烈为平原太守；祖父杨祯为宁远将军，北魏末年大乱中，为鲜于修礼所杀；杨坚的父亲杨忠容貌魁伟，是个美髯公，十八岁那年流浪到泰山，其间，他与贫苦人家的女儿吕氏（小名吕苦桃）结婚，但不久遇到梁军来犯，他们被掳掠到了江南，在江南一待就是五年。等到梁武帝派遣白袍将陈庆之护送元颢北上时，二十三岁的杨忠也被任命为直阁将军一起回到了洛阳。元颢很快失败，杨忠又投靠了尔朱度律，后改投到独孤信手下，等到北魏孝武帝与高欢反目后，杨忠又与独孤信一起随孝武帝西入关中，被封侯。后被宇文泰赐姓为普六茹氏，位至柱国、大司空、隋（随）国公。

吕苦桃在冯翊（今陕西省西安市高陵区）的般若寺内生下了杨坚。有一个来自河东郡的尼姑对吕苦桃说：“这孩子来自非同寻常之处，不可在尘世间养育。”这位尼姑就将杨坚带到一处安静的宅院，亲自抚养。一次，吕苦桃前来探望小杨坚，却突然看到怀中的杨坚的头上长出了角，浑身也显现出鳞甲，吕苦桃顿时吓得魂不附体，失手将杨坚扔到地下。尼姑从屋外进来，说道：“你吓着了我儿了！已让我儿晚几年才得到天下。”杨坚的体态与三国时期的吴国大帝孙权一样，都是上身长，下身短，性格沉稳，手纹隐然现出一个“王”字。

杨坚在青少年时期一直顺风顺水。西魏恭帝元年（公元554年），杨坚十四岁，他被京兆尹薛善辟为功曹。这一年，他的父亲、大将军杨忠与于谨等人率领西魏大军一举攻克江陵，杀死了梁元帝萧绎，该年，杨忠家也被赐姓为普六茹氏。次年，因其父的功劳，杨坚被授予散骑常侍、车骑大将军、仪同三司，封成纪县公。再过一年，十六岁的杨坚又被升为骠骑大将军，加开府。

北周建立后（公元557年），杨坚十七岁，被授予右小宫伯，进封大兴郡公；在这一年，杨坚与独孤信的幼女、时年十四岁独孤伽罗结婚。据《隋书·文献独孤皇后传》记载，独孤伽罗死于隋文帝仁寿二年，即公元602年，享年五十岁，逆推她当生于公元552年；又据该传记载，她十四岁时嫁给杨坚，则二人结婚时应在公元566年，而此时杨坚就已经二十六岁了，因此，有人即据此认为杨坚实际上比独孤伽罗大了整整十二岁。但是，另据《北史》记载，独孤伽罗死于仁寿二年不假，却享年五十九岁，也就是说，实际上她是生于公元543年，仅比杨坚小了两岁。

对照这两种迥然不同的记载，第二种记载是正确的，理由是：

一、独孤伽罗的父亲独孤信就死于公元557年，史书关于杨坚与独孤伽罗婚姻的记载是："信见文帝有奇表，故以后妻焉。"仔细品味这句话可知，杨坚与独孤伽罗结婚时，独孤信应当还活着，因此，二人不可能在九年后的公元566年结婚。

二、独孤信被封为柱国要早于杨坚之父杨忠十年，其地位远远高于杨忠的地位，在其生前就将年仅四五岁的女儿许配给比女儿大十几岁的杨忠之子，这种可能性微乎其微。

由此推断，独孤伽罗生于公元543年，而不是公元552年；杨坚比独孤伽罗大两岁，而不是十二岁；二人结婚于公元557年，而不是公元566年；《隋书》记载独孤伽罗的享年五十岁是错误的，应以《北史》记载的五十九岁为准。

北周明帝宇文毓见普六茹坚相貌非凡，就命一位名叫赵昭（《北史》称此人来和）的看相术士给杨坚看相。赵昭对宇文毓谎称："不过当个柱国而已。"私下却对杨坚说："大人将成为全天下的君主，然而，你必定需要经过一番大规模的屠杀之后，才能平定天下。请牢记我的这话。"周武帝宇文邕即位时（公元560年），杨坚二十岁，被任命为左小宫伯，外调为隋州（今湖北省随州市）刺史，并晋升为大将军。

由于杨坚的岳父独孤信在与北周实际统治者宇文护（北周明帝宇文毓、武帝宇文邕的堂兄）的冲突中被杀，把持北周大权的宇文护一直对杨家心存猜忌。宇文护曾试图拉拢杨坚，但其父杨忠已看出武帝宇文邕绝不甘心一直当一个傀儡皇帝，总有一天会清除宇文护一党，因此，他劝阻道："在两个婆婆之间很难当儿媳，你别去！"于是，杨坚婉言谢绝了宇文护的拉拢，宇文护遂屡屡想加害杨坚。

公元568年，杨坚二十八岁时其父杨忠去世，杨坚袭爵随国公。四年后，北周武帝宇文邕在忍耐了十二年之久后，以迅雷不及掩耳之势诛杀了宇文护。作为宇文护异己势力的杨坚很快就得到了宇文邕的信任，并将杨坚的长女杨丽华聘为皇太子宇文赟的皇太子妃，二人结成了儿女亲家。武帝宇文邕的同父异母弟弟齐王宇文宪说："普六茹坚相貌异常，我每次见到他，不知不觉中就茫然若失。此人恐怕不会长久甘做臣子，应该早早将其除掉。"由于武帝宇文邕对宇文宪本人更为猜忌，因而没有听从。内史王轨与皇太子宇文赟不和，多次在武帝宇文邕面前称："皇太子不堪当天下之主，普六茹坚有反相。"宇文邕虽然知道自己儿子不太成器，但别人这样说自己的儿子，自然很不高兴，说道："如果这是天意，又能怎么样呢？"

公元578年，雄才大略的北周武帝宇文邕去世，其子宇文赟即位，是为北周宣帝。北周宣帝荒淫无度，即位一年就禅位给自己的儿子宇文阐，自己当上了太上皇。按理说，身为国丈的杨坚地位应该更加稳固了，但其实不然。宇文赟即位后又另外立了三个皇后，四位皇后家族之间相互倾轧，杨坚一直在担惊受怕中度日，其间，宇文赟曾多次想杀害杨坚，都没有付诸行动，两年后，宇文赟即病死。这下，作为北周静帝宇文阐名义上外祖父的杨坚才把持了朝廷大权，并很快于公元581年取而代之，建立了隋朝，时年杨坚四十一岁。

二 大力长者（二）

可以说，杨坚篡夺北周江山还是比较容易的。

吕思勉评价说："自来篡夺之业，必资深望重，大权久在掌握而后克成，而高祖（杨坚）独以资浅望轻获济，此又得国者之一变局矣。"岑仲勉也称："（杨）坚承袭家荫，无赫赫勋绩，其得篡周立隋，实以受遗辅政为一大枢纽。自其受遗诏起计，不出一年，便移周祚，得国之易，无有如杨坚者。"

这难道就是大力长者的神力所致？

隋文帝杨坚是中国历史上一个被严重低估的皇帝。他即位以后，励精图治，爱民如子，"薄赋敛，轻刑罚，内修制度，外抚戎夷。每旦听朝，日昃忘倦，居处服玩，务存节俭，令行禁止，上下化之。"无愧于一位划时代的伟大君主。

一是完善了制度。确立了三省六部制，后世对此都不过是修修补补，没有大的变化。这一制度组织严密，分工明确，既加强了皇权，又能相互制约。他还制定了以"刑网简要，疏而不失"著称的《开皇律》，该法律所确立的一些重要原则，一直为后世所沿袭。他还命令礼部尚书牛弘制定《五礼》（吉、凶、军、宾、嘉礼），共计一百卷，开皇五年一月十一日，隋文帝下诏命令实施新的礼仪。他又进行大规模的人口普查，确立了输籍法，杜绝了官吏徇私舞弊的现象，也增加了政府的收入，史称"自是奸无所容矣"。

二是整饬吏治。隋文帝下令进行改革，沙汰冗员，合并地方州县，减轻百姓负担。他本人十分勤政、节俭，官吏不论大小，只要在地方上干得好，都能被他发现。他还下诏命令全国各地州刺史的高级佐官如长史、司马等，每年年底要进京亲自向皇上述职。开皇年间，隋朝全国各地的地方官吏大多很称职，百姓们也日渐富裕起来，这一举措为开皇之治奠定了坚实的基础。

三是关心民瘼。隋文帝虽然节俭，但对于有功之臣赏赐起来毫不吝啬；他每次出外巡视，路上遇到拦驾鸣冤的，必定会停下来亲自询问；他还经常派人出宫暗访民间的疾苦、官吏的表现。一次，关中出现饥荒，隋文帝派亲信到民间察看百姓们的生活，有人将百姓们吃的豆渣子、杂糠呈上，隋文帝手捧这些食物，流着眼泪让群臣们看，深刻反省自己，很长时间不吃酒肉。

四是移风易俗。南北朝后期骈体文盛行，辞藻华丽，却言之无物，连篇累牍，读之让人生厌。隋文帝从改革文风入手，要求各类公文都要有事说事，不得片面追求浮华的文辞，否则让人读了半天如堕云雾之中，空无一物，不知所云。从而营造出一种朴实无华的社会风气。

五是消除了北方威胁。从开皇三年开始，隋文帝采取恩威并用、分化瓦解、分而治之的办法，离间了突厥内部，经过两年的努力，大大削弱了突厥汗国的实力，基本上消除了突厥汗国对隋朝的威胁，维护了北部边疆的安全。与此同时，西部的吐谷浑国也从开皇四年以后不再骚扰隋朝边境。

六是统一中国。开皇八年（公元588年）十月，隋文帝命令晋王杨广为尚书令，全面负责灭陈的战役。各路隋军共总管九十、兵五十一万八千，皆受杨广节度。东自大海，西至巴蜀，向陈发动了全面进攻，并于第二年上半年即灭亡了南陈，统一了中国，结束了自西晋末年以来长达近三百年的南北割据局面。

史称，隋文帝“鸿恩大德，前古未比”。到开皇十七年，“户口滋盛，中外仓库，无不盈积。所有赉给，不逾经费，京司帑屋既充，积于廓庑之下。”在他刚登基时，全国人口400万户，隋炀帝登基时已达890万户，而唐代直到唐太宗死后，才仅有户口380万户，国力之差距以及“开皇之治”与“贞观之治”的差距可以想见。另据《贞观政要》称，唐初人估计，到开皇末年，“天下储积得供五六十年。”数量如此庞大的粮食储备，在历史上也是十分罕见的。

开皇九年（公元589年），晋王杨广顺利讨平了江南，隋朝终于完成了统一大业的使命。

据万斯同《隋将相大臣年表》称，此时，隋朝朝廷大员分别为：晋王杨广，加并州刺史；广平王杨雄（杨坚同族侄儿）为司空；尚书左仆射高颎；右卫大将军虞庆则；尚书右仆射苏威；纳言（侍中，为避杨坚之父杨忠讳而改）杨素；内史令李德林；吏部尚书苏威；礼部尚书卢恺；刑部尚书宇文弼；民部尚书赵煚；工部尚书杨达。但实际上，为隋文帝杨坚委任的隋朝大臣远不止这些，他们分为几大类。

一是宗室。隋文帝杨坚兄弟五人，他是老大，下面有四个弟弟，分别是：

杨整、杨瓒、杨嵩、杨爽。其中，杨整、杨瓒是杨坚的同父同母弟弟，杨嵩、杨爽是同父异母弟弟。杨坚与两个亲弟弟杨整、杨瓒关系恶劣，势同水火，杨整的妻子是尉迟纲的女儿，杨瓒的妻子是宇文氏，而杨坚的妻子独孤氏之父却在北周末年复杂的政局中被杀，三个亲兄弟之间不和，妯娌之间关系也很紧张。在入隋前，杨整、杨嵩就已去世，只剩下杨瓒、杨爽两个弟弟。杨坚对杨瓒一直怀恨在心，而最喜欢的是幼弟杨爽。杨爽六岁时其父杨忠就去世了，被长嫂独孤氏抚养，因此，杨坚对他非常看重，入隋后，杨坚拜其为卫王，历任雍州牧、右领军大将军、权领并州总管、上柱国、凉州总管，在讨伐突厥时，杨坚以其为元帅，统辖河间王杨弘、豆卢勣、窦荣定、高颎、虞庆则等重臣，大破突厥，但他在战后第二年即开皇七年（公元587年）就去世了，年仅二十五岁。因此到开皇九年（公元589年），在他亲兄弟们中间只剩下一个摒弃不用的杨瓒了。

在同族兄弟中，杨坚最信任的当属河间王杨弘、观德王杨雄了。杨弘的爷爷杨爱敬早死，杨弘的父亲杨元孙从小就成了孤儿，随母亲郭氏住在娘家。东西魏分裂、北齐北周对峙后，杨元孙留在邺城，担心为北齐所杀，就改姓了郭，等到北周灭掉北齐后，杨弘才得以入关归宗。他与杨坚最要好，被杨坚看作心腹。入隋后，被拜为河间王，历任右卫大将军、柱国、宁州总管、上柱国。

杨雄，原名杨惠，容貌俊美，气度非凡，北周时曾任右司卫上大夫。入隋后为左卫将军，兼宗正卿，不久，又晋升为右卫大将军。

杨雄的弟弟杨达，为人宽和，杨素经常说："有君子之貌，兼君子之心者，唯杨达耳。"入隋后，历任鄯、郑、赵三州刺史，政绩为天下第一，被越级提拔为工部尚书。

杨坚还有两个同族叔父：杨处纲、杨子崇。杨处纲虽无多少才能，但性格质朴，入隋后被拜为右领军将军、蒲州刺史、秦州总管；杨子崇，入隋后被拜为仪同，以车骑将军统领禁卫军，后来被任命为司门侍郎。

杨坚有五个儿子，分别为杨勇、杨广、杨俊、杨秀、杨谅，全是杨坚与独孤伽罗二人所生。隋文帝登基时即封杨勇为太子，杨广为晋王，杨俊为秦王，杨秀为越王，杨谅为汉王。

杨勇，小名睍地伐，"颇好学，解属词赋，性宽仁和厚，率意任情，无矫饰之行。"

杨广，一名杨英，小名阿摐，他长相俊美，非常聪慧，最讨杨坚夫妇的欢心。杨坚曾偷偷命术士来和为五个儿子看相，来和说："晋王眉骨隆起，贵不可言。"不久，杨坚来到杨广的住宅，发现乐器的弓弦很多都断了，还有尘埃，认为杨广不喜声色，心中暗暗赞许。杨广非常善于伪装，在朝野上下名声很好，一次，打猎时天降大雨，身边的人送上雨衣，杨广推辞道："将士们都在雨中，我岂能一个人穿着雨衣！"全军将士都感动得热血沸腾。开皇八年，二十岁的他被任命为行军元帅，统一指挥灭陈战役。等到灭掉南陈后，他下令斩杀了南陈奸臣湘州刺史施文庆、散骑常侍沈客卿、市令阳慧朗、刑法监徐析、尚书都令史暨慧，封藏府库，不私取一点钱财，天下之人都称赞杨广是个贤王。战后，隋文帝晋升杨广为太尉，又拜为并州总管。

杨俊，字阿祇，开皇元年，十一岁的他被立为秦王，第二年，被拜为上柱国、河南道行台尚书令、洛州刺史；杨俊笃信佛教，曾请求出家为僧，未被准许。开皇八年，时年十八岁的他被任命为山南道行军元帅，都督三十总管，水陆十余万众驻扎在汉口，牵制南陈长江上游的军队。南陈灭亡后，他也被任命为扬州总管、四十四州诸军事，镇广陵。

杨秀，容貌魁伟，性格果敢，精通武艺，是个美髯公。开皇初年被封为越王，不久就改封为蜀王，拜为柱国、益州总管、二十四州诸军事。隋文帝经常对独孤皇后说："杨秀肯定不得善终，我活着还没事，等我死后，这孩子肯定要谋反。"

杨谅，字德章，一名杨杰，小名益钱、阿客。开皇元年，被立为汉王。

三 大力长者（三）

第二类人是朝廷四贵：广平王杨雄；尚书左仆射高颎；右卫大将军虞庆则；尚书右仆射苏威。

杨雄宽容，礼贤下士，朝廷上下对他赞不绝口，隋文帝杨坚心存猜忌，不愿他统领兵马。开皇九年八月，杨坚采取明升暗降之法，晋升杨雄为司空，夺去了他的兵权。杨雄失去了实权，自然知道杨坚的心思，遂闭门闲居，不与外界来往，逐渐淡出了隋朝的政治舞台。

高颎，字昭玄，一名高敏，自称渤海郡蓨（今河北省景县）人。其父高宾原任东魏谏议大夫，在东西魏分裂时，来到西魏，成为独孤信属下的幕僚，赐姓独孤氏。高宾曾任北周齐公宇文宪的长史，骠骑大将军、开府仪同三司、襄州总管府司录。独孤信被杀后，因高宾曾是其父的幕僚，两家还保持着密切关系，独孤伽罗也经常到高家走动。高颎从小就非常聪明，十七岁时就担任宇文宪的记室。杨坚担任北周丞相时，将高颎引入自己的幕府，在平定尉迟迥之乱中，高颎立下大功，被晋升为丞相府司马，成为杨坚最为信任的臣下。杨坚经常称呼他独孤，而不直呼其名，以示尊崇。隋朝建立后，高颎历任尚书左仆射、左卫大将军、左领军大将军。开皇九年的灭陈之战，晋王杨广虽然是名义上的三军统帅，但高颎担任杨广的元帅长史，是三军实际上的最高统帅。消灭陈国后，杨广打算留下陈叔宝的爱妃张丽华（旧史称二十岁的杨广对三十多岁的张丽华倾心似乎是误传，且杨广深知独孤皇后对男人纳妾非常痛恨，岂敢这样？），但高颎说：“周武王灭掉商朝，诛杀了妲己，如今消灭了南陈，不应再留下张丽华。”遂处死了张丽华，杨广对此一直怀恨在心（更多人认为，杨广与高颎之间的矛盾还是南下统帅权力的斗争，高颎依仗隋文帝对自己的信任不把杨广放在眼里，这应该是二人矛盾产生的根本原因）。后来，右卫将军庞晃、将军卢贲等人多次在隋文帝面前说高颎的坏话，隋文帝大怒，将他们全都免官，还对高颎说："独孤公就如同一面镜子，越是磨砺就越光洁。"隋文帝曾命高颎、贺若弼谈谈灭陈之事，高颎谦虚地说："贺若弼一开始就献上灭陈的十条计策，后来又亲自率军在蒋山苦战，臣不过是一介文臣，岂敢与猛将争功！"隋文帝听罢哈哈大笑，对高颎谦让的作风赞赏有加，不久，隋文帝又命高颎第三子高表仁娶了太子杨勇的女儿。

虞庆则，京兆栎阳（今陕西省西安市临潼区东北）人，本姓鱼。祖上在赫连夏国为官，遂定居在灵武（今宁夏回族自治区平罗县东北），世代为北方豪强。虞庆则身高八尺（隋代一尺=29.6厘米，八尺近2.4米），会说鲜卑语，身披双重铠甲，左右带两个箭囊，能飞马左右射箭。北周时期，因战功而被任命为石州（今山西省吕梁市离石区）总管。入隋后，虞庆则历任内史监、吏部尚书、京兆尹、尚书右仆射。灭陈以后，隋文帝驾临晋王杨广府，设宴招待群臣。隋文帝说："高颎平定江南，虞庆则讨平突厥，这都可谓是大功啊！"开皇九年，虞庆则又转调为右卫大将军、右武候大将军。

苏威，字无畏，京兆武功（今陕西省眉县东）人。其父苏绰，为北周名臣。苏威在北周时即历任使持节、车骑大将军、仪同三司、稍伯下大夫、开府。杨坚担任北周丞相时，高颎多次向杨坚推荐，杨坚一见之下顿时大喜。入隋后，即拜其为太子少保，又兼任纳言、民部尚书，后又兼任大理卿、京兆尹、御史大夫，与高颎二人一起执掌朝政。治书侍御史梁毗以苏威身兼五职弹劾，隋文帝说道："苏威遇不到我，就无从发表他的言论；我得不到苏威，又怎能大行其道？杨素口才当世无双，但说到斟酌古今，帮助我治理天下，则不是苏威的对手。苏威如果遇到乱世，就是商山四皓之类的人物，岂能轻易令其屈就呢！"不久，又拜其为刑部尚书，免去了太子少保、御史大夫之官。后苏威又历任民部尚书、吏部尚书，兼领国子祭酒。开皇九年，又拜为尚书右仆射。隋朝的很多制度都出自高颎、苏威二人之手，经过二人的不懈努力，隋朝开皇时期政治清明，百姓安居乐业。

除了上述这些人，隋朝初年可谓人才济济，出现了不少名臣。

第一类是老臣，主要有：

赵煚，字贤通，天水西（今甘肃省天水市西南一百二十里）人。北周太祖宇文泰时，被任命为相府参军事，后转为中书侍郎。历任陕州刺史、荆州总管长史、民部中大夫、益州总管长史、天官司会、御正上大夫。入隋后，被晋封为大将军，赐爵金城郡公，邑二千五百户，历任相州刺史、陕州刺史、冀州刺史。

赵芬，字士茂，与赵煚同乡。北周时，为东京小宗伯，镇守洛阳。因向杨坚通报了尉迟迥与司马消难之间的阴谋而深得杨坚的信任，入隋后，被拜为尚书左仆射，与郢国公王谊一起修订法律，不久又兼任内史令。

杨尚希，弘农（今河南省灵宝市）人。在北周时历任国子博士、太学博士、太子宫尹、计部中大夫、东京司宪中大夫、司会中大夫。入隋后，被拜为度支尚书。在他的建议下，隋文帝合并了天下郡县，不久，又任命其为兵部尚书、礼部尚书。

长孙平，字处均，河南洛阳人。北周时曾任卫王宇文直的侍读，武帝宇文邕密谋诛杀宇文护时，卫王宇文直经常派长孙平与武帝联络，等到武帝诛杀了宇文护后，任命其为乐部大夫。杨坚与长孙平关系密切，开皇三年，隋文帝拜其为度支尚书。在他的建议下，隋文帝下令在全国各地设立义仓（常平仓）。后转为工部尚书，工作非常称职。当时有人告发大都督邴绍诽谤隋文帝是个昏聩之君，隋文帝大怒，将要诛杀邴绍。长孙平劝谏道：“崇山峻岭、江河湖泊能够藏污纳垢，才显得高大、深厚，俗话说：‘不痴不聋，未堪作大家翁。’这话虽小，但可以比喻大事。邴绍的话本就不该传到陛下的耳中，陛下如今又要杀掉人家，臣恐怕会有损陛下的圣德。”隋文帝就赦免了邴绍，并下令以后凡是诽谤之罪的，就不要再上奏了。

元晖，字叔平，河南洛阳人。北魏宗室，其祖父元琛，就是与元雍斗富的那位，元晖眉目如画，北周时曾历任相府中兵参军、武伯下大夫、仪同三司、宾部下大夫、大冢宰宇文护长史、司宪大夫。入隋后被拜为都官尚书，兼领太仆。历任左武候将军、兵部尚书、魏州刺史等职。

韦师，字公颖，京兆杜陵人。北周时任宾部大夫，入隋后晋升为河北道行台兵部尚书、山东河南十八州安抚大使，兼领晋王杨广司马。平陈之役，以本官兼任元帅掾，南陈灭亡后，陈国的仓库全部交由韦师管理，韦师秋毫无犯，非常清白。后来，隋文帝替太子杨勇的长子、长宁王杨俨纳韦师之女为妃。

韦世康，北周文帝宇文泰的女婿，入隋历任礼部尚书、吏部尚书、襄州刺史、信州总管等职，后担任并州、扬州、益州、信州四大总管之一的信州总管。

杨异，字文殊，弘农华阴人。北周时历任宁都太守、行济州事。入隋后被拜为宗正少卿，后又担任蜀王杨秀的益州总管长史、西南道行台兵部尚书、宗正少卿、刑部尚书、吴州总管。

苏孝慈，扶风人。北周时历任中侍上士、宣纳上士、工部上大夫。入隋后历任太府卿、大司农、兵部尚书，后为太子右卫率、太子右庶子、左卫率等职。

李雄，字毗卢，赵郡高邑人。北周时历任辅国将军、骠骑大将军、仪同三司、小宾部、凉州总管长史。入隋后担任晋王杨广河北行台兵部尚书。

柳机，字匡时，河东解人。其父柳庆为魏尚书左仆射。北周时期柳机历任司宗中大夫、御正上大夫、华州刺史。入隋后被任命为纳言。其子柳述娶了隋文帝与独孤皇后的第五女兰陵公主。在女婿们中间，隋文帝唯独对柳述特别器重。

李礼成，字孝谐，陇西狄道人。北周时任民部中大夫。其妻去世后，李礼成聘杨坚的妹妹为继室，入隋后，被拜为陕州刺史、左卫将军、右武卫大将军等。

元孝矩，河南洛阳人。北魏宗室，原本有兴复北魏的大志，后来，宇文泰给侄儿宇文护娶了元孝矩的妹妹，元孝矩受到宇文氏家族的敬重，遂不再怀有二心。杨坚为了拉拢元孝矩，又为长子杨勇聘其女儿为妻，入隋后，立其女为皇太子妃，拜其为寿州总管。

长孙览，字休因，河南洛阳人。祖父长孙稚，为北魏太师，北周时，长孙览历任大都督、车骑大将军。入隋后，杨坚给第四子蜀王杨秀娶了长孙览的女儿，长孙览后任泾州刺史。长孙览的堂侄长孙晟是李唐太宗李世民长孙皇后的父亲。

另有张煚、刘仁恩、郭均、冯世基、厍狄颬等人也都分别在朝廷中担任要职，不过，他们大都是先朝老臣，背景复杂，虽然他们大多也非常称职，但隋文帝对他们更多的是尊重，而且，他们大多在开皇前期就已去世了，因此，对隋朝政局的影响非常有限。

第二类恩幸。主要有：

宇文庆，字神庆，河南洛阳人。原为北周大将军、延州总管、宁州总管。宇文庆与杨坚私交很深，是杨坚的心腹，入隋后被拜为左武卫将军，进位上柱国，数年后，出任凉州总管。不久，又被征召回京，不再任职。

郭荣，字长荣，自称太原人。郭荣的父亲曾为杨忠司马，因此，郭荣与杨坚是发小，关系亲密。入隋后，被拜为内史舍人、通州刺史。

庞晃，字元显，榆林人。原为北周卫王宇文直的部下，后投靠了杨坚，成为杨坚心腹。入隋后被拜为右卫将军，但庞晃个性太强，当时，广平王杨雄当权，庞晃却总是凌辱杨雄，又与高颎不和，因此，一直未能加官，后为怀州刺史。

李安，字玄德，陇西狄道人。杨坚担任北周丞相时，引为侍从。入隋后，拜为内史侍郎、尚书左丞、黄门侍郎。平陈之役，他被任命为杨素的司马，后任右领军大将军。

四 大力长者（四）

第三类文臣。主要有：

李德林，字公辅。他是个神童，几岁就会背左思的《蜀都赋》，十五岁时能背诵五经以及古今文集，每天数千字，后来博览群书，下笔成章。在北齐，李德林历任丞相府行参军、员外散骑侍郎、给事中、中书舍人、中书侍郎、仪同三司。北齐灭亡后，北周武帝宇文邕久闻李德林的大名，命令小司马唐道和来到李德林家中，说道：“平定齐国唯一的好处就是得到了你。朕本来担心你会跟随齐主东逃，今天听说你还在家里，朕非常欣慰，请赶快前来见上一面。”李德林入宫后，武帝命令内史宇文昂询问北齐的风土人情、人物善恶，留在宫中三天才让他回家。北周武帝曾在云阳宫用鲜卑语对群臣说：“我过去总是听说李德林的大名，等见到他写的诏书檄文，我甚至认为此人必定是天上之人，岂能想到今日我竟然能使唤此人，令其给我撰写诏书，这真是太奇妙了！”杨坚担任北周丞相后，李德林也投靠了他，被任命为丞相府属，加仪同大将军。入隋后，因李德林反对大肆屠杀北周宗室，隋文帝大怒，没有给其加官晋爵，只授予一个内史令。李德林在北齐时曾奉命撰写《北齐书》，但没有完成，后来，其子李百药在唐贞观年间终于完成了《北齐书》。

牛弘，字里仁，安定鹑觚（今甘肃省灵台县）人。牛弘容貌俊伟，性格宽厚，好学博闻。在北周时，历任中外府记室、内史上士、纳言上士、内史下大夫、仪同三司。入隋后，被授予散骑常侍、秘书监。牛弘建议隋文帝鼓励天下百姓献书，隋文帝采纳了他的建议，下诏凡是向朝廷贡献一卷书的，赏赐一匹细绢。开皇三年，牛弘又被任命为礼部尚书，奉命撰写《五礼》一百卷，规范了当代的礼仪制度。开皇六年，他又被任命为太常卿。九年，隋文帝下诏命其修订雅乐及乐府歌词，与姚察、许善心、何妥、虞世基等人一起制定新乐。杨素恃才傲物，在朝中只推崇高颎，敬重牛弘，厚待薛道衡，而对苏威全然不放在眼里，其余群臣，无不被其凌辱。史称：“时杨素恃才矜贵，贱侮朝臣，唯见弘未尝不改容自肃。”

尚有卢恺、令狐熙、宇文弼、张衡、薛胄、薛道衡、明克让、许善心，等等。

第四类武将。主要有：

杨素，字处道，弘农华阴人。他容貌俊伟，是个美髯公，年少即胸怀大志，不拘小节，与牛弘二人都非常好学，文笔很好，还善写草书、隶书。北周大冢宰宇文护引为中外记室，后拜为车骑大将军、仪同三司。杨坚担任北周丞相时，对杨素非常器重，任命其为汴州刺史，参与平定了尉迟迥的叛乱。入隋后，杨素被拜为上柱国、御史大夫；平陈之战中，杨素统率上游隋军，夺占了南陈汉口以上地区，晋封为越国公、拜为纳言、内史令。史称，杨素风流倜傥，多才多艺，优于高颎，但“推诚体国，处物平当，有宰相识度，不如颎远矣”。

韩擒虎，字子通，河南东垣人，后家新安。其父韩雄，北周时官至大将军。韩擒虎从小就有胆有识，又喜欢读书，历任永州刺史、和州刺史，入隋后被拜为庐州总管，灭陈之战，韩擒虎率领五百精锐骑兵径直闯入朱雀门，活捉了陈后主。回京后，贺若弼与韩擒虎在隋文帝面前争功，贺若弼说：“我在蒋山苦战，击败陈军精锐部队，生擒敌人的猛将，威震敌胆，韩擒虎根本就没好好打一仗，岂能与我相比！”韩擒虎说：“原本根据陛下的指示，命令臣与贺若弼合军一处，贺若弼竟敢擅自行动，与敌人接战，死伤累累。臣率领五百轻骑，兵不血刃，直入金陵，生擒陈叔宝，端掉了敌人的老巢。等到傍晚，贺若弼才来到金陵城下，臣打开城门让他进来。他的功劳岂能与我相比！”后来，突厥使者来到隋朝，隋文帝说：“你们听说过江南陈国的天子吗？”使者回答：“听说过。”隋文帝让人将使者带到韩擒虎的面前，说道：“这个就是活捉陈国天子的人。”韩擒虎怒目而视，突厥使者吓得战战兢兢，不敢仰视。

贺若弼，字辅伯，河南洛阳人。其父贺若敦在北周时为宇文护忌所杀，临刑之际，他对儿子说：“我立志要讨平江南，然而，未能实现，你要完成我的夙愿。另外，我是因为言语不慎而死，你一定要牢记在心！”拿出一把锥子猛刺贺若弼的舌头，告诫他要汲取自己的教训，一定要谨言慎行。入隋后，高颎推荐贺若弼文武双全，堪当灭陈大任，隋文帝遂任命其为吴州总管。贺若弼献上灭陈十条计策，隋文帝连连称善。灭陈后，被拜为右领军大将军，转右武候大将军。

达奚长儒，字富仁，代人。在北周历任使持节、抚军将军、通直散骑常侍，车骑大将军、仪同三司，骠骑大将军、开府仪同三司等职。入隋后，进位上大将军，历任宁州刺史、鄜州刺史、襄州总管、兰州总管、荆州总管。

贺娄子干，字万寿，代人。北周时任使持节、仪同大将军、秦州刺史。入隋后，历任榆关总管十镇诸军事、云州刺史，负责隋朝北边防务。

史万岁，京兆杜陵人。善骑射，好读兵书，在平定尉迟迥之乱中，因战功被封为上大将军。平陈之役，又以战功加上开府。

下余将领还有刘方、冯昱、王璟、李充、杨武通、陈永贵、房兆、王长述、李彻、崔彭、杜彦、高劢、独孤楷等人，隋唐之间名将、猛将如云，还有很多，后面依次会提及。

平陈之后，隋朝群臣纷纷建议隋文帝封禅泰山，隋文帝倒很谦虚，开皇九年七月，他下诏称："岂能仅仅因为派了一名将军平定了一个小国，就说天下太平了？德行浅薄而封禅，用谎言来向上帝报告，这不是朕该做的。从今往后，凡是谈及封禅的，一律禁止。"

虽然如此，但隋文帝非常猜忌，史称其"无宽仁之度，有刻薄之资"。内史令李德林虽然是佐命元勋，但自恃才学，争强好胜，与同僚不和。他总与尚书右仆射苏威意见相左，而尚书左仆射高颎往往支持苏威，隋文帝也经常采纳苏威的意见，逐渐疏远了李德林。过去，益州总管王谦叛乱被平定后，杨坚曾下令将王谦的宅邸赏赐给李德林，文书已经发出，却突然改为赏赐给独孤伽罗的舅舅崔谦。以惧内出名的杨坚很不好意思，就对李德林说："我夫人想要这宅邸，将送给她的舅舅。你也别争了，可以再选一处好宅邸，如果没有称心如意的，我再给你建造一处，再给你找一处庄园补偿。"李德林就上报将北齐奸臣高阿那肱在卫国县的一处旅店代替王谦的宅邸。等到开皇十年隋文帝驾临晋阳时，旅店的职员上书称："这块地是小民的，高阿那肱巧取豪夺，在地上盖了旅店。"隋文帝下令有关部门评估地价。苏威与李德林素有矛盾，就上奏弹劾李德林："高阿那肱是乱世奸臣，夺取百姓土地，建造旅店，向外租赁，李德林欺上瞒下，将旅店弄到自己手里。"李圆通、冯世基等人也推波助澜，上奏："这个旅店的利润相当于一个千户侯的收入，应当按日追回赃款。"隋文帝遂斥责李德林，李德林请求查验当时的文书账簿，但隋文帝不听，一意孤行，强行下令将旅店交还给了租住的人，并对李德林开始厌恶起来。

当初，苏威建议每五百家设置一名乡正，负责审理当地案件。李德林认为朝廷不让乡官断案，就是因为乡官与当地百姓都是乡里乡亲的，不能公平处理案件，如今再设置一人专门管理五百家，危害更大。隋文帝下令群臣到东宫一起讨论，皇太子以下很多人都认为李德林说得有理。苏威还建议废除郡，李德林对他说："修订法律时，你为何不提废除郡的建议？如今诏命刚刚颁布，能再更改吗？"但由于高颎赞同苏威的意见，隋文帝也全部予以采纳。

等到开皇十年虞庆则等人到关东巡视回来复命后，均上奏称："五百家乡正专管审理案件，对百姓非常不便；这些人结党营私，公然索取收受贿赂。"于是，隋文帝又下令废除了这一制度。李德林又上奏称："这事我原本就认为不可行，可是，刚刚设置，又突然废除，政令不一，朝成暮毁，这不是帝王创设法律的原则。臣希望陛下从今以后对于那些张口闭口就要轻易更改法律的，以军法从事，如果再不这样，将会众说纷纭，莫衷一是，永无定论。"隋文帝听了，突然勃然大怒，说道："你是想把我比作朝令夕改的王莽吗？"过去，李德林称自己的父亲曾任太尉咨议（四品），为的是能给父亲求得赠官，但李元操与陈茂等人暗中给隋文帝告密说："李德林的父亲临死也只是一个校书郎（九品）而已，他谎称是咨议。"隋文帝对此一直耿耿于怀。想到这里，隋文帝继续数落起李德林来："你身为内史令，负责朕的机密事务，近来不让你参与讨论军国大事，就是因为你心胸不宽广。你难道自己不清楚吗？朕正以孝治天下，唯恐孝道沦丧，所以才设立五教以教化百姓，你却说孝道来自天性，何须专门进行教化。按你这样说，孔子就不该宣扬《孝经》了。你还巧取旅店，拔高你父亲的官职，朕早已非常恼火，但一直隐忍不发。如今给你一个州，打发你出京吧。"李德林拜谢说："我不指望再当内史令了，只想当一个朝廷散员。"但隋文帝不许，遂任命其为怀州刺史，以纳言杨素为内史令。

隋文帝不喜欢读书，以阴谋诡计夺取皇位后，经常担心别人也会欺骗自己，遂经常派人到朝廷内外打探情报，发现群臣出现过失，往往施以重刑。他唯恐令史等低级官员会贪污，就偷偷派人送给这些人一些钱财，对方一旦接受，立即处斩。他还经常在大殿之上打人，一天之内甚至打三四次；有一次，还责怪行刑人打得不狠，当即下令斩杀了行刑人。尚书左仆射高颎、治书侍御史柳彧等人多次劝谏道："朝廷之上不是打人、杀人的场所。"但隋文帝就是不听。高颎等人全都来到朝廷上请罪，隋文帝问身边的都督田元：“我的杖刑很重吗？”田元回答：“重。”隋文帝追问原因，田元举起双手回答：“陛下的棍棒大如拳头，打三十下，如同普通杖刑数百下，因此，往往把人当场打死。”隋文帝一脸不高兴，下令大殿上撤去棍棒。但后来，楚州参军李君才上书称：“陛下对高颎太过宠信了。”隋文帝顿时大怒，下令棒打李君才，可是大殿上没有棍棒，情急之下，就用马鞭将其活活打死了，从此以后，隋朝大殿之上又重新安放了棍棒。过了不久，一次，隋文帝不知出于什么原因，再次怒不可遏，又要在大殿上杀人，兵部侍郎冯基苦苦劝谏，但他就是不听，遂在大殿上将那人杀死。人死之后，他立马又后悔了，开始安慰冯基，又对刚才没有劝谏的人发了一通脾气。

五　江南叛乱（一）

开皇九年（公元589年）上半年隋朝平定了江南，但仅仅过去一年多，到了开皇十年（公元590年）年底，江南地区就发生了大规模的叛乱。

在整个南北朝对峙时期，南朝门阀制度得到了空前的发展，世家大族与寒门人士之间隔若天渊，而相对于南朝来说，北朝门阀虽然在北齐有一定发展，但北周宇文泰反其道而行之，施行胡化政策，门阀制度受到一定程度的打击，继承北周衣钵的隋朝建立者杨坚虽然也自称出身于弘农杨氏，显示了对门阀大族的向往，但由于西魏、北周乃至隋朝朝廷重臣大多出身并不显赫，因此，在隋朝建立之初，门阀制度的影响并不明显，甚至有人说，隋朝平定南陈以后，结束了南朝高门垄断政权的局面，隋朝地方官吏对于高门大族与寒门士人一视同仁，限制了江南世家大族的特权，引发了这些人的普遍不满。隋朝尚书右仆射苏威又制定了《五教》，对父义、母慈、兄友、弟恭、子孝五种伦理道德进行具体的教育，要求百姓不分男女老幼，都要背诵得滚瓜烂熟，这也令江南百姓感到厌烦。在这种情况下，江南民间疯传隋朝又打算将江南百姓大规模地迁往关中，这一谣言不胫而走，顿时江南各地陷于一片混乱之中，于是，婺州（今浙江省金华市）人汪文进、会稽（今浙江省绍兴市）人高智慧、苏州（今江苏省苏州市）人沈玄桧全部举兵发动叛乱，自称天子，设置百官。乐安（今安徽省霍山县）蔡道人、蒋山（今江苏省南京市江宁区）李棱、饶州（今江西省鄱阳县）吴代华、永嘉（今浙江省永嘉县）沈孝澈、泉州（今福建省福州市）王国庆、余杭（今浙江省杭州市）杨宝英、交趾（今越南北部）李春等人皆自称大都督，攻陷州县。江南全境全部叛乱，大的势力有数万之众，小的有数千人，他们之间相互联络，逮捕县令，有的县令被抽出肠子，有的被剁成肉酱，变民们说：“看你还能不能让我们背《五教》！”

隋文帝下诏任命上柱国、内史令、越国公杨素为行军总管，率领大军南下，前往平定叛乱。

杨素将要率领大军南渡长江，他派遣手下一位奇人麦铁杖头戴草帽，趁夜游过了长江，前去南岸侦察敌情。麦铁杖，原为始兴（今广东省始兴县）人。此人生来骁勇异常，臂力过人，每天能行五百里，可跑过奔马，是一位名副其实的神行太保。他性格粗犷，喜欢喝酒、交游，重情重义，以捕鱼、打猎为生，南陈太建年间，他与一帮朋友落草为寇，后被南陈广州刺史欧阳頠活捉，献到朝廷，被罚为官府奴仆，负责拿着皇帝的御用伞盖。每天散朝后，麦铁杖总是趁夜东行一百多里，来到南徐州（京口，今江苏省镇江市），翻城而入，明火执仗，抢掠一番，等到天明才往回赶，还能赶上正常上班。如此反复一二十次，受害人认出了麦铁杖，南徐州遂向朝廷报告。朝廷群臣见麦铁杖整天都在朝廷，都不相信，后来告发的人越来越多，尚书蔡徵说："可以试验一下。"于是，悬赏一百金子，招募一人携带诏书连夜赶往南徐州，麦铁杖当晚应募，当晚出发，第二天一早就赶回复命了。南陈皇帝说："这下清楚了，他就是那个强盗。"然而爱惜他的骁勇，只将其训斥一番就释放了。南陈灭亡后，麦铁杖被迁到清流县（今安徽省滁州市）居住。

当时，盘踞京口的是乱党朱莫问（自称南徐州刺史）所部，麦铁杖接到命令后，即连夜过江，侦察到敌人各处的屯兵情报，又顺利返回，向杨素禀报，不久，他又被派往江南侦察，却被敌人擒获。叛党头领李棱派了三十人将麦铁杖五花大绑送往高智慧那里。行至庆亭（今地不详），押送他的士兵们中途歇息，看到麦铁杖又急又饿，就解开了他的双手，给他一点吃的。谁知，麦铁杖突然从地上跃起，夺下士兵们的佩刀，一阵乱砍，将这三十名士兵几乎全部杀死，割下他们的鼻子，怀揣着鼻子又回到了江北，杨素顿时对其刮目相看。后来，杨素在向朝廷呈报军功时，竟然忘了麦铁杖的功劳，正巧杨素奉命火速赶回京师，麦铁杖徒步紧紧追随，每夜都与杨素住在一起。杨素见他这样，突然明白了个中缘由，遂特意上奏朝廷加封其为仪同三司。因麦铁杖大字不识一个，朝廷又将其放归老家闲居。

杨素得到了江南的准确情报后，即率领水军从扬子津（今江苏省扬州市江都南十五里）横渡长江，首先击破了京口的朱莫问，继而，晋陵（今江苏省常州市武进区）的顾世兴（自称太守）与其都督鲍迁等人率军前来迎战，杨素率领隋军又将其击破，生擒鲍迁，俘虏三千多人。接着，杨素率军继续南下，又击破了无锡（今江苏省无锡市）叛党叶略。

吴郡的沈玄侩、沈杰等人率军包围了苏州，苏州刺史皇甫绩屡战屡败，杨素率军前来增援，沈玄侩众寡不敌，只好率部南撤，投靠了南沙叛党陆孟孙。杨素率军又在松江大破叛军，生擒了陆孟孙和沈玄侩。黟（今安徽省黟县）、歙（今安徽省歙县）叛党沈雪、沈能构筑工事，占据险要自保，杨素又将其攻克。

浙江叛党高智慧自称东扬州刺史，拥有上千艘战舰，实力雄厚，扼守要路，绵延上百里。子总管（副总管）来护儿建议道："吴人素来骁勇，熟悉水战，抱着必死决心的敌人，难以与之正面交锋。大人暂且严阵以待，不要轻易与敌人交手，请您交给我数千人马，让我率领他们偷偷渡过浙江，偷袭他们的后方营垒，令其退无处可退，进不得与我作战，这是韩信破赵国时用过的计策。"来护儿，字崇善，原本是南阳新野县人，为东汉初年名将来歙的十八世孙。其曾祖来成后来归顺了南梁，举家迁居广陵。来护儿很小的时候就成了孤儿，伯母将其养大成人。来护儿年幼时就显出与众不同，每次读《诗经》，读到"击鼓其镗，踊跃用兵""羔裘豹饰，孔武有力"这些诗句时，总会丢下书本，叹息道："大丈夫活在世间，就该如此！将为国杀敌，博取功名，岂能一辈子摆弄笔墨纸砚啊！"等到长大后，他英气逼人，涉猎书籍，只观其大概，不寻章摘句。梁末侯景之乱中，来护儿的伯父为同乡陶武子所杀，其伯母总会流泪提及此事，来护儿一直要替伯父报仇。陶武子宗族数百家，是当地的豪强，来护儿趁其家族举行婚礼，纠集了数人，径直闯入陶武子家，将其拉出砍下了脑袋，以其人头祭奠伯父，而后，藏匿了起来。一年多后，北周军队攻克了淮南地区，来护儿这才又回到了家乡。隋朝建立后，来护儿被拜为大都督，统领本乡之兵，在灭陈之战中，他又立下战功，被晋升为上开府。

杨素采纳了来护儿的建议，遂按兵不动，而命令来护儿率领数百艘小船，径直渡过浙江，登上南岸，击破了叛军后方营垒。来护儿等人占领叛军营垒后，立即纵火，顿时烟焰张天。叛军看到后方失火，军心大乱，杨素遂趁机率军向敌人发起了总攻，大破高智慧。高智慧率领残兵败将逃入深海，杨素跟踪追击，一直追到海曲。杨素召唤行军记室参军封德彝前来商议军务，仓促之际，封德彝失足落入水中，被人救出，侥幸捡了一条小命，但他换了衣服拜见杨素，一句也不提自己落水的事情。后来，杨素知道了，就问他原因，他淡淡回答道："这是私事，所以没有禀报。”杨素非常赞赏。封德彝，本名叫封伦，德彝是他的字，但以字行。他是北齐太子太保、高欢的佐命功臣封隆之的孙子。封德彝年少时，他的舅舅卢思道常常说：“这孩子胆识智慧超出常人，一定能当上宰相。”后来，到唐初，封德彝果然位至宰相。

隋军从余姚（今浙江省余姚市）一直追到永嘉（今浙江省永嘉县），高智慧整军再战，又被杨素击败，隋军生擒了数千人。高智慧再度南逃。东阳（今浙江省金华市）叛党汪文进自称天子，以其党蔡道人为司空，驻守乐安（今浙江省仙居县）。隋军回师进讨，将其全部消灭；又击破了永嘉叛党沈孝彻，于是，杨素率军从陆路向天台（今浙江省天台县）进发，直指临海郡（今浙江省临海市），追剿残余叛军，前后经过一百多次战斗，终于将高智慧等人逐出浙江，高智慧退守闽越（今福建省）。

与此同时，杨素命令总管史万岁率领两千隋军从东阳出发，翻山越岭，逐一清剿躲藏在山洞中的变民。这一路隋军前后经过了七百多次战斗，一边前进，一边作战，辗转了上千里，攻克无数变民据点，在长达一百多天的时间里，他们与大部队失去了联系，人们都认为他们已经全军覆没了。因水陆全部断绝，无法送出讯息，史万岁只好命人将书信放在竹筒之内，投入水中，希望能被人捡到，送给主帅杨素。有人在河边打水，就真的拾到了这个竹筒，交给了杨素。杨素大喜，将事情的来龙去脉直接上报给了隋文帝，隋文帝连连赞叹，赏赐史万岁家十万钱，等到史万岁回朝后，又拜其为左领军将军。

六 江南叛乱（二）

史书称：“上以素久劳于外，诏令驰传入朝。”

也就是说，在杨素剿灭江南叛军过程中，隋文帝突然下诏命令其火速赶回京师。虽然史书说得冠冕堂皇，是说隋文帝从关心杨素身体健康的角度才命其返回脱离军队，返回长安，但这一说法其实是站不住脚的。这是因为：假如隋文帝真的关心杨素个人的身体健康，就不会让其火速赶回，况且，此时的杨素并无任何疾病，以隋文帝猜忌的性格，加上隋朝朝中复杂的矛盾斗争，我们有理由相信是隋文帝听信了朝中的流言蜚语，担心杨素长期在江南会发动叛乱，才将其调离南征大军的。从当时的情况来看，杨素手握重兵，又在江南屡立战功，威名大振，一旦怀有二心，后果将不堪设想，这大约是隋文帝将其征召回京的主要原因。

杨素赶回长安后，隋文帝加封杨素的儿子杨玄感为上开府，赏赐三千段丝绸。杨素回到长安后，又上书称江南叛党尚未肃清，恐怕会产生后患，遂请求隋文帝允许自己再次南下，隋文帝答应了，杨素再次乘坐驿马车来到会稽。当初，南安（今福建省南安县）豪强王国庆杀掉刺史刘弘占据泉州（今福建省福州市）作乱，高智慧等人全都前来投靠。王国庆自认为海路难行，北方人不善舟楫，不可能很快到达，遂未做任何防备。谁知杨素却突然率领水军进抵泉州，错愕之间，王国庆不战而逃，下余部众或逃入海岛，或散入山洞。杨素命令隋军分头展开清剿，又派人劝说王国庆，令其斩杀高智慧以赎罪；王国庆遂逮捕了高智慧，杨素下令将高智慧斩杀，剩余叛党全部投降。江南大乱遂被平定。

杨素班师后，隋文帝派遣皇后独孤伽罗的异母弟、左领军将军独孤陀亲自来到浚仪（今河南省开封市）迎候，等到杨素回到长安，隋文帝每天都会派使者来到杨素家中慰问，又拜其另外一个儿子杨玄奖为仪同三司，赏赐杨素黄金四十斤，用金钱盛满银瓶，又赏赐缣三千段，马二百匹，羊二千口，田一百顷，宅一区。

杨素用兵足智多谋，军纪严厉。每次临敌作战之前，他总是故意挑出部下的毛病，先杀人，有时候多则连杀上百人，少则十几人，血流面前，但杨素依然谈笑风生，熟视无睹。等到与敌人对垒时，他又先命令一二百人率先冲入敌阵之中，假如能攻破敌阵还则罢了，一旦败退下来，不论人数多少，全部斩首示众，而后再令二三百人发起冲锋，与上次一样。因此，隋军将士们都吓得心惊胆战，全部被杨素锻炼成了敢死队员，反正是一到战场上，不是杀死敌人取胜，就是被自己的主帅杀死，所以都抱有一颗必死之心，而杨素统领下的隋军因之战无不胜，杨素也被称为名将。当时，杨素深得隋文帝的宠信，隋文帝对其是言听计从，杨素的部下即便是有很小一点功劳，也一定会得到朝廷的封赏，而其他将领即使立下大功，也多被具体办事的文官刁难，往往晋升很慢，因此，虽然杨素对部下非常残忍，但重赏之下必有勇夫，将士们也愿意跟着他干。

杨素平定的江南地区，仅仅局限于南陈核心统治区，其实，与这里发生叛乱相呼应，岭南地区也发动了叛乱。

南陈灭亡后，岭南地区并未归附隋朝，岭南有数郡一起尊奉高凉（今广东省阳江市北）冼夫人为主，号称圣母。冼夫人一家世代为南越部落头领，有部落十余万家。

隋文帝派遣广州总管韦洸、永州总管周法尚安抚岭南。周法尚率领三千五百人南进，南陈桂州（今广西壮族自治区桂林市）刺史钱季卿、南康（今江西省赣州市西南）内史柳培、西衡州（今广东省英德市西北）刺史邓暠、阳山（今广东省阳山县东）太守毛爽等投降；南陈定州（今广西壮族自治区贵港市）刺史吕子廓盘踞山洞，拒不投降，周法尚率军翻山越岭，前去讨伐。吕子廓率领一千多人退守深山，手下将其诛杀，投降了隋军。韦洸来到南岭，南陈将领徐璒固守南康，韦洸逡巡不敢继续前进。当初，冼夫人将扶南（今柬埔寨一带）的犀杖献给陈后主，至此，晋王杨广派人送给冼夫人书信，告知南陈已经灭亡，劝说其归顺隋朝，并将犀杖、兵符送来，让冼夫人过目。冼夫人见到犀杖后才确信陈国已经灭亡，遂派遣其孙子冯魂率众迎接韦洸，韦洸这才顺利进入广州，岭南地区得以平定。隋文帝晋封冯魂为仪同三司，封冼夫人为宋康郡（今广东省阳江市西）夫人。

但不足一年，到开皇十年年底，番禺（今广东省广州市）的少数民族头领王仲宣就发动了叛乱，岭南少数民族头领纷纷响应，率军包围了广州，隋朝广州总管韦洸被乱箭射死。隋文帝下诏任命韦洸的副手慕容三藏（北齐尚书左仆射慕容绍宗的儿子）为检校广州道行军事；又下诏命令给事郎裴矩巡抚岭南。裴矩，字弘大，河东闻喜人。在杨坚担任定州总管时，曾任其记室，二人建立了深厚的友谊。灭陈之战中，隋文帝任命其为晋王杨广的元帅记室，灭陈后，又命其巡抚岭南。裴矩来到南康，招募了数千人马。当时王仲宣包围了广州，又分兵派遣部将周师举包围了东衡州（今广东省韶关市）。裴矩与大将军鹿愿率军进击，周师举驻扎在大庾岭上，构筑了九座营垒，成犄角之势。裴矩率军逐一将其击破，周师举只好撤围，又驻扎在原长岭（今地不详）。裴矩率军又将其击破，斩杀了周师举，遂继续南下，驰援广州。

冼夫人也命令孙子冯暄率军救援广州，但冯暄与叛军同党陈佛智素来要好，遂迟迟不进。冼夫人听说后不禁大怒，派人来到军中，逮捕了冯暄，打入大牢，而后，又派另一个孙子冯盎接管了军队，朝陈佛智发起进攻，一举将其击败，斩杀，接着，冯盎也朝广州赶来。

慕容三藏固守广州一个多月，敌人从四面八方朝城池发起了猛攻。城内粮食缺乏，战士们的箭也射完了，慕容三藏认为这样下去，城池终究会陷落，遂亲自率领精锐部队趁夜杀出城去，恰巧裴矩、鹿愿、冯盎等人的援军赶到，里应外合，将王仲宣击溃，广州由此获全。慕容三藏因功被晋封为大将军，赏赐给一百奴婢。

冼夫人亲披铠甲，骑上战马，率领护卫骑兵部队，与裴矩一起巡视岭南地区下属的二十余个州。苍梧（今广西壮族自治区梧州市）首领陈坦、冈州（今广东省新会市北）冯岑翁、梁化（今广东省惠州市惠阳区东南）邓马头、藤州（今广西壮族自治区藤县）李光略、罗州（今广东省化州市）庞靖等人全来拜谒，裴矩代行皇帝职权，分别将他们拜为刺史、县令，命其返乡统领各自的部落，岭南地区遂平定了下来。

裴矩回朝复命，隋文帝对他非常赞赏，对高颎、杨素说道："韦洸率领两万兵马却不能早早进抵岭南，朕还总是担心他带的兵少；裴矩仅仅率领三千疲惫不堪的军队就径直来到南海（今广州市），有如此有能力的臣子，朕还有什么可担忧的呢！"遂任命裴矩为民部侍郎；又拜冯盎为高州（今广东省阳江市）刺史，赦免了冯暄，并拜其为罗州刺史。追赠冼夫人的丈夫冯宝为广州总管、谯国公，册立冼夫人为谯国夫人。还特许谯国夫人设立幕府，设置长史以下官员，颁发印章，准许冼夫人调发六州以内的各部落军队，如果遇到紧急情况，可以见机行事，不需要事先向朝廷禀报，并赏赐冼夫人五千段丝绸。独孤皇后还将自己的首饰以及一套闲居衣服赠给冼夫人。每年举行盛大宴会时，冼夫人总会命人将这些御赐物品以及南梁皇帝、南陈皇帝赏赐的物品统统陈列在厅堂之上，教育儿孙们说："你们一定要尽心竭力侍奉天子。我侍奉三代皇帝，全凭我这一颗忠心。这些皇家的赏赐物品全都在此，这就是忠孝的回报，希望你们一定要记在心里！"

继任的番州（今广东省广州市）总管赵讷贪婪暴虐，当地各族少数民族再度发动叛乱。冼夫人派长史张融前往长安上书隋文帝，提出安抚方略，并指出赵讷的罪状，称此人不能安抚边境。隋文帝命人调查赵讷，查实了他贪污受贿的犯罪事实，遂将其斩首；并下诏命令冼夫人招降叛党。冼夫人亲自携带诏书，自称皇帝的使者，走遍了岭南十几个州，传达皇帝的旨意，安抚各族百姓，很快就平定了叛乱。隋文帝非常赞赏，将临振县（今海南省三亚市）赏赐给冼夫人作为汤沐邑，食邑一千五百户；又追赠冼夫人的儿子冯仆为岩州总管、平原郡公。

七 苏威事件

光阴荏苒，不知不觉之间，隋朝已经建立十年了。

在这十年当中，隋文帝在开皇一年就命令元谐大破吐谷浑，实施反间计，分化瓦解了突厥各部，在内政方面则制定了《开皇律》。开皇二年，隋文帝命令高颎等人对南陈发起试探性进攻，并在北周长安附近建立新都——大兴城。开皇三年，隋文帝下令卫王杨爽为行军元帅，分八路向突厥发起猛攻，大破突厥沙钵略可汗。开皇四年，隋将贺娄子干率军进攻吐谷浑，突厥沙钵略可汗向隋朝称臣。开皇五年，隋文帝命令吏部尚书牛弘制定《五礼》；建立常平仓；突厥沙钵略可汗请求南居白道川，不久，又西击西突厥阿波可汗。开皇六年，隋文帝命令崔仲方在北方修筑防御工事，吐谷浑内乱。开皇七年，隋朝调发十万民工修筑长城，沙钵略可汗死，遗令其弟处罗侯为可汗，是为莫何可汗，沙钵略儿子雍虞闾为叶护，处罗侯击败阿波；隋文帝征召后梁主入朝，后梁灭亡；开始谋划伐陈战役。开皇八年，隋军出师伐陈。开皇九年，灭掉南陈，统一中国。开皇十年，杨素平定江南叛乱。

这十年间，隋文帝的内政外交都取得了骄人的成绩，可谓是硕果累累。吐谷浑可汗夸吕听说南陈灭亡的消息，吓得魂不附体，连忙率众远远撤离隋朝边境，不敢为寇。到开皇十一年，夸吕去世，其子世伏嗣位，遂派遣侄儿无素奉表向隋朝称臣、纳贡，并请送上女儿充当隋文帝的嫔妃。隋文帝自然清楚迎娶吐谷浑公主的好处，但是，由于独孤皇后非常妒忌，他即使一百个情愿，也不敢接受，遂不得不冠冕堂皇地对无素说：“如果接受了你们的请求，其他国家听说后，一定会纷纷仿效，又怎好拒绝？朕一心想要让每个人都依照自己的天性生活，岂能聚敛一群女人填满后宫呢！”遂没有答应。

经过十年的努力，隋朝平定了南陈，瓦解了突厥，臣服了吐谷浑，靺鞨、高句丽、百济等国相继纳贡，外部环境得到了很大的改善，但与此同时，隋朝内部的权力纷争逐渐显现。

开皇十一年一月，皇太子杨勇的太子妃元氏突然病故了！这一事件揭开了隋朝最高层斗争的序幕。太子杨勇比较好学，通晓诗文，性格宽厚，但率意而为，直来直去，不懂掩饰自己的真实情感。杨勇好色，他的太子妃是北魏宗室元孝矩的女儿，但他并不喜爱，身边有很多年轻貌美的姬妾。他尤其宠爱云昭训（据《旧唐书》记载，太子的小老婆群有：良娣、良媛、承徽、昭训、奉仪。昭训位居第四级），云昭训的地位几乎凌驾于元妃之上。这次元氏病故非常可疑，两天之前，她突然感到心口疼痛，两天后就离奇地去世了。

独孤皇后向来对男人三妻四妾非常反感，原本就已经对杨勇很不满意了，元氏突然的死亡，令独孤皇后不禁怀疑此事可能与杨勇有关。元氏去世后，太子宫中事务全由云昭训管理，这一情况传到独孤皇后耳中，让她更是对儿子无法容忍，开始派人暗中监视杨勇，搜集杨勇的过失，伺机想要废了他的太子之位。

皇后与太子之间关系不睦，隋文帝也与自己的亲弟弟滕王杨瓒隔阂甚深。开皇十一年八月，杨瓒跟随杨坚一起前往栗园游玩，就在当天，杨瓒突然就死去了，当时的人们都怀疑是隋文帝干的。

除了隋朝最高层之间的矛盾之外，隋朝朝廷之上一直并不平静。

何妥，字栖凤，西城（今陕西省安康市）人。北周时，他深受武帝宇文邕的器重，被授予太学博士，隋朝建立以后，他被晋升为国子博士，加通直散骑常侍，晋爵为公。何妥为人心急口快，喜欢对人说三道四。当时，纳言苏威曾对隋文帝说：“我的亡父过去总是告诫我说，只需读通《孝经》一卷，就足以立身治国，何须多读！”隋文帝深以为然，何妥听了，说道：“苏威所学的绝不只是《孝经》。如果他的父亲真说过这话，他苏威就没有遵从父亲的教诲，这是不孝；如果没有说过，这是他在当面欺骗陛下，是不诚实。不诚不孝之人，怎么能侍奉陛下？孔夫子曾经说过：‘不读《诗》无以言，不读《礼》无以立。’他的父亲苏绰教育儿子岂能违背圣人之训呢？”当时苏威身兼五职，隋文帝对其非常看重，何妥却当面指责苏威此人不可信。稍后，他又上书隋文帝，提出了八件事情，更是把矛头直接对准了苏威。这八件事主要为：一是在选人用人方面不要只听信一人之言，必须交给群臣共同商议；二是防止朋党的出现；三是要广选贤良，避免有人身兼数职；四是要维护法律的稳定性；等等。

何妥的奏表呈上后，苏威对他恨之入骨，二人意见往往相左，苏威大怒，说道："少了一个何妥，不愁找不来博士！"何妥应声回答："没有苏威，也不愁找不来宰相！"当时，隋文帝下诏命令群臣制定皇家音乐，苏威的儿子苏夔担任太子通事舍人，意见又与何妥的不同，群臣因苏威的缘故，大多支持苏夔的意见。何妥又羞又气，说道："我教书育人了四十多年，今天难道要栽到这个后生小儿的手里吗？"遂上奏隋文帝道："苏威与礼部尚书卢恺、吏部侍郎薛道衡、尚书右丞王弘、考功侍郎李同和等人互为朋党。朝廷官员称王弘是世子，李同和为叔，意思是说他们二人一个是苏威的儿子，一个是苏威的老弟。"又提及苏威采取不正当手段任命其堂弟苏彻、苏素等人为官等事。隋文帝下令蜀王杨秀、上柱国虞庆则等人负责查办，结果，何妥所言大多属实；经过调查，有关部门上报称：房恭懿是尉迟迥一党，不当入仕。苏威、卢恺二人举荐，后被任命为海州刺史；备选人才很多，卢恺往往不给人家任职，就打发回去了。苏威的堂弟苏彻、苏素二人被举荐后，苏彻的文书后到而先用，苏素左脚残疾，没有一点才能，卢恺因苏威的缘故都授予了朝请郎。隋文帝大怒，说道："卢恺竟敢用天子之官来换取个人利益！"卢恺谢罪道："皇太子想要将通事舍人苏夔任命为舍人，臣认为他不该被晋升，再三坚持才作罢。臣如果与苏威有私情，岂能如此！"隋文帝说道："苏威的儿子，人所共知，你才故意坚持，目的是为自己的名声。至于人所不知的，你就朋比为奸，这正是奸臣所为！"开皇十二年七月一日，隋文帝下令免去了苏威的官爵，以开府仪同三司（正四品）的身份回家闲居；开除卢恺的公职，因此事而受到牵连的知名人士就有一百多人。

在这一百多人中就有吏部侍郎薛道衡等人。薛道衡，字玄卿，河东汾阴人，是隋朝著名的诗人。他在北齐时期就很有名，曾任北齐散骑常侍、尚书左外兵郎、中书侍郎，与卢思道、李德林齐名。脍炙人口的《人日思归诗》："入春才七日，离家已二年。人归落雁后，思发在花前。"就出自他的笔下。这次，薛道衡也受到牵连而被流放到岭南。当时，晋王杨广镇守扬州，曾派人暗示薛道衡取道扬州，答应上书隋文帝将其留在自己的幕府。薛道衡不愿与杨广走得太近，遂接受汉王杨谅的建议，取道江陵南下了，杨广得知后，一直心怀不满，但爱惜他的才能，对他仍然非常敬重。

开皇十二年苏威免官事件绝不是偶然的。北周以来，门阀制度受到了一定的打击，在选人用人方面不太讲究门第，等到卢恺担任吏部尚书以后，与薛道衡、陆彦师等人开始甄别士庶，以门第高低来选拔人才，因此招致结党营私的抨击。不久，隋文帝说："苏威是位德才兼备之人，只不过受人蛊惑罢了。"遂下令命其"通籍"（纳入可以觐见皇帝的名单中），其余受到贬斥的人不少也都免于处罚了。

苏威被免职后，隋文帝又任命内史令杨素为尚书右仆射，与高颎一起掌管朝廷政务。右领军大将军贺若弼自认为立下平陈大功，常常把自己看作宰相的最佳人选，等到杨素被任命为宰相后，贺若弼非常不满，经常口出怨言，最后惹得隋文帝大怒，竟然下令将其打入大牢。隋文帝对他说："我任命高颎、杨素当宰相，你却经常说这二人只会张嘴吃饭，这是什么意思？"贺若弼回答："高颎是我的老朋友了，杨素是我舅舅的儿子，我对他们二人一清二楚，所以才说了这话。"群臣上书称贺若弼罪该处死，隋文帝说："群臣坚持要我依法处置，你自己找个活命的理由。"贺若弼回答："臣仰仗陛下的神威，率领八千子弟兵横渡长江，生擒陈叔宝，我觉得这就是我活命的理由。"隋文帝说："这我已经对你进行过厚赏了，还提它干什么！"贺若弼又说："过去我因此受到厚赏，现在我还想因之而求活。"隋文帝深思良久，最终还是决定饶了他一命，只是将其开除公职。不久，又恢复了他的爵位，不过，隋文帝一直对他十分猜忌，不再授予他任何实职，然而，每当宴会时，对他还是非常优待。

在这一年的十一月十七日，与贺若弼争功的韩擒虎也去世了。据说，在韩擒虎去世前，邻居家的一位老婆婆看到韩擒虎家门前来了一群仪仗队，就像是王爷的仪仗一般。老婆婆问是什么原因，其中一人回答："我们是来迎接大王的。"说完，仪仗队就不见了。又有一个人病重，突然跑到韩擒虎家，说道："我要拜谒大王。"韩擒虎的家人感到莫名其妙，就问："你要拜谒什么大王？"那人回答："阎罗王。"韩擒虎听了，说道："活着当上上柱国，死后又当阎罗王，我也满足了！"不久，韩擒虎就生病死掉了，终年五十五岁。韩擒虎的外甥就是唐初名将李靖。到北宋宣和五年（公元1123年），北宋朝廷根据唐朝惯例为中国历代名将立庙祭祀，圈定了七十二位名将，韩擒虎即在其中。

阎罗王的传说来自佛教，中国民间传说中的阎罗王有四个：韩擒虎、包拯、寇准、范仲淹。

八 封禅泰山（一）

开皇十一年间，有关部门向隋文帝禀报：“政府仓库内的粮食、布帛等均塞得满满的，已容纳不下了，只好堆积在走廊、过道上。”

隋文帝说：“我向天下百姓征收的税赋原本就很少，加之又经常赏赐群下，怎么会这样？”

回答：“收入经常多于支出，粗略地估计一下，每年用于赏赐的布帛不过数百万段，对库存根本没有什么影响。”

于是，隋文帝下令又兴建了左藏院进行储存，并下诏说：“宁可将天下的财富藏在百姓们家里，也不要藏在政府的仓库里。今年，河北、河东的田赋减少三分之一，兵役减半，查役全免。”

当时，天下户口不断增加，长安、洛阳周边地区出现了人多地少现象，百姓吃穿都成问题，隋文帝向各地派出使者，重新丈量、分配土地，一些耕地很少的地方一名成年男子才能分得二十亩地，老人和未成年人分的更少。

开皇十三年（公元593年）二月，隋文帝下诏在岐州（今陕西省凤翔县）以北（今陕西省麟游县境）修建行宫——仁寿宫，由尚书右仆射杨素负责监工。杨素上奏前莱州刺史宇文恺为检校将作大匠、记室参军封德彝为土木监。于是，填平山谷，削平高山，修建雄伟的宫殿；亭台楼阁，宛转相连。工期紧张，杨素等人要求严厉，很多被征发的农夫都累死了，那些因疲劳过度而昏倒在路边的民工立刻会被推入坑中，填上土石，填成平地，死亡的民工上万。

盛衰相替。任何事物达到鼎盛的时候，往往是走向下坡路的拐点，少有能长久持满务溢的，而隋文帝开皇十三、十四年则是隋朝最为鼎盛的时期，也暗藏着由盛而衰的玄机。除了兴修仁寿宫外，在这两年里，隋文帝还做了以下几件事情。

一是命令礼部尚书牛弘等人研究建立明堂制度。明堂是先秦时帝王会见诸侯、进行祭祀活动的场所，是帝王宣明政教的地方，是先秦时期政教合一的统治中心。君主不仅在这里祭祀上帝、祖先，而且还在这里举行养老尊贤、宴飨、射箭比赛、献俘等盛大的典礼，更在此颁布教化、发布政令、朝见四方诸侯。但由于儒家经典对于明堂的建筑样式没有一个明确的记载，致使后世众说纷纭，汉武帝在封禅泰山之后，曾打算修建一座明堂。当时一名术士献上了一张据说是黄帝时期的明堂图：图中有一宫殿，四面没有墙壁，以茅草为盖，四周环水。汉武帝按照这个样式修建了明堂，后来，有人指出该图系术士伪造，但汉代明堂制度还是沿袭了这一样式。当隋文帝提出修建明堂的时候，宇文恺献上了根据自己的理解制作的明堂的模型，隋文帝命令有关单位开始在长安南城的安业里找到一块地，准备动工，但儒生们各抒己见，议论纷纷，对模型提出了种种不同的看法，长久无法达成一致意见，隋文帝遂下令取消了这一工程。

二是修订皇家雅乐。隋朝重视雅乐，修订雅乐的过程也是一波三折。在隋朝建立之初，柱国郑译就曾请求修订皇家雅乐，隋文帝下诏命令太常卿牛弘、国子祭酒辛彦之、博士何妥等一起研究，但众人意见不同，一直定不下来。郑译认为："古代的音乐用十二律（黄钟、大吕、太簇、夹钟、姑冼、仲吕、蕤宾、林钟、夷则、南吕、无射、应钟），相互循环，形成一个完整的体系，每一律用七个调，但现在已经失传了。"中国上古文化非常神秘，认为，这十二律是与十二月相应的，有一种"吹灰候气"的神秘方法，即古人将十二根律管里塞入葭莩的灰，只要到了某个月份，相对应的那一只律管中的灰就会自动地飞扬出来。

后来，郑译求教于龟兹人苏祇婆，又推演出十二均、八十四调。郑译以此来校对皇家乐师所演奏的音乐，就发现了很多错误之处。他还在七音之外又立了一音，称之为应声，写下论文，公布于众。牛弘、何妥二人不懂音乐，尤其是何妥自以为大儒，却败在郑译等人手上，因此，他标新立异，提出"根本不是十二律相互循环成为一个整体，也没有七个调之说"，对立双方互为朋党，相互指责，后来，有人建议让双方各自制作音乐，择善而从。何妥担心乐成之后，高下立辨，就坚持请隋文帝先听音乐，又提前告诉隋文帝："黄钟代表着皇帝的品德。"因此，在何妥的暗示下，当隋文帝听到黄钟之调时，不禁说道："滔滔不绝，和谐典雅，甚合我意。"何妥趁机请求隋文帝只采用黄钟这一个音调，不用其他。隋文帝素来不喜看书，没什么学问，听了何妥的话，大喜，遂予以采纳。

当时有个名字叫万宝常的乐工，精通音乐，郑译等人按照隋文帝的指示制成了黄钟调后，隋文帝命万宝常来听听，万宝常听后说道："这是亡国之音。"隋文帝听了，很不高兴。万宝常就请求再次对音律进行调整，万宝常又制作了很多乐器，大致上比郑译的低两个调，演奏出来的音乐，淡雅无味，当时的人们听了都不喜欢。太常内懂音乐的人大多提出了反对意见，尤其是苏夔，对万宝常更是嫉妒，因当时苏夔的父亲苏威正炙手可热，懂音乐的人都支持苏夔的意见，万宝常的音乐遂不被采用了。

到了隋朝灭陈之后，江南的乐器乐师都被弄到了北方，隋文帝下令在宫殿上演奏，听后，他叹息道："这才是华夏最纯正的音乐啊！"又一次下令对音乐进行一次调整，将过去的五音调为五夏、二舞、登歌、房内等十四个调，在朝廷举行盛大仪式时机进行演奏。牛弘上奏说："中国古代的正统音乐大多存在在江南，我们占领江陵后，得到了南梁的音乐，灭陈后，又得到了陈国的乐师，这些音乐沿袭古代，大约是中华的正统，至于北魏、北周的音乐很多掺杂了一些胡人的曲调，都不宜再使用。"隋文帝同意了，遂在开皇九年十二月下令牛弘、许善心、姚察、虞世基等人再次修订音乐。

礼部尚书牛弘指令协律郎祖孝孙等人厘定皇家雅乐。祖孝孙师从南陈阳山太守毛爽学习京房的音律，布管飞灰（吹灰候气），非常灵验。他把每律分出五音，十二律是六十个音，又反复六次，为三百六十个音，与一年的天数相应，为旋宫法。牛弘等人就请隋文帝用这一办法，但隋文帝又想起了何妥曾说过的话，在牛弘的奏表上批示只用黄钟一调。接到隋文帝的批示后，牛弘等人顺着皇帝的意思，再次上奏请求将前代的乐器全部销毁，以平息物议。牛弘等人又制作武舞，以歌颂隋朝的武功；规定在郊祭庙祭时只使用黄钟一调。

开皇十四年（公元594年）三月，雅乐制成。四月，隋文帝下诏正式施行新乐，并称："民间音乐，放荡邪僻，由来已久，竞相创新，演奏出离奇的音乐，应当全部予以禁止，以恢复旧乐的淳朴。"万宝常听了新制成的雅乐后，禁不住流下眼泪，叹息道："乐声淫乱凄厉，还充斥着悲哀之声，天下就要灭亡了啊！"当时隋朝正如日中天，听到的人无人相信，但仅仅过去数年，万宝常的话就应验了。万宝常非常贫困，又没有子嗣，后来竟活活饿死。临死前，他将自己家珍藏的音乐书籍悉数焚毁，说道："读这些书又有什么用处啊！"

三是历法之争。开皇四年，隋朝前华州刺史张宾、仪同三司刘晖等人修撰了《甲子元历》，上奏隋文帝，隋文帝下诏颁布实施，至今，新历已经实施了十年。在新历实施期间，广平（河北省邯郸市永年区）人刘孝孙和冀州（今河北省衡水市冀州区）秀才刘焯提出了新历的种种谬误之处。当时，张宾深得隋文帝的赏识，刘晖又从中支持张宾，一起不停地说刘孝孙、刘焯二人的坏话，隋文帝遂将二人贬斥回家。后来，张宾病死，刘孝孙被任命为掖县（今山东省莱州市）县丞，他弃官进京，再次向隋文帝上书，提出了新历的不当之处。隋文帝下诏将其留在京城，担任皇家天文台的顾问（直太史）。刘孝孙担任直太史多年，一直得不到升迁，开皇十四年的一年，他怀抱自己的书籍，命弟子抬着棺材来到皇宫门前，伏地痛哭，皇宫卫士将其逮捕，并向隋文帝做了汇报。隋文帝听了，感到事情有些蹊跷，遂询问国子祭酒何妥，何妥称刘孝孙自有他的道理，隋文帝就同意让其与张宾历法的支持者们进行辩论。直太史张胄玄与刘孝孙意见相同，均称张宾历法不当，一时间议论纷纷，一直得不出一个定论。隋文帝下令根据日食情况来衡量张宾历的正确与否，尚书右仆射杨素等人上奏道："太史一共上报二十五次日食，均没有应验。张胄玄断言的全部应验，刘孝孙断言的有一半应验。"于是，隋文帝亲自接见了张胄玄和刘孝孙二人，予以安抚、勉励。可是，就在接见过程中，刘孝孙对隋文帝说必须先斩杀了刘晖之后，才有条件厘定新的历法，隋文帝听后，当时就面露不悦之色，又搁置了新历法。不久，刘孝孙就死掉了，隋朝依然沿用着张宾历。

九 封禅泰山（二）

隋文帝在这两年做的第四件事，就是进一步瓦解突厥。

突厥大义公主北周武帝宇文邕的侄女，赵王宇文招的女儿，原名千金，故称为千金公主。论辈分，是北周宣帝宇文赟的堂姐妹，与宇文赟的皇后、杨坚的女儿杨丽华是堂姑嫂关系。北周静帝大象二年（公元580年），千金公主嫁给了突厥沙钵略可汗，同年，已退居二线、自称太上皇天元皇帝的北周宣帝宇文赟突然死亡，第二年，隋文帝即篡夺了自己外孙、北周静帝宇文阐的皇位，建立了隋朝。隋朝建立后，千金公主不时在沙钵略可汗面前哭诉，请求可汗能发兵替北周报仇，从而引发了开皇初年隋朝与突厥之间的战争。当时，突厥分为四个大部，分别为沙钵略（名摄图，为突厥第一可汗）、第二可汗（名庵逻，突厥第四任可汗佗钵可汗之子）、阿波可汗（名大逻便，突厥第三任可汗木杆可汗之子）、达头可汗（名玷厥，为前三位的叔父）。隋文帝利用突厥各可汗之间以及沙钵略可汗内部之间的矛盾，采纳了长孙晟分化瓦解突厥各部的策略，引发了沙钵略与阿波、达头可汗之间的战争，成功削弱了沙钵略可汗的实力，到开皇四年，沙钵略可汗向隋朝称臣，千金公主也自请改姓杨氏，认杨坚为义父，隋朝与突厥之间逐渐形成了宗主国与仆从国之间的关系。开皇七年，沙钵略可汗去世，遗命弟弟处罗侯继位，是为莫何可汗，莫何可汗继位后，任命沙钵略可汗的儿子雍虞闾为叶护（类似太子或者宰相）。莫何可汗继位一年左右，在西征中战死，突厥又立雍虞闾为都蓝可汗。接着，到开皇九年，隋朝就灭掉了南陈，统一了中国。

隋文帝统一中国后，曾将陈后主的屏风赏赐给大义公主（原为千金公主，北周武帝宇文邕侄女，嫁给突厥沙钵略可汗）。物伤其类，大义公主由此想起北周灭亡，内心很不平静，在屏风上写下一首诗：“盛衰等朝暮，世道若浮萍，荣华实难守，池台终自平。富贵今安在？空事写丹青。杯酒恒无乐，弦歌讵有声？余本皇家子，飘流入虏庭，一朝睹成败，怀抱忽纵横。古来共如此，非我独申名。唯有《昭君曲》，偏伤远嫁情。”大义公主在诗中借吟咏南陈灭亡，以寄托对故国倾覆和自己身世零落的感伤。隋文帝听说后，大为厌恶，逐渐对大义公主不再礼遇。

彭公刘昶原来娶了北周宗室的公主，一位逃亡到突厥的通缉犯杨钦对大义公主谎称刘昶与其妻子阴谋作乱，颠覆隋朝政权，派其前来突厥联络大义公主，请求突厥发兵骚扰隋朝边境。都蓝可汗信以为真，遂不再向隋朝进贡，还时常发兵南下，骚扰隋朝北部。隋文帝派遣车骑将军长孙晟出使突厥打探虚实，大义公主在接见长孙晟时言辞不逊；长孙晟还探听到大义公主曾派自己的情夫安遂迦与杨钦密谋，煽动都蓝可汗与隋朝为敌。

长孙晟回到长安后，将情况如实向隋文帝做了禀报。隋文帝再派长孙晟前往突厥，索取杨钦，但都蓝可汗拒不配合，回复道：“我清查了境内所有的外国人，没有这个叫杨钦的。”长孙晟遂暗中拿出重金，贿赂了突厥的高官，探听到了杨钦的确实下落，趁夜突袭，将杨钦一举拿下，送到了都蓝可汗面前，并趁机揭发了大义公主的奸情，突厥国人大为羞耻。在这种情况下，都蓝可汗下令逮捕了安遂迦等人，一并交付长孙晟处置。长孙晟出色完成了使命，回到长安复命，隋文帝大喜，加授其开府仪同三司，第三次又派其出使突厥，请求都蓝可汗废黜大义公主。内史裴矩建议隋文帝不如趁机令都蓝可汗杀了大义公主。当时，莫何可汗处罗侯的儿子染干号称突利可汗，居住在北方，曾派使者来到隋朝求婚，隋文帝命裴矩对突利可汗的使者说：“只要杀了大义公主，就答应婚事。”因而突利可汗染干又在自己的堂兄弟、都蓝可汗雍虞闾面前说了不少大义公主的坏话，都蓝可汗大怒，遂杀死了大义公主，并上书隋朝，请求与隋朝结亲。

隋朝群臣一致意见是想答应都蓝可汗的请求，但长孙晟提出了反对意见，他说：“我观察都蓝可汗为人反复，毫无信义，只是因为与达头可汗玷厥有矛盾，才想结好朝廷，即使与其结下婚约，此人以后还将背叛。如今，他如果能娶了我大隋公主，依靠我大隋的威名，玷厥、染干就不得不臣服于他。等到他强大以后，再背叛我们，就难以对付了。况且，突利可汗染干是莫何可汗处罗侯的儿子，素来对我朝非常忠诚，父子两代都向我朝求婚，不如答应染干，命其率领他的部落南下。染干兵少，力量弱小，让其居住在边境，对抗都蓝可汗，可以确保我北方边境的安全。”隋文帝听后，说道：“很好。”遂又派长孙晟出使染干，答应了他的请求。

此后，都蓝可汗与达头可汗又屡屡交战，隋文帝派使者进行调解，双方各自率军而去。三年后，到了开皇十七年七月二十四日，突利可汗前来迎娶公主，隋文帝将突厥使者安排在太常居住，令其学习六礼，并采纳了朔州总管赵仲卿的建议，将宗室女子安义公主嫁给了突利可汗。赵仲卿，是北周营州刺史赵刚的次子，性格粗犷残暴，北周时被进位为大将军，入隋后历任石州刺史、朔州总管。此举的目的就是离间都蓝可汗与突利可汗之间的关系，因此，隋文帝故意赏赐给突利可汗很多财物，给予很高的礼遇，派遣太常卿牛弘、纳言苏威、民部尚书斛律孝卿等朝廷重臣相继出使突利可汗那里，而突利可汗也先后派遣三百七十多名使者来到长安。突利可汗原本居住在遥远的北方，因娶了安义公主而率领本部南下，居住在度斤旧镇（蒙古国杭爱山）。都蓝可汗听说后，勃然大怒，说道：“我是突厥大可汗，如今反而不如染干了！”遂不再向隋朝进贡，并多次骚扰隋朝边境，而突利可汗则总是提前得到消息，向隋朝报告，隋朝也总能提前做好戒备，不过，这是后话。

这两年间隋文帝所做的第五件大事，就是封禅泰山了。开皇九年六月，隋文帝平定南陈以后，隋朝群臣就曾经上书请求封禅泰山，但当时隋文帝还非常谦虚，曾于七月下诏拒绝了封禅要求，并严禁再谈论此事。同年冬，定州刺史豆卢通等人又上书请求，但隋文帝依然没有同意。但随着时间的推移，隋文帝的态度逐渐发生了变化。开皇十四年，关中大旱，百姓饥饿，隋文帝派人前往探视百姓们究竟吃的什么，亲信们将百姓吃的大豆渣滓和糠麸送到了隋文帝的面前。隋文帝见状，流着眼泪，拿给群臣们观看，并深刻检讨自己，从此不再进食酒肉，时间达一年之久。到了这一年八月九日，隋文帝决定带着关中百姓东进洛阳，就近使用洛口仓的粮食接济百姓，并严令随从侍卫不得驱赶百姓。途中，与皇帝一起东进逃难的百姓厕身于隋文帝的仪仗队之间，遇到扶老携幼的百姓，隋文帝和隋军近卫部队均拉开马头避让，一一劝慰一番后才走，行至难行之处，见到挑着担子的百姓，隋文帝总是命令侍从伸出援手，帮助百姓渡过难关。

来到洛阳后，因北齐、南梁、南陈灭国而宗庙祭祀断绝，隋文帝下诏命令北齐宗室高仁英（北齐武成帝高湛第六子）、后梁皇帝萧琮、南陈后主陈叔宝依礼祭祀宗庙，所需礼物由政府供应。陈叔宝随从隋文帝登上邙山饮宴，席间，献上一首应制诗："日月光天德，山河壮帝居。太平无以报，愿上封禅书。"并上表请求隋文帝封禅泰山。隋文帝用措辞委婉的诏书答复了陈叔宝。又过了几天，陈叔宝侍奉隋文帝饮宴，宴会结束后，隋文帝目送陈叔宝离去，他望着陈叔宝的背影说道："他的失败难道不是因为这酒吗？把写诗的功夫用到治理国家上面，岂不很好？当贺若弼南渡京口时，南陈将士向他告急，陈叔宝正在饮酒作乐，根本没看一眼。高颎进入陈朝宫中，发现那篇奏表还在陈叔宝的床下，连封口都没开启。这确实可笑，也是上天要令其灭亡啊！过去，前秦天王苻坚灭掉敌国之后，将那些亡国之君全都授予高官厚禄，这不过是他想博取一个美好的名声罢了，殊不知已经违背了天命，如今，假如我再授予陈叔宝一个官职，那也是违反了天意。"

在陈叔宝上书请求隋文帝封禅之后，晋王杨广也率领群臣上书，坚决请求封禅。隋文帝下令牛弘等人制定了封禅的仪式，修成后，隋文帝说道："这是件大事，朕何德何能堪当此事？我只是打算去东方巡视一番，顺便祭拜一下泰山。"开皇十四年十二月六日，隋文帝从洛阳出发，开始东巡，到第二年一月三日，隋文帝来到齐州（今山东省济南市），二十二日，在泰山修筑祭坛，焚烧柴火，祭祀上天，将天旱的责任归咎于自己，请求上天惩罚。仪式比照在京师郊外祭祀上天一样。此后，隋文帝又祭祀了青帝（东方之神，春天之神），并下令大赦天下。二月二十一日，隋文帝下令收缴天下兵器，胆敢私下制造的判刑；关中、边疆地区除外。三月一日，隋文帝回到了长安。

中国历史上曾封禅泰山的皇帝有十三人，隋文帝是其中之一，其余十二人分别为：秦始皇，秦二世，西汉武帝，东汉光武帝，东汉章帝，东汉安帝，唐高宗，武则天，唐玄宗，宋真宗，清康熙帝，清乾隆帝。

一〇 平定南夷

隋文帝回到长安后，仁寿宫也建成了。

开皇十五年三月二十九日，隋文帝驾临仁寿宫。在修建仁寿宫过程中，天气炎热，工匠们一个接一个死在道路上，杨素生怕隋文帝知道，将尸体全部焚烧，然而，没有不透风的墙，此事终于传到了隋文帝的耳中，隋文帝很不高兴。等到他来到仁寿宫，看见建得非常华丽、雄伟，禁不住勃然大怒，说道："杨素竭尽民力给我建造行宫，让百姓怨恨于我。"

杨素听了，非常恐慌，担心受到惩处，遂将此事告诉给了封德彝。封德彝回答："大人不用担心。等到皇后到后，皇上一定会颁下感谢您的诏书。"第二天，隋文帝果然召见杨素，独孤皇后慰问道："你知道我们夫妻年事已高，没有什么可以娱乐的，所以才精心建造、装饰了这座行宫，你真是忠孝两全啊！"遂赏赐给杨素一百万钱、三千段丝绸。封德彝思维敏捷，善于见风使舵，杨素素来自视甚高，经常凌辱群臣，唯独对封德彝非常赏识，还把自己的侄女嫁给了他。杨素经常与封德彝谈论宰相的工作，往往一谈就是一整天，忘记了疲倦，他拍着坐床说道："封郎一定会坐上我这个座位的！"屡屡向隋文帝推荐，隋文帝遂任命其为内史舍人。

总体上来说，隋文帝还是知人善任的。齐州刺史卢贲因饥荒时禁止百姓出售粮食而被隋文帝免官，后来，隋文帝因卢贲是佐命功臣又想给他任命一个刺史，但卢贲在觐见隋文帝时言辞不合旨意，又口出怨言，致使隋文帝大怒，遂弃之不用。皇太子杨勇建议道："这帮人都是陛下的佐命功臣，虽然他们阴险浮躁，但仍不该舍弃。"隋文帝回答："我压制他们，其实是为了保全他们的性命。没有刘昉、郑译、卢贲、皇甫绩、柳裘等人，我不可能坐到这个位置。然而，这帮人都是反复无常之人，在周宣帝宇文赟时，都是靠着狡狯谄媚、没有道德底线而受到宠爱，等到周宣帝临终时，颜之仪等人请求以赵王宇文招辅政，这帮人使用奸计，让我来辅政。等到我辅政以后，他们又想作乱，因此，刘昉谋反，郑译巫蛊诅咒。就拿卢贲来说吧，他一直对自己的官职不满意。给他官做，他不知道谦恭；不给他官，他又满腹牢骚。这都是他自己难以让我信任，不是我弃之不用。大家见此情形，会误认为我对功臣没有情分，其实不是这样。”卢贲遂老死在家。

开皇十五年六月三日，相州刺史豆卢通进贡精美的白绢细布，隋文帝下令在朝廷之上公开焚毁。七月，纳言苏威因祭祀泰山不敬而被免官，不久，隋文帝又令其官复原职。隋文帝对群臣说：“人们都说苏威是假装廉洁，其实家中堆金累玉，这是胡说。然而，此人性格凶狠暴戾，做事不切实际，求名之心太重了，附和自己意见的，他就心花怒放，不顺着他，他就记恨人家，这是他最大的毛病。”十月三日，隋文帝任命吏部尚书韦世康为荆州总管。韦世康是韦洸的弟弟，他性格和顺谦虚，在吏部任职十余年，博得廉洁公道之名。他经常想退休，对子弟们说：“要那么多俸禄有什么用呢？为了避免心高气傲，该退休就要退休；不必非要等到年迈，只要生病，就提出退休。”遂上书请求退休，但隋文帝没有同意。当时，天下只有并州、扬州、益州、荆州四个总管，分别为晋王杨广、秦王杨俊、蜀王杨秀以及韦世康担任，时人认为这是隋文帝给予他的特殊荣耀。

在隋文帝封禅后的两年中，隋朝帝国相对十分平静。开皇十五年四月一日，隋文帝下诏大赦天下；六月一日，隋文帝下诏开凿险峻的黄河砥柱山；十二月四日，下诏：“凡是偷盗边防军粮一升以上的，一律斩首，并没收全部家产。”五日，隋文帝又下诏规定，全国文武官员任职满四年、考核合格的，才能平调或者升迁。开皇十六年（公元596年）一月，隋文帝加封皇太子杨勇的儿子皇孙杨裕为平原王、杨筠为安成王、杨嶷为安平王、杨恪为襄城王、杨该为高阳王、杨韶为建安王、杨煚为颍川王。六月十三日，隋文帝下令，凡是工商业者一律不得进入仕途。八月六日，他又下诏规定，凡是死刑犯，要经过三次上报，才能行刑。该年，隋文帝将光化公主嫁给了吐谷浑可汗世伏，世伏上书请求称公主为天后，隋文帝没有答应。

北周大象二年（公元580年），当相州刺史尉迟迥举兵反对杨坚时，益州刺史王谦也发兵响应。时任北周丞相的杨坚派遣梁叡消灭了王谦，当时居住在今贵州、云南等地的少数民族也都归顺了北周，唯独南宁州（今云南省曲靖市）的少数民族头领爨震自恃距离中国遥远，不肯臣服。当时，梁叡上书建议："南宁州是西汉时期的牂牁之地，人口众多，物产富饶。南梁南宁州刺史徐文盛被湘东王萧绎调回荆州，当时南朝尚未臣服，无暇经营远方，当地百姓就推举爨瓒为主，割据一方，我朝授予其刺史一职，其子爨震沿袭至今。爨震不向朝廷缴纳税赋，不修臣礼，我请求率领平定益州的军队趁势平定南宁州。"但杨坚当时没有答应。不久，杨坚建立隋朝，一直没有精力处理西南地区，后来，南宁州的另一个少数民族头领爨玩归降，隋文帝拜其为昆州（今云南省昆明市）刺史，但爨玩很快又背叛了。在这种情况下，隋文帝决定发兵一举平定西南。

开皇十七年（公元597年）年初，隋文帝任命太平公、左领军将军史万岁为行军总管率领隋军前往讨伐。史万岁率军从蜻蛉川（今云南省大姚县），经弄冻（今云南省姚安县北），进抵小勃弄、大勃弄（两地均在今云南省大理下关），进入南中地区。夷族部落占据各个险要，被史万岁率领的隋军一一击破。隋军行进数百里，见到蜀汉丞相诸葛亮平定南中后的纪功碑，碑的背面写着"万岁之后，胜我者过此"几个字，史万岁命令左右推倒石碑继续前进。隋军渡过西二河（今云南省洱海），入渠滥川（在今云南省大理下关东北），行一千多里，击破云南少数民族三十多个部落，俘虏两万多人。南宁州各族百姓都非常害怕，纷纷派使者请降，献上直径一寸的大明珠。

于是，史万岁遵照隋文帝的指令，在南宁州刻下石碑，歌颂隋王朝的功德，并派人请求将爨玩带入朝中，隋文帝同意了。爨玩当然不愿远离故土，遂送给史万岁大量金银财宝，史万岁就留下爨玩，班师回朝了。当时，蜀王杨秀镇守益州，知道史万岁接受了爨玩的贿赂，遂派人前去索要，史万岁听说后，将所得的金银珠宝全部扔到金沙江内，杨秀一无所获。回朝后，史万岁因功被晋升为柱国。晋王杨广对史万岁非常敬重，隋文帝听说后，即任命史万岁为都督晋王府军事。到第二年，爨玩再度背叛，蜀王杨秀向隋文帝报告称："史万岁接受贿赂，致使边境再度出现叛乱。"隋文帝下诏严查，结果属实。隋文帝当面斥责史万岁道："你接受贿赂，放纵敌人，致使我兵马再动。朕念及将士们暴露在旷野，食不甘味，寝不安席，你说你自己是不是一个社稷之臣？"史万岁咬定："臣留下爨玩是担心那里会出现叛乱，令其镇抚当地，等到臣回到泸水时，才接到陛下的诏书，因此才没有带其入朝，确实没有接受贿赂。"隋文帝认为史万岁欺君，不禁大怒："朕把你当作好人，为何你高官厚禄，反而要当国贼！"对身边的人说道："明日杀了他。"史万岁听了，这才害怕起来，叩头求饶。尚书左仆射高颎、左卫大将军元旻等人劝谏道："史万岁雄略过人，每行兵用师之处，未尝不身先士卒，尤其善于统领军队，将士们乐于替他卖命，即使古代的名将也不过如此。"隋文帝稍稍平息了怒火，遂将其削职为民。一年后，又恢复了他的官爵，拜其为河州刺史，替国家守边。

在爨玩叛乱的同时，桂州（今广西壮族自治区桂林市）俚族头领李光仕也发动了叛乱。

隋文帝派遣上柱国王世积与前桂州总管周法尚发兵讨伐，约定：周法尚调派岭南军队，王世积率领岭北军队，两路隋军在尹州（今广西壮族自治区贵县）会合。

王世积所部遇到瘴气，无法继续前进，停留在衡州（今广东省英德市），周法尚独自率领岭南军队前去讨伐。李光仕战败，率领精兵退守白石洞（广西壮族自治区桂平市南）。周法尚生擒叛军很多家眷，叛军投降的，周法尚总是将他们的妻子儿女交还给他们，十几天之内，有数千叛军脱离李光仕投降。李光仕部众溃散，周法尚率军追击，将其诛杀。

隋文帝又派遣何妥的侄儿、员外散骑侍郎何稠招募军队，讨伐李光仕，何稠劝降了李光仕的同党莫崇等人，代行皇帝职权任命他们担任太守、县令之职。

隋文帝因岭南少数民族屡屡发动叛乱，遂以汴州刺史令狐熙为桂州总管十七州诸军事，答应他可以随机应变，刺史以下官员可以代行皇帝职权予以任命。令狐熙，字长熙，敦煌人，世代为河西豪强，其父令狐整，官至北周大将军。他到任后，恩威并用，各个山洞的少数民族头领相互说："从前的总管都是以武力压制，如今的总管却亲笔写信教诲，我们岂能再违背？"遂相继归降。过去，岭南各地都抵制朝廷，朝廷下派的县令、县丞等官吏都无法到任，只得寄居于总管府，令狐熙修建城池，设立学校，让官吏们全都到地方上任，各族百姓也受到感化。俚族头领宁猛力，在南陈时期就割据南海（今广东省广州市），隋朝灭陈后，拜其为安州（今广西壮族自治区钦州市）刺史。宁猛力自恃地势险要，傲慢无礼，从未拜谒过令狐熙，令狐熙不以为意，反而加意予以安抚，宁猛力深受感动，亲自前往总管府拜见令狐熙，从此再也不敢为非作歹了。令狐熙上奏隋文帝，改安州为钦州。令狐熙的儿子令狐德棻最为知名，为唐初著名的史学家，主修了《周书》，唐初官修的其他七部史书《梁书》《陈书》《北齐书》《隋书》

《晋书》《南史》《北史》也多多少少与他有着一定的关系。到这一年七月，桂州人李世贤发动叛乱，隋文帝召集群臣商议发兵征讨。数名大将都请求前往，隋文帝都没答应，而后，他眼睛盯着右武候大将军虞庆则，厉声说道："你官居宰相，爵位上公，国家有难，却毫无表示，是何道理？"虞庆则吓得赶忙谢罪，隋文帝遂以其为行军总管，将李世贤一举消灭了。

一一 开皇后期（一）

《隋书·高祖》称：“上性严重，有威容，外质木而内明敏，有大略……每旦听朝，日昃忘倦，居处服玩，务存节俭，令行禁止，上下化之……自强不息，朝夕孜孜……然天性沉猜，素无学术，好为小数，不达大体……又不悦诗书，废除学校，唯妇言是用，废黜诸子。逮于暮年，持法尤峻，喜怒不常，过于杀戮。”

由此，我们可以勾勒出隋文帝的个性来，总体上说，隋文帝是一位聪明人，但不是一位智者；是一个简朴的人、勤勉的君主，但又不识大体。好的方面：他自强不息、爱民如子、艰苦朴素、勤俭节约。不太好的方面：他不喜读书、喜欢术数、喜怒无常、杀人过多、非常惧内，等等。

他就是这样一个矛盾集合体，可以说是，天资很好，后天无学。杨坚对于鬼神祈福等迷信活动非常钟爱，上仪同三司萧吉，是南梁武帝萧衍的哥哥萧懿的孙子，博学多才，尤其精通阴阳术数。萧吉性格孤傲，与杨素不和，一直郁郁不得志，见隋文帝喜欢祥瑞之说，遂用阴阳术数来博取隋文帝的欢心。果然，隋文帝听了不禁大喜，赏赐给他五百段丝绸。员外散骑侍郎王劭也上书称隋文帝的面相是龙颜戴干，就是说隋文帝的额头有骨头隆起，就像拿着一把兵器一样，还让群臣观看。隋文帝大喜，当即拜其为著作郎。王劭前前后后上书说了很多祥瑞之事，又采集民间歌谣，拿出谶纬书一一对照解释，撰写《皇隋灵感志》三十卷，上呈给隋文帝，隋文帝下令颁布天下。王劭将全国各地前来京师进贡的使者都召集到一起，先焚香洗手，闭目诵读，抑扬顿挫，一连诵读了十天半月才罢。隋文帝听说后，更是心花怒放，赏赐给了王劭很多财物。

到开皇后期，隋文帝的性格逐渐变得喜怒无常，这大约是更年期综合征，也可能是由于独孤皇后把他压得喘不过气来，将一腔怒火都发泄到群臣身上。隋文帝与独孤皇后可谓是一对模范夫妻，也是一对患难夫妻。隋文帝年少时是家中的老大，两个亲弟弟一个娶妻宇文氏，一个娶妻尉迟氏，隋文帝的岳父独孤信在北周复杂的政治斗争中被杀，可以说，隋文帝是罪臣的女婿，相反，两个弟媳一个是北周宗室，一个是北周重臣之女，根本不把独孤伽罗这个嫂嫂放在眼里，隋文帝夫妇与两个弟弟、弟媳之间关系非常恶劣，积怨甚深。对兄弟之间这种冷漠，隋文帝夫妇感触很深，这对患难夫妻在结婚时就曾发誓决不生下同父异母的儿子，希望将来家庭内部少一些矛盾，等到隋文帝登基以后，一直遵守着这个誓言，身边只有独孤皇后一人陪伴。独孤皇后温柔恭顺，勤俭仁爱。突厥人曾拿来一筐珍珠，价值八百万，幽州总管阴寿为了讨好独孤皇后，请求购买下来。独孤皇后却说："我不需要这些，如今突厥屡屡骚扰边境，将士们非常辛苦，不如把这八百万赏赐给那些有功将士们。"每次隋文帝上朝，独孤皇后与隋文帝乘坐在一辆车上，送到殿门口才回去。隋文帝对她既宠爱，又害怕，独孤皇后每次与隋文帝谈论政务，两人总能取得一致意见，宫中将二人并称为"二圣"。

虽然如此，但独孤皇后的缺点就是特别爱吃醋，她不仅吃自己老公的醋，而且还吃别人老公的醋，就连听说自己的儿子、皇太子杨勇身边有很多侍妾，独孤皇后立马对杨勇另眼相看，史称，她"见诸王及朝士有妾孕者，必劝上斥之"。由于独孤皇后对隋文帝看得很严，后宫嫔妃只是挂名而已，无人敢与隋文帝同房。尉迟迥的孙女非常美貌，没入宫中，一次，隋文帝在仁寿宫见到后，就临幸了。消息很快传到独孤皇后耳中，独孤皇后顿时醋意大发，等到隋文帝上朝后，即派人将尉迟氏杀害了。隋文帝得知后不禁勃然大怒，他悲从中来，单人匹马从宫中闯了出来，不走大路，信马由缰，在山谷中随意行走了二十多里。高颎、杨素等人赶上后，拉住隋文帝的马缰绳，磕头劝谏。隋文帝长叹一声，说道："我贵为天子，却没有一点自由！"高颎回答："陛下岂能因为一个妇女（指独孤皇后，也可指尉迟氏）而轻视天下！"过了一会儿，隋文帝的情绪稍稍平息了下来，骑在马上停了很久，一直到午夜才回到宫中。独孤皇后一直在殿门口等着隋文帝，见隋文帝回来后，独孤皇后流泪谢罪，高颎、杨素等人又从中和解，夫妻二人这才重归于好，不过，从此以后，独孤皇后妒忌的本性也收敛了一些。

隋文帝晚年迷信严刑峻法能够改变现状。隋文帝认为，朝廷政令无法有效推行，主要原因在于中下级官吏不尊重上司，于是，开皇十七年三月，他下诏："各部门在处罚下属时，遇到法律条文规定的处罚较轻而实际罪行很重的情况时，允许在法律条文之外再另行酌定加处杖刑。”这条指令下发以后，隋朝各部门的长官都以残暴虐待下属为能，以遵守法律为懦弱。以幽州（今北京市）总管燕荣为例。燕荣本性严酷，容貌威严，拜见他的下属无不吓得胆战心惊，恍然自失。范阳卢氏世代为当地高门，燕荣将卢氏家族的人全都任命为下层官吏，予以侮辱。他经常鞭打下属，受到惩处的人动辄上千，血流遍地，但他依然谈笑自若。一次，他曾经下县视察，看到路边的荆棘能当上好的打人工具，就命人砍下制作成刑杖，拿人实验。被惩处的人自称没有犯罪，燕荣却说：“以后等你有罪了，可以抵消。”但等到以后真的犯罪了，那人说：“过去被打，大人曾答应等犯罪了抵消。”燕荣却说：“无罪时尚且受罚，何况是真犯罪了，岂能不打？”照样鞭打。燕荣每次在辖区巡视，听说官吏或者百姓们有貌美的妻子、女儿，总是将她们弄来奸淫，贪婪、残暴，无法无天。观州（今河北省东光县）长史元弘嗣被晋升为幽州长史，担心受到燕荣的羞辱，坚决推辞。隋文帝知道后，特意指示燕荣道：“对元弘嗣处罚十杖以上，均需上报，令朕知道。”燕荣接到隋文帝的这一指示后，不禁邪火攻心，恨恨地说道：“元弘嗣这家伙竟敢如此作弄我！”等到元弘嗣上任后，燕荣就命其负责管理粮仓，粮仓中的粮食扬出一粒糠秕，就要鞭打元弘嗣一顿。虽然每次不满十下，但一天之内，有时能打三四次，这样下来，日复一日，二人之间的关系变得非常恶劣，最终燕荣将元弘嗣投入大牢，想把他活活饿死。元弘嗣在牢狱中抽出棉絮，合着凉水充饥，其妻亲自来到皇宫门外鸣冤，隋文帝命令考功侍郎刘士龙快马前往幽州调查，刘士龙汇报燕荣苛暴之事完全属实，还查实了他大肆贪污的事实，隋文帝下令将其召回京师，赐死；又以元弘嗣接任幽州总管。可是，元弘嗣上任后，好了伤疤，忘了疼，他甚至比燕荣还残暴，每次审讯犯人，总用醋灌人鼻子，或者猛击下部。

隋文帝见社会治安不好，又下诏规定，只要偷盗一文钱以上的即斩首。诏书施行后，甚至出现了三个人一起偷了一个西瓜，事发后，三人均被处死的事情。在一片恐怖气氛中，旅店的客人们也吓得晚起早睡，生怕不小心惹下麻烦，闹得全国人心惶惶。一次，有几个人劫持了宰相，说道：“我们不是来劫财的，只是来替天下人申冤来的。请你替我们转告皇上：从古至今，国家创设法律，从来没有听过偷一文钱就斩首的。你如果不替我们转告皇上，我们还会再来的，等下次再来，你们的小命就没了！”隋文帝听说后，这才特意废除了这条法律。

一次，元旦朝会时，隋文帝发现武将们穿戴不整齐，遂对御史说道：“你身为御史，想弹劾就弹劾，不想弹劾就不弹劾！太随意了！”当即下令杀掉御史。谏议大夫毛思祖上前劝解，隋文帝余怒未消，又下令杀了毛思祖。将作寺丞因征收麦秸太晚，武库令因办公场所杂草丛生，隋文帝身边的亲信因出外办事接受地方官员赠送的马鞭、鹦鹉，这些小事被隋文帝知道后，一律下令斩首，不仅如此，他还亲自监斩。隋文帝喜怒无常，在处罚下属时根本不管法律规定，完全按照自己的心情处理，大多一杀了事。他信任杨素，而杨素也是这种随心所欲的人，根本不理会天理国法。杨素与鸿胪少卿陈延有矛盾，一天，他经过国宾馆，发现院内有马粪，仆人们还在地上摊着毛毯赌博。杨素给隋文帝汇报后，隋文帝大怒，下令将主客令以及参与赌博的人全部杀死，将陈延几乎棒打至死。还有一次，隋文帝又发怒了，打算在六月盛夏用棍棒杀人，大理少卿赵绰劝谏道：“盛夏时节，万物生长，不宜在这个季节杀人。”隋文帝回答：“六月虽然是万物生长的季节，但上天也有雷霆万钧之时，我顺天而行，这有什么不可以的！”遂固执己见，杀了那人。

大理掌固（最高法院事务官）来旷上奏说，大理法官判案失之于宽。隋文帝认为来旷忠诚正直，特许他在每天朝见中站在五品官的行列中。来旷又诬告大理少卿（最高法院副院长）赵绰徇私枉法，隋文帝派人调查，结果纯属子虚乌有，隋文帝大怒，下令将来旷斩杀。赵绰竭力反对，认为来旷罪不至死，盛怒中的隋文帝一甩袖子，掉头就走。赵绰高声喊叫：“臣不谈来旷的事了，我还有其他事情，还没来得及向陛下禀报！”隋文帝命人将其带入屋内，赵绰叩头谢罪，说道：“臣有三条死罪：一是，臣身为大理少卿，却不能管理好掌固，让来旷触犯了刑罚；二是，罪犯罪不至死，臣却不能以死相争；三是，臣原本就没有其他事情，却谎称有事，希望能入室见到陛下。”隋文帝听了，怒气逐渐平息了下来。当时，独孤皇后在座，下来赏赐给赵绰两杯御酒，并将盛酒的那两个金杯一并赏给了赵绰。来旷也因之而免去死刑，被流放到了广州。

隋文帝虽然固执、易怒，但并不是毫不讲理。南陈名将萧摩诃在南陈灭亡后，被授予开府仪同三司，进入汉王杨谅的幕府。他的一个儿子萧世略曾在江南作乱，根据法律，萧摩诃应受到牵连。隋文帝说：“萧世略年龄不足二十，又能有什么作为？不过是因为他是名将之子，受人逼迫罢了。”遂打算赦免了萧摩诃。大理少卿赵绰坚决反对，隋文帝当面反驳不了，就命赵绰退下吃饭，想趁机发布赦令。赵绰却说：“臣上报的案件还没有结果，不敢退下。”隋文帝无奈，只好说道："大理少卿，你就看在朕的面子上特赦了萧摩诃吧！"遂亲自传令放了萧摩诃。还有一次，刑部侍郎辛亶身着红色内裤，俗话说可以令官运亨通，而隋文帝知道后认为这是一种巫术行为，将要杀了辛亶。赵绰反对道："辛亶罪不当死，我拒不执行。"隋文帝暴跳如雷，说道："你爱惜辛亶，难道就不爱惜你自己吗？"遂下令杀赵绰。赵绰说："陛下就是杀了我，也不该杀辛亶！"赵绰被绑到朝堂后，脱去衣服，就要行刑，隋文帝问道："你最后给我说句话，到底该怎么办？"赵绰回答："我一心执法，不敢贪生怕死。"隋文帝听后，拂袖而去，过了很久，他才下令放了赵绰。第二天，隋文帝向赵绰道歉，又安慰了他一番，赏赐给他三百段丝绸。当时，隋文帝下令严查成色不足的钱币，有关部门抓获了两个用劣质钱币交换优质钱币的人，隋文帝下令将二人全部斩杀。赵绰劝谏说："根据法律规定，他们应当被处以杖刑，斩首不符合法律规定。"隋文帝说道："这不关你的事！"赵绰说："陛下没有因为臣愚蠢而任命臣为法官，现在又想随便杀人，岂能说不关臣的事！"隋文帝又说："一个人摇动大树，如果摇不动，就该识相，不要再摇了！"赵绰回答："臣是希望能感动陛下的圣意，岂止摇树！"隋文帝说："喝稀饭时，稀饭太热，就该放在一边等凉了再喝。你难道是想压倒天子的威严吗？"赵绰叩头不止，隋文帝大声呵斥，可赵绰还是不肯退下，无奈，隋文帝又拂袖而去。治书侍御史柳彧也上书劝谏，隋文帝这才作罢。因赵绰非常忠诚正直，隋文帝总是让他进入宫中，有时隋文帝与独孤皇后坐在一张床上，也令赵绰同坐，一起评论朝廷得失，前后赏赐给赵绰上万财物。赵绰与大理卿薛胄（薛端之子）在处理案件上均以公平闻名于世，薛胄偏重于人情，而赵绰则一准于法，二人都非常称职。

一二 开皇后期（二）

隋文帝日理万机，家事国事天下事，千头万绪，而很多事情臣下办得都不能让隋文帝满意，这也难怪隋文帝肝火太盛，屡屡大发脾气。

开皇十七年，隋文帝派遣亲卫大都督屈突通（又名屈突仲通）前往陇西视察各个牧马场，结果，查出了隐匿的马匹两万多匹。屈突通的父亲屈突长卿，为北周邛州（今四川省邛崃市）刺史。屈突通刚正不阿，廉洁奉公，喜欢习武，擅长骑射。

隋文帝听了屈突通的汇报后，勃然大怒，下令将太仆卿慕容悉达以及各级有关官员一共一千五百人全部斩杀。屈突通劝谏道：“人命关天，死不能再生，陛下非常仁爱，也十分英明，养育天下万民，岂能因畜生的缘故而让一千多人人头落地？愚臣唐突，愿以死请求陛下宽恕。”隋文帝圆睁双眼，呵斥屈突通。屈突通又叩头说道：“假设臣一人身死，还请陛下饶了那一千多人的性命。”隋文帝猛然醒悟过来，说道：“朕竟然昏聩到了如此地步！我为你的一片诚心所感动，也心生怜悯之情。今天朕听从你的请求，以表彰敢于直言劝谏的忠臣们！”慕容悉达等人得以免死。从此以后，屈突通也慢慢得到了隋文帝的重用，被提拔为右武候车骑将军。屈突通为人正直，即使亲戚犯法，也绝不会徇私。屈突通的弟弟屈突盖担任长安县令，也以能严肃执法而闻名，当时人们说：“宁食三斗艾，不见屈突盖；宁服三斗葱，不逢屈突通。”唐朝建立后，他被封为蒋国公，成为凌烟阁二十四功臣之一。

一下子就诛杀一千五百多人，这固然骇人听闻，但战马在当时是非常重要的军需物资，私藏两万多匹战马，已足够组织一支庞大的军队，其罪过已非常大了，隋文帝如此震怒，也不是毫无道理的。

地方官吏弄虚作假，公卿子弟也横行不法，不时给隋文帝添堵。

上柱国彭公刘昶，过去就与隋文帝是好友，隋文帝对其非常亲密。刘昶的儿子刘居士无法无天，胡作非为，屡屡犯法，但隋文帝总是看在刘昶的面子上未予深究。谁知，刘居士不仅没有丝毫收敛，反而更加有恃无恐，常常带上一群地痞无赖径直闯入他人家中，将那些体格强健的公卿子弟们强行拖来，用车轮套在那人的脖子上就是一顿乱打，一直打得半死，如果还不屈服，就认为这人堪称壮士，释放后就结为朋友。就这样，刘居士在自己的身边聚拢了三百多人，整日为非作歹，光天化日公然殴打路人，抢夺财物，即便是王公贵族、亲王公主也不敢与这帮人理论。作恶太多必自毙。终于，有人向隋文帝告发刘居士图谋不轨，隋文帝得报后，大怒，下令将其斩杀，很多公卿子弟因此事而被免去了公职。

公卿子弟们给隋文帝添堵，就连他自己的儿子也不让他省心。

随着时间的推移，隋文帝与皇太子杨勇之间的关系也日渐生疏了，除了杨勇之外，他的第三子、秦王杨俊也出事了。如前所述，杨俊年少时仁爱厚道，笃信佛教，曾请求出家为僧，灭陈之战中，曾任山南道行军元帅，驻扎在汉口，负责牵制南陈上游的军队；平陈后，杨俊被任命为扬州总管、并州总管。但随着年龄的增长，杨俊的性格发生了很大变化，经常违法乱纪，在并州期间，曾出钱放高利贷收取利息，百姓怨声载道。此事传到隋文帝耳中，隋文帝大怒，下令严肃追究，因此有一百多人受到了牵连，但杨俊并没有吸取教训，反而生活更为奢侈起来。杨俊脑子很好使，他亲自设计建造雄伟的宫室，各种器皿都用金玉进行装饰，又建造了一座水殿，用玉石铺在台阶上，香粉涂满墙壁，雕梁画栋，还安装了不少镜子，中间镶嵌着珍珠，经常与宾客、伎女们在这里饮酒作乐。

杨俊十分好色，而他的王妃崔氏又非常嫉妒，妒火中烧中，崔氏竟然在杨俊吃的西瓜中投下了毒药。杨俊吃后中毒，但没有被毒死，而得了重病，被隋文帝征召回京。回到京师后，其在任期间的种种奢靡之事也传到了隋文帝的耳中，隋文帝遂下令将其免去官职，以秦王的身份废黜在家。左武卫将军刘升劝谏道："秦王并没有太大的罪过，只是浪费点公家财物罢了，臣认为应予宽恕。"隋文帝却说："国家的法律不容违反。"刘升又再三劝说，但隋文帝始终不从，脸色转怒，刘升遂不敢再言了。杨素又劝说道："秦王的罪过不至于受到这么重的惩处，请陛下三思。"隋文帝回答："我是五个孩子的父亲，假如按照你的说法，国家为何不另行制定一部专门处理天子孩子的法律？像周公那样的人尚且诛杀了他的弟弟管叔、蔡叔，我固然不如周公，但又岂能徇私枉法呢？”最终拒绝了杨素的请求。后来，杨俊病情加重，派人上书谢罪，隋文帝对杨俊的使者说道：“我殚精竭虑，开创大业，制定制度，树立典范，希望臣子能严格遵守。你身为我的儿子，却打算予以破坏，我真不知该说些什么来责备你了！”隋文帝这话说得很重，杨俊听后，是既惭愧又害怕，病情又加重了。大都督皇甫统上书请求恢复杨俊的官职，但隋文帝还是没有答应。又过了一年多，隋文帝才拜杨俊为上柱国。到了开皇二十年（公元600年）六月二十日，杨俊病死。隋文帝来到秦王府吊唁，仅哭几声而已；他还下令将杨俊制作的各种奢靡物品全部焚毁。秦王府的官吏们上书请求给杨俊立碑，隋文帝说：“想要赢得美名，只需几页史书就足够了，何必要立碑呢？如果子孙们不成器，立下的石碑只能被人打碎，充当别人的镇纸石啊！”

秦王妃崔氏因毒害秦王而被赐死。杨俊有两个儿子，一个是崔氏所生的儿子杨浩，另一个是庶生的杨湛。杨俊死后，群臣屈从隋文帝的意思，上书称：“《春秋》大义认为，母以子贵，子以母贵。尊贵是这样，罪过也应如此类推，因此，西汉时栗姬有罪，就废掉了她生的儿子；郭后被废，她的儿子也被废黜。如今秦王的两个儿子所生母均有罪过，不应继承王爵。”隋文帝同意了，以秦王府的官吏们作为丧主。到隋炀帝继位后，立杨浩为秦王，封杨湛为济北侯，后在隋末大乱中，二人均为宇文化及所杀。

何稠、虞庆则平定岭南李世贤叛乱后，班师回朝。何稠临北还时，宁猛力请求一起入朝，但何稠见其正在病中，就把他送回了钦州，二人约定：“等到八九月间，我们再在京城见面。”等到何稠回到长安向隋文帝禀报后，隋文帝满心不快。到了开皇十七年十月，宁猛力病死了。隋文帝很惋惜地对何稠说：“你没有把宁猛力带来，如今，他竟然死掉了！”何稠回答：“宁猛力与臣约定好了，假如他病故了，一定会另派他的儿子入朝。岭南人性格耿直，其子一定会来的。”宁猛力在临终前曾告诫儿子宁长真说：“我与天朝大使相约，不可失信，你将我埋葬以后，即要上路。”宁长真继任钦州刺史后，果然没有失信，如期入朝了。隋文帝大喜，说道：“何稠在蛮夷之中竟然树立了如此高的威信！”

虞庆则在讨伐岭南叛乱时，曾将妻弟赵什住任命为随府长史。赵什住与虞庆则的小妾私通，他担心私情败露，遂产生了暗害虞庆则的想法，散布流言称虞庆则不愿此行，这一说法也传到了隋文帝的耳中，因此，在虞庆则临行前，隋文帝对他赏赐很少。等到虞庆则班师回朝时，行至潭州（今湖南省长沙市）临桂岭，他登高远眺，说道："这里真是一个险要之地啊，如果囤积充足的粮食，有一个合适的守将，真是难以攻克啊！"虞庆则命赵什住前往京师汇报，观察隋文帝的态度，但赵什住来到京师后，即向隋文帝告发虞庆则阴谋造反。隋文帝命人调查，开皇十七年十二月，虞庆则因罪被处死，赵什住则被拜为柱国。虞庆则文武兼备，在隋朝开国之初，历任内史监、吏部尚书、尚书右仆射，是仅次于高颎的二号人物，但在开皇后期，隋文帝逐渐开始重用杨素，改任虞庆则为右武候大将军。虞庆则心直口快，与杨素不和，而他又功高震主，隋文帝处死他其实是在末年有计划地剪除功臣、为后事预先作出安排的一部分。

一三 四夷概略

到开皇后期，虽然仍有来自突厥的威胁，但从总体来说，隋帝国的国际环境已得到了很大的改善。

在隋帝国的东北面，有六个较大的实体，被称为东夷，分别是：高句丽、新罗、百济、靺鞨、流求、倭国。

朝鲜半岛北部，在西晋以前是中国的领土。周武王灭掉商纣王时，殷商宗室箕子率领宗族五千多人来到朝鲜半岛，建立了朝鲜国，接受周朝的封爵；西汉初年，燕国人卫满来到朝鲜，推翻箕子朝鲜，建立了卫氏朝鲜；汉武帝元封四年（公元前107年）灭掉朝鲜后，设置玄菟郡，从此以后，一直到西晋末年大乱之前，中原政权都有效地控制着辽东和朝鲜半岛北部，至于朝鲜半岛南部则一直没有被征服。高句丽出自扶余国，与曾经在朝鲜半岛北部立国的箕子朝鲜和卫氏朝鲜没有任何渊源。据传说，高句丽第一任国王朱蒙出自扶余国（国都原在吉林省吉林市，后在农安县，存在于公元前2世纪到公元5世纪）。扶余人朱蒙与焉违二人离开扶余国，向东南方向来到纥升骨城（今辽宁省本溪市桓仁县五女山古城），号称高句丽，传至其孙（《魏书》称重孙）莫来，遂吞并了扶余国。到东汉后期，高句丽多次骚扰东汉帝国边境；三国时期，公孙度雄踞东北，高句丽与其通好；曹魏正始年间，毌丘俭击破高句丽；五胡十六国时期，前燕慕容氏再次击破高句丽，扫荡其国都丸都；从北魏开始，高句丽一直向中原王朝纳贡。隋朝建立后，隋文帝封高句丽第二十五世王高汤为大将军、高句丽王。隋朝时期，高句丽都城平壤（今朝鲜平壤市），东西两千里，南北一千里。

百济，原出自扶余国（《北史》称出自高句丽国），公孙度曾以其女嫁给百济王，后来逐渐成为强国，历代均向中原王朝称臣。隋朝建立后，隋文帝拜百济王昌为上开府、带方郡公、百济王。隋朝时期，百济国在朝鲜半岛西南部、高句丽国西南，东西四百五十里，南北九百余里，国都称作居拔城（今韩国公州市）。

新罗，在高句丽东南，为汉代乐浪郡之地。一种说法是：在秦末，中国人逃往朝鲜半岛，当时的马韩人让他们住在此地，称之为辰韩（秦韩），辰韩之初有六国，后又分为十二个国家，新罗是其中之一；另一种说法是：其国王原本是百济人。隋朝建立后，隋文帝拜新罗王金真平为上开府、乐浪郡公、新罗王。

靺鞨（又称勿吉国，即古代的肃慎国），在高句丽以北，一共有七个部落：最南粟末部，与高句丽接壤，粟末部以北为伯咄部，伯咄部东北为安车骨部；伯咄东为拂涅部；拂涅东为室部；安车骨西北为黑水部；粟末东南为白山部，其中黑水靺鞨最厉害。靺鞨的西北与契丹接壤，只有粟末、白山距离隋朝最近。

流求、倭国分别是今天的台湾（有人认为是琉球群岛，有争议）、日本。

在隋帝国的南面向隋帝国朝贡的有十余个国家，史籍记载的有四个国家，被称为南蛮，分别为林邑国、赤土国、真腊国、婆利国。

林邑国，其地在今越南中南部一带。秦汉时期为日南郡象林县，东汉末年，象林县功曹的儿子区连杀害县令，自立为王；区连死后无子，外甥范熊继位，范熊死后，儿子范逸继位。范逸无子，死后，日南人范文自立，南北朝时期一直与南朝通使往来。隋文帝灭陈后，林邑国派遣使者入朝，但不久就不再朝见了。

赤土国，学者认为在今苏门答腊岛。

真腊国，在林邑国西南，即今柬埔寨一带。

婆利国，有学者认为在今加里曼丹岛，确址不详。

在隋帝国的西面主要有吐谷浑和西域诸国，到隋朝时期，疆域主要在今青海省一带。隋文帝灭陈后，吐谷浑王非常害怕，再也不敢骚扰隋朝边境。开皇十一年，吐谷浑新王世伏嗣位，向隋朝称臣，并请求迎娶隋朝公主，但隋文帝没有答应，到开皇十六年，隋文帝才答应将宗室之女光化公主嫁给世伏。第二年，吐谷浑内部大乱，吐谷浑人杀死了世伏，拥立世伏的弟弟世允为王。世允即位后，派人向隋朝谢罪，并请求按照本国风俗娶光化公主为妻，隋文帝答应了。从此以后，吐谷浑每年都向隋朝进贡，但吐谷浑使者每次前来，总是四处打探隋朝国内的消息，隋文帝对此非常厌恶。

北方少数民族被隋王朝称之为北狄，主要有突厥、西突厥、铁勒、奚、契丹、室韦。

突厥，姓阿史那氏，原本是平凉（今甘肃省平凉市）杂种胡人。北魏太武帝拓跋焘消灭北凉统一中国北方以后，阿史那率领五百家投奔了柔然，世代居住在金山（阿尔泰山），因金山像头盔一样，俗称突厥，遂以此为号。另一种说法是：突厥的祖先来自西海（当指今里海，一说黑海）之上，被邻国灭亡后，部民全部被杀死，只剩下一个小儿不忍心杀害，遂将其弃置于大泽之中。一头母狼将小儿养大，后与母狼交配，母狼生下了十个孩子，其一姓阿史那氏，遂被立为君长，后来部落逐渐强盛。

北魏末年，有伊利可汗（名字叫阿史那土门）；伊利可汗死后，传位给儿子科罗，号称乙息记可汗（名字叫阿史那科罗）；乙息记可汗死后，没有将汗位传给儿子摄图，却传给弟弟俟斗，号称木杆可汗（名字叫阿史那俟斤）；木杆可汗死后，也没有将汗位传给儿子大逻便，而把汗位传给了弟弟佗钵可汗（名字叫阿史那库头）。木杆可汗和佗钵可汗时期，为北魏末年和北周北齐时期，突厥最为强盛，中原王朝争相拉拢突厥。如前所述，突厥从第二任乙息记可汗开始，到第四任可汗佗钵可汗，全是兄终弟及，但在佗钵可汗去世时（开皇元年，公元581年），在传位时就出现了问题。佗钵可汗想要把汗位传给哥哥木杆可汗的儿子大逻便，可是，佗钵可汗死后，因大逻便生母地位低贱，国人不服，在第二任可汗乙息记可汗之子摄图的干预下，突厥贵族遂违背了佗钵可汗的遗言，而立了佗钵可汗之子庵逻。庵逻被立以后，大逻便不服，庵逻又无能为力，遂主动将汗位传给了堂兄摄图，摄图为沙钵略可汗。为了协调大逻便与庵逻之间的关系，沙钵略可汗阿史那摄图分别以庵逻为第二可汗、大逻便为阿波可汗，另有他们三人的堂叔玷厥居住在西方，号称达头可汗，突厥汗国出现了四个大可汗并存的局面。开皇七年，当沙钵略可汗摄图去世时，又采用了父辈兄终弟及的做法，没有将汗位传给儿子阿史那雍虞闾，而传给了弟弟处罗侯，是为莫何可汗；莫何可汗生擒堂兄弟阿波可汗大逻便，但不久他自己也战死了。莫何可汗阿史那处罗侯死后，他自己的儿子染干又不得立，突厥贵族又把汗位交还给了处罗侯的哥哥沙钵略可汗摄图的儿子雍虞闾，是为都蓝可汗。都蓝可汗与其堂叔祖达头可汗相互争斗，隋朝继续采取分化瓦解的办法，一方面对二人均不支持，另一方面却扶植莫何可汗的儿子突利可汗染干，挑起突厥内部的矛盾，而突利可汗阿史那染干与都蓝可汗雍虞闾之间的矛盾还在发酵，不久又将展开一场大战。

西突厥，在东突厥第一任可汗土门（伊利可汗）兴起时，他的弟弟室点密向西发展，走上了独立发展的道路。室点密独自与东罗马帝国查士丁尼皇帝签订合约，与波斯一起消灭了哌哒，又与东罗马一起夹击波斯。室点密死后，其子达头可汗继位，达头可汗与东突厥的第二、三、四任可汗乙息记、木杆、佗钵可汗均为堂兄弟关系。原本东西突厥各自发展，但在东突厥佗钵可汗去世时（开皇元年），在继承汗位问题上出现了争执，东突厥第二代的三位可汗之子都各自被封为可汗，其中乙息记可汗之子摄图为大可汗，即沙钵略可汗，佗钵可汗之子庵逻为第二可汗，木杆可汗之子大逻便为阿波可汗。因此时阿波可汗也居于偏西方向，在隋朝人的概念中就出现了一定的混乱，往往与更西的达头可汗建立之国统称为西突厥。此后，大逻便联合达头与沙钵略可汗摄图相互攻伐，到沙钵略可汗死后，其弟莫何可汗处罗侯生擒了大逻便，大逻便的西突厥国内又拥立特勤（突厥高级官职，又记作特勒）鞅素的儿子为汗，是为泥利可汗。开皇末年，达头可汗的西突厥与沙钵略可汗之子都蓝可汗联合，进攻堂弟染干即启民可汗，都蓝可汗败死，达头可汗趁机统一了东西突厥。但不久，在隋军的反击下，达头可汗被击败，逃往吐谷浑，原本是小可汗的泥利可汗成了西突厥可汗，不久，泥利可汗去世，其子阿史那达漫继位，号称泥撅处罗可汗。处罗可汗的母亲向氏是汉人，又嫁给了处罗可汗的叔父特勤婆实，因处罗可汗年龄太小，又立了两个小可汗，分别统领西突厥部众，一个在石国（今乌兹别克斯坦塔什干）以北，一个在龟兹（今新疆维吾尔自治区库车）以北。开皇末年，向氏与婆实一起回到中国。

铁勒，又称狄历、丁零、敕勒、高车，祖先为匈奴族的支属（也有不同看法）。从西海往东，有大大小小很多部落，分属东西突厥。这些部落根据地域不同，可以划分为七个较大的集团：一是独洛河（今蒙古国图拉河）以北有仆骨、同罗、韦纥、拔也古、覆罗五部，各有酋长，有蒙陈、吐如纥、斯结、浑、斛薛等姓氏，兵力两万；二是伊吾（今新疆维吾尔自治区哈密市）以西、焉耆（今新疆维吾尔自治区焉耆）以北，有契苾、薄落职、乙咥、苏婆、那曷、乌护、纥骨、也咥、于尼护九部，有两万兵力；三是金山（今阿尔泰山）西南，有薛延陀、咥勒儿、十槃、达契四部，一万余兵；四是康国（康居国，位于锡尔河至阿姆河之间）以北，在阿得水（今额尔吉斯河）沿岸，有诃咥、曷截、拨忽、比干、具海、曷比悉、何嵯苏、拔也未渴达八部，有三万军队；五是得嶷海（今里海）沿岸，有苏路羯、三索咽、蔑促、隆忽等诸姓，八千余兵力；六是拂菻（东罗马帝国）以东则有恩屈、阿兰、北褥九离、伏嗢昏等五部，近二万兵力；七是北海以南则都波等部落。

奚，本名库莫奚，为东胡后裔，居住在松、漠之间（大致位于今内蒙古自治区西辽河流域）。分为五部：辱纥王、莫贺弗、契个、木昆、室得，依附突厥，与契丹为敌。

契丹，与库莫奚异种而同类，与库莫奚均在松、漠之间游牧，后移居黄龙（《魏书》称和龙，即今辽宁省朝阳市）以北数百里。风俗与靺鞨相同。后为突厥所逼，逃入高句丽境内。开皇四年，契丹各部向隋朝称臣，隋文帝答应他们回归老家。回来后，到开皇六年，契丹各部相互攻击，又被突厥侵扰，隋文帝派人前往斥责，此后，又有契丹部落从高句丽和突厥那里归附，部众逐渐增多。在托纥臣水（今老哈河）沿岸居住，东西五百里，南北三百里，分为十部。突厥沙钵略可汗遣吐屯（类似中原王朝的御史）潘垤统领。

室韦，与契丹同族。南部的叫契丹，居住在北方的叫室韦。室韦分为五部：南室韦、北室韦、钵室韦、深末怛室韦、大室韦。百姓非常贫穷，没有酋长。南室韦在契丹以北三千里，后逐渐分为二十五部，每部有一个酋长；从南室韦继续向北，行十一日就到了北室韦的地界，分为九部落，绕吐纥山（一说在今内蒙古自治区鄂伦春旗北伊勒呼里山）居住，成吉思汗就出自北室韦九部之一的蒙兀室韦。再向北一千里，就到了钵室韦的地域，钵室韦背靠胡布山（今外兴安岭）居住。在钵室韦的西南，是深末怛室韦。在深末怛室韦西北数千里，为大室韦，道路难行，语言不通。

一四 讨伐突厥

即便是到了隋文帝开皇后期，环顾隋帝国四周，最具威胁的势力仍然是突厥，其次高句丽，再次吐谷浑。

当高句丽第二十五任王高汤听说南陈灭亡后，国内一片恐慌，开始囤积粮草，整军备战。开皇十七年，隋文帝给高汤写信，斥责他虽然向隋朝称臣，却没有诚意，胁迫同样向隋朝称臣的靺鞨、契丹；偷偷以财物引诱隋朝工匠，逃往高句丽；对隋朝使臣严加看管，唯恐使臣得知真实情况；又多次派遣骑兵，骚扰大隋边境。过去，陈国陈叔宝昏庸狂悖，自恃长江天险，屡屡侵扰我边境，我前后劝说十年，他就是不听，因此，我才命令大军一举将其灭掉。你自己想想辽河与长江相比哪个宽阔？高句丽之人与陈国相比哪个更多……

高汤接到隋文帝的诏书后，赶忙上书谢罪。正巧，高汤很快就病死了，其子高元继位，隋文帝遂下诏拜其为上开府、仪同三司，袭爵辽东郡公；高元上书谢恩，又称祥瑞，并顺便请求隋朝加封其为王，隋文帝同意了。但高元被封王后，背信弃义，率领靺鞨之兵一万多人大举骚扰辽西（今辽宁省锦州市北镇市），隋朝营州（今辽宁省朝阳市）总管韦冲率领隋军将其击退。隋文帝听到这一消息，不禁勃然大怒，决定大举讨伐高句丽。

开皇十八年（公元598年）二月四日，隋文帝下诏任命汉王杨谅、上柱国王世积为行军元帅，率领水陆大军共计三十万人，讨伐高句丽。以尚书左仆射高颎为杨谅长史，周罗睺为水军总管。王世积，阐熙新溪（今陕西省定边县）人。其父王雅，为北周使持节、开府仪同三司。王世积容貌魁伟，仪表堂堂，北周时即因军功被拜为上仪同，封长子县公。高颎对王世积的才能非常赞赏，但在杨坚篡周过程中，王世积的表现并不积极，他曾暗中对高颎说："我们都是北周臣子，看到社稷将要倾覆，该如何是好？"隋朝建立后，王世积被任命为蕲州总管；平陈之战，王世积率领本部人马夺占了南陈江西等地，因功被晋升为柱国、荆州总管，后，他又奉命讨伐桂州李光仕叛乱，被晋升为上柱国。隋文帝对他非常看重，但他看到晚年的隋文帝变得很苛刻猜忌，很多功臣都获罪了，遂终日饮酒酣醉，不问世事。隋文帝误以为王世积饮酒过度是得了酒瘾的病，就把他安置到宫中，令御医对其精心医治，王世积谎称病愈，才得以回到家中。周罗睺为南陈猛将，他文武双全，历任豫章太守、太子左卫率，南陈灭亡后，他被隋文帝任命为豳州刺史、泾州刺史。

六月二十七日，隋文帝下诏剥夺了高元的官爵。汉王杨谅率军从临榆关（又称榆关、渝关，即今山海关）北上。当时，遇到大雨连绵，道路泥泞，粮道被阻，军粮短缺，军中又爆发了传染病。周罗睺率领水军从东莱（今山东省莱州市）越海直抵高句丽国都平壤，但也遭遇大风，不少战舰都沉没了。隋军进抵辽水西岸，高句丽王高元也非常恐慌，派人前来谢罪，上书自称“辽东粪土臣元”。隋文帝也见好就收，九月二十一日，他下诏撤军。隋军这次出师，还没有遇到高句丽军队，自己因饥饿、疾病、船只沉没就死亡了十之八九，即二十多万人，这个数字是相当惊人的。

一直与高句丽为敌的百济王昌派人来见隋文帝，请求担任向导，此时隋文帝已经下令全线撤军了，他给百济王写信说：“高句丽已经认罪，朕也已赦免了他，不可再讨伐了。”给使者赏赐了很多礼物。高句丽听说后，出兵开始侵扰百济的边境。

第二年，突厥突利可汗染干通过长孙晟向隋文帝报告，都蓝可汗正下令制造攻城器械，打算南下进攻大同城（今内蒙古自治区乌拉特前旗）。于是，隋文帝下诏以汉王杨谅为行军元帅，尚书左仆射高颎率领将军王詧、上柱国赵仲卿领兵从朔州道（今山西省朔州市）北上，尚书右仆射杨素率领柱国李彻、韩僧寿从灵州道（今宁夏回族自治区灵武市）北上，上柱国燕荣从幽州道（今北京市）北上，三路大军全部接受汉王杨谅的指挥，大举讨伐都蓝可汗。但汉王杨谅不亲临军中，只是遥控指挥。李彻，字广达，其父李和入隋后为柱国。李彻性格刚毅，容貌魁伟，精通武艺。北周时期即拜为车骑大将军、仪同三司。入隋后，历任云州刺史、左武卫将军、总晋王杨广府军事等职。韩僧寿，字玄庆，为隋朝名将韩擒虎的同母弟弟，他也非常骁勇。入隋后历任熊州刺史、蔚州刺史、检校灵州总管事。

都蓝可汗雍虞闾听说后，遂与叔祖达头可汗玷厥结盟，合兵一处掩袭突利可汗染干。双方在长城脚下展开了一场大战，突利可汗大败，都蓝可汗将突利可汗的兄弟、儿子、侄儿全部杀死，并趁势渡过了黄河，闯入隋朝的蔚州（今山西省灵丘县）境内。突利可汗的部落全部被打散，他与长孙晟一起带着五名骑兵狼狈南逃，接近黎明，逃了一百多里，身边聚拢了数百骑兵。突利可汗与下属们商议道："如今兵败入朝，只不过是一个投降了的普通人而已，隋朝皇帝岂能对我礼遇？虽然玷厥也率军前来，但我与他素来并无恩怨，如今如果前去投靠，他肯定是会收留我的。"长孙晟得知后，即偷偷派人进入伏远镇（今地不详），下令守军赶快点燃烽火。突利可汗见到守军四个烽火台同时燃起，遂询问长孙晟是什么意思，长孙晟诓骗他说："我身处山谷，城堡位于高处，肯定是望见了敌人。根据我国的规定，如果敌人人数较少，就点燃两个烽火；如果来得多，就点燃三个；如果大队人马就在眼前，就点燃四个。守军一定是望见大批敌人已经逼近我们了！"突利可汗听后，顿时方寸大乱，对下属们说："追兵已经逼近，还是赶快进城躲一躲！"等到一行人进入城堡后，长孙晟即命令突利可汗的高官执室统领突厥部众，他自己则与突利可汗乘坐驿马快车前往长安。

四月二日，突利可汗来到长安。隋文帝大喜，任命长孙晟为左勋卫骠骑将军，持节监护突厥部众。隋文帝命令突利可汗染干与都蓝可汗雍虞闾的使者特勤因头辩论，染干义正词严，隋文帝非常高兴，对他很是优待。都蓝可汗的弟弟都速六抛妻弃子，与突利可汗一起来到长安，隋文帝对他很是赞赏。为了安抚都速六，隋文帝特意指令染干与他赌博，让其故意输给了都速六很多财物。

就在突利可汗来到长安的同时，隋军三路大军与南下突厥军队迎面相撞了！

中路高颎命令上柱国赵仲卿率领三千人马为先锋，当他们行至族蠡山（疑在今山西省右玉县北）时，与突厥军队遭遇，双方激战了七天七夜，隋军这股人数不多的先头部队大破突厥军队，并乘胜追击，一直追杀到乞伏泊（今内蒙古自治区察哈尔右翼前旗东北黄旗海），将突厥再次击破，俘虏一千多人，各种牲畜一万多头。

很快，突厥大军又转入了反攻，赵仲卿率领隋军结成方阵，四面抵抗，双方又苦战了五天。正巧，高颎率领大军赶到了战场，隋军立即向突厥军队发起总攻，再次将敌人击退。高颎指挥隋军穷追猛打，渡过白道川（今内蒙古自治区呼和浩特市以北），翻越秦山（阴山山脉），向北追击七百多里才南撤。

在中路取得胜利的同时，西路杨素所部也取得了胜利。

杨素军队遭遇的是达头可汗玷厥的军队。过去，隋朝军队与突厥作战，领兵大将担心突厥骑兵会冲击阵形，全都是命令战车、步兵与骑兵混编在一起，外面构筑鹿寨，部队结成方阵，骑兵藏在方阵中央。这一次，杨素却说："这种打法只是在固守，无法夺取战争的胜利。"于是，他下令一改过去的战法，将军队全部结成骑兵战斗阵型。达头可汗玷厥得知隋军要与自己的骑兵硬碰硬，不禁大喜，说道："这是上天赏赐给我的胜利啊！"当即下马，向上天叩拜谢恩，而后，胜券在握的他率领十余万骑兵径直朝隋军杀来。

看到铺天盖地而来的突厥军队，上仪同三司周罗睺说道："敌人阵形尚不整齐，请下来发起攻击吧！"杨素答应了。周罗睺亲率二十名壮士从隋军中冲出，径直冲入突厥军中，杨素指挥大军随后跟进。顿时，杀声四起，惊天动地，一场血战就此展开。双方短兵相接，从下午四五点一直打到下午六七点，隋军终于大获全胜，杀伤无数突厥人，达头可汗身负重伤，狼狈脱离了战场，剩余的突厥残兵败将也哭喊着向北逃去。

到这一年十月二日，隋文帝加封突利可汗染干为意利珍豆启民可汗，汉语的意思是心智健康的可汗。启民可汗上书称："不仅蒙受陛下册立，又改了官名，过去我曾有的奸诈之心，从此以后全部去除，一心侍奉陛下，再也不敢违法了。"长孙晟派出投降的突厥人回到都蓝可汗那里侦察，得知都蓝可汗境内灾祸频仍，部众终日惶恐不安，每夜都会发生夜惊，声言隋军就要来了。除了都速六之外，都蓝可汗帐下的部众前后归顺隋朝的又有一万多人，隋文帝命令长孙晟率领五万人在朔州修筑大利城（今内蒙古自治区清水河县，一说在今内蒙古自治区和林格尔县西北），安置突利可汗以及突厥降众。当时，嫁给突利可汗不足两年的安义公主已去世了，隋文帝又命长孙晟持节护送宗室之女义成公主再嫁突利。

长孙晟又上书说："投奔染干部落的突厥人越来越多，虽然把他们安置在长城之内，但他们还是担心受到雍虞闾的劫掠，无法安心生活。请求把他们迁往五原（今陕西省定边县，一说在今内蒙古自治区五原南），北依黄河，再在夏州（今陕西省榆林市横山区）与胜州（今内蒙古自治区托克托县）南北四百里之间，东西一直到黄河，开挖一道深沟，使他们可以在其中自由游牧。"隋文帝答应了。隋文帝又下令上柱国赵仲卿率领两万边防军防御达头可汗，代州总管韩洪等人率领一万步骑镇守恒安（今山西省大同市西北）。达头可汗率领十万骑兵前来，韩洪军大败，赵仲卿率军从乐宁镇（一说即乐安镇，在今山西省大同市西）截击，斩杀了一千多敌人。

到这一年年底，隋文帝又命令杨素率军从灵州、行军总管韩僧寿从庆州（今甘肃省庆阳市）、史万岁从燕州（今河北省涿州市）、大将军姚辩从河州（今甘肃省临夏市）出击，兵分四路，继续打击突厥。隋军尚未出塞，到这一年十二月四日，众叛亲离的都蓝可汗雍虞闾为部下所杀，达头可汗玷厥自立为步迦可汗，突厥汗国陷入一片混乱。长孙晟建议隋文帝道："如今我大军临境，屡战屡胜，敌人国内分崩离析，国主被杀，趁此机会前去招抚，一定能让突厥人全部归附，请求您答应派遣染干的部下分头前去招抚。"隋文帝同意了，因此，有很多突厥部众都投降了染干。

一五　废黜高颎

在前线隋军取得一个接一个胜利的同时，后方隋朝宫廷内部的斗争却日趋白热化了，而这条主线其实与皇太子杨勇岌岌可危的地位有着直接的关系。

从开皇十一年皇太子妃元氏突然死后开始，独孤皇后就已经对皇太子杨勇心存不满了，此后，杨勇还不知忌讳，他的奢靡也令隋文帝渐渐对他失去了信心，暗中产生了废黜太子的打算。一次，隋文帝有意无意地问高颎：“有神灵告诉晋王妃说，晋王终当拥有天下，你说该怎么办呢？”高颎当即跪倒在地，说道：“长幼有序，岂能轻易废黜太子？”隋文帝听后，沉默不语。

显然，隋文帝的问话是经过深思熟虑的，也是与独孤皇后二人商量好了的，其目的就是想探听一下高颎的立场。高颎的儿子高表仁娶了皇太子杨勇的女儿，高颎与杨勇是儿女亲家，论公论私，高颎自然都坚决地站在了皇太子杨勇的一边。

高颎的态度也注定了他的结局，而实际上，他的这一坚决捍卫皇太子的立场已经让他在无意之间得罪了很多人。

首先当然是企图废黜皇太子杨勇的隋文帝和独孤皇后。高颎最初得以接近隋文帝还是由于与独孤皇后家特殊的关系（高颎之父曾为独孤信的下属），而高颎本人个人能力又非常出色，他不仅文韬武略，满腹经纶，而且还亲贤爱士，一心为国，因此，一直受到隋文帝和独孤皇后的信任。虽然右卫将军庞晃、将军卢贲、尚书都事姜晔、楚州行参军李君才等人屡屡在隋文帝面前说过高颎的坏话，但隋文帝是一概不听，还惩处了这些人。然而，如今的情况就不同了，隋文帝和独孤皇后已经决定要废黜皇太子杨勇，而高颎却站到了主子的对立面，其处境自然变得非常凶险了。那次调解隋文帝与独孤皇后之间的矛盾，也让高颎在无意之间得罪了独孤皇后。当时，为了解劝隋文帝，高颎曾说过一句“陛下怎能因为一个妇人而轻视天下”的话，言者无心，听者有意。这话中的妇人既可以理解为被杀的尉迟氏，亦可以理解为独孤皇后，但这话传到独孤皇后的耳中，就变成了高颎轻视自己不过是个妇人，遂对高颎一直怀恨在心。

其次当然是一心夺嫡的晋王杨广。高颎与杨广之间本来也有些过节。还是在开皇九年杨广挂名灭陈（实际是高颎指挥）后，色心很重的他早已垂涎陈叔宝的贵妃张丽华的美貌，想纳张丽华为妃，高颎却下令将张丽华斩首，杨广非常不满。如今，高颎又站在杨勇一边，自然就成了杨广的对头。

最后是对皇位同样存有觊觎之心的汉王杨谅。在皇太子杨勇失宠后，除了晋王杨广得到隋文帝的欢心外，汉王杨谅也深受隋文帝的青睐。《隋书》称："十九年，突厥犯塞，以谅为行军元帅，竟不临戎。高祖甚宠爱之。"隋文帝决定讨伐高句丽时，高颎极力劝谏，但隋文帝不从，结果隋军大败，后来，独孤皇后又在隋文帝面前打小报告："高颎原本就不愿此行，陛下勉强让他出征，我就知道是这个结果！"暗示高颎存有奸心，不肯尽力。在讨伐高句丽之战中，隋文帝因汉王杨谅年少，下令将军中事务全权交由高颎处理，可是，高颎一片公心，对杨谅的很多建议都置之不理，也让杨谅深怀不满。等到杨谅回京后，向独孤皇后哭诉说："儿子侥幸没有被高颎给杀了！"隋文帝听了，更是不悦。杨谅的话自然是一派胡言，高颎即使再胆大包天，也是不敢擅自诛杀亲王的，但隋文帝竟然或者装作信以为真了。

既然高颎铁了心跟定杨勇，那么，处置二人就该同时进行了。

隋文帝下令把东宫卫队中的骁勇战士都挑选出来充实皇宫卫队，此举显然是一种预防措施，但高颎反对道："如果全部挑选勇士，恐怕东宫卫队的力量会单薄。"隋文帝听后，脸马上沉了下来，说道："我时不时要出外，禁卫军士兵们自当强健。太子身处东宫，培育德行，身边要勇士有什么用！在东宫配备强大的卫队，这本来就一种陋习。如果按照我的意思，在禁卫军轮调的时候，分出一部分军队护卫东宫即可，这样一来，就不存在皇宫卫队与东宫卫队的区别了，这岂不是更好？我已熟知前代的事情，你不要总故步自封了！"削弱太子杨勇身边的武装力量，已说明废黜太子一事箭在弦上了。

高颎的夫人病死了，独孤皇后对隋文帝建议说："高仆射年事已高，夫人又死了，陛下怎能不替他再娶一个？"隋文帝把皇后的话转告给高颎。高颎流着眼泪道谢说："如今臣已经老了，退朝之后，只不过在斋房内诵读佛经而已，虽然陛下对我关爱有加，但说到再娶，我还是不愿意啊。"隋文帝就没再坚持。但不久，高颎的爱妾替高颎生下了一个男孩，消息传来，隋文帝非常高兴，独孤皇后却十分不满。隋文帝问她缘故，独孤皇后说道："陛下以后还能再相信他高颎吗？开始的时候，陛下要替高颎再娶一个妻子，而高颎心里只有他爱妾，才当面欺骗陛下，说出不愿再娶之类的话，如今，他的谎言已被戳穿，陛下岂能再信任此人！"从此以后，隋文帝开始疏远了高颎。

等到隋文帝发兵讨伐突厥时，高颎率军从白道川出发，将深入沙漠追击敌人，派人进京请求增派军队，这时，就有人诬陷高颎将要谋反，隋文帝还未做处理，高颎就击败突厥回师了。宜阳公王世积担任凉州总管，他的亲信皇甫孝谐犯了法，逃到王世积那里避难，但王世积不接纳。皇甫孝谐大怒，等他被判决流放桂州后，就反咬一口，诬告王世积将要谋反，称："王世积曾经让道人给自己看相，道人回答：'大人将成为国主，还将来到凉州。'他的心腹对他还说：'河西是天下精兵所在，能建立一番大业。'王世积回答：'河西地广人稀，不是用武之地。'"隋文帝不问青红皂白，即下令将王世积斩杀，提拔皇甫孝谐为上大将军。

在处理王世积一案中，涉及一些皇宫内部的机密，说是从高颎那里传出来的，隋文帝听后不禁大惊失色。有关部门又上奏称："高颎以及左右卫大将军元旻、元胄，也与王世积勾结，接受王世积馈赠的名马。"元旻、元胄被隋文帝免去了官职。上柱国贺若弼、吴州总管宇文弼、刑部尚书薛胄、民部尚书斛律孝卿、兵部尚书柳述等人证明高颎无罪，隋文帝大怒，将他们全部打入大牢，自此，朝廷群臣无人敢再替高颎鸣冤了。

八月十日，隋文帝下诏免去了高颎上柱国、尚书左仆射，以齐公的爵位回家闲居。

当时，秦王杨俊还没有去世，在病重期间，隋文帝驾临秦王府邸，召高颎赴宴。高颎见到隋文帝后，禁不住哽咽流泪，悲不自胜，独孤皇后也难过得流下泪来。隋文帝对高颎说："朕没有对不起你，是你对不起朕。"而后，他对身边的近臣们说："我对高颎比对我的儿子们还亲，即使看不到他，他也好像总在我的面前，但自从免去了他的官职以后，我就把他忘记了，仿佛这个世界上从来就没有高颎这个人一样。身为臣子的不该以自己的才能来要挟君主，自以为就是天下第一了！"

树倒猢狲散。

这世界上缺乏的是雪中送炭之人，却永远也少不了落井下石之徒。不久，高颎的国令（王公府总管）就站出来，揭发高颎家的隐私，他上书称："高颎的儿子高表仁对高颎说：'司马懿开始的时候称病不朝，后来终于得到了天下，大人如今这样，焉知非福？'"接到国令的报告，隋文帝勃然大怒，下令将高颎关押在内史省中审讯。有关官员又上奏称："真觉和尚曾对高颎说：'明年国家将出现大丧。'令晖尼姑也说：'十七、十八年，皇帝有大灾，难以躲过十九年。'"隋文帝听了，更加恼火，对群臣说道："皇帝宝座全由天意，人力岂能强求？孔子是何等伟大，还没有得到天下，他高颎与儿子说的话，自比为晋朝皇帝，这是何等险恶之心啊！"有关部门请求将高颎斩杀，隋文帝说道："去年，我杀了虞庆则，今年，已经杀了王世积，假如再杀掉高颎，天下之人又该怎么说我呢！"于是，把高颎削职为民。

高颎刚当上尚书左仆射时，其母亲就曾告诫他说："你已经非常富贵了，就差砍头了，你要谨慎小心才是。"因此，高颎总是担心哪天会大祸临头，等到如今被免官后，高颎不仅没有丝毫怨恨之情，以为就此可以免去那场命中注定的灾祸了，因而内心还十分高兴。过去，国子祭酒元善曾对隋文帝说过："杨素粗心大意，苏威胆小如鼠，元胄、元旻就像呆头呆脑的鸭子一样，能够托付国事的，只有高颎一人。"隋文帝当时深以为然，但等高颎出事后，隋文帝把元善狠狠地数落了一番，元善忧愁恐惧，不久就死掉了。李彻也因与高颎私交很好，受到牵连被罢职在家。

苏威、杨素、贺若弼、韩擒虎等人，都是高颎引荐的，但当高颎出事后，在这四人当中只有贺若弼一人证明高颎无罪，韩擒虎已死不提，杨素是晋王杨广一党，自然不会替高颎说话，而苏威又是一个怯懦之人，也不敢站出来仗义执言，而贺若弼早已被隋文帝疏远，说话根本没有多少分量，当然也起不到任何效果。

高颎是隋朝第一名相，他执政二十年，与开皇年间相始终，开皇之治，与高颎的努力密不可分。高颎政治生命的结束，也就意味着开皇之治的终结，隋王朝将步入由盛转衰的下坡路了。

一六 晋王夺嫡（一）

时光很快进入开皇二十年（公元600年），开皇最后一个年头，而这一年发生的两件大事又都是上一年的延续。

一件是继续讨伐突厥；另一件则是废黜太子杨勇。

先说说第一件继续讨伐突厥，这次战役在史书被称为反击达头可汗之战。开皇二十年四月四日，因隋朝支持突利可汗招诱突厥部众，已自称步迦可汗的达头可汗率领突厥大军南下，骚扰隋朝边境。隋文帝下诏命令晋王杨广、杨素从灵武道北上，汉王杨谅、史万岁从马邑道北上，兵分两路迎击突厥。

显然，隋文帝这样安排是有深意的，此时的隋文帝似乎对于未来太子的人选尚迟疑不定，他以两个儿子为行军元帅，可能就是为了考查二人的能力。隋文帝的第三子秦王杨俊早已失宠，且身染重病，行将去世，根本没有夺嫡的可能；第四子蜀王杨秀，镇守益州，虽然他相貌堂堂，又是个美髯公，但一直没有得到隋文帝的青睐。隋文帝曾对独孤皇后说："杨秀肯定会恶死。我活着他还没有性命之忧，等我死后，他的兄弟们继位，他一定会造反的。"显然，杨秀也不在隋文帝的考虑范围。剩下的自然只有次子晋王杨广和幼子汉王杨谅了。

战斗主要是在东线打响。史万岁率领柱国张定和、大将军李药王、杨义臣等出塞，隋军行至大斤山，即与突厥军队遭遇了。达头可汗派人问道："隋军主将是何人？"侦察兵回报："史万岁。"达头可汗又问："是不是那个曾被发配到敦煌的家伙？"回答："正是那人。"达头可汗听说后，即心生恐惧，率军撤出战场。

张定和，字处谧，年少贫贱，但心怀大志。开始担任侍从，灭陈之战时，张定和从军，却无钱置办行装，想把妻子陪嫁时的衣服卖掉换钱，但妻子就是不同意，张定和还是毅然从军而去了。战后，他因功被拜为仪同，赏赐一千匹布帛，遂休掉了妻子，后又屡立战功，被晋升为上开府、骠骑将军。后追随上柱国李充击突厥，最先冲入敌阵，被敌人刺中脖子，张定和揪下一把野草，堵住伤口，继续与敌人搏杀，终于大破敌人。隋文帝听说后，派人火速赶往前线，给张定和带去医药，并进行慰问。战后，又晋升其为柱国，封武安县侯，赏二千段丝绸，良马二匹，一百两金子。李药王，史书无传，据出土的《李药王墓志》可知，其父李诠，为北周、隋赵郡太守。李药王是李诠的长子，袭爵永康公，历任南宁道、云州道行军总管、石州刺史等职，他的三弟就是唐初名将李靖（原名李药师）。杨义臣，本姓尉迟，与尉迟迥同族。其父尉迟崇为北周仪同大将军，他见杨坚相貌非常，遂主动与杨坚结下深厚的友谊，后在跟随达奚长儒与突厥周盘之战中战死，尉迟崇死时，尉迟义臣年龄很小，养在宫中。入隋后，隋文帝下诏将其赐姓杨，视为皇从孙，不久拜为陕州刺史。杨义臣谨慎宽厚，擅长骑射，有将帅之才，隋文帝对他十分看重。

史万岁立即指挥隋军发起进攻，隋军猛追了一百多里，才追上了突厥人，一场大战下来，斩杀突厥数千人。突厥人继续仓皇北逃，隋军死死追赶，度过漠南沙漠，又追赶了数百里，见突厥人逃得无影无踪，隋军这才南撤了。

在东线，达头可汗又派遣侄儿俟利伐从漠南进攻启民可汗染干，隋文帝组织军队协助启民可汗防卫各个要道，俟利伐见无隙可乘，遂率军北撤了。启民可汗非常感激，他上书向隋文帝道谢，说："大隋圣人可汗怜悯万民，养育百姓，就像上天那样全在它的保护之下，又像大地一般承载着万物。染干我如同枯木逢春，死骨长肉，千秋万代，我将永远替大隋看护牛马。"隋文帝又派赵仲卿替启民可汗修筑了金河（内蒙古自治区呼和浩特市南）、定襄（今山西省朔州市平鲁区西北）两座城池。

西线无战事。

据《隋书·帝纪》记载："*后数载，突厥寇边，（杨广）复为行军元帅，出灵武，无虏而还。*"但虽然如此，杨广此行也有收获：在与杨素同事的日子里，晋王杨广在杨素面前表现得非常谦恭，赢得了杨素对自己的信任和支持，为最终夺嫡成功起到了关键作用。

另据《隋书·长孙晟传》记载，在这次讨伐突厥之战中，隋文帝下诏命令长孙晟担任秦川行军总管，率领突厥降众，受晋王杨广指挥，在西线协同主力作战。长孙晟因突厥人喝泉水，遂将毒药投入泉水上游，突厥部众饮用毒水之后，死了很多牲畜、人员，于是，大惊说：“上天降下毒水，难道真是要灭亡我们吗？”遂趁夜逃走了。长孙晟率军追击，斩杀了一千多人，俘虏一百多人，数千头牲畜。

晋王杨广大喜，将长孙晟引入卧室，开怀畅饮。有一位来降的突厥高官当时也在座，称在突厥国内，人们非常害怕长孙总管，听到他弓箭的声音都像是天上在打雷，看见他跨马飞奔，就形同闪电。杨广听后大笑，说道：“将军震怒，威震四方，竟然与雷霆相提并论，这是多么威风啊！”

杨素出师无功，看到史万岁凯旋，他心里很不是滋味，遂在隋文帝面前说史万岁的坏话：“突厥本来就投降了，并不想侵扰我们，只是来塞上放牧而已。”业已昏聩的隋文帝信以为真，遂将史万岁的军功压了下来，没有丝毫封赏。史万岁屡屡上书，说出实情，隋文帝却始终没有醒悟。

当隋军击退突厥之后，隋文帝就将废黜皇太子杨勇提上了日程。

皇太子杨勇因元氏去世失宠于母亲独孤皇后，又因率意而为，不懂伪装，自己也逐渐失去了父亲的喜爱。隋文帝十分节俭，一次，他无意中发现皇太子杨勇身穿蜀地人制作的精美铠甲，大为不悦，说道：“从古至今，身为帝王却贪图奢侈，没有一个能逃脱厄运的。你既然身为储君，就该把勤俭节约放在首位，如此才能担负起重任。我过去穿过的衣服，用过的器物，我都特意留下一件，时常拿出来看看，用以自我约束。我恐怕你如今当上了皇太子，就忘记了过去的自己，因此，特地赏赐给你我过去用过的刀子一把、菹酱一盒，这是你过去担任上士（北周管理官）时经常吃的。如果你能牢记过去，就该明白我的用意。”

虽然隋文帝对杨勇并不十分满意，但从这些谆谆教诲的言语中，在开始的时候，其并无废黜太子的意思。但到了后来，隋文帝与太子之间的隔阂加深了，这归根结底还怪杨勇的无知。一年的冬至日，有人下令让朝廷群臣都到东宫去拜见太子，而杨勇也不知忌讳，竟然大张旗鼓出动乐队，接受群臣的祝贺。隋文帝很快就知道了此事，心中顿时五味杂陈，他询问群臣道：“前不久，我听说群臣前往东宫朝见，这是什么礼仪？”太常少卿辛亶回答：“百官前往东宫，只是前去祝贺，不能称为朝见。”隋文帝接着说道：“如果是前去祝贺，只应去个三五十人，各随自己的心情，哪有有关部门征召百官同时前往的道理！太子还身穿朝服，出动乐队，接见大家，这合适吗？”于是，隋文帝下诏，称：“礼仪是为了区分等级的，君臣之间不至于发生混淆。皇太子虽然地位很高，但从大义上来说仍然是臣子，而朝廷百官在冬至日却前往东宫，进贡礼物，这不符合礼仪，应当予以禁止。”

如果说杨勇的率意而为，还是个人品行问题，那么，他不知忌讳，接受百官的朝贺，不仅是不孝，而且更是无知了。储君本身就非常尴尬，他是在老父去世以后才能上位的君主，根据中国古代的孝道，储君继位应该心中充满了哀伤，这才符合礼仪，而杨勇竟俨然一副君主的架子，提前兴高采烈地接受百官的朝贺，这从传统道德上来说自然是不孝的。君主最大的担心就是失去自己的权力，杨勇此举不能不令隋文帝担心自己随时会失掉皇权，也深深地触动了隋文帝敏感的神经，从此以后，隋文帝对杨勇开始猜忌起来，随着时间的推移，二人之间隔阂逐渐加深，再加上杨勇的爱妾很多，他的云昭训生下长宁王杨俨、平原王杨裕、安成王杨筠；高良娣生下安平王杨嶷、襄城王杨恪；王良媛生下高阳王杨该、建安王杨韶；成姬生下颍川王杨煚；后宫没有职位的宫女又替他生下杨孝实、杨孝范。一向对好色的男人恨之入骨的独孤皇后对杨勇更是另眼相看，很不满意，经常在隋文帝面前说杨勇的坏话。

苍蝇不叮没缝的蛋。

杨勇地位不稳，给了晋王杨广一个千载难逢的机会。杨广与哥哥杨勇相比，就成熟多了。他容貌俊美，聪慧好学，沉默稳重，心机很深，藏而不露。他身为次子，原本没有机会上位，但一直觊觎皇位，暗藏夺嫡野心。为了达到目的，他总是沽名钓誉，事事处处表现得非常到位。他深知独孤皇后讨厌男人好色，所以一直克制着自己的欲望，平日里只与萧妃相处，不敢染指其他姬妾，一旦其他姬妾生下了孩子，也不敢声张出去，往往随即加害，因此，独孤皇后多次在隋文帝面前称赞他品德高尚，爱情专一。隋文帝与独孤皇后曾来到晋王府，杨广提前把美貌的姬妾全都藏匿在别的房间内，只留下一些又老又丑的侍女，身着朴素的衣服，在身边服务；还把屋内的帷帐全部换成素色丝绸，故意将乐器的弓弦弄断，挂在墙上，还在上面弄些灰尘。隋文帝见了，觉得杨广不好声色，回到宫中，他情不自禁地对身边的侍从们提及此事，言语之间透漏出满心的喜悦，侍从们也纷纷向他道贺，从此以后，隋文帝开始特别宠爱杨广了。

对于朝廷重臣，杨广也总能放下架子，曲意结交，对待杨素就是一个很好的例子。对于其他群臣，也非常谦卑，因此，美名远播，声望远在其他王子之上。对于宫中宦官，杨广更是刻意巴结，每次隋文帝和独孤皇后派人来到晋王府，不论贵贱，职位高低，每次杨广与萧妃总是到王府门外亲自迎候，备下丰盛的食物，察言观色，曲意逢迎，送上丰厚的礼物，博得了大家的一致好评，人人都在隋文帝夫妇面前称赞杨广仁爱、孝顺。宣华夫人陈氏是陈后主陈叔宝的同父异母妹妹，容貌无双，聪慧贤淑，因独孤皇后之故，隋后宫嫔妃很少能够接近隋文帝，唯独陈氏得到了隋文帝的宠爱。晋王杨广为了达到夺嫡的目的，极力巴结陈氏，经常派人送来金蛇、金驼等礼物。史称："皇太子废立之际，（陈氏）颇有力焉。"

一七 晋王夺嫡（二）

然而，废立储君，毕竟是一件大事，对于一个国家而言，也是一件极为不幸、不祥之事，因而，隋文帝既焦虑不安，又非常慎重。

一次，他偷偷让深通相术的术士来和把几个孩子的面相看了一遍，来和看后说道：“晋王一双眉骨高高隆起，贵不可言。”隋文帝又问上仪同三司韦鼎：“我的这几个孩子谁能继位？”杨勇身为太子，是理所应当的皇位继承者，隋文帝这话本来就问得非常奇怪。韦鼎当然对此心知肚明，他委婉地回答：“陛下、皇后最钟爱的应该继位，这不是臣下敢预测的。”隋文帝听了，不禁笑着说：“你是不肯明说啊！”

杨广长期担任扬州总管，每年回京一次。一次，杨广按照惯例入朝，临别，他入宫拜别独孤皇后，趴在地上，泪流满面，弄得独孤皇后也是老泪横流。杨广见火候已到，就哭着说道：“臣愚昧无知，平生总是念及兄弟骨肉亲情，却不知犯了什么罪过，惹恼了太子，太子对我总是满怀怨恨，一直想加害于我。我整日里都是提心吊胆，生怕会有流言蜚语，或者被毒酒毒死，因此，忧愁难过，害怕陷于不测。”独孤皇后听后，不禁怒形于色，说道：“睍地伐越来越不像话了！我替他娶了元氏的姑娘，竟然对她毫不尊重，只宠爱阿云，让她生下一群猪狗！过去，元氏姑娘被人毒死，我还没有进行彻查，为何他又对你想故技重演？我活着尚且如此，等我死后，岂不是把你当作鱼肉随意欺凌？每当我想到东宫竟然没有一个正妻，等到皇上驾崩以后，你们兄弟还得到阿云的孩子们面前叩头请安，想到这里，内心是多么痛苦啊！”杨广又跪下叩头，抽泣不止，独孤皇后也非常难过，从此以后，独孤皇后就下定了废黜皇太子杨勇、改立杨广的决心，而杨广也了解了独孤皇后的内心，也开始将夺嫡计划付诸实施了。

宇文述，字伯通，代郡武川人。本姓破野头，隶属于鲜卑俟豆归，后改姓其主的姓氏为宇文氏。其父宇文盛为北周上柱国。宇文述性格恭谨缜密，灭陈之后，他因功被拜为安州（今湖北省安陆市）总管。晋王杨广与宇文述私交很深，为了能让宇文述靠近自己，杨广上奏请求调任宇文述为寿州（今安徽省寿县）刺史。宇文述到任后，杨广向他问计，宇文述回答："皇太子早已失去皇上的宠爱，天下万民没有听到他有什么美好的德行。大王以仁爱孝顺著称，才华横溢，屡经战阵，立下了大功。皇上与皇后都钟爱大王，四海百姓也都将希望寄托在大王身上。然而，废立太子乃国家一件惊天动地的大事，在他人父子骨肉之间进言，这对于一个外人而言实属不易。不过，要想改变皇上的心思，只有杨素一人能够做到，而杨素的智囊则是他的弟弟杨约。我对杨约非常了解，我请求回到京师，与杨约见上一面，一起筹划夺嫡的计划。"杨广闻言大喜，拿出大批金银财宝，让宇文述带入京城运作。

杨约，字惠伯，是杨素的同父异母弟弟。杨约小的时候，从树上跌落下来，被树枝刺中阴部，后来就入宫当了一名宦官。他个性沉静，博闻强记，内心诡诈。当时，杨约担任大理少卿，杨素对他非常亲近，凡是将要作出什么决定，提前总要先征求杨约的意见以后才去执行。宇文述回到京师后，把带回来的金银珠宝都陈列在厅堂之上，而后请杨约前来饮宴。酒酣耳热之际，宇文述遂提议与杨约赌博，每次他都装作赌输，将杨广交给的财宝都输给了杨约。杨约赢得不好意思，向宇文述表示歉意，宇文述却说："这是晋王赏赐的，让我与大人图个高兴！"杨约大惊，说道："这是为何？"宇文述这才把杨广的意思给杨约说了一遍，接着，他又说道："固守正道，这是臣子的应有之义；但表面上违背经典，核心符合大义，这也是通达之人最好的谋略。自古以来，贤人君子无不与世沉浮，以躲避灾祸。大人兄弟二人功名盖世，执掌朝廷大权，已有多年了，大人一家得罪的朝廷群臣，岂能数得清楚！另外，当今太子常常因愿望得不到满足，对大人兄弟切齿痛恨，大人虽然深受陛下的宠信，但是，打算加害你们家的人也太多了啊！一旦陛下撒手人寰，大人又将到何处再找一个保护伞呢？如今，皇太子失去了皇后的宠爱，皇上打算废黜太子，也由来已久了，这都是大人心知肚明的事。现在，要想另立晋王，只需你哥哥一句话就能办到。假设真能在此时建下此等大功，晋王将对大人兄弟感激涕零，永世不忘，这对于大人一家也是转危为安的绝佳时机啊。"听了宇文述的分析，杨约连连点头，深以为然，遂告诉了杨素。

杨素听了，不禁大喜，他拍着双手，说道："我脑袋还没有想到这一层，全靠你的提醒！"见杨素答应后，杨约继续说道："如今皇后的话，皇上句句听从，应该把握住机会，早早与皇后联络，这样一来，就能永葆富贵，传之子孙。一旦稍有迟疑，事情中途出现变故，太子顺利继位的话，恐怕我家很快就要大祸临头了！"杨素满口答应。过了几天，杨素入宫饮宴，席间，他装作不经意间说道："晋王孝顺节俭，与皇上相似。"拿这些话来试探独孤皇后的意思。果然，独孤皇后听了，不禁哭了起来，说道："大人说的对啊！我儿非常孝顺啊，每次听说皇上和我派去的使者将要到了，一定会亲自来到辖区边上迎候；说到与父母天各一方，也总是泪流满面。我儿的媳妇也非常孝顺啊，我派去的婢女，她总是与之同桌吃饭，同床而眠。哪里像睍地伐和阿云这两口子，只知道相对而坐，整日喝得一塌糊涂，亲近小人，疏远骨肉！我之所以对阿摐更怜爱一些，就是担心他会被人加害啊。"杨素了解了独孤皇后的心思后，就开始大肆批评皇太子杨勇没有才干，独孤皇后又拿出自己的私房钱，送给杨素，令其在隋文帝面前说服隋文帝作出废黜杨勇的决定。蒋州刺史郭衍隶属于杨广，杨广对其非常亲近，派宇文述向他转告了夺嫡计划。郭衍听后大喜，说道："如果能成功，自当成为皇太子，就是不成功，也可以割据淮河、江南，恢复梁陈旧疆。太子杨勇不过是个酒囊饭袋，又能拿我们怎样？"杨广遂将郭衍召来一起商议，又担心别人怀疑，就谎称郭衍的妻子得了大脖子病，王妃萧氏能够给她治病，向隋文帝报告，隋文帝答应郭衍的妻子可以自由往来，"由是大修甲仗，阴养士卒。"

没有不透风的墙。

杨勇也知道了独孤皇后、杨素等人计划，但思来想去，想不出一个好的应对办法。他听说新丰人王辅贤深通占卜，就将其召来，询问吉凶。王辅贤回答："白虹贯东宫门，太白袭月，皇太子废退之象。"于是，杨勇让其制作各种物件，企图化解这场灾难；又在后花园中建造了一座平民村，房屋低矮简陋，杨勇时常身穿粗布衣服，在里面歇息，希望能躲过这场灾祸。隋文帝当时住在仁寿宫，他知道了杨勇内心不安，就派杨素来到东宫，观察杨勇的作为。杨素到来东宫门外，杨勇早已穿戴整齐，在屋内迎候，可是，杨素故意不肯立即进门，而在门外歇息，想借此激怒杨勇。杨勇果然上当，顿时火冒三丈，在接见杨素时，一脸不快之色。这下正中杨素下怀，他回去向隋文帝复命，称："杨勇满腹牢骚，恐怕会出现意外，请求陛下早作预防！"隋文帝听了杨素的汇报，果然非常怀疑杨勇会铤而走险，发动政变，而独孤皇后也派人暗中监视东宫，杨勇的一举一动都向隋文帝进行密报，又添油加醋，把杨勇犯的一些小错无限放大，最终，隋文帝更加疏远、猜忌杨勇，遂在玄武门（皇宫正北门）到至德门（皇宫东北门）之间安排了大量眼线，随时打探东宫的消息；为了预防不测，隋文帝还下令东宫卫队军官以上全部划归皇宫禁卫军指挥，凡是体格强壮的东宫卫队士兵也都被调离，还将太子左卫率苏孝慈调离京师，派到地方担任淅州刺史。杨勇更为郁闷。

太史令袁充对隋文帝说："臣仰观天象，皇太子将要被废掉了。"隋文帝回答："天象早就这样显示了，只是群臣不敢说出来而已。"晋王杨广又指令都督王府军事段达暗中贿赂东宫的近臣姬威，让他暗中窥探杨勇的隐私，向杨素密报。段达威胁姬威说："东宫的过失，陛下都已清清楚楚，我已接到密诏，一定会废掉太子的，你如果能主动告发，将会大富大贵。"于是，姬威上书向隋文帝告发了杨勇企图谋反。段达，身高八尺，是个美髯公。隋文帝担任北周丞相时，段达以大都督的身份率领隋文帝身边的侍卫亲兵，等到隋文帝登基称帝后，段达一直担任禁卫军将领，并兼任晋王杨广的参军。

一八 晋王夺嫡（三）

开皇二十年（公元600年）九月二十六日，隋文帝从仁寿宫回到了长安。

第二天，他驾临大兴殿，对侍臣们说道："我刚刚回到京师，本应该满心欢喜，可是，不知什么原因，忧愁烦闷、非常不安！"

隋文帝屡屡听说皇太子的过错，在他看来，朝廷群臣肯定对此都已知晓了，因此，才在大庭广众之中说出这番话，目的是想让大家也说出杨勇的过错，进而，他也好顺水推舟，下令废除太子，但这只是他的一厢情愿。

吏部尚书牛弘是个老实人，不知就里，贸然回答："臣等不称职，才令陛下忧虑了啊！"

见牛弘应对不当，隋文帝只得沉下脸来，直接冲东宫官员们发难："仁寿宫距离京师并不太远，可是，令我每次返回京师，都要严加戒备，好像进入了敌国一般。我因为患了痢疾，不曾脱衣睡觉，昨天晚上，想就近上厕所，本来睡在后殿，但又担心夜里出现意外，只好移到前殿，这难道不是你们这些人想破坏我家的结果吗？"于是，他当即下令逮捕了太子左庶子唐令则等人，交付审判，而后，又命令尚书右仆射杨素向近臣们通报太子杨勇的种种劣迹。

杨素说道："臣奉命回京，命太子缉拿刘居士的余党。太子接到诏书后，却声色俱厉，暴跳如雷，说道：'刘居士的党羽已全部被正法，现在让我到哪里去缉拿！你身为尚书右仆射，位高权重，这事你自己应该去干，关我屁事！'又说：'过去，如果大事不成，我这个当长子的肯定最先被杀，如今当了太子，我竟然不如这几个弟弟们，任何一件事我都不能做主！'又长叹一声，回过头去，说道：'我觉得自己全都被限制了。'"

杨素说完，隋文帝说道："我早就发现我这个孩子不堪继承家业了，皇后也常常劝我废掉他。我总是因为这孩子是我贫贱时所生，又是长子，寄希望于他能够改过自新，所以，一直忍到现在。昔日，杨勇从南兖州回来，对卫王说：'阿娘不给我找一个好女人，也真是遗憾！'又指着皇后的侍女说：'这些人将来都是我的囊中之物。'这话说得是多么荒诞啊！他的王妃刚刚去世，我曾怀疑是被他指使马嗣明毒死的，一次，我斥责他，他却非常恼火，说道：'看我不杀了元孝矩（杨勇岳父）！'这不过是他想加害于我而迁怒于他的岳父罢了。长宁王杨俨（杨勇长子，云昭训所生）刚刚生下时，我和皇后将他抱入宫中抚养，但自从产生隔阂后，他接连派人入宫领回。况且，云昭训是云定兴的私生女，想到这里，又怎能断定这孩子就是他杨勇的亲生骨肉？昔日，晋太子娶了屠户的女儿，生下的孩子天生就喜欢屠宰，如今，倘若所生的孩子不是皇家血统，就乱了大事了。我虽然品行与尧舜无法相比，但我也决不能将江山社稷、万民百姓交给一个不肖子孙！我一直以来就担心受到他的暗害，如临大敌，如今，我决定将其废黜，以安定天下！"

左卫大将军元旻劝谏道："废立大事，诏书颁发后，一旦再后悔，就来不及了。谗言陷害，无所不用其极，请陛下详察。"元旻言辞犀利，一脸严肃，但隋文帝不予理睬，命令姬威再一一道出杨勇的罪恶。

姬威说："太子对臣谈话，一向是在展示自己的骄傲自大，他曾打算把樊川一直到散关全部划成皇家园林。他还说：'过去汉武帝建造上林苑，东方朔劝谏，汉武帝赏赐给了他一百斤黄金，这真是可笑！我才没有金子赏给这些人。如果有人劝谏，我就杀了他，杀掉一百来人，自然万事大吉了。'太子建造宫殿，一年到头无休无止。前不久，苏孝慈被免去了太子左卫率，太子胡子都翘起来了，奋起胳膊，说道：'大丈夫终归会有得意的时候，此仇终生不忘，到时候，一定要称心快意！'另外，东宫需要的一些物品，有关单位往往依法不给，太子总是发怒道：'尚书仆射以下，我总要诛杀一两人，让他们知道知道怠慢我的代价！'太子又在园林内建造了一座小城，一年到头，修造不止，建起的楼台，建好又扒掉重建，还常常说：'皇上总是嫌弃我爱妾很多，难道高纬、陈叔宝就是庶子吗？不照样亡国？'太子还曾经让巫婆占卜吉凶，对臣说：'皇上到开皇十八年是个坎，这日子近了！'"

隋文帝老泪纵横，说道："我们谁不是父母所生？此人竟然如此险恶！我有一位年老的侍女，命其到东宫察看，回报我说：'别再让广平王回到皇太子那里了，皇太子憎恨老妇，全是广平王教的。'元赞也知道了他的罪恶，曾劝我在左厢仓库增加两队卫队。当初平定南陈后，将南陈宫女容貌姣好的都给了东宫，但我还听说太子更在外面搜寻女人。朕前不久阅读《齐书》，读到高欢放纵自己的孩子，不禁非常生气，轮到朕自己，岂能再重蹈覆辙！”

于是，他下令将杨勇以及他的儿子们全部软禁起来，逮捕了杨勇的党羽。杨素舞文弄墨，随意歪曲捏造，坐实杨勇的罪名。数日后，有关部门秉承杨素的意思，上奏隋文帝称元旻为了自己的前程，巴结杨勇，在仁寿宫，杨勇命其亲信裴弘给元旻写信，信封上写着“不要让别人看到”的字样。

隋文帝说道：“我住在仁寿宫，身边发生一点小事，太子就知道了，比快马走得都快，对此，我纳闷了很久，莫非就是此人泄露的？”派遣武士前去逮捕元旻。右卫大将军元胄当时正要轮休，却不肯离开岗位，并上奏道：“我坚守岗位，就是为了提防元旻。”目的是想激怒隋文帝，果然，隋文帝将元旻和裴弘都打入了大牢。

随着杨素调查的深入，杨勇的一些隐私也逐渐浮出水面。过去，杨勇见到一棵老槐树，问道：“这树有什么用处？”有人回答：“最适合取火。”当时，东宫卫士身上都配有火石，杨勇命令工人制造了数千枚取火木柴，准备赏赐给大家，此时全被搜了出来；有关部门又在杨勇的药品仓库内发现了数斛艾草，隋文帝大为惊奇，询问姬威，姬威回答：“太子此举另有深意。皇上住在仁寿宫，太子经常饲养上千匹马，常说：‘径直前去守住城门，自然能让其饿死。’”杨素用姬威的话来追问杨勇，但杨勇不服，说道：“我听说你们家还饲养了上万匹马，我身为太子，饲养了一千匹马，怎么就是谋反了？”杨素把东宫的各种稍加装饰过的衣服、器皿都拿出来展示给群臣，作为太子杨勇有罪的证据。隋文帝和独孤皇后多次派人责问杨勇，但杨勇始终不服。

十月九日，隋文帝命人召唤杨勇。杨勇见到使者后，不禁大吃一惊，脱口说道：“不是要杀我了吗？”隋文帝身穿铠甲，集结军队，他驾临武德殿，群臣站立在大殿以东，宗室贵族在西边，命人把杨勇及其儿子们带上大殿，而后，隋文帝下令内史侍郎薛道衡宣布诏书，将杨勇以及其儿女为王、公主的，全部废为平民。杨勇叩头说道：“臣理当被斩杀在都市之上，以警示后人。幸而蒙陛下怜悯，让我保全了一条性命！”说罢，泪如雨下，然后，他再次叩头，起身离去。目睹这一场面的隋朝群臣无不感到哀伤。长宁王杨俨上书请求留在京师，担任一名普通的禁卫军士兵，隋文帝看到奏表，心中顿时生出一丝怜悯之情。杨素见状，连忙说道："希望陛下应如壮士断腕，不宜再存温情。"

十月十三日，隋文帝下诏称："元旻、唐令则以及太子家令邹文腾、太子左卫率司马夏侯福、典膳监元淹、前吏部侍郎萧子宝、前主玺下士何竦全部处斩，妻妾子孙全部没入官府当奴婢。车骑将军阎毗、东郡公崔君绰、游骑尉沈福宝、瀛洲术士章仇太翼，特免一死，杖打一百，各人以及妻子、儿女、家财、田地、宅院全部没入官府。副将作大匠高龙叉、率更令晋文建、通直散骑侍郎元衡一律勒令自杀。"隋朝群臣齐聚在广阳门外，公布诏书，将有关人员处死；又将杨勇迁至内史省，给予五品官的食物。赏赐杨素三千段丝绸，元胄、杨约各一千段。文林郎杨孝政上书劝谏道："皇太子被小人误导，应该加以教诲，不该废黜。"隋文帝大怒，命人猛击他的前胸。

一九 晋王夺嫡（四）

当初，云昭训的父亲云定兴经常出入东宫，给太子杨勇送上很多奇装异服、珍贵器物，以取悦杨勇。

太子左庶子裴政多次劝说杨勇，但杨勇不听。裴政转而数落云定兴：“您的所作所为不合法度，况且，元妃去世，人们议论纷纷，这对于太子而言，都不是好事。您应该低调一些，不然，将会大祸临头。”云定兴将此事告诉给了杨勇，杨勇反而愈发疏远了裴政，最终将裴政外派到襄州担任刺史。裴政，字德表，河东闻喜人，南梁豫州刺史裴邃的孙子。入周后，裴政历任员外散骑侍郎、刑部下大夫、少司宪。隋朝建立后，历任率更令、散骑常侍、太子左庶子，是一位德高望重的老臣。裴政喜欢当面指出他人的缺点，但在背后从来不说他人的坏话，他被外派到襄州以后，有百姓犯法，裴政虽然知道但并没有惩处，后来一而再再而三地犯法，裴政才在大庭广众之中下令将其逮捕，亲自审理，查出了他们曾经犯下罪行，其中五人处死，流放了很多人，襄州境内的百姓都拍手称快。后来，裴政死于襄州刺史任上，终年八十九岁。

继任太子左庶子的唐令则，也出自世家望族。其祖父唐永，北魏正光年间（公元520—524年）担任北地太守，西魏文帝大统元年（公元535年），为东雍州刺史。唐永二子：唐陵、唐瑾。唐陵习武，唐瑾能文，唐陵后为大都督、应州刺史；唐瑾为西魏丞相宇文泰所信任，官至户部尚书、骠骑大将军，赐姓宇文氏。后来，北周德高望重的燕公于谨对唐瑾非常看重，就请求与唐瑾结为兄弟，合为一族，宇文泰又改唐瑾姓万纽于氏，唐瑾又被晋升为吏部尚书。唐令则就是唐瑾的次子。唐令则富有文采，又深通音律，杨勇曾设宴招待东宫臣下，唐令则亲自弹起琵琶助兴，歌《妩媚娘》。太子洗马李纲起身劝谏道：“唐令则身为东宫高级官员，其责任是辅佐太子，而于大庭广众之下自比于卑贱的歌手，唱起淫荡的歌曲，污染太子的视听。此事如果被皇上知道，唐令则罪在不测，岂不是要连累了殿下？臣请求速速将其治罪！”杨勇却说：“我玩得正开心，你就不要多事了！”李纲听后，遂退出宴会。

唐令则曲意逢迎杨勇，杨勇常令其辅导妻妾、宫女弹琴唱歌，太子右庶子刘行本责备唐令则道：“庶子应当以正道辅佐太子，哪有在宫闱之间谄媚的！”唐令则听后，非常惭愧，却一直不改。刘行本，性格刚烈，在北周时历任大冢宰宇文护中外府记室、御正中士、掌朝下大夫、河内太守。入隋后，历任谏议大夫、检校治书侍御史、黄门侍郎太子右庶子。当时，刘臻、明克让、陆爽三人因有文才而受到杨勇的宠爱，刘行本恨这三人不能把太子引向正道，常对三人说：“你们三个只会死读书而已！”杨勇与太子左卫率长史夏侯福很亲昵，二人曾在屋内嬉戏，夏侯福哈哈大笑，笑声传到屋外。正巧刘行本走到外面，等夏侯福出来后，刘行本斥责道：“殿下宽容，对你和颜悦色，你又是什么东西，竟敢如此放纵！”遂将其交付有关部门惩处，过了几天，杨勇替夏侯福求情，刘行本才将其释放了。杨勇曾得到了一匹好马，让夏侯福骑上马，杨勇在一旁观看，心里非常高兴，又令刘行本骑上，刘行本却不从，说道：“皇上把我放在殿下您的身边担任庶子，是想让我辅导殿下走上正道，并不是让我在您身边当一个弄臣的！”杨勇听了，顿时羞得一脸通红。等到杨勇被废时，裴政和刘行本二人都已去世了，隋文帝痛惜地说道：“呜呼！如果裴政、刘行本还活着，杨勇不会走到这步田地！”

废掉杨勇后，隋文帝把东宫臣属都召来训斥一番，大家无人敢顶嘴，唯独太子洗马李纲说道：“废立大事，如今满朝文武均知不可，却无人敢言，臣岂敢畏惧一死而闭口不言？太子原本就是一个资质中等的平常人，可以为善，亦可作恶。过去，如果陛下选择正人君子来辅佐，太子的资质亦足以担当起守护帝国基业的重任。可是，陛下以唐令则为太子左庶子，邹文腾为太子家令，这两位只知道用歌舞、鹰犬来取悦太子，太子怎能不走到如今这一步？这是陛下的过错，不是太子的罪过。”说完，李纲匍匐倒地，失声痛哭。隋文帝一脸愁容，沉默很久，说道：“李纲说的，不是没有一点道理，但是，他只知其一不知其二，我现在让你担任东宫臣属，可是，杨勇对你不信任，就是再挑选贤能之人，又有什么用呢！”李纲回答：“臣之所以不被太子信任，就是有奸臣在太子身边。陛下只需斩杀唐令则、邹文腾，再挑选贤才辅佐太子，又怎知太子不会亲近臣呢？从古至今，国家废黜嫡子，没有不倾覆的，希望陛下能够深思熟虑，以免悔之无及。”隋文帝听了，顿时一脸不悦，拂袖而去，李纲的同僚都替他捏了一把汗。这时，正巧有关部门请示隋文帝指派一名尚书右丞的人选，隋文帝指着李纲说：“这位就是最合适的右丞！”当即提拔李纲为尚书右丞。

隋文帝废黜杨勇后，下令将杨勇一党一网打尽，杨素等人也趁机公报私仇，排斥异己。一次，隋文帝询问史万岁在何处，当时史万岁就在朝堂，杨素却谎称说史万岁去拜谒太子去了，以激怒隋文帝。隋文帝信以为真，立即派人召唤史万岁。当时，因杨素从中作梗，史万岁所部将士有功不赏，有数百名将士聚集在朝堂，要面见皇帝喊冤，史万岁对大家说：“今天，我将替大家在皇上面前说出你们的委屈，事情立即就会见出分晓。”史万岁入宫后，遂称：“将士们立下战功，却被朝廷官员压制！”言辞激愤、严厉。隋文帝大怒，当即命令手下将其乱棍打死。不一会儿，隋文帝就后悔了，但史万岁已被打死，遂下诏公布其罪状。史万岁屡立战功，其治军与汉朝名将李广相似，“不治营伍，令士卒各随所安，无警夜之备，虏亦不敢犯。”为隋朝良将，史万岁无罪冤杀，天下百姓不管认识不认识的，无不扼腕叹息。

十一月三日，隋文帝下诏册立晋王杨广为皇太子，当天，天下发生地震。杨广请求东宫仪仗、服饰均降一级，东宫臣属对太子不需要称臣。十二月三日，隋文帝批准同意，以宇文述为太子左卫率、洪州总管郭衍为左监门率。

隋文帝把原太子杨勇交给新太子杨广监管，令其还待在东宫。杨勇自以为无罪被废，屡屡请求面见皇上申冤，但总被杨广阻断，请求无法送达到隋文帝那里。杨勇不得已爬到树上朝皇宫大声呼喊，希望隋文帝能够听到。隋文帝听到后，果然询问，杨素却说杨勇神经已经错乱，被恶鬼附身，再无痊愈的可能。隋文帝又信以为真，杨勇要见上父亲一面的希望再也未能实现了。

隋文帝原本就与佛教有缘，到了晚年，他对佛教更是非常笃信，十二月十二日，他下诏称：“毁坏佛、道教天尊以及五岳、九镇、二海、四渎神像的，以不道论处；和尚毁坏佛像、道士毁坏天尊神像的，以恶逆论处。”五岳是指东岳泰山神、西岳华山神、南岳衡山神、北岳恒山神、中岳嵩山神，九镇是全国的九州，各有一个神祇；二海是指东海和南海；四渎是长江、黄河、济水、淮水，也有神祇。不道、恶逆，均属于十恶之罪，遇到大赦也不予赦免。

当初隋文帝灭陈后，人们都认为天下将太平无事了。唯独监察御史房彦谦偷偷对亲信说："皇上刻薄残暴，太子卑微懦弱，诸王大权在握，天下虽然暂时平安，但我非常担心会出现大乱。"他的儿子房玄龄也对他说："皇上原本没有建立什么功德，只是以诈术夺取了天下，各个儿子又都骄傲奢侈，没有仁爱之心，一定会相互残杀，如今虽然太平，但不久就会亡国。"《隋唐嘉话》卷一称，隋吏部侍郎高孝基在选拔人才时，看到房玄龄和杜如晦（北周工部尚书杜杲之孙，《资治通鉴》称杜杲兄孙），不禁愕然，凝视很久，下了台阶，与二人行同辈之礼，然后，引入后堂，说道："二位贤才当位极人臣，杜如晦年寿稍短于房玄龄，请让我把子孙托付给你们二位。"初唐时，房玄龄官至司徒，杜如晦位居尚书右仆射，执政三十余年，号称名相。新旧《唐书》也有类似记载，只是稍有差异，称：高孝基见到房玄龄后，对尚书左丞裴矩说："我看过太多的人士，从未见过像这位年轻人的，一定能成为一代伟人，只是遗憾我无缘看到那一天了！"在见到杜如晦时，高孝基说："你有应变之才，当成为国家的栋梁，希望你能一直保持这一美德。如今打算让你屈尊担任一个小职务，多少有些俸禄罢了。"遂任命其为滏阳尉。

二〇 仁寿年间（一）

公元601年一月一日，隋文帝下诏大赦天下，改元为仁寿元年，持续二十年的开皇年间宣告结束，历史进入隋文帝仁寿年间。同日，隋文帝下令任命杨素为尚书左仆射，以纳言苏威为尚书右仆射。

仁寿年间虽然有四年，但在仁寿四年七月隋文帝就驾崩了，因此，从仁寿元年开始，隋文帝只统治了三年半的时间。据万斯同《隋将相大臣年表》，仁寿元年，隋朝廷重臣分别为：司空观德王杨雄、尚书左仆射杨素、尚书右仆射苏威、内史监晋王杨昭、吏部尚书牛弘、兵部尚书柳述、刑部尚书李圆通、工部尚书杨达。

如前所述，观德王杨雄是隋文帝的同族侄儿，入隋后，被称为朝廷四贵之一，后受到隋文帝的猜忌，明升暗降，被任命为司空，实际并无多少实权；朝廷的实权人物则是杨素和苏威二人；内史监杨昭，是皇太子杨广的长子，生下后就被送入宫中养育。杨昭三岁时，曾在玄武门石狮子旁边玩耍，这时，隋文帝和独孤皇后也来到这里，正巧隋文帝腰痛，就抬起手来搭在独孤皇后的肩膀上，杨昭见状，赶忙躲避起来。隋文帝叹息道："真是天生的厚道人啊，谁也没教过啊！"从此对杨昭刮目相看。还有一次，隋文帝曾对他说："将给你娶了老婆。"杨昭顿时流下眼泪，隋文帝询问缘故，杨昭回答："叔叔汉王杨谅没结婚时，经常在皇上身边，一旦娶妻，就离开了皇宫，我害怕离开皇上，所以才哭了起来。"十二岁的时候，杨昭被封为河南王，仁寿元年，因其父晋王杨广被册立为皇太子，杨昭遂由河南王改封为晋王，拜为内史监（《隋书》称内史令，兼任左卫大将军）。其次是各部部长们：牛弘不提；柳述，字业隆，聪明敏捷，有干事之才，又喜欢文学艺术，他娶了隋文帝最钟爱的第五女兰陵公主，是隋文帝的女婿。柳述此人依仗着是隋文帝的宠婿，根本不把杨素放在眼里，经常在隋文帝面前说杨素的坏话。有时，柳述决定的事，不合杨素的意思，杨素命人告诉柳述更改，柳述却回复：“告诉你们仆射，就说尚书不肯改。”杨素一直怀恨在心。柳述与杨素之间的矛盾可以追溯到柳述的父亲柳机，河东柳氏在北魏、北周时期都很显贵，柳述的祖父柳庆为北魏尚书左仆射，父亲柳机以及同族柳昂在北周都历任显职，但因柳机没有支持杨坚篡周，入隋以后，虽然隋文帝对其依然很礼遇，但一直没有重用他，时任纳言的杨素在一次宴会上曾当着隋文帝的面得意扬扬地说：“二柳都倒了，只有这棵杨树还高高屹立着。”举座欢笑，柳机听罢，默默无言。李圆通，出身寒微，其父李景是隋文帝父亲杨忠手下的一名亲兵，与家中一个丑陋的婢女私通而生下了李圆通，由于李圆通的母亲地位更低，李圆通生下后，其父一直不予相认，李圆通从小也就在隋文帝家里当一名奴仆。长大以后，李圆通个性严肃、缜密，又非常骁勇。杨坚年轻时每次设宴招待宾客，总让他到厨房内负总责，下人们对他都很害怕，唯独杨勇的乳母恃宠而骄，客人们还没来，她先到厨房里要这要那的，李圆通不给，她拿起就走，惹得李圆通大怒，命厨师将乳母扇了几十个耳光，乳母的哭喊声一直传到了杨坚的耳中。等客人们走后，杨坚将李圆通召来问话，从此以后，觉得他堪当大任，逐渐开始受到重用。入隋后，他历任内史侍郎、左卫长史、左右庶子、给事黄门侍郎、尚书左丞、领左翊卫骠骑将军、扬州总管长史、并州总管长史、司农卿、治粟内史、刑部尚书等职。杨达，是观德王杨雄的弟弟，他为人宽厚，心胸开阔，以天下第一的政绩而从刺史被提拔为工部尚书，深受隋文帝的信任。

在整个仁寿年间，隋朝的这几个朝廷重臣并没有发生太大的变化，但这并不意味着太平无事，实际上，在这里依然是暗流涌动，朝臣之间的争斗主要围绕着兵部尚书柳述与尚书左仆射杨素之间的矛盾而展开，其间发生的大事主要有三：一是蜀王杨秀被废；二是独孤皇后病死；三是尚书左仆射杨素失宠。

仁寿元年（公元601年）平静地度过。但虽说平静，也不是没有一丝波澜。在这一年的一月，突厥人就出兵骚扰恒安（今山西省大同市），隋朝柱国韩洪出兵迎战，但被突厥人击败。当时的民俗对于战死沙场人不让埋在祖坟，隋文帝特意下诏，要求废除这一陋习。到五月七日，有七万突厥百姓归顺了隋王朝。六月三日，隋文帝派出十六名钦差大臣到全国各地视察风俗，了解民情。十三日，他又下诏，称：“国子学的学生人数上千，地方学堂的学生人数也不少，可是，这些学生虚度岁月，徒有其名，这都是因为在办学思路上求多而不求精，从今以后应当加以裁减。”于是，国子学堂只保留学生七十名，太学、四门学堂以及州县学堂全部予以裁撤。同日，隋文帝下令向各地发放舍利。隋文帝这一举动显然是他崇佛抑儒、实施愚民政策的一种表现。七月，他又将国子学改名为太学。

起初，隋文帝在接受禅让时，担心民心不服，曾经伪造了很多所谓的祥瑞，从迷信角度，这种行为既是欺人，更是欺天，因此，隋文帝一直忐忑不安，唯恐受到上天的惩罚。十一月九日，他亲自到长安南郊祭祀天神，仪式如同封禅泰山那样隆重，将祭文刻在木板上详细描述前前后后遇到的各种祥瑞。年底，隋文帝下诏任命杨素为云州行军元帅，长孙晟为受降使者，裹挟着启民可汗北上进攻步迦可汗。

到第二年，即仁寿二年三月，突厥贵族思力俟斤等人率军南渡黄河，掳掠六千多名启民可汗的部众，各种牲畜二十余万头，而后北去。杨素率领隋军追击，转战六十多里，大破突厥人；杨素乘胜继续猛追，入夜，终于赶上了突厥人。杨素担心突厥人会脱逃，他命令大部队紧随其后，自己只带上两名骑兵和另外两名突厥降将，混入突厥军队中间，与突厥人一起前行，突厥人竟然毫无察觉。等到突厥人正忙于安营扎寨之时，杨素赶忙命令紧随其后的大部队掩杀过来，大破突厥人，将突厥人掳掠的人畜全部交还给了启民可汗。从此以后，突厥人远远逃离隋朝边境，再也不敢在漠南抢掠了。因此功，杨素之子杨玄感被晋升为柱国，另一个儿子杨玄纵被赐爵淮南公。

如果说仁寿元年还稍稍平静，那么，仁寿二年就显得不同寻常了。

自从太子杨勇被废后，蜀王杨秀一直愤愤不平。杨广担心杨秀会发动叛乱，暗中指使杨素搜罗杨秀的罪状，加以陷害。仁寿二年上半年，隋文帝下令征召杨秀入京，杨秀犹豫不定，打算称病不行。总管司马源师劝谏，杨秀脸色一沉，说道：“这是我们家的私事，与你有什么关系！”源师流泪说道：“我担任幕府臣下，敢不尽心竭力！圣上命令大王回京，已经过去多日了，事到如今，大王仍然拖延不去。百姓不知大王之心，一旦生出异议，将内外惊恐不安，假如皇上发布一道严厉的命令，派出一介使臣前来，大王将如何能够说清楚？希望大王深思熟虑啊！”

朝廷方面也担心杨秀会铤而走险，七月十二日，任命原州（今宁夏回族自治区固原市）总管独孤楷为益州总管乘坐驿马快车火速进入益州，接替杨秀的职务。独孤楷，字修则，本姓李，为北齐人。其父李屯，跟随北齐高洋与北周在沙苑大战，北齐兵败被擒，编为独孤信的部下，后来逐渐取得了独孤信的信任，被赐姓独孤。独孤楷恭谨仁厚，在北周时历任车骑将军、右侍下大夫。杨坚担任丞相时，授予独孤楷开府，都督亲兵。入隋后，独孤楷历任右监门将军、右卫将军、原州总管。

独孤楷来到益州后，杨秀仍然不愿离开，独孤楷劝说了很久，杨秀这才上路。独孤楷觉察杨秀透露出悔恨之色，遂整顿军队，提前做好了应对准备。果然，杨秀走了四十多里，打算掉转马头，杀独孤楷个回马枪，他先派人前去侦察，结果发现独孤楷早有戒备，这才作罢。

大约杨秀还在回京的途中，到了八月十九日，这一天是甲子日，出现了四重月晕，当天夜里，独孤皇后就去世了，终年五十九岁。太子杨广在隋文帝和宫中嫔妃面前表现得悲恸欲绝，好像他无法承受母亲去世的打击一样，然而，等到他回到内室，原形毕露，吃喝谈笑与平常一样。他命人每天早上带进来四十两米，却私自让人把肥肉、腌鱼放在竹筒内，用蜡封口，藏到头巾内，偷偷带入宫中，供他享用。

隋文帝命上仪同三司萧吉替皇后选择一块好墓地，萧吉汇报说："占卜结果：王朝可以延续两千年，可传二百代。"隋文帝也觉得萧吉的话肯定是夸大其词，他说道："吉凶全在人，不在乎地。北齐后主高纬埋葬他父亲，难道没有进行占卜？但不久，他就亡国了。就好比我们家的祖坟，如果说不吉利，那我就不该当上天子；可是如果说吉利的话，我弟弟杨整就不该战死沙场。"

隋文帝嘴上虽然如此说，但最终还是在萧吉选定的那块墓地安葬了独孤皇后。萧吉回到家中，对同族萧平仲说道："皇太子派太子左卫率宇文述向我道谢说：'大人说我终将当上太子，竟然应验了，对此，我是不会忘记的。如今，你寻找坟地，一定要让我早早登基，等我登基之后，一定会让你享不完的荣华富贵。'我回复他道：'四年以后，太子当君临天下。'如果太子登基，隋朝将要灭亡了吧！我前不久欺骗他们说：'占卜二千'，其实是三十的意思；'传二百'，其实是两代的意思。你牢记我这话。"独孤皇后的死，让杨广失去了一个强有力的支持者，一些反对派可能会卷土重来，这也是杨广希望能赶快登基的一个重要原因。

闰十月二十八日，隋王朝将独孤皇后安葬在太陵，谥号文献皇后。杨素因经营丧事有功，被赏赐三十顷田地，一万段绢，一万石米以及很多金银珠宝。

二一 仁寿年间（二）

蜀王杨秀回到长安后，隋文帝召见了他，却一直不与他说话。

第二天，隋文帝派人前去杨秀那里，狠狠地斥责了他一通。杨秀谢罪，太子以及诸王也都纷纷流泪，恳请饶恕了杨秀。隋文帝说道：“秦王杨俊铺张浪费，我以父亲的身份予以训导；如今，杨秀毒害百姓，我将以君主的身份进行惩处。”于是，他下令将杨秀交付执法部门依法处理。

开府仪同三司庆整劝谏道：“杨勇被废，秦王杨俊也死了，陛下身边的孩子所剩不多了，何至于非要如此！蜀王杨秀性格耿直，如今受到重责，恐怕会生出意外啊。”隋文帝听后，勃然大怒，打算割掉庆整的舌头，还说道：“我一定要将杨秀推到街市之上，斩首示众，以向万民道歉。”遂命令杨素、苏威、牛弘、柳述、赵绰等人进行调查审理。

太子杨广在众人面前替杨秀求情，那不过是做做样子而已，在背后却唯恐杨秀逃过这一劫。他命人偷偷制作木偶人，用绳索捆住木偶人的双手，用铁钉钉住心脏，戴上枷锁、镣铐，然后写上隋文帝和汉王杨谅的名字，另外写道：“请西岳慈父圣母派出天兵天将收了杨坚、杨谅的魂魄，就像这般模样，不要让他们到处游荡。”然后，秘密埋在华山之下，再让杨素挖掘出来，以栽赃陷害杨秀；又称杨秀引用图谶，说京师布满妖异，蜀地出现祥瑞；杨素还污蔑杨秀曾撰写檄文，内容为“逆臣贼子，专弄威柄，陛下唯守虚器，一无所知”。称将要定期兴师问罪，将这篇檄文放入杨秀的文集当中，全部上报给了隋文帝。隋文帝见了杨素的汇报，惊得目瞪口呆，说道：“天下竟然有这等骇人听闻之事！”

十二月二十日，隋文帝下诏将杨秀废为平民，关押在内侍省，不允许其妻子、儿女与之见面，只配了两名獠族女仆供杨秀使唤。因杨秀一案受到牵连的就有一百多人。

杨秀上书谢罪，又恳求道："请求陛下在我未死之际，能让我见见我的爱子瓜子，并请赏赐给我一块坟地，让我能有个归宿。"

隋文帝又下诏指出了他十条大罪：一是喜乱乐祸，暗怀异志；二是你兄皇太子依序当立，你却假托妖言，称其不会善终；三是自称不是人臣之相，制造祥瑞；四是修建成都王宫；五是妄说京师妖孽；六是诅咒汉王；七是诅咒生身父亲；八是违反制度；九是残酷暴虐；十是盘剥百姓。隋文帝还在诏书上痛心地说道："如今我不知道杨坚、杨谅是你的什么亲戚！"不过，总归是父亲的舐犊之情，隋文帝最后还是同意让杨秀与他的儿子住在了一起。

过去，杨素曾因小事被隋文帝下令将其送到御史台，交由治书侍御史柳彧审判。杨素自恃尊贵，来到御史台后，径直坐到了柳彧的床上。柳彧进屋后，遂站在台阶下面，从容不迫地对杨素说道："我奉圣旨，前来治你的罪！"杨素见状，只好赶忙从床上下来。柳彧坐在桌子前，命杨素站在地上，详加审问。此事过后，杨素一直对柳彧怀恨在心。蜀王杨秀曾经向柳彧借来李文博撰写的《治道集》，作为答谢，杨秀送给柳彧十个奴婢。等到杨秀案发后，杨素上奏称柳彧以中央官员的身份，违反制度，与诸王联络。隋文帝下令将其削职为民，发配到怀远镇（今宁夏回族自治区银川市）当兵。

隋文帝又命令司农卿赵仲卿前往益州彻查杨秀一案。赵仲卿来到成都后，罗织罪名，就连杨秀宾客来往之处，他都一一进行调查，益州州县官吏因此受到牵连的有一多半。隋文帝却认为他非常能干，赏赐给了他很多财物。

杨秀一案过去一段时间后，贝州（今河北省清河县）长史裴肃上书隋文帝，称："高颎天赋良才，又是国家的佐命元勋，被众人嫉妒，最终免职，希望陛下能够念及他的大功，忘掉他的小错；两个庶人（指杨勇、杨秀二人）已受到惩处很久了，难道没有改悔之心？希望陛下能够发扬君王的仁德和父亲的慈爱，给他们两个各封一个小国，观察他们各自的行为；如果他们能够弃恶从善，再慢慢增加他们的封邑；如果还是不曾改悔，再削除他们的爵位也不晚。如今，令他们改过自新的路子给堵上了，即便是改悔，陛下也无从看到，这岂不是很悲哀吗？"隋文帝对杨素说："裴肃对我们家的家事还如此挂心，也是出于一片赤诚啊！"遂征召裴肃入朝。太子杨广听说后，顿时感到非常紧张，他问太子左庶子张衡："给杨勇一个改过自新的机会，目的何在？"张衡回答："我看裴肃的意思是想叫杨勇当个吴太伯、汉代的东海王一类的人罢了。”杨广这才放下心来。裴肃来到后，隋文帝当面向他解释了不能再给杨勇机会的理由，而后又将他打发回去了。

仁寿二年先是杨素大破突厥，而后独孤皇后驾崩，接着又废黜了蜀王杨秀，可谓是大事连连。在这几件大事中，尚书左仆射杨素均起到了举足轻重的作用，随之而来的便是杨素的权力越来越大。环视隋朝朝廷之上，杨素的弟弟杨约以及堂叔杨文思、杨文纪等人都位居高官：杨广被立为太子后，为了报答杨约，遂引荐其为太子左庶子，改封为修武县公，进位大将军；杨文思，在北周时即历任车骑大将军、仪同三司、散骑常侍、武都太守、果毅右旅下大夫、上大将军，入隋后，又历任魏州刺史、冀州刺史；杨文纪，是杨文思的弟弟，入隋后历任资州刺史宗正少卿、熊州刺史、宗正卿、荆州总管。杨素的儿子、侄儿们没有尺寸之功，也位至柱国、刺史；杨素一家聚敛了大量资财，不仅在京师长安，还在全国各个大都市都购置了无数旅店、水车、水磨、田地；杨素家里有数千奴仆，小老婆和侍女也有上千；宅院华丽，与皇宫相差无几；亲朋旧友布满朝廷。自从杨素主导废掉太子、蜀王以后，他的权势更大，朝臣中只要有人胆敢违抗他的意志，就会大祸临头，而只要肯趋炎附势、溜须拍马，或者是杨素家亲戚的，即便是毫无才能，也一定会受到重用。只有兵部尚书柳述（《隋书》称是柳彧，但此时柳彧已被流放，似是柳述之误）、尚书右丞李纲、大理卿梁毗三人敢于与杨素抗衡。

梁毗，字景和，安定乌氏（今甘肃省泾川县西北）人。他性格刚直，入隋后，历任治书侍御史、大兴令、西宁州刺史、散骑常侍、大理卿。

梁毗见尚书左仆射杨素专权跋扈，百官震恐，遂向隋文帝上书，称：“臣听说臣下不得作威作福，臣下一旦作威作福，将于国于家都有大害（出自《书经》）。我见尚书左仆射、越国公杨素权势越来越大，令士大夫们侧目而视。冒犯了他的，就是身在夏天，也会遭遇严霜；奉迎他的，冬季也能降下甘雨。一个人的荣华富贵、身败名裂全在他一句话，仕途的畅达与否，他弹指之间就能决定。他所保举的全部是亲戚子弟，地方官很多都是他们家的人。天下太平，他们还能按下反叛之心，一旦有变，肯定最先叛乱。奸臣专权，也都是从小到大，逐渐形成的，王莽、桓玄、季孙、田氏都是这样。陛下如果想让杨素成为一心体国的宰相，但我只恐他不是一个像伊尹那样的忠臣，因此，我希望陛下能够斟酌古今，采取行动，以确保江山永固。”看到梁毗的奏疏，隋文帝大怒，下令将他抓来，亲自审问。梁毗毫无惧色，他坚持认为："杨素恃宠专权，作威作福，军队所到之处，疯狂杀戮。又太子及蜀王被废之日，群臣无不震惊，只有杨素扬眉吐气，露出喜悦之色，这是他把国家的灾难当成他自己的幸事！"梁毗不屈不挠，言辞之间全都渗透着对国家安危的关切，隋文帝也说不过他，遂将他释放了。

从此以后，隋文帝也开始对于自己过分宠爱杨素进行了反思，开始疏远、猜忌起他来了。不久，隋文帝就下诏称："仆射是帝国的宰相，对朝廷小事不必亲自处理，只需三五天上一次班即可，只在衙门内定夺大事。"从表面上看，是对杨素的一种优待，但实际上是为了夺去他的实权。此诏书下发以后，在仁寿的后期，杨素就不再过问尚书省的具体事务了。很快，隋文帝又将杨约外派，任命其为伊州（今河南省汝州市）刺史。裴肃和梁毗上书都发生在独孤皇后去世后不久，因而，这绝不是孤立的，而是亲杨勇集团对杨广集团的一次有计划的反击行动。先由裴肃试图以亲情打动隋文帝，未果；再由梁毗出面将矛头直接对准杨广集团的头号人物杨素，奏效。隋文帝不仅剥夺了杨素的实权，而且逐渐开始剪除杨素的羽翼。

到仁寿三年，突厥步迦可汗所部大乱，铁勒、仆骨等十余部全部背叛步迦可汗，投靠了启民可汗。步迦可汗众叛亲离，只好向西投奔吐谷浑；长孙晟护送启民可汗北上，来到碛口（今地不详），以接纳降众。

二二 文帝之死

仁寿四年（公元604年）一月九日，隋文帝下诏大赦天下，而后，他决定驾临仁寿宫避暑。术士章仇太翼坚决反对，隋文帝却固执己见，就是不从。章仇太翼最后说道："陛下此行恐怕再也回不来了！"隋文帝大怒，将其打入长安大牢，决定等自己回来后再杀掉他。

一月二十七日，隋文帝抵达仁寿宫。第二天，他下诏将朝廷开支、各种赏赐，全都交给太子杨广全权处理。但到了四月，隋文帝就身染疾病，一病不起了。隋文帝究竟得的是什么病？史书不详，但从史书留下的只言片语中，还是能够找出一些蛛丝马迹的：《隋书·后妃传》记载，在独孤皇后去世后，一辈子受到性压抑的隋文帝很快迎来了第二春，他分别晋升陈氏和蔡氏为贵人（二人在隋文帝临死前又被分别晋升为宣华夫人和容华夫人），由二人主持后宫事务。隋文帝受二人的美色所惑，纵欲过度，最终染下重病。等到隋文帝病危时，他对身边的侍从们悔恨地说："假如皇后还活着，我不会走到这步田地。"

隋文帝从四月发病，一直到七月十日，病危。当天，隋文帝躺在床上，与前来看望的群臣辞别，并一一与他们握手，唏嘘叹息，他又嘱咐太子杨广说："章仇太翼不是个一般人啊，他前前后后预测的很多事没有不应验的。这次我来仁寿宫之前，他就说我再也回不了长安了，如今果然如此，你要释放了他。"七月十三日，隋文帝在仁寿宫大宝殿去世，终年六十四岁。

隋文帝究竟是自然病死还是被太子杨广弑杀？这已成为一个千古谜团。从七月十日隋文帝与群臣一一话别到十三日驾崩，其间相隔三天，在此期间，仁寿宫中究竟发生了什么事，让隋文帝的死变得扑朔迷离了呢？

隋文帝得病以后，尚书左仆射杨素、兵部尚书柳述、黄门侍郎元岩都入室侍奉，并召皇太子杨广入居大宝殿内，一同侍疾。杨广担心隋文帝一旦驾崩，局势会出现意外，他给杨素写信提出要提前采取一些预防措施。杨素接到杨广的书信后，就善后事宜逐一提出应对意见，封好后命人再带回大宝殿，可是，送信的宫女不知内情，误认为杨素的复信是该送给隋文帝的，竟把这封信送到了隋文帝的手上，隋文帝看后，顿时火冒三丈。

紧接着，就又发生了另外一件事，而这件事直接与隋文帝的死有关，因此也出现了不同的记载。

先说《资治通鉴》的记载：在隋文帝病重期间，嫔妃中间只有陈贵人和蔡贵人在身边侍奉。清晨，陈贵人从隋文帝房中出来上厕所，与二位美貌贵人一起侍疾数月、又一直不能接近女色的杨广终于按捺不住，突然抱住陈贵人求欢，陈贵人大惊失色，竭力反抗，得以挣脱，匆匆忙忙地逃回隋文帝的房内。隋文帝见陈贵人花容失色，气喘吁吁，就询问缘故。陈贵人顿时流下眼泪，说道："太子无礼！"隋文帝听后，顿时恼羞成怒，他紧握拳头，用力捶床，咬牙切齿地说道："畜生啊！岂能托付大事！独孤害了我啊！"于是，他将柳述、元岩召到跟前，说道："召来我儿！"柳述、元岩以为将要唤来太子杨广，隋文帝又加了一句："是杨勇！"柳述、元岩出屋开始撰写诏书。

陈贵人逃到隋文帝那里后，杨广顿时惊出一身冷汗，他赶忙召唤杨素，幸好二人早有预谋，遂谎称圣旨派人逮捕了柳述、元岩二人，交付大理寺监狱，与此同时，杨广下令将东宫卫队调到仁寿宫，接管了仁寿宫的防务，进出宫门全由太子左卫率宇文述、左宗卫率郭衍掌握。

柳述和元岩被投入监狱、仁寿宫由东宫卫队接管，此时的隋文帝已经成了名副其实的孤家寡人。但此时，对于杨广来说，父亲多活一天，就有可能彻底翻盘，于是，他命令亲信、太子右庶子张衡入殿侍疾，将隋文帝身边的嫔妃、宫女统统遣出，不久，隋文帝就驾崩了。至于隋文帝究竟是怎么死的，《资治通鉴》并没有明说，只是说，对于隋文帝的死，国人有着不同的猜测和说法，但仔细阅读下来，其实，不论是《隋书》各传，还是《资治通鉴》也都强烈暗示着隋文帝是被杨广弑杀的。

《资治通鉴考异》引用的赵毅《大业略记》、马总《通历》则直接点明了这一点，《大业略记》称："高祖在仁寿宫，病甚，炀帝侍疾，而高祖美人尤嬖幸者，唯陈、蔡二人而已。帝乃召蔡于别室，既还，面伤而发乱，高祖问之，蔡泣曰：'皇太子为非礼。'高祖大怒，啮指出血，召兵部尚书柳述、黄门侍郎元岩等令发诏追庶人勇，即令废立。帝事迫，召左仆射杨素、左庶子张衡进毒药。帝简骁健官奴三十人皆服妇人之服，衣下置仗，立于门巷之间，以为之卫。素等既入，而高祖暴崩。”《通历》记载：“上有疾，于仁寿殿与百僚辞诀，并握手歔欷。是时唯太子及陈宣华夫人侍疾，太子无礼，宣华诉之。帝怒曰：‘死狗，那可付后事！’遽令召勇，杨素秘不宣，乃屏左右，令张衡入拉帝，血溅屏风，冤痛之声闻于外，崩。”

对比上文，二者区别之处有：一、《大业略记》称杨广挑逗的是蔡贵人，而《通历》则称是陈贵人；二、《大业略记》说的是杨素和张衡一起下毒，而《通历》则称是杨素赶走众人，而命张衡下手，拉杀了隋文帝。虽有两处细微的不同，但总体上来说，二书均明确说明隋文帝是被杨广弑杀的，关于第一处不同，根据《隋书·后妃传》的记载，杨广调戏的是陈贵人，而不是蔡贵人，陈贵人一直拒绝杨广，相反，蔡贵人却在杨广即位后，没事找事主动找杨广汇报工作，结果也被杨广笑纳（“上崩后，自请言事，亦为炀帝所烝”）。似有主动投怀送抱之嫌，据此，《大业略记》对此的记载有误。对于第二处不同，仔细分析起来，其实并不存在实质上的矛盾。这是因为，一是参与人二书都是记载的杨素和张衡，这一点是一致的，不过，两本书的侧重点不同：前者笼统地说杨素和张衡前来下毒，而后者则详细地叙述了二人的分工，杨素以帝国第一权臣的身份将隋文帝身边的嫔妃、宫女驱离，张衡则进入屋内行凶；二是前者虽然记载二人带着毒药，而后者则称是张衡用暴力将隋文帝杀害，从表面上看来，两本书出现了矛盾，但其实不然。如果能给隋文帝灌下毒药，可以神不知鬼不觉地达到目的，这当然是上佳的选择，但是，当陈贵人等嫔妃、宫女被杨素驱离以后，闯入屋内的是根本没有侍疾资格的太子右庶子，隋文帝当然会一下子明白了将要发生的事情，张衡根本不可能顺利灌下毒药，在其试图强行灌下毒药时，隋文帝肯定是会强烈反抗的，最终被张衡用暴力手段加害了。另外，根据《大业略记》记载的“帝简骁健官奴三十人皆服妇人之服，衣下置仗，立于门巷之间，以为之卫”这句话，也可以反证《资治通鉴》上东宫卫队已经接管了仁寿宫警卫的记载，假如杨广没有全面控制仁寿宫的防卫，他也无法把这三十名男人弄进宫去，至于换成女人衣服，只不过是遮人耳目罢了，并不是入宫的手段。

考察隋文帝是否是被杨广弑杀的关键，其实在于杨广有没有调戏陈贵人。各种史料对此的回答都是肯定的，那么，我们就倾向于隋文帝是杨广所杀。为什么如此确定呢？这是因为，假如杨广调戏陈贵人一事是真实存在的，那么，史书记载的，此事被敏锐的隋文帝觉察也在情理之中，而随之而来的隋文帝看穿了杨广的恶劣品质并勃然大怒也符合事态发展的规律，与此同时，在生死存亡的紧要关头，杨广采取果断措施弑杀父亲、迅速登基，同样具有合理性，而实际情况是：杨广很快就利用东宫卫队控制了仁寿宫（有《隋书·杨素传》佐证），并将反对派柳述、元岩打入大牢，如果没有出现意想不到的事态，行将平稳过渡的杨广没有理由采取这种孤注一掷的非常措施，而既然采取了果断措施，就不得不迅速结果隋文帝的性命，不容隋文帝长期在仁寿宫活着，而这里还在由东宫卫队控制着仁寿宫。

有人从隋炀帝杨广登基以后没有诛杀柳述、元岩，而仅仅是流放了他们，提出质疑称，如果杨广真的弑杀了父亲，为何不杀人灭口，杀死证人柳述、元岩呢？其实，这又是似是而非之论，也是读史不细的恶果。柳述、元岩在隋文帝决定召回杨勇之前，是当事人，他们二人对此前发生的事情是了解的，但很快，杨素等人进宫就将二人打入了大理寺大牢，因此，他们二位对于仁寿宫内后来发生的事情是一概不知，充其量他们说出对杨广不利的话也只是隋文帝生前曾经试图再召回前太子杨勇而已，至于其中的原因何在，可以说他们也是蒙在鼓里的，隋文帝和陈贵人当时包括后来也都不可能将这一丑事告诉给二人，这也是二人在听到隋文帝让他们召回太子时，竟然误认为是要召来杨广的原因。所以说，在隋炀帝即位后，杀掉二人反而于己不利，因此，杨广没有杀掉二人并不意味着杨广就没有弑父。

二三 炀帝即位

当陈贵人和后宫嫔妃们听到隋文帝驾崩的消息后，无不吓得魂不附体，相顾失色。

等到黄昏的时候，杨广命人给陈贵人（此时已被封为宣华夫人）送来一个小金盒，金盒上用封条封着，在封条上，杨广亲笔写下的一个“封”字，赏给陈夫人。陈夫人接到金盒，以为里面放着毒药，吓得心惊肉跳，迟迟不敢打开。一直站在一旁的使者连连催促，陈夫人终于战战兢兢地打开了盒子，只见里面却放着几枚同心结。陈夫人一旁的宫女们顿时转忧为喜，相互窃语道：“这下总算可以免死了！”陈夫人在众人面前顿时羞得无地自容，转身坐下，不肯拜谢。宫女们纷纷上前，百般强迫，陈夫人这才上前拜谢。当天晚上，杨广即来到陈夫人卧室，将其奸淫了。

此时，伊州刺史杨约也不失时机地回到了杨广身边，杨广即派他回到长安，矫诏撤换了长安守军将领，又将原太子杨勇勒死。

然后，到了七月二十一日，在隋文帝驾崩八天之后，杨广这才集结军队，宣布丧事，正式登基即皇帝位，史称隋炀帝。隋炀帝听说杨约在长安干得非常漂亮，不禁连声赞叹，说道：“名兄的弟弟，果然也十分不凡，堪当大任！”追封杨勇为房陵王，但不准他儿子继承爵位，等于只是个空名。

八月三日，隋文帝的灵柩从仁寿宫运回长安。十二日，暂时在大兴前殿安置。隋炀帝下令将柳述、元岩除名，柳述流放到龙川（今广东省惠州市），元岩流放到南海（今广东省广州市）。隋炀帝下令让妹妹兰陵公主与柳述离婚，打算将她另嫁他人，兰陵公主却誓死不从，并拒不入朝拜谒祝贺，还上书请求与柳述一起流放。隋炀帝闻言勃然大怒，说道：“普天之下，难道没有男人了吗？竟然想与柳述一起流放？”兰陵公主回答：“先帝将我嫁给柳述，如今柳述有罪，我理当连坐，不愿陛下对我法外开恩。”隋炀帝不从，兰陵公主忧愤而死，时年三十二岁。临终上书隋炀帝，请求葬在柳家墓地，隋炀帝看后，更加恼火，将兰陵公主葬在了洪渎川（长安以北），葬仪也很微薄。兰陵公主容貌秀美，性格和顺，爱好读书，先嫁给仪同王奉孝，王奉孝死后，才改嫁给了柳述，时年十八岁。兰陵公主的姐姐们都很娇贵，唯独兰陵公主遵从妇道，公婆生病，她亲自端茶喂药。原来，杨广打算将公主改嫁给萧妃的弟弟萧玚，隋文帝本来已经同意了，但中途又改变了主意，将兰陵公主嫁给了柳述，因此，杨广一直对柳述不满，而柳述显然也与杨广不是一个阵营的人。

这一年，杨广三十六岁。太史令袁充上书称：“皇帝即位的年龄与尧帝即位时的年龄一样。”暗示群臣应该上书表示祝贺。礼部侍郎许善心却认为：“国家刚刚遭遇国丧，不该表示祝贺。”左卫大将军宇文述素来与许善心不和，就教唆御史弹劾许善心，隋炀帝将其贬为给事郎，连降两级。

一直到十月十六日，隋炀帝才把父亲安葬在太陵，与独孤皇后同坟异穴，庙号高祖。盖棺论定，《隋书·高祖纪》史臣对隋文帝的评价还是比较中肯的，概括起来就是几个词：胸有大略、质木明敏、勤俭节约、勤政爱民、天性沉猜、不喜读书、好为小数、迷信佛道、喜怒无常、杀戮过度、听信妇言、托付失所。《贞观政要·政体》记载，贞观四年（公元631年），在隋文帝去世二十七年后，唐太宗李世民询问太子少傅萧瑀说：“隋文帝是个什么样的君主？”萧瑀回答：“他能够约束自己，使言行符合礼仪；勤于理政，每天坐朝，都会忙到日落西山；他与五品以上的官员都要一起讨论政事，侍卫们轮流吃饭。他虽然说不上仁慈、开明，但也是一位励精图治的君主。”唐太宗却说：“你只知其一不知其二。此人个性过于精明、苛察，内心却犯糊涂。内心糊涂就弄不懂大道；过于苛察自然就会多疑。再加上是靠着欺负孤儿寡母而取得天下的，一直担心群臣内心不服，因此，不肯信任群臣，事事要亲自决断，虽然把自己弄得身心疲惫，也不可能把每一件事都处理非常妥当。群臣也知道他的想法，都不敢直言，宰相以下的百官顺从旨意，并无多少主动性和创造性，只是照章办事而已。我的看法就与他不同：以天下之大、四海之众，千头万绪，必须予以变通处理。只有把政务交给百官商议，由宰相统一筹划，事情稳妥之后，再上报给我下令执行。皇帝岂能一个人日理万机、全凭一个人的智慧来作决断呢？另外，比如说，一天决定十件事情，可能会有五件是错误的，处理正确的固然很好，那错误的又该造成什么恶果呢？长年累月下来，错误会越来越多，国家怎能不灭亡呢？哪能比得上广泛任用贤才、居于高位统揽全局、严肃法纪，谁还敢胡作非为呢？”唐太宗的一席话实际上借评价隋文帝也说出了为君的道理，总体上对隋文帝的评价是消极的。

隋炀帝之所以没有很快把父亲安葬，还有一个重要的原因，那就是他根本没有时间，也没有心情，这是因为，就在父亲驾崩的消息公布以后，他最小的弟弟、汉王杨谅就造反了！

开皇十七年时，隋文帝任命幼子、汉王杨谅为并州总管，虽说名为并州，但实际上杨谅的辖区非常大：西起潼关，东到大海，南界黄河，五十二个州都隶属于并州总管，因此，杨谅的辖区大体上与北齐的国境差不多。不仅如此，隋文帝还特许杨谅独断专行，不必拘泥常规。杨谅手握重兵，见太子杨勇因谗言而被废，遂变得忧郁起来，等到蜀王杨秀又被废为庶人，唇亡齿寒，他更感脊背发凉，暗中盘算着采取预防措施。他向隋文帝建议：“突厥强盛，太原是天下重镇，应当重视武备。”隋文帝答应后，杨谅即调发工匠，整修城防，制造兵器，在太原城内储存了大量军需物资；又招徕一些亡命之徒，组成贴身卫队，人数多达数万名。突厥曾入侵并州，隋文帝命令杨谅出兵抵御，却被突厥击败，有八十多名并州将领因此而被除名，流放到了岭南。杨谅上书称这些人都是自己的亲信旧人，恳请隋文帝网开一面，放过他们。隋文帝览表大怒，说道：“你身为藩王，只应谨遵朝廷的命令，竟然敢在我的面前徇私、废国家的大法！呜呼！你这小儿！一旦没有了我，你这小子或许还敢轻举妄动呀，那人（指隋炀帝）收拾你就像抓一只鸡笼里的小鸡一般容易，你要亲信又能起什么作用！”

王頍是南梁名将王僧辩的儿子，倜傥有大志，博学多才，通晓兵法。隋文帝在世时为国子博士，因犯事而被流放到岭南，后从岭南回来，担任了杨谅的咨议参军；萧摩诃，为南陈风云一时的名将，南陈灭亡后，被隋文帝授予开府仪同三司的荣誉称号，进入杨谅的幕府。王頍、萧摩诃二人都一直郁郁不得志，每每思乱，均赞成杨谅造反夺权。

隋文帝未死之前，天上出现了火星进入东井空域的天象，杨谅询问仪曹傅奕：“这预示着什么？”通晓星象的傅奕回答：“天上东井，是黄道必经之路，火星在此经过，非常正常。如果落入地上井内，那才叫反常呢。”杨谅听后，一脸不高兴。

等到隋文帝驾崩后，还在没有发丧之前，隋炀帝首先想到的就是要拿下杨谅，这是他在弑杀父亲之后，除要控制长安内外必须处理的第二件非常重要的事情。他当时就派右武候车骑将军屈突通携带一道伪造的隋文帝诏书来见杨谅，征召杨谅进京。还是在杨谅离京赴任时，为防备意外，隋文帝就曾与其暗中约定过："假如我发布诏书征召你入京，敕书的敕字旁边会另外加上一个圆点，又需要与玉麟兵符相合，你就上路。"等屈突通来到后，杨谅接到诏书，发现没有那一点，情知朝中生变。杨谅盘问屈突通，但屈突通毫不屈服，遂将其放回长安。杨谅接着就举兵发动了叛乱。

并州总管司马皇甫诞苦苦劝谏，但杨谅不从。皇甫诞流着眼泪说道："我断定大王的兵力绝非中央军的对手，更何况君臣名分已定，顺逆态势发生了逆转，即便是兵马强盛，也难以取胜。一旦犯上作乱，就是想再当一介平民，也不行了啊！"杨谅大怒，将其关押了起来。岚州（今山西省岚县北）刺史乔钟葵将要响应杨谅，其司马陶模反对说："汉王图谋不轨，大人受到朝廷厚恩，位居一方大员，理当尽心为国，怎能成为大乱的策源地！"乔钟葵脸色一变，说道："司马是要造反吗？"用刀架到陶模的脖子上，但陶模毫无惧色，依然义正词严，乔钟葵为其大义所感动，下令放了他。军官们说："如果不杀了陶模，就不能压服众人之心。"遂把陶模囚禁了起来。当时，参与杨谅叛乱的一共有十九个州。

二四　汉王之乱（一）

当时的情况是：

杨谅直接控制着整个山西中南部地区，大本营设在晋阳（今山西省太原市）。山西西靠黄河，东、南两面又有太行之险，北有雁门，地势高峻，对关中、河南、河北均有俯瞰之势，可以威胁四方，地理位置非常重要，因此，顾祖禹在《读史方舆纪要》论及山西形势时曾说过：“是故，天下之形势，必有取于山西也。”

但杨谅起兵，毕竟是以下犯上，其总管辖区内并非都参与了叛乱。北有代州（今山西省代县）总管李景、朔州刺史（今山西省朔州市）杨义臣；东北有幽州总管窦抗首鼠两端；太行山以东地区也都与窦抗的态度相似。李景，字道兴，他容貌奇特，臂力过人，骁勇善射。曾参加北周灭北齐、隋灭南陈、平定高智慧叛乱、讨伐高句丽等战役，后被隋文帝派到杨谅处任职，又随史万岁讨伐突厥，参加了大斤山战役，仁寿中，被晋升为检校代州总管。杨义臣在仁寿初年被拜为朔州总管。窦抗，是隋文帝姐夫窦荣定（入隋后，其妻被封为安成长公主）的儿子，与隋炀帝兄弟们为表兄弟关系。窦荣定生前与隋文帝关系甚深，隋文帝曾说过：“我最讨厌轻佻人了，同辈之中，只有窦荣定一人与我性格相似。”入隋后，窦荣定被封为左武卫大将军、陈国公。开皇六年，窦荣定死后，窦抗继承爵位，历任定州刺史、检校幽州总管。

在这种情况下，就需要根据具体情况有所取舍：是不顾后方，集中全力直取长安，等夺占长安、推翻隋炀帝以后，再回过头来平定各地？还是对后方采取守势，把夺取长安作为重点？抑或兼顾两面，一边发兵西进，一面依次消灭、拉拢异己势力，以期稳定后方局势、确保万全？

显然，如果完全不顾及后方安危，全力进攻长安，是不可行的，这是因为，一旦异己势力袭占了晋阳，后方失守，将极大打击军心士气，假如无法在短时间拿下长安，后果将不堪设想；而兼顾各方，四处用兵，则又犯了平均使用兵力的毛病，结果将会处处进攻，处处被动。因此，最好的策略是采取第二种办法，以晋阳周边的雁门、井陉、滏口等太行山关口为依托，固守险要，确保后方立于不败之地，再向并州总管下辖各地发布檄文，号召他们加入叛军，或者至少采取中立立场，与此同时，率领主力大军以迅速动作西渡黄河，进入关中平原，兵临长安城下，与隋炀帝决一死战，一旦取胜，天下可传檄而定。

王頍也看出了其中的端倪，他建议杨谅说："大王部下的将吏家属都在关西，如果要重用他们，应长驱直入，直取京师长安，这就是所谓的迅雷不及掩耳之势；如果只想割据北齐的旧地，就该重用关东之人。"

然而，不知取舍的杨谅犹豫不决，既想赶紧拿下河北之地、稳定后方，又想直取长安，遂兼用这两种策略，声言杨素谋反，起兵讨伐。总管府兵曹裴文安建议道："井陉以西，全在大王的掌握之中，太行山以东的军队，也为我所有，应全部调来。抽调老弱之兵驻守险要之地，但仍命令他们视情况扩充地盘；大王则率领精锐部队，直插蒲津（今山西省永济市）。我愿意充任先锋，渡过黄河，大王紧随其后，风驰电掣，直抵灞上，那么，咸阳以东可一举平定。这样一来，京师长安将陷入一片混乱，军队无暇集结，上下猜疑，人心惊骇，我们则严阵以待，发布号令，谁敢不从！不出十天半月，则大事可定了！"裴文安的建议与王頍的异曲同工，都是采取迅速动作直扑长安。

杨谅听后大喜，但在实际部署上走了样，他命令自己任命的大将军余公理率军从太谷（今山西省太谷县），直扑河阳（今河南省孟州市）；大将军綦良从滏口（今河北省武安县西南）东进，朝黎阳（今河南省浚县古黄河渡口）杀来；大将军刘建从井陉（今河北省井陉县西）东进，略取燕赵之地；柱国乔钟葵兵出雁门（今山西省代县），进攻代州总管李景；而以裴文安为柱国，与柱国纥单贵、王聃等人率领主力直扑长安。

显然，杨谅的这一安排，从表面上看是要让裴文安直取长安，实际上却还是犯了平均使用兵力的老毛病：余公理之军南下，是想夺取河内，进而威胁洛阳地区；綦良之军进攻黎阳，是为了夺取黄河渡口，其目的与余公理一样，就是要占领黄河沿岸，圈住黄河以北之地；刘建之军东进燕赵，是想略取河北腹地，这三支军队的用意只是想为割据北齐旧地服务。乔钟葵之军进攻李景则是为了消除晋阳北面的威胁。如此一来，承担直取长安的裴文安等人兵力就分散了，这一计划体现了杨谅既要夺取长安、又想稳住后方，鱼和熊掌想要兼得的思想——这当然是不切实际的，也是注定要失败的，于是，战火在山西东、北、南、东南、西南五个方向同时燃起。

杨谅这边出现失误，隋炀帝那边也不见得好到哪去。

隋炀帝任命右武卫将军丘和为蒲州刺史，扼守蒲津（今山西省永济市）。丘和，其父丘寿为北魏镇东将军。丘和年少时非常豪侠，年长以后，性格大变，很少与人发生争执。北周时官至开府仪同三司，入隋后担任右武卫将军，封平城郡公，历任资、梁、蒲三州刺史，以宽惠著名。

蒲州位于运城盆地，西临黄河，蒲津关就在蒲州西门外黄河的东岸，扼黄河蒲津渡口，既是山西进入关中的跳板，又是关中挺进山西的桥头堡，杨谅要兵出关中，占领蒲津是第一步。

杨谅挑选数百精锐骑兵假扮成妇女，身披幂离（一种流行于隋朝时期妇女的装束，蒙住头部、长可及地的外套，类似如今阿拉伯国家妇女的外衣），谎称是杨谅的宫女返回长安。蒲津卫兵没有察觉，这数百骑兵遂蜂拥闯入城内，城内的奸细也从中响应，很快就夺占了蒲津。丘和觉察后，仓皇翻墙逃出城池，逃回了长安。蒲州长史高义明、司马荣毗全部被俘。初战告捷，杨谅顺利拿下了蒲津，等于打通了通往长安的要道，为大军快速进入关中创造了条件。

然而，当杨谅的前锋部队裴文安等人还距离蒲津一百多里时，杨谅毫无缘由地改变了原来的主意，竟然下令纥单贵切断了黄河渡桥，并停止进军，由其驻守蒲津，而将裴文安等人召回了晋阳（《隋书·杨素传》称杨谅驻守蒲津的守将为茹茹天保、王聃子二人）。等到裴文安回到晋阳后，他对杨谅说："兵贵神速。原本我们计划是要出其不意，如今，不仅大王不亲自出马，而且还将我召回，对方可以从容采取行动，大事去矣！"杨谅沉默不语，不予作答，而是任命王聃为蒲州（今山西省永济市）刺史、裴文安为晋州（今山西省汾阳市）刺史、薛粹为绛州（今山西省新绛县）刺史、梁菩萨为潞州（今山西省长治市）刺史、韦道正为韩州（今山西省襄垣县）刺史、张伯英为泽州（今山西省晋城市）刺史。

很显然，杨谅改变的是整个战略：变过去的突袭关中与兼顾后方并举，改为不再突袭关中、单纯固守并州、企图割据一方。实际上，杨谅作为叛军，要与中央对抗，如果一味想割据一方，最终势必落得个失败的下场，这在前代不乏教训，宋武帝刘裕灭刘毅、宋文帝灭谢晦、杨坚灭尉迟迥等等都是如此，相反，虽然孤注一掷未必能够取胜，但往往会死里求生，赢得意外的胜利，宋武帝刘裕起兵、梁武帝萧衍造反、侯景叛乱、高欢击败北魏孝武帝等就是很好的例子。作为叛军，名不正言不顺，必须速战速决，在京师这一局部地区形成有利于自己的态势，大兵压境，打对手个措手不及，引发对手内乱，只有这样，才能取胜；叛军一方假如迁延时日，试图求稳，妄想割据，一旦采取了这种消极战法，等到中央一方逐渐稳定了局势、占尽天时地利人和以后，消灭叛军只是时间问题了。

可能杨谅感到北方的代州总管李景对自己后方的威胁太大了，先消灭李景，让他不敢倾巢出动，进兵关中，因此，他的打算是：在西线采取守势，先集中兵力解除北方的威胁再说。杨谅的担心不是说没有丝毫道理。隋朝为了抵御突厥，在代州、朔州等地驻扎了大量边防军，如今，李景和杨义臣拒不服从命令，一旦率领大军南下，晋阳将十分危险。李景和杨义臣的威胁固然存在，杨谅以偏师进攻不足，但要守住代州南下的通道还是绰绰有余的，在并州这一局部地区，杨谅是主，李景、杨义臣是客，而从全国范围来看，区区的并州杨谅则是客，以隋炀帝为代表的中央政府则是主，杨谅要想夺取全国政权，势必倾尽全力，奋起一搏才行。这一积极进攻代州、消极防御西线的做法，从大的方面上看，其实是一种消极防御。

杨谅先派部将刘暠偷袭李景，双方在代州城东交战。李景登上城楼，弯弓搭箭，射杀了很多敌人，而后，他又挑选城内壮士发起反击，将叛军斩杀殆尽。杨谅又派遣岚州刺史乔钟葵率领三万精锐部队发起进攻，李景城内守军不过数千人，加之城墙并不坚固，在乔钟葵大军的猛烈攻击下，城墙多处坍塌，情况非常危急。李景率领守军边打边修，士兵们都抱定了必死之心，屡屡击退敌人的一次次冲锋。司马冯孝慈、司法参军吕玉二人骁勇善战，仪同三司侯莫陈乂深通谋略，擅长防守。李景将守城任务全部交给这三人，不再过问战事，每日只端坐在府衙内，以稳定军心，时而出外巡视，安抚将士。

二五 汉王之乱（二）

就在杨谅把注意力转向北方时，隋炀帝已经从最初的慌乱中平静下来，他下诏命令尚书左仆射杨素率军前去讨伐。

接到任务后，杨素信心十足，在隋炀帝面前保证在约定时日内一定能消灭杨谅，而后，立即率领五千轻装骑兵直扑蒲州。入夜，杨素所部来到黄河西岸，征用了数百艘商船，将船内铺满了厚厚的干草，令人马踏在上面，发不出声响，遂在当天深夜神不知鬼不觉地渡过了黄河。黎明时分，杨素率军登上了黄河东岸，突然向纥单贵所部发起了进攻，纥单贵败退下来。王聃独木难支，吓得献出蒲津，投降了杨素。

杨素以神速动作占领了黄河东岸的蒲津，等于打开了中央军进入并州的门户，隋炀帝与杨谅之间的战略态势发生了逆转，隋炀帝可以源源不断地从关中调来军队，踏上并州的土地并由此沿着汾河谷地杀向晋阳了。杨素占领蒲津以后，隋炀帝随即任命他为并州道行军总管、河北道安抚大使，交给他数万人马开始讨伐杨谅。从隋炀帝任命杨素的两个职务上可知，他对于并州杨谅的死党采取的是剿，而对于举棋不定的河北乃至幽州，则着眼于安抚、拉拢，以期最大限度地削弱杨谅的阵营。

杨谅当然知道蒲津的重要性。蒲津易手，让身在晋阳的他终于坐不住了，于是，决定亲自率领大军南下夺回蒲津。杨谅的王妃是隋初夏州总管豆卢勣的女儿，王妃的哥哥豆卢毓担任杨谅的主簿。在杨谅举兵之初，豆卢毓苦苦劝谏，但杨谅不从，退下后，豆卢毓偷偷对弟弟豆卢懿说："我单人匹马跑回长安，自己当然能够免去一死，但这只是为自己打算，不是替国家着想，不如暂且假装服从，等待时机。"豆卢毓的哥哥豆卢贤时任显州（今河南省沁阳市）刺史，他上书隋炀帝道："我弟弟豆卢毓素来怀有忠节，肯定不会参加叛党，只是受到逼迫，不得自由。臣请求一起出征，与弟弟里应外合，则一定能轻易把杨谅拿下。”隋炀帝答应了，于是，豆卢贤秘密派家人来到晋阳，交给豆卢毓亲笔书信，一起商议破敌之策。

杨谅离开晋阳，前往介州（今山西省介休市），令豆卢毓和总管属朱涛留守晋阳。豆卢毓对朱涛说：“汉王造反，很快就要败亡了，你我岂能等着被诛灭三族？我将与你一起出兵抵御。”朱涛听了大吃一惊，说道：“汉王将大事托付你我，岂能说出这种话！”遂拂袖而去。豆卢毓拔出宝剑，追上朱涛，一刀将其杀死，而后，又从监狱中放出皇甫诞，并与开府仪同三司宿勤武等一班亲信商议关闭城门，将杨谅堵在城外。豆卢毓在城内还没有安排妥当，就有人飞报给了杨谅，杨谅连忙率军赶回晋阳。豆卢毓见杨谅反身杀回，欺骗众人说：“这是敌人！”杨谅率军进攻南城，守卫南城的是稽胡士兵，不认识杨谅，朝城下射箭，顿时箭如雨下，杨谅无法得手，只好又率军转到西门。西门守军认出是杨谅，遂打开城门，将杨谅接进城中，杨谅入城后，即诛杀了豆卢毓、皇甫诞二人。

除了蒲津失守、晋阳内乱，在其他战线上，形势也开始向有利于隋炀帝的方向发展。

南线：主要是指南线东路叛军綦良部和西路叛军余公理部。这两路叛军东西呼应，綦良从滏口东下，企图夺占黎阳，封住河南进军河北的通道，余公理则从太谷南下，企图占领河桥，堵住洛阳方面北上河内之路。綦良先进攻慈州刺史上官政，却没有得手。慈州在今山西省吉县，如前所述，綦良已东下滏口，不可能在遥远的吉县作战，要么上官政是遥领，要么是史书记载有误。綦良又转兵进攻行相州（今河南省安阳市）事薛胄，又没有攻克，遂进攻黎州（今河南省浚县），切断了白马津（今河南省滑县北古黄河渡口）。与此同时，余公理率部南下，进入河内，隋炀帝任命右卫将军史祥为行军总管，率军进驻河阴（今河南省洛阳市西北）迎敌。

史祥，字世休，其父史宁为北周荆州刺史、少司徒。史祥文武双全，入隋后历任交州刺史、左领左右将军、右卫将军。史祥对部下说：“余公理轻率寡谋，素来就没有什么才能，又刚刚得志，自以为他的队伍有把握取胜，骄傲轻敌。况且，河北之人素来不会打仗，正所谓是驱赶着平民百姓上战场，依我判断，可以轻易将其击败。”遂命令军中整修攻城器具。余公理派人侦察得知后，果然将部队集中在河阳（今河南省孟州市）内城防御史祥。史祥将战舰排列在黄河南岸，余公理也分兵据守，史祥见余公理上当，于是，挑选出一支精锐部队从下游偷偷渡过了黄河，余公理率众抵御。两军在须水（今河南省荥阳市东）遭遇，余公理队伍还未排好，史祥就下令发起攻击，遂大破余公理所部。而后，史祥率军一路向东，救援黎阳，綦良列阵，两军还没交手，綦良就弃军而逃，叛军顿时崩溃。史祥率军纵兵追杀，斩杀了一万多人。

东线：东线叛军刘建包围了井陉守将张祥，但一直没有攻下。一旦井陉失守，整个河北门户洞开，隋炀帝将调发幽州军队增援张祥，但怀疑幽州总管窦抗与杨谅同谋，遂征询杨素的意见，看何人能拿下窦抗。杨素向隋炀帝推荐了前任江州刺史李子雄，于是，隋炀帝拜李子雄为上大将军、广州刺史；又任命左领军将军长孙晟为相州刺史，调派山东之兵与李子雄一起从东面进攻并州。

长孙晟以儿子长孙行布是杨谅的下属，为了避嫌，推辞赴任。隋炀帝说道："你赤胆忠心，朕一直非常清楚。如今，相州之地，原本是北齐的国都，风俗轻浮，容易发生动荡。一旦出现意外，叛军的势力就增强了，我思来想去，镇守相州，非你不可。你对国家非常忠诚，绝不会因儿子的缘故而伤害了大义，因此，我把相州交给你，你就不要推辞了！"

李子雄接受命令后，火速赶往幽州，沿途招募了一千多人。来到幽州后，窦抗素来尊贵，一直不与李子雄见面。李子雄派人入城，再三劝说，又过了两天，窦抗这才率领两千铁骑，来到李子雄的驻地。李子雄提前埋下伏兵，请窦抗入内会面，当场将窦抗生擒，于是，李子雄调派三万幽州军队南下，救援井陉的张祥，并在抱犊山（今河北省鹿泉市西）下，一举击败了叛军刘建。李子雄因而被任命幽州总管。

北线：代州总管李景被乔钟葵包围了一个多月，隋炀帝下诏命令朔州刺史杨义臣率军救援。杨义臣率领两万步骑趁夜越过西陉（在代县以西）险要，乔钟葵见杨义臣人数不多，遂率领全军迎敌。乔钟葵的副将王拔非常骁勇，善用长矛，他人无法射中他的身体，每次冲锋，王拔总是带上数名壮士率先冲入敌阵。杨义臣对此非常头痛，在军中招募能抵挡王拔的壮士，车骑将军杨思恩请战。杨义臣见杨思恩体格健壮，威风凛凛，不禁赞叹道："壮士啊！"赏赐给他一杯美酒。杨思恩见王拔站在对面敌阵，遂扔下酒杯，策马直取王拔，但冲了两次，均未得手。杨义臣又挑选了十几名骑士跟在杨思恩的马后，发起了第三次冲锋。杨思恩突入王拔的阵中，杀了几个敌人，一直冲到王拔的帐前。双方短兵相接，激战正酣，就在这时，跟在杨思恩身后的骑兵见情况不妙，竟然扔下杨思恩掉转马头，向后逃去，杨思恩遂为王拔所杀。王拔杀死杨思恩后，乘胜追击，杨义臣大败，逃了十余里才停下。于是，杨义臣换回了杨思恩的遗体，又将跟从杨思恩的骑士全部斩首。

杨义臣感到自己军队人数较少，遂将军中的数千头牛驴都集中起来，又命令数百士兵每人携带一个战鼓，将这数千头牛驴偷偷驱赶到山谷之中。黄昏以后，杨义臣再度率军与乔钟葵的叛军交战，双方刚一接战，杨义臣即下令那藏在山谷中的数百人驱赶牛驴快跑，顿时，战鼓齐鸣，山谷中尘土飞扬。叛军不知就里，以为是中了伏兵，一时间四散奔逃，杨义臣纵兵追击，遂大破叛军。杨义臣因功被晋升为上大将军。

至此，东、北、南、东南战场叛军均遭到失败，而杨素率领的主力部队也从西南而东北朝晋阳扑来，并州局势陡然变得非常险恶起来。

二六　汉王之乱（三）

在蒲津东北方向通往晋阳的，依次是：绛州（今山西省新绛县）、晋州（今山西省临汾市）、吕州（今山西省霍州市），当时均被叛军占领。

杨素率领大军从蒲津一路北上，他并未见城攻城，消耗实力，而是将这三个城池抛之脑后，在三个城池的外围各留下两千人马进行监视，确保这三个城内的叛军不至于兴风作浪即可。

杨谅派其大将赵子开率领十万大军，驻扎在高壁（今山西省灵石县南），连营五十余里，挡在杨素大军的前面。杨素命令众将率领大军正面迎击赵子开，他则亲自率领一支奇兵，偷偷进入霍山（今山西省霍州市东），他们翻山越岭，避实击虚，迂回到敌人后方，直抵赵子开的大营。越过险阻的杨素，率军在山谷谷口安营扎寨，他亲自坐在营门外面，命令军司进营挑选三百名士兵守营。士兵们怕死，都不愿出战，争相报名留在营内，拖拖拉拉，让杨素在营门外等了很久，致使大军无法按时出发。杨素问军司是怎么回事，军司如实禀报，杨素听后，当即下令留在营内的那三百名士兵出营集合，一律斩首示众，然后，杨素又下令挑选守营的，全军上下无人愿意留下，争前恐后地请求出战。杨素遂率领军队迂回到叛军以北，擂响战鼓，直取叛军大本营，叛军首尾不能兼顾，顿时慌作一团，被杨素杀伤了数万人。杨谅任命的介州刺史梁修罗驻守在介休（今山西省介休市），听说前线大败，也匆匆弃城北逃。

杨素高壁大捷后，叛军的大部主力已被全歼，杨谅大惊失色，遂亲自率领晋阳城内的十余万军队进驻蒿泽（今山西省介休市以北湖泊，现已干涸），与杨素相持。当时，天降大雨，杨谅打算率军撤回晋阳，王頍劝谏道："杨素悬军深入，早已精疲力竭，大王亲自率领精锐部队与其对决，一定能将其击败。如今，望见敌人就先撤退，显示我们已经胆寒，打击我们的军心士气，助长杨素军队的气焰，请大王千万不要回头。”可是杨谅早已六神无主，根本不予理会，遂率军退守清源（今山西省清徐县）。见杨谅不听自己的忠言，王頍对儿子说：“我看事情已非常危急了，我军必败，你还是随我逃跑吧。”父子二人遂脱离了杨谅集团。

杨素乘胜继续前进，又在清源大破杨谅，生擒萧摩诃，杨谅仓皇退守晋阳。杨素率军又将晋阳团团围住，杨谅走投无路，只好求降，杨谅投降后，并州各地的叛军也一一被消灭了。隋炀帝大喜，他亲笔写下诏书，派杨约送到军中，把杨素美美夸奖了一番。

王頍父子躲藏在山中，将要逃往突厥，但通路全被政府军堵死，根本无法成功。自知难逃一死的王頍对儿子说：“我的智谋不下于杨素，只是我的建议都不被采纳罢了，遂落到这步田地。我不能被他杨素生擒活捉，令这家伙成名。我死以后，你可千万不要投亲靠友。”说完，王頍遂自杀了。王頍死后，其子将其就地埋葬在山洞之中。他的儿子数日没有吃一粒粮食，饥饿难耐之下，竟忘记了亡父的临终嘱托，投靠亲戚家里，结果反被告发。杨素不仅抓获了他，连他父亲王頍的尸体也挖了出来，一并在晋阳斩首。

隋朝群臣上书请求处死杨谅，但隋炀帝还是假惺惺地拒绝了。他下令将杨谅废为平民，从皇家户口中剔除，最终将杨谅囚禁而死。杨谅的部下以及并州的平民，因参与杨谅叛乱而受到牵连被流放到边地的，就有二十多万家。

如今，隋文帝的五个同父同母儿子都有了各自的归宿：次子杨广继位；四子杨秀被废为平民，软禁起来；长子杨勇、三子杨俊、杨谅已死。想当初，隋文帝与独孤伽罗皇后非常相爱，二人婚后发誓绝不生下同父异母的孩子，以避免自己年少时兄弟相争的悲剧重演。隋文帝还曾非常自豪地对群臣们说：“前代的天子偏爱小妾，以致出现了嫡子、庶子之间的纷争，最终废黜了太子，有的还因此而亡了国。朕身边没有姬妾，五个孩子都是一个母亲所生，可谓是真正的同胞骨肉啊，我从不担心他们兄弟之间会发生相争的事。”隋文帝又鉴于北周宗室力量薄弱，所以才命儿子们都独当一面，势力很大。等到隋文帝晚年，隋文帝与诸子之间、五个儿子们之间也开始相互猜忌，虽然隋炀帝登上了皇位，但包括他在内，他们兄弟五个均不得善终，最后，隋朝也在隋炀帝的手上灭亡了。

司马光在评价此事时，引用春秋时期辛伯警告周桓公的话说：“宠幸的小妾等同于皇后，宠臣的权势与正卿相同，庶子和嫡子的待遇一样，大城的规模和国都相同，这就是祸乱的根本。”司马光认为，隋文帝只知道嫡子庶子之间经常发生矛盾，却不知道太子与诸王之间如果势均力敌的话，即便是一母同胞，也不可能不发生争斗。他认为，隋文帝是得其一，而失其三。

十月，隋炀帝下诏免除妇女、奴婢以及私人军队的劳役，并规定男人年龄二十二岁为成年。蜀王杨秀一案，右卫大将军元胄因受到牵连被除名，在家闲居。当时，慈州刺史上官政也因事被流放到岭南，将军丘和因蒲州失守而除名。元胄与丘和过去是老朋友，酒酣耳热之际，元胄对丘和说：“上官政可是位壮士啊，如今，他被流放到岭南，会不会搞出些什么动静来？”还没等丘和回答，他又抚摸着自己的肚子，说道：“如果轮到这位，是不会没有作为的。”酒后，丘和向隋炀帝告发，元胄竟因此而被处死，而任命上官政为骁卫将军、丘和为代州刺史。

章仇太翼对隋炀帝说：“陛下是木命（不知他为何要说隋炀帝是木命），雍州在西北，属于金，金克木，不可长久居住此地。另外，谶言称：‘修治洛阳还晋家。’”隋炀帝深以为然。十一月三日，隋炀帝留下长子晋王杨昭留守长安，他则亲自前往洛阳。杨素因平定杨谅之功，被隋炀帝拜其子杨万石、杨仁行、侄儿杨玄挺为仪同三司，赏赐五万段丝绸，一千匹绫罗，二十名杨谅的姬妾。

要营修洛阳，隋炀帝首先想到了要在洛阳周边地区构筑一道屏障。十一月四日，他下诏征发数十万男丁在洛阳周围开挖一道壕沟，这道壕沟西北从龙门（今山西省河津市）沿汾河一路向东，一直向东挖到长平（今山西省晋城市以北），再往东一直挖到汲郡（今河南省卫辉市），而后，折向南面的临清关（今河南省新乡市东北），渡过黄河，直抵浚仪（今河南省开封市），再由此折向西南，一直抵达襄城郡（今河南省汝州市），由这里又一直向西挖到上洛（今陕西省商洛市商州区）。隋炀帝开挖这一道壕沟，在壕沟沿途设置关卡，是想在洛阳外围，构筑一道远距离的屏障，但这一工程也是相当浩大的，一出手就显示了他讲排场的秉性。

可是，他自己毫无察觉，或者还要说些废话给人听。十一月二十一日，隋炀帝正式下诏在洛阳营建东京，他在诏书说道：“《易经》说过：‘变则通，通则久。’‘有德则可久，有功则可大。’洛阳居于天下之中，自古就曾作为国都，控制着三河，四面都有险阻，水陆运输发达，全国各地进贡的路途相等，因此，汉高祖刘邦就曾说过：‘我踏遍天下，只见洛阳很适合当国都。’自古迄今的帝王无不曾想在此建都，但都因种种原因而放弃了。有的是因为全国尚未统一，有的是因为国库空虚。我朝建立以后，即打算重修洛阳，日复一日，一直耽误至今。朕继承大业以后，尊奉先帝遗愿，一直对此念念不忘。如今，汉王杨谅叛乱，导致山东各地郡县落入叛军之手，这都是因为国都设在长安，部队调动缓慢，并且，在河南地区又有很多并州迁来的流民。况且，要控制遥远的南方和广大的东方，正在此时。朝廷百官均赞成此议，但成周的旧城已不适合再修了，可以在伊水和洛水交汇处营建东京。修建宫室，本来是为了方便居住，孔子说过：‘与其不逊也，宁俭。’谁能说瑶台琼室才能成为宫殿，而住在土台阶房屋内的就不是帝王呢？由此可见，不是让天下人来伺候君主一人，而是让君主一个人来管理天下的。百姓是国家的根本，根本牢固了，国家就安定了。百姓富足了，还有什么不足的？如今修建洛阳，务必本着勤俭节约的原则，绝不能让雕梁画栋还在今日复现，我要将简陋的宫室和菲薄的食物传给后人。有关部门要制定实施细则，以令我满意。”

二七 营建东都

虽说是些废话，但由此可见，隋炀帝营建东都洛阳，绝非仅仅听从了术士的劝谏，而是经过深思熟虑的结果，有着很多现实的原因，归纳起来，主要有四点。

统御全国的需要。在北周、北齐对峙时期，长安作为北周国都，拥有四塞之固，尤其是东面的潼关、蒲坂、武关，让北周在与北齐的较量中，始终处于进可攻、退可守的有利态势，但随着北齐灭亡，长安战略防御的功能逐渐弱化，而由于这里地处偏远，要想有效地控制广大的北齐旧地，就有了一定难度。为此，北周在北齐旧地设置了八个总管府，在并州和相州各设一个宫，并配备了六府官吏，类似两个行台。隋朝建立，尤其是隋灭南陈以后，隋帝国囊括了南陈全部土地，长安作为国都就更显偏远，迁都洛阳就被提上了日程。

安抚关东、江南的需要。正如隋炀帝在诏书中提到的那样，汉王杨谅的叛乱让隋炀帝营建东都洛阳的计划变得更为迫切了。杨谅叛乱中，由于长安偏处一隅，无法起到统御四方的作用，对关东的影响力有限，难以调动关东军队，致使关东不少郡县落入杨谅之手。

长安偏远、关中饥荒。到了隋代，关中平原“地狭人繁”，经济已经不足以维持作为一个大帝国都城的存续和发展了。还在隋文帝生前，由于关中大旱，隋文帝曾带上关中百姓出关到洛阳寻找吃的，隋文帝也成了个逃难皇帝。而每年源源不断从江南运到关中的粮食，由于黄河砥柱一带（今三门峡水库一带）水流湍急，非常难行，代价很大。迁都洛阳的话，就回避了这一矛盾。

洛阳条件优越。洛阳是历朝古都，据陈建《建都论》称：“建都之要，一形势险固，二漕运便利，三居中而应四方。必三者备，而后可以言建都。长安虽居形势，而漕运艰难；汴居四方之中，而平夷无险，四面受敌。惟洛阳三善咸备。”

公元605年一月一日，登基半年的隋炀帝改元为大业元年，大赦天下，立萧氏为皇后，晋王杨昭为太子。从所取的年号可以看出，雄心勃勃的隋炀帝决心要开创一番大业。不过，《隋书·五行志上》却称，当时有人说：“大业，在字上拆合就成了大苦来。”因此，并不吉利。

大业元年二月十八日，隋炀帝下诏晋升尚书左仆射杨素为尚书令。又下令天下百姓脱去丧服，唯独自己还身穿浅黄色外衣，腰间缠黑色腰带。三月十七日，隋炀帝下诏命令尚书令杨素与纳言杨达、将作大匠宇文恺以及裴矩、何稠、阎毗、裴蕴、元弘嗣等人负责营建东都，每月征发劳工二百万人；把洛阳郊区以及其他各州的富商共计数万家，全部强制迁到洛阳城内居住；废弃二崤道，重开㚟册道。

据李吉甫《元和郡县志》称，在迁都之前，隋炀帝进行了大量的实地勘察，他经常登上洛阳的邙山，眺望伊阙（龙门），曾对群臣说道：“这不是龙门吗？为何自古以来没有人在此定都呢？”苏威回答：“古人不是不知，而是在等待着陛下。”隋炀帝大喜。

东都洛阳的总设计师是将作大匠宇文恺。虽然隋炀帝下诏说过要因陋就简营建洛阳，但宇文恺揣摩出隋炀帝的内心是想要把洛阳建成一座宏伟壮丽的新都，因此，在实际施工过程中，就“穷极壮丽”，而等到建成之后，隋炀帝果然大喜过望。

隋洛阳城也分为郭城、皇城和宫城三部分。宫城选址东距汉魏洛阳故城（今河南省洛阳市白马寺东三里处）十八里，在涧水以东、瀍河以西、南临洛水、北靠邙山。洛阳宫城正南的端门，对向伏牛山与嵩山之间，伊水向北流的伊阙口。洛阳的皇城和宫城均建在城的西北隅，宫城又称禁省，是皇帝休息和处理政务的地方，也就是俗称的皇宫，其中宫殿林立，主要有乾阳殿、大业殿、文成殿、文清殿、仪鸾殿，等等。在宫城以北又对着曜仪门，内为曜仪城，再往北又有圆壁门，称为圆壁城。皇城包围着宫城的东、西、南三面，里面为百官衙门及禁军驻地，其东北面为含嘉仓，是隋朝大型粮库。在宫城、皇城东以及洛水以南的东南、南面是郭城，郭城跨越洛水两岸，东、南面各开三道城门。洛阳城内，北有北市，南有南市，西有西市，城内被街道分割成103个坊，每个坊有坊墙与外界隔离，坊内又有四通八达的街道，但临街的房屋不得擅自向坊外私开房门，有专门的坊门供本坊与外界联系。

《贞观政要》卷二称，到唐太宗贞观四年（公元631年），唐太宗打算在乾阳殿的旧址上重修，取名为乾元殿。给事中张玄素上书劝谏，他在奏疏中称，自己曾亲眼看到隋炀帝在修建这座大殿时，栋梁非常宏伟壮丽，所用的木材都不是本地出产，大都是从豫章郡（今江西省南昌市）运来的。运送一根柱子就需要两千人来拉，柱子下面安装铁轮，运送一根柱子就要花费数十万钱，而其他项目的开支又远远高于此。

宫城、皇城、郭城的规模就已经如此大了，但这仅仅是主体工程，而随之而来的配套工程更是异常庞大。一是修建显仁宫。在洛阳新城正在紧锣密鼓地修建中，隋炀帝又命令宇文恺和内史舍人封德彝等人营修显仁宫。就像仁寿宫是隋文帝的避暑之地，显仁宫也是隋炀帝个人的享乐之处。南接皂涧（洛水支流），北至洛水北岸，调发长江以南、五岭以北的各种珍贵木材、奇珍异石，又在全国范围搜罗奇花异草、飞禽走兽送到园林中。二是修建天经宫。《隋书·礼仪志二》称：隋炀帝“既营建洛邑，帝无心京师，乃于东都固本里北，起天经宫，以游高祖衣冠，四时致祭。于三年，有司奏，请准前议，于东京建立宗庙”。说的是，隋炀帝在修建东都洛阳后，就不打算再回长安了，因此，为了方便祭祀隋文帝，就在洛阳固本里以北下令修建了天经宫，安置隋文帝生前的衣物，进行祭祀。三是圈占西苑。由于显仁宫和天经宫都在洛阳西部，隋炀帝索性于五月下令修筑西苑。西苑又称芳林苑，方圆二百里，在西苑内开挖方圆十余里的大湖，在人工湖中又堆砌了方丈、蓬莱、瀛洲三座“仙山”，高出水面一百多尺，在山上又修建了无数的亭台楼阁；人工湖的北面是一条人工渠，取名龙鳞渠，引洛水注入湖中；龙鳞渠迂回曲折，沿岸又修了十六个院落，每个院落都由一名四品夫人居住，院落内房屋雕梁画栋，非常奢华。秋冬时节，树木凋零，宫人们则将彩缎剪成树叶的形状，挂满枝头；一旦褪色，又立马换成新的，因此，宫中一年四季如同阳春一般。十六院的夫人争相取悦隋炀帝，她们在小池塘内也用绸缎剪成荷叶菱角的模样，等隋炀帝前来游玩时，就打碎坚冰，把丝绸荷叶菱角布满池塘。隋炀帝喜欢趁着月夜，带上数千名宫女骑马游玩西苑，他谱写了《清夜游曲》，命宫女们边骑马，边演奏。四是开通济渠等。三月二十一日，隋炀帝命令尚书右丞皇甫议调发黄河以南、淮河以北各郡百姓共计一百万人，开凿通济渠。通济渠西自洛阳西苑引谷水、洛水入黄河，又从板渚（今河南省荥阳市东）引黄河水经过荥泽，入汴水；又从大梁（今河南省开封市）以东引汴水进入泗水，一直流到淮河。又下令调发淮河以南的百姓十余万人开凿邗沟，北起山阳（今江苏省淮安市），南到扬子（今江苏省仪征市），与长江相连。这条贯通洛阳与江南的运河，宽四十步，运河两岸修筑御道，种植着柳树，从长安一直到江都（今江苏省扬州市），还一共修筑了四十多座行宫。

在到处大兴土木的同时，大业元年三月十八日，隋炀帝又下诏，说："君主广泛听取舆论，与平民百姓面对面地交换意见，只有这样，才能了解国家政务的得失，为此，我将要巡视淮河、东海，考察各地的风俗。"

坐不住的他又要南巡了！

三月三十日，隋炀帝下令黄门侍郎王弘等人前往江南，督造龙舟和其他船只数万艘。官员们督促严厉、峻急，十之四五的农夫都因劳累而惨死了，官员们用车子装载着尸体，东到成皋（今河南省荥阳市），北至河阳（今河南省孟州市），随处可见。

二八 一下江都（一）

八月十五日，隋炀帝从显仁宫出发，正式踏上了他第一次南下江都之行。

王弘从江都派来龙舟迎接，由于龙舟很大，只能停泊在黄河之上，八月十八日，隋炀帝乘坐红色小龙船，沿粮运渠道行至洛口（洛水注入黄河之口），这才踏上龙舟。

前来迎接隋炀帝的是一支庞大的舰队，舰队共分几个层次的船只。

第一级就是隋炀帝乘坐的龙舟。龙舟共计四层，高四十五尺，宽五十尺，长二百尺（以开皇尺每尺29.5厘米，高13.28米，宽14.75米，长59米）；最高一层设计有供皇帝朝会的正殿、供皇帝休息的内殿、供百官办公的东西朝堂；中间的两层有一百二十间房屋，全部用金子、玉石装饰；最下一层则由宦官们居住。

第二级是皇后乘坐的翔螭舟。翔螭舟与龙舟相比规模较小，但设计、装饰与龙舟无异。

第三级是水殿级大船。一共有九艘，共三层，这九艘被称为浮景舟，类似陆地上皇帝游玩的行宫，为次于皇后的嫔妃乘坐。

第四级是漾彩等舟。这一级别的名目繁多，数量也比较多，主要有漾彩、朱鸟、仓螭、白虎、玄武、飞羽、青凫、凌波、五楼、道场、玄坛、楼船、板鳊、黄蔑等，共计数千艘。这一级别的主要是乘坐贵人、美人、十六院夫人等后宫嫔妃、宫女、诸王、公主、百官、僧尼、道士、外宾等，并装载各种生活必需品的，船为两层。以上四级船只共使用纤夫八万多人，其中拉漾彩以上船只的纤夫，被称作殿脚，全部身穿丝绸衣服。

第五级是平乘等级别的船只。这一级别名目也不少，数量也比较多，主要有平乘、青龙、艨艟、艚艖、八棹、艇舸等名目，数量也有数千艘，这类船只主要是乘坐十二卫的禁卫军将士们，并装载兵器、铠甲、营帐等军需物品，由士兵们自己拉纤，不再配备纤夫。

整个舰队连绵二百多里，灯火照耀天地，从龙舟出发到最后一条船离开洛口，一共经过了五十天之久。隋炀帝命令左武卫大将军郭衍率领前军，右武卫大将军李景为后军，率领骑兵，负责在两岸上护卫而行，舰队以及两岸官兵总人数在二三十万以上，一路上浩浩荡荡，旌旗招展，漫山遍野，非常壮观。隋炀帝还下令，凡是舰队所经过的州县，五百里之内的百姓均要供应食物，多的，一个州能供应一百大车，全部是山珍海味；后宫美女吃得腻味，临行之际，全都抛弃掩埋了。

从隋炀帝三月三十日命令王弘等人南下江南，到八月十五日隋炀帝成行，其间不足短短的五个月，王弘等人却建造了数千艘大船，又安排得如此周密，真可谓是一个奇迹。这虽然说明了当时发达的造船技术，但也更显示出隋朝君臣轻用民力、视百姓为草芥的暴政。

平陈后的第二年，江南高智慧等人叛乱，在杨素削平江南叛乱后，隋文帝就任命杨广担任扬州总管，驻扎在江都，从那时起，到开皇十九年杨广以晋王身份回到京师，在这十年间，杨广一直生活在江都，因此，他对江都还是很有感情的。南巡途中，兴致勃勃的他写下了《泛龙舟》："舳舻千里泛归舟，言旋旧镇下扬州。借问扬州在何处，淮南江北海西头。六辔聊停御百丈，暂罢开山歌棹讴。讵似江东掌间地，独自称言鉴里游。"

隋炀帝杨广在即位之初就匆匆南下江南，除了想回到自己心目中的龙兴之地江都外，更主要的目的其实与营建东都洛阳是一致的，那就是要镇抚江南。他组建豪华的舰队，除了自身好大喜功、讲究排场之外，也是为了向江南百姓展示隋帝国的强大实力。

在此期间，隋炀帝主要做了以下几件事情。

一是拉拢江南士族。从开皇九年消灭南陈迄今，已过去了十五年，但江南与北方的融合进展得非常缓慢，相反，这里却一直叛乱不断。自从开皇十年江南大规模叛乱后，隋朝政府对江南更多的是防备，而不是安抚。如，开皇十八年，隋文帝下诏称："吴越之民沿袭过去的习俗，经常私自修造大船，继而相互集结起来，侵害良善，从此以后，江南百姓拥有三丈以上的大船，全部没收。"对江南情况非常熟悉的隋炀帝，来到江南以后，他首先想到的就是要拉拢江南士族。在他南下之前，陈后主已经去世，但隋炀帝还不忘了带上陈后主的前皇后沈氏，就有联络江南士族感情的意思。到了江都以后，即在大业二年（公元606年），隋炀帝以陈后主的第六女陈婤为贵人，他对陈婤非常宠爱，由此，隋炀帝下诏将流放在外地的陈氏子弟全部召回京师，随才叙用，大业年间，陈氏子弟为卿的五人，郎官四人，郡守之类的七人，县令二十一人。隋炀帝采取与陈氏皇族联姻的策略，大大加强了隋朝宗室与南陈士族阶层之间的情感纽带。

二是安抚江南百姓。大业元年十月二日，隋炀帝下诏：大赦江淮以南地区；免除扬州百姓赋税五年；免除扬州总管范围百姓赋税三年。

三是颁布劝学诏书。还是在隋炀帝南巡之前，闰七月丙子日，他下达了劝学诏书，他在诏书中称："君临万民，要以教学为先，移风易俗，全在于此。自从大乱以来，虽然也不时尊崇学术，但往往徒有虚名，致使高官显贵往往是一些不学无术之人，日复一日，朝廷纲纪荡然无存，高雅之道再也看不到了，原因就在于此。朕继承大业以后，决心尊师重道，注重教化。如今四海为一，十步之内就有芳草，难道四海之中竟然没有奇才吗？一些在家闲居以及在学校读书的，只要是学问品行优秀，堪当大任的，要一一上报，朕将越级提拔；如果不愿意为官的，也可根据他们的学识深浅，即便是没有出仕，朝廷也按月发放工资。希望他们能循循善诱，培养出更多的人才来，至于国子学堂等更应恢复旧制，加强对学生的教育。"隋炀帝一改其父愚民政策，重视教育，这不能不说是一种进步。

四是制定舆服、仪仗制度。大业二年二月一日，在江都的隋炀帝下令尚书令杨素、吏部尚书牛弘、大将军宇文恺、内史侍郎虞世基、礼部侍郎许善心制定舆服制度。又令太府少卿何稠、太府丞云定兴等人负责营造，送到江都。云定兴、阎毗等人原本因是太子杨勇一党而与妻子一同被没为官府奴婢，隋炀帝即位后，大兴土木，听说云定兴此人心灵手巧，就命他负责此事，并以阎毗为朝请郎。何稠博览群书，在接受任务以后，参照各朝制度，提出了很多有益的意见，终于圆满完成了这项任务：天子礼服上画有日月星辰，皮帽上饰有十二块美玉，休闲时，皮帽改戴漆纱帽；皇上的常服；文官的礼帽礼服，以佩玉为饰；五品以上官员供给牛车，车前设帷幔；三公亲王的车上加悬垂的丝质绳网；武官戴头巾，穿军服；三品以上官员配给作仪饰的手杖；设计了完备的天子车马仪仗以及春、夏、季夏、秋、冬五个时节皇帝侍从的车辆；另外规定，一般百姓不得擅自身穿军服。何稠还修造了三万六千个黄麾，在皇帝出行时高举在队列前头，至于其他方面全都足够华丽，令隋炀帝非常满意。为了制作出这些精美的仪仗，隋炀帝下令各郡县上缴羽毛，百姓四处结网扑杀各类禽鸟，只要有羽毛能当装饰的禽鸟走兽，几乎被擒杀殆尽。据说，乌程县有一棵高百尺的大树，大树上有一个鹳巢，百姓想捉住它，却又爬不上去，遂打算砍断大树。鹳雀担心树倒自己的弱子会摔死，就主动啄下自己的羽毛，扔到地上。当时，有人认为是一种祥瑞："皇帝制造仪仗，而鸟雀自动呈上羽毛。"隋炀帝制造仪仗，动用工匠十万多人，耗费了上亿的金银财帛。每次出巡，隋炀帝盛大的仪仗队浩浩荡荡，绵延二十多里，光彩照人，骇人眼目。这当然有镇抚江南的意思。

五是拉拢江南宗教界人士。杨广在扬州总管任上，就十分重视对江南士人的拉拢，如把会稽虞世基、虞世南兄弟引入幕府，就是一例。在此期间，他还效法东晋宰相王导学习吴地方言，极大地消除了江南士人对隋朝的敌视态度。除此而外，他早已认识到了宗教对于统治的巨大作用，开始极力拉拢江南佛教领袖智顗和尚，并拜智顗为师，还设立了四道场，安置自己招徕的道士、和尚们。在这次南下江南期间，隋炀帝在江都广泛接触江南宗教界人士，据《国清百录》记载，他在大业元年九月二十六日，接见了江南宗教界的高僧们，并命苏威宣布自己诏书向大家问候，称高僧为师，自己则谦称为弟子。

二九 一下江都（二）

隋炀帝在江都度过了一个冬季，大业元年对于远在江都的隋炀帝而言，可谓是喜事连连。

在这一年里，他下令营建东都洛阳，修通济渠、邗沟，南巡江都，确定舆服制度，件件都是大事，到了大业二年一月六日，将作大匠宇文恺上报东都洛阳修建完工。隋炀帝大喜，晋升其为开府仪同三司，正四品。东都洛阳规模宏大，宇文恺仅仅用了一年左右的时间就神速、高质量地完成，可以说是建筑史上的奇迹。

除了东都建成之外，还有令隋炀帝喜出望外的事情——在这一年，来自隋帝国北、西北、南方三方都传来了好消息。

首先是北方。

来自契丹的骚扰。《旧唐书·北狄》称，“（契丹）居潢水之南，黄龙之北，鲜卑之故地……东与高句丽邻，西与奚国接，南至营州，北至室韦。冷陉山（一说今内蒙古自治区巴林右旗西北高原上的坝后；一说今内蒙古自治区扎鲁特旗南的奎屯山）在其国南，与奚西山相崎，地方二千里。逐猎往来，居无常处。其君长姓大贺氏。胜兵（兵力之意）四万三千人，分为八部……”隋唐时期，契丹的居住地没有太大的变化。大业元年，契丹发兵南下，骚扰隋朝的营州（今辽宁省朝阳市）。这次契丹骚扰营州事件，可能有高句丽在背后指使，隋炀帝下诏命令通事谒者韦云起率领突厥军队前去讨伐，启民可汗调派两万骑兵参战。

韦云起，京兆万年（今陕西省西安市临潼区）人。开皇中，以明经被选拔为符玺直长。一次，他曾在隋文帝面前奏事，隋文帝说：“外面有什么不合适的事情，可以向我报告。”当时，兵部侍郎柳述就站在隋文帝一旁，韦云起即上奏说：“柳述个性奢侈，并没有经历过多少事，只是因为是驸马而手握兵权，外面有人认为陛下在用人方面不是任人唯贤，这就是一件不合适的事情。”隋文帝看着柳述说道：“云起的话对你可是良药啊！”仁寿初年，隋文帝下诏命百官举荐人才，柳述举荐韦云起为通事舍人。隋炀帝即位后，改韦云起为谒者。他向隋炀帝建议说：“如今朝廷之上很多都是山东人，他们自立门户，拉拢下属，欺瞒上司，组成朋党。如果不防微杜渐，这些人必定会败坏朝政。”隋炀帝下令大理调查，结果，尚书左丞郎蔚之、司隶别驾郎楚之等人均被除名。

韦云起下令将突厥骑兵分为二十营，每营一千人，相互照应，兵分四路一起推进。他传令军中说：“听到鼓声就前进，听到号声就停下，不是公务，不得飞奔。”不久，一名纥斤（低级军官）违犯了军令，韦云起下令将其斩首示众，自此，突厥酋长前来拜谒韦云起，无不膝行而前，不敢抬头仰视。

契丹原本侍奉突厥，双方之间没有隔阂。韦云起率领的突厥军队进入契丹境内后，谎称将要前往柳城与高句丽人做生意，因此，契丹人毫无戒备。等到突厥军队推进到契丹大本营五十里的时候，韦云起下令向契丹人发起了突然袭击，将契丹所部四万多男女全部生擒，杀掉了所有男人，将一半女人和牲畜赏赐给突厥人，其余的带回国内。

隋炀帝闻听，不禁大喜，他召集百官，说道：“韦云起用突厥兵灭了契丹人，他文武双全，今天，朕亲自举荐他！”遂提拔他为治书侍御史（从五品）。

南方：

还是在隋文帝仁寿二年（公元602年）时，交州（今越南国河内市）的俚族头领李佛子发动叛乱，占领了越王旧城，派遣侄儿李大权盘踞龙编城（今越南国河内市），部下李普鼎驻守乌延城（今地不详）。杨素推荐瓜州（甘肃省敦煌市）刺史刘方有将帅之才，隋文帝遂下诏任命刘方为交州道行军总管，以度支侍郎敬德亮为长史，率领二十七营前去讨伐李佛子。刘方军纪严明，违犯军令的，一律斩杀，但他又爱护士兵，对生病的官兵，都要亲自照顾，因此，士兵们也对他非常感激。隋军行至都隆岭（确址不详）的时候，有两千多名叛军迎战，刘方派遣营主宋纂、何贵、严愿等人将叛军击败，而后，乘胜前进，直抵李佛子的大营。刘方先派人分析祸福，李佛子害怕了，请降，刘方将其送到了长安，对于那些狡猾的头领们，刘方担心一旦隋军撤离以后，他们会再度发动叛乱，遂下令将其全部诛杀了。

刘方平定交州以后，隋朝群臣有人提出林邑国（今越南国中南部一带）很多珍宝，隋文帝即任命刘方为驩州（今越南国中部广治县）道行军总管，进攻林邑国。刘方派遣钦州刺史宁长真等率领一万步骑从越裳（确址不详，有争议）出发，刘方亲自率领大将军张愻等人率领水军从比景（今越南国中部平治天省）出发，到大业元年一月，隋军舰队抵达了海口（林邑国的港口）。

林邑国王梵志派兵固守险要，刘方将其击退。隋军渡过阇黎江（确址不详），林邑国军队乘坐大象，从四面八方包围了隋军，隋军战败。刘方下令军中在地上挖了很多小坑，用草盖在上面，然后，他率军向林邑军队挑战。双方交手后，刘方假装战败，后撤，林邑国军队不知是计，开始追击，结果，很多大象都陷入坑内，将士兵们从身上摔了下来，林邑国军队顿时大乱。刘方命令隋军用强弩朝大象射去，中了弩箭后的大象嘶叫着掉头就跑，林邑国军队陷入更大的混乱之中。刘方命令隋军发起猛攻，将林邑国军队打得大败，斩杀了一万多人。刘方率军乘胜追杀，连战连捷，一直越过马援南征时留下的铜柱，行军八天，才抵达了林邑国国都（今越南国归仁市）。

四月，林邑国国王梵志弃城逃入海中。刘方进入林邑国都，缴获林邑国宗庙纯金牌位十八个，而后，刻石纪功而还。隋军官兵因双脚肿胀而死亡的，有十之四五，主帅刘方也在撤军途中得病，不治身亡。

当初，尚书右丞李纲屡屡冒犯杨素和苏威，杨素将李纲推荐给隋文帝，委派其担任刘方的行军司马。刘方秉承杨素的意思，在进军途中百般折磨李纲，几乎将李纲陷于死地；隋军返回后，李纲却没有官复原职，苏威又派他前往南海（今广东省广州市），处理林邑国的善后事宜，长期不将其召回京师。李纲擅自进京汇报工作，苏威又弹劾他擅离职守，将他打入大牢。李纲令一名术士给自己占了一卦，得到“鼎”卦，术士对李纲说：“只有改朝换代以后，大人才能成为公卿大臣，应该早早退隐。”正巧，遇到大赦，李纲被免官，遂隐居在户县（今陕西省西安市鄠邑区）。

西北：

如前所述，西突厥泥利可汗死后，其子处罗可汗继位，处罗可汗的母亲向氏是汉人，又嫁给了泥利可汗的弟弟实特勤（突厥可汗的子弟被称为特勤），二人在开皇末年前来朝见，因遇到达头可汗叛乱，二人就留下了，住在鸿胪寺内。

处罗可汗居住在乌孙国的旧地（在新疆维吾尔自治区西北部一带），因不会治理，汗国百姓以及原本臣服的铁勒部落纷纷叛乱。这一年，处罗可汗率军进攻铁勒各部，增加赋税；他又担心铁勒薛延陀部发动叛乱，将薛延陀数百名酋长集中起来，全部屠杀。这两件事令铁勒各部全部背叛西突厥，他们共同推举俟利伐部落的酋长契苾歌愣为铁勒第一任可汗——莫何可汗，又立薛延陀部落酋长野咥为小可汗。

铁勒联军与突厥处罗可汗交战，屡次击破西突厥军队。莫何可汗非常骁勇，又很得民心，邻国对他十分忌惮，伊吾（今新疆维吾尔自治区哈密市）、高昌（今新疆维吾尔自治区吐鲁番市）、焉耆（今新疆维吾尔自治区焉耆县）都臣服于他。据学者考证，铁勒汗国疆域，大致东起蒲类海（今新疆维吾尔自治区巴里坤湖），西至突厥可汗牙帐所在的金牙山北（今新疆维吾尔自治区博尔塔拉蒙古自治州），南抵天山，北过阿尔泰山。准噶尔盆地南部由莫何可汗契苾歌愣统辖，牙帐设于贪污山（今新疆维吾尔自治区博格达山），又称为"南厢可汗"；准噶尔盆地以北则由薛延陀部的野咥可汗乙失钵统辖，牙帐设在燕末山（可能是今阿尔泰山主峰之一的义和山）北，称为"北厢可汗"。莫何可汗为大可汗，野咥可汗为小可汗，野咥可汗的一切皆受莫何可汗节制。

铁勒各部对西突厥的打击，无形中令隋朝西北少了一个强有力的对手。

大业二年三月十六日，隋炀帝从江都出发，开始返回。四月二十六日，他来到洛阳南面的伊阙，在这里，他排开仪仗队伍，率领一千多辆马车、一万多名骑兵以及盛大的仪仗队伍，浩浩荡荡地进入新都洛阳。第二天，他驾临端门，宣布大赦天下，免除天下百姓一年的税赋。并下令：五品以上的文官才可以乘坐马车；在朝廷之上，身穿军便服，佩戴碧玉；武官头戴头巾，身穿骑士服，马勒口加白螺装饰。

大业二年剩下的大半年，隋炀帝就在洛阳度过了，期间，太子杨昭从长安来拜见隋炀帝，在洛阳停留数月，不想回去了，就请求隋炀帝能允许自己多留几日，但隋炀帝没有答应。杨昭素来肥胖，因不停地叩拜，导致身体不堪其负，终于发病，七月二十二日病死。隋炀帝一生共有三个儿子，萧皇后生下太子杨昭、齐王杨暕，萧嫔生了赵王杨杲。杨昭也有三个儿子：杨倓、杨侑、杨侗。杨昭死后，到了八月九日，隋炀帝将杨昭的这三个孩子全都封了王：杨侑为代王、杨倓为燕王、杨侗为越王。

就在太子杨昭去世的第二天，隋朝第一权臣、越国公、尚书令杨素也病死了。杨素虽然立下了大功，但隋炀帝对他非常猜忌，表面上对他非常敬重，内心却无时无刻不想令他早死。太史令上书称随地将有大丧，因楚国与随在星宿上属于一个区域，隋炀帝就把杨素改封为楚公，希望让他来承当这一厄运。杨素病重期间，隋炀帝多次派名医前来诊病，赏赐很贵重的药物，但等医生回宫后，总会暗中询问杨素的病情，唯恐杨素不死。杨素也自知已位极人臣，功高震主，遂不肯吃药，也不好好调养，常对弟弟杨约说："我难道还想活！"

杨素死后，隋炀帝追赠杨素为太尉公、弘农等十个郡的太守，并为其举行了非常隆重的葬礼。杨素生前十分贪婪，在洛阳、长安购置了大量田产，两地的府邸都非常奢华，还在全国各地有上千处旅店、庄园，因此，当时的舆论对杨素评价并不太高。

三〇 返回洛阳

除了连续办完杨昭、杨素二人的丧事之外，隋炀帝还做了以下几件事。

一是限制官员升迁。七月八日，隋炀帝下诏规定：文武百官不能仅仅因为考核成绩优秀就理所当然地得到晋升，还必须同时具备德行和明显的功绩才行。这一措施虽然与隋炀帝本人怜惜名位有关，但也是对自北魏末年大乱以来君主滥赏的一次纠正。隋炀帝深通用人之道，他对朝廷的官位非常看重，群臣需要晋升的，隋炀帝总是让他们兼任或者暂代，并不正式任命。即便是职位出现了空缺，也往往是宁可空着，也不递补。大业中后期，尚书左右仆射、纳言、内史令等所谓的宰相已很少授人，往往以“参预朝政”或“参掌机密”的形式，由隋炀帝临时任命，让臣下代行宰相职权。当时，牛弘虽然是吏部尚书，但隋炀帝规定他不得自行履行职务，而是命纳言苏威、左翊卫大将军宇文述、左骁卫大将军张瑾、内史侍郎虞世基、御史大夫裴蕴、黄门侍郎裴矩一起讨论决定人事问题，当时，人们称这七个人为人事部门的七个贵人。虽然是七个人共同研究，但实际上的决定权往往握在虞世基的手上。虞世基借机大肆收受贿赂，送给他钱多的，就能被越级提拔；不送钱的，只不过将功绩记载在功劳簿上而已。

这七个人，牛弘是个宽厚正直的长者，苏威也多次提过。

宇文述不用多说，他是隋炀帝的心腹，其次子宇文士及娶了隋炀帝与萧皇后的长女南阳公主，因此二人又是亲家，宇文士及还有一个哥哥宇文化及、一个弟弟宇文智及，二人则是后来在江都弑杀隋炀帝的凶手，因此，隋炀帝可谓是成也宇文，败也宇文，不过这是后话，暂且不提。

张瑾，生平不详。

虞世基，字茂世，会稽余姚人。他的父亲虞荔，为南陈太子中庶子。虞世基自幼性格沉稳安静，喜怒不形于色，博学高才，还擅长草书、隶书。南陈少傅、大文士徐陵听说了他的大名，一见之下，啧啧称奇，对大家说："这可是当今的潘安、陆机啊！"遂将侄女嫁给了虞世基。南陈灭亡后，虞世基担任通直郎，直内史省。原本是南陈贵族，一旦沦落下尘，工资很低，家里很穷，虞世基不得不经常把家中的藏书出租出去养家，因此，一直郁郁不得志，后拜为内史舍人。隋炀帝登基后，非常看重虞世基的文才，对他十分信任。唐初名臣、大书法家虞世南就是他的弟弟。

裴蕴，其父裴忌为南陈都官尚书，与吴明彻一起战败，被北周俘虏。裴蕴在南陈担任直阁将军、兴宁令，因其父在北朝，他曾暗中给隋文帝写信，请求担任内应。南陈灭亡后，隋文帝越级将他提拔为仪同，高颎不明就里，劝谏道："裴蕴没有什么功劳，对他太过恩宠，这不合适。"谁知隋文帝似乎在与高颎赌气，高颎话音未落，隋文帝接着就说道："再加裴蕴为上仪同。"高颎又劝谏，隋文帝又说："再加开府。"高颎遂不敢再说，当天即拜裴蕴为开府仪同三司，后历任洋、直、隶三州刺史，连年考核为全国第一，隋炀帝即位后，即征召其为太常少卿。北齐后主高纬时，民间有耍龙灯、旱船等游戏，被称为散乐。隋文帝不喜欢歌舞之类的，他命令牛弘确定礼乐后，凡是不属于国家确定为正乐的都予以禁止，艺人们也都勒令恢复了百姓身份，从事农业生产。裴蕴揣测出隋炀帝好大喜功的心态，遂上书建议，将北周、北齐、南梁和南陈的乐户子弟，统统搜罗出来，全部确定为乐户，除此之外，民间六品以下官民，只要精通音乐、杂耍，均要到太常供职。隋炀帝同意了，从此以后，乐府人数增至三万多人，各种技艺都设置有博士，相互传授。隋炀帝大喜，晋升裴蕴为民部侍郎。

裴矩，字弘大，河东闻喜人。其父裴讷之，曾任北齐太子舍人。北齐灭亡后，杨坚被任命为定州总管，将裴矩引为记室参军，对他非常亲近。杨坚担任北周丞相后，裴矩被任命为参相府记室事。入隋后，他又被晋升为给事郎；伐陈之役，又担任元帅记室。江南大乱时，裴矩以数千兵解除了广州之围，平定了岭南。后又担任史万岁长史，击破达头可汗。仁寿年间，他被晋升为吏部侍郎。隋炀帝即位后，裴矩受命营造皇城内的百官衙门，在他的带领下，九十天就完工了。

二是下诏修订法律。由于隋文帝末年法令严厉，大业二年十月，隋炀帝下诏命令重新修订法律。到第二年四月，牛弘等人修订的新律完成了，被命名为《大业律》。《大业律》共十八篇，五百条，删除了十恶，并减轻了一些犯罪的处罚。该律已经失传，在历史上因隋炀帝的恶名而没有受到学术界应有的重视。隋炀帝贯彻轻刑原则是一种进步，也受到了天下百姓们的欢迎，但是，随着后来兵役、劳役的不断加重，百姓不堪重负，纷纷反抗，地方官员为了完成任务，如果严格依照《大业律》进行惩处的话，根本起不到震慑作用，遂干脆不顾法律规定，随意重罚了。

旅骑尉刘炫曾参与《大业律》的制定，一次，牛弘问刘炫："《周礼》称，官员多而下属少，如今，具体办事员与过去相比超出百倍，裁员的话，事就办不完，这是何故？"刘炫回答："古人任命官员，只在年终进行考核，已经审理过的案件不再重新复核，中央的办事员只管管文书而已，而如今则不同，所有的档案文书总是担心会被复查，如果办得不严密，甚至会追查万里之外一件百年前的旧案。因此，俗语称：'老官吏能抱着档案而死。'上级自己生出的工作太多了，反而导致政治繁杂、败坏，这就是原因。"牛弘又说："北魏、北齐时，朝廷的办事员工作很清闲，如今则忙得团团乱转，这又是什么原因？"刘炫回答："过去，州里只设置纲纪（协助刺史处理事务的长史之类），郡里设置太守、郡丞，县里只设县令而已。一个州不过数十个朝廷命官，其余官吏都是上述朝廷命官自行延聘的。如今则不然，地方上大大小小的官都是朝廷任命的，屁大点的事都要由朝廷进行考核。裁减官员，不如裁减事务，上级部门自己生出的这些事务不裁减，而希望能清闲下来，这能行吗？"牛弘虽然觉得刘炫说得有理，却没有采用。

三是修建洛口仓、回洛仓等。为了解决新都洛阳大量人口的吃饭问题，隋炀帝还决定在巩县（今河南省巩义市）东南方向修建了洛口仓，营建仓城，方圆二十余里，挖掘了三千多个地窖，每个地窖能容纳八千石粮食，还在仓城设置了管理官并驻扎了一千人马进行守卫。到大业二年十二月，隋炀帝又下令在洛阳以北七里的地方修建了回洛仓，仓城方圆十里，挖掘了三百个地窖。另据《大业杂记》记载，隋炀帝还在皇城西南角修建了子罗仓，储存食盐二十万石。

四是接见启民可汗。为了向启民可汗夸耀国内的富庶、安乐，隋炀帝采纳了裴蕴的意见，让四方散乐齐聚洛阳，在西苑积翠池边一一进行表演，先由隋炀帝过目。在这场预演中，先由舍利兽（猞猁）跳了出来，把街上洒得到处是水，顿时，幻化出满街的乌龟、王八、鳄鱼和各种虫鱼；还有一个魔术，只见一条鲸鱼朝天喷烟吐雾，遮天蔽日，突然又化作一条身长七八丈的黄色巨龙；又有杂技，两个人头顶长竿，长竿上面又各站一名舞者，下面的两人又在瞬间交换了长竿，等等。歌舞伎人都是身穿绫罗绸缎，跳舞的浑身遍插羽毛、鲜花，佩戴金环玉佩，发出悦耳的声音。隋炀帝下令东京、西京给艺人们缝制衣服，两京的国家仓库里的绸缎为之全部用完。隋炀帝还创作了很多艳丽的辞赋，他命令乐正白明达根据辞赋谱成新曲，乐曲曲调非常哀怨。隋炀帝听后大喜，说道："北齐偏处一隅，尚且把他们的乐工曹妙达封为王爷，我大隋如今天下大同，也正要让你富贵，你要好好干！"

大业三年（公元607年）一月一日，隋炀帝下令拿出盛大的仪仗，来展示给入朝的启民可汗。启民可汗见后，非常羡慕，提出改穿中国的衣服，但隋炀帝没有答应。第二天，启民可汗又亲自率领臣下上书强烈要求，隋炀帝大喜，对牛弘等人说道："如今，我中原衣冠制度完备，致使单于也心生仰慕，主动请求解下辫子，穿戴我大隋衣冠，这都是你们的功劳啊！"

三一 北巡燕代（一）

大业三年年初，隋炀帝在洛阳接见启民可汗以后，就于三月二日返回西京长安了。

云定兴非常善于见风使舵，他见宇文述是隋炀帝的心腹，就拿出夜明珠、细罗帐送给宇文述，宇文述大喜，把云定兴视为老兄。宇文述对云定兴说：“老哥你制作的各种东西，都十分精巧，深合陛下的心意，但陛下一直没有给你晋升的原因，主要还在于长宁王赵俨几个兄弟（原太子杨勇的几个儿子）还没死啊！”长宁王赵俨是云定兴女儿云昭训与杨勇的亲生儿子，云定兴是赵俨的亲外公，但利欲熏心的云定兴眼里，亲情又算得了什么呢？云定兴立马接口道：“这些都是一帮无用之物，何不劝皇上早早杀了？”于是，宇文述就对隋炀帝说：“房陵王（杨勇）的这几个儿子均已成年，如今，打算兴兵征讨四方，把他们都带在军中，很难管理；如果把他们留在一个地方，又恐怕不合适。反正他们也没有多少用处，请陛下早作处理。”隋炀帝表示同意，遂毒死了杨俨，将杨俨其余七个弟弟都流放到岭南，又派使者在途中将他们暗杀了。

处死了他的几个侄儿后，隋炀帝就于四月二日下诏，声称将要安抚黄河以北地区，巡视赵国、魏国旧地（河北地区）了。十四日，他又下诏，改州为郡；改度量衡，恢复古代的制度；取消上柱国以下散官，改称大夫，将从一品的上柱国改为光禄大夫，以下依次为左光禄大夫（正二品）、右光禄大夫（从二品）、金紫光禄大夫（正三品）、银青光禄大夫（从三品）、正议大夫（正四品）、通议大夫（从四品）、朝请大夫（正五品）、朝散大夫（从五品）。以上统称为九大夫。又设置了殿内省，与尚书省、门下省、内史省、秘书省合称为五省。增加谒者台，与司隶校尉台和御史台，并称为三台。分太府寺设置少府监，与长秋、国子、将作、都水并称为五监。又增设左右翊卫大将军等十六军府，分别为：第一军左翊卫大将军；第二军右翊卫大将军；第三军左武卫大将军；第四军右武卫大将军；第五军左候卫大将军；第六军右候卫大将军；第七军左骁卫大将军；第八军左奋身大将军；第九军右骁卫大将军；第十军右奋身大将军；第十一军左监门大将军；第十二军右监门大将军；第十三军左屯卫大将军；第十四军右屯卫大将军；第十五军左御卫大将军；第十六军右御卫大将军。又废除了伯爵、子爵、男爵爵位，只保留了王、公爵和侯爵三等。

完了以后，四月十八日，隋炀帝就开始了北巡。这次北巡，隋炀帝率领五十万甲士，十万骑兵，从行的还有大量宫女、道士、僧尼、戏子等，声势浩大。

四月二十日，隋炀帝下诏要求百官在行进途中不得践踏庄稼，对于确需使用农地开辟道路的，有关部门要测算占用土地的收成，以就近的粮仓内的粮食补偿给农家，在标准掌握上务必优厚。

四月二十一日，隋炀帝来到赤岸泽（今陕西省大荔县西南）。

五月九日，东突厥可汗启民可汗派儿子拓前来朝见。五月十日，隋炀帝下令征发河北十几个郡的百姓们开凿太行山，一直通到并州（今山西省太原市），为将来修建快速车道做好准备工作。十八日，启民可汗又派侄儿毗黎伽前来朝见。二十三日，启民可汗请求亲自入塞奉迎圣驾，但隋炀帝没有同意。

六月四日，隋炀帝与萧皇后在连谷（今陕西省神木市北黄羊城）打猎。在这里，隋炀帝还驾临仁寿元年朔州总管韩洪与达头可汗交战的战场，当他看到昔日的战场上白骨蔽野，不禁感慨万千，立即下令掩埋白骨，又命五郡的和尚超度亡灵。

六月十一日，隋炀帝来到榆林郡（今内蒙古自治区托克托县黄河南岸）。

在这里，隋炀帝打算率军出塞，展示武力，穿越东突厥汗国，由西向东，再来到涿郡（今北京市）。隋炀帝担心突厥部众惊惶不安，就先派武卫将军长孙晟前往解释，启民可汗奉诏，并召集属国奚人（西辽河上游鲜卑人）、霫人（西辽河以北东胡人）、室韦（东北的东胡人）等数十名酋长到王庭集合。

长孙晟见王庭牙帐前面生有杂草，想让启民可汗亲自清除，以在其他诸国面前展示大隋皇帝的威严，遂指着杂草说道："这棵草肯定很香。"启民可汗连忙拔下来，拿到鼻子跟前闻闻，说道："不香啊！"长孙晟说："天子所到之处，诸侯要亲自洒扫，清除御道，以表达对天子的尊敬之心，如今，可汗牙帐之内竟然杂草丛生，我以为一定是特别香，可汗才特意留下的。"启民可汗听了，这才醒悟，说道："奴才知罪了。奴才身上的骨肉都是天子所赐，能够为天子劳动，岂敢推辞！只是身居边疆，不识礼仪罢了，幸亏将军教导，这是将军你的恩惠，也是奴才的万幸。"遂拔出佩刀，亲自清除地上的杂草。见到可汗亲自除草，其余贵人也都争相帮忙，于是，在长孙晟的建议下，突厥汗国征发全国百姓从榆林北边一直到王庭（一说即大利城，在今内蒙古自治区和林格尔西北，一说在今内蒙古自治区乌兰察布市察右中旗南的辉腾锡勒草原九十九泉一带），再从王庭到蓟县（今北京市），整修御道，御道全长共计三千多里，宽一百步。隋炀帝听后，非常高兴。

六月二十日，启民可汗与妻子义成公主一起前来朝见隋炀帝，前前后后献上了三千匹马。隋炀帝大喜，赏赐启民可汗一万两千段丝绸。二十一日，吐谷浑和高昌国一起派使者前来朝贡。二十七日，隋炀帝登上榆林郡北城楼，眺望渔民们在黄河中捕鱼，并设宴款待群臣。

太府卿元寿向隋炀帝建议道："汉武帝出关巡视时，旌旗绵延上千里，如今御营之外，请将部队分为二十四军，一日派出一军，各军之间相距三十里，令旌旗相望，战鼓相闻，首尾相连，千里不绝，这也显示出我大军出师的盛况。"

定襄（今山西省朔州市平鲁区西北）太守周法尚反对道："你说的不对。部队连绵上千里，行动中有山川相隔，一旦出现意外，将四分五裂；中军出现危急情况，首尾不知，道路又远，难以相救，即使过去曾这样做过，却是失败之道。"

隋炀帝听了，不太高兴，问道："那你的意思是？"

周法尚回答："部队结成方阵，四面朝外防御，六宫以及百官的家属均在方阵之内。一旦出现意外，面对敌人的一方即可转入攻击，方阵之内则出动奇兵，冲出方阵进行突击。以车辆为城墙，设置弯曲的阵型，这与守城又有什么两样！如果奇兵出战取胜，再出动骑兵追击；万一失利，又可以严密固守，这就是臣所谓的万全之策。"

隋炀帝听后，说道："对！"遂拜周法尚为左武卫大将军。

启民可汗在榆林郡期间，再次上书恳请隋炀帝同意自己部族也改穿汉人衣服，完全同化，他说："先帝可怜臣，赏赐给臣安义公主，供应给我们很多物资，让我们不致匮乏。臣兄弟嫉妒臣，合谋要杀掉臣，臣当时走投无路，抬头看到只有苍天，低头看到的只有大地，遂将性命交给了先帝。先帝可怜臣命若危卵，将我收留抚养，还任命臣为大可汗，让我回来安抚突厥百姓。至尊如今统御天下，仍然像先帝那样养育臣以及臣的百姓，让我们丰衣足食。臣感恩戴德，言语无法表达我的感激之情。臣今天已不是昔日的突厥可汗，而是陛下的臣民，我甘愿率领部落百姓改变衣服，完全与华夏百姓一样。”

然而，不知为何，隋炀帝认为不可，仍然没有答应启民可汗的请求。七月四日，隋炀帝给启民可汗下诏，称：“沙漠以北仍不平静，还需要征战，只要心存忠诚，又何必要改变衣服呢？”

隋炀帝却想在突厥人面前炫耀，遂命令宇文恺率领能工巧匠在榆林城东的草地上，按照草原民族的样式建造了一座极大的帐篷，这座空前巨大的帐篷里面能容纳数千人之多。七月七日，隋炀帝驾临大帐，帐内排列仪仗，设宴款待启民可汗以及其手下头领三千五百人，又命优伶演奏散乐。突厥以及其他部族的人谁也不曾见过如此排场，也没有见过如此炫目的魔术杂技，既惊骇不已，又满心狂喜，争相向隋炀帝献上牛羊骆驼马匹，数量高达数千万头。隋炀帝下令赏赐启民可汗两千万段丝绸，下属人等又赏赐了多少不一的丝绸。在宴会上，隋炀帝再次表彰启民可汗的赤胆忠心，赏赐给他御车、御马、乐队、旌旗，还特许他在朝拜时不需称名道姓，座次在诸侯王之上。

三二　北巡燕代（二）

虽然隋炀帝给予启民可汗很高的礼遇，但他始终没有同意突厥改穿汉装，由此说明，在隋炀帝的心中，还存在着严重的华夷之辨，他只想让突厥人成为自己的附庸，而不想让夷族再次乱了中原，而这大约与兵部尚书段文振的建议密不可分。据《隋书·段文振传》记载，段文振见隋炀帝对启民可汗过于优待，就上书称："臣闻古人说过：'远不间近，夷不乱华。'周宣王外攘戎狄，秦始皇修筑长城，这都是惠及子孙的好事，不可忘记啊。如今，我见朝廷接纳启民可汗，给其土地，接济给他粮食，臣非常不安。这是为何？夷狄的本性是非常贪婪，没有亲情，弱小的时候就投降，强大以后就反咬一口。臣没什么学问，远古之事所知不多，但稍近的像刘曜乱晋朝，侯景乱南梁，就是例子。以臣判断，突厥早晚会叛乱，应该及时劝令他们出塞，然后，构筑烽火台，加强边境的防御力量，务必令边境防御严密，无隙可乘，这才是国家长治久安的良策啊。"

七月二十九日，隋炀帝又突然下诏征发一百多万男丁修筑榆林以东的长城，该段长城西起榆林，东至紫河。紫河在今内蒙古自治区和林格尔县南，蒙古名乌兰木伦，即古代的中陵、树颓二水，亦作紫塞河，上游有二：北为凉城县的宁远水，南为山西省右玉县的兔毛河，这两条河在杀虎口外汇合后向西流去，经清水河县与清水河汇合，注入黄河。尚书左仆射苏威劝谏，但隋炀帝不听，百万民工修筑了二十天，就完工了。隋炀帝整修长城之举，实际上是向启民可汗表明了他自己的态度，那就是他不可能让夷夏混同，而要维护纯正的华夏文明，这与他拒绝突厥改穿汉装是一致的。

隋炀帝的一系列举措，让隋朝一帮失意老臣很是看不惯。

还是在隋炀帝征集天下散乐时，太常卿高颎就提出了反对意见，他说："散乐已废弃很久了，如今一旦征集，恐怕那些无知之徒会背本趋末，又相互学习起来了。”当时隋炀帝听了就很不高兴。高颎私下对太常丞李懿说：“北周天元皇帝宇文赟因喜欢歌舞而亡国，教训不远，岂可重蹈覆辙！”此时，高颎又见隋炀帝对待启民可汗过于优厚，又对太府卿何稠说道：“这家伙已洞悉中国的虚实、山川险要，恐怕会有后患。”又对观德王杨雄说：“近段以来，朝廷也太没规矩了！”

礼部尚书宇文弼长期担任汉王杨谅的长史，所幸的是，在杨谅起兵时，宇文弼已被调任吴州（今江苏省扬州市）总管了，因而没有参与叛乱。在隋炀帝看来，宇文弼就是杨谅的死党，只不过侥幸躲过一劫罢了，因此，他即位后，就一直让宇文弼在天南地北地不断颠簸，他即位不久就征调宇文弼为刑部尚书，可等宇文弼进京后，隋炀帝却又令他持节巡视河北；等宇文弼出差回来，隋炀帝又任命他为泉州（今福建省福州市）刺史。宇文弼在泉州一年多一点（其实，路途要占去很多时间），隋炀帝又下令拜其为刑部尚书，等到宇文弼回京不久，又将其调为礼部尚书。

宇文弼能文能武，素来以才能著称，在隋朝群臣中间享有很高的声望，他的一些言论往往能左右舆论走向，隋炀帝对其颇为忌惮。宇文弼见隋炀帝这么对待自己，自然会满腹牢骚，他也对高颎说：“过去，北周天元皇帝喜欢声色而国家灭亡，拿如今的情况来看，不是比那时候更有过之而无不及吗？”宇文弼还说：“修筑长城，不是今天紧迫需要完成的任务。”

还有一个牢骚满腹的人就是很早就靠边站的光禄大夫贺若弼。贺若弼是灭陈的大功臣，是他率领隋军与陈军主力交战，而韩擒虎却趁机进入建康、生擒了陈后主，灭陈之后，二人还着实争执了很久。贺若弼自视甚高，狂妄自大，自以为功劳很大，能力很强，下一届宰相非他莫属。其实，越是如此，在强主面前就越是会引起猜忌，隋文帝对贺若弼就是这样，在苏威免职以后，隋文帝并没有重用贺若弼，而是重用了杨素，这让贺若弼十分不满，甚至在隋文帝面前也怒形于色，最终惹得隋文帝大怒，将其免官。过了几年，隋文帝又将贺若弼打入大牢，并对他说：“你有三个太猛：一是嫉妒心太猛；二是自以为是、瞧不起别人的心太猛；三是目无尊上的心太猛了。”不久，又将他释放了。再过几天，隋文帝对侍从们说：“贺若弼伐陈之前，曾对高颎说：‘陈叔宝可灭。皇上不会干出高鸟尽、良弓藏的事吧？’高颎回答：‘肯定不会。’等灭陈之后，贺若弼接连向我索要内史一职，又想当尚书仆射。我对高颎说：‘功臣们应该授予荣誉尊号，而不应该让他们参与朝政。’后来，贺若弼又对高颎说：‘皇太子跟我之间非常亲密，言无不尽。大人终归是能用到我的，为何不替我说句话！’他是想镇守广陵，又想去担任荆州总管，这两地都是能发动兵变的地方，他犯上作乱的念头一直都没打消过。”给皇帝留了个这种印象，你贺若弼就别指望翻身了。开皇十九年，隋文帝驾临仁寿宫，设宴招待群臣，命贺若弼写首五言诗，贺若弼的诗满含怨愤，隋文帝当时心情不错，看后也没有发火。后来遇到突厥使者朝见，隋文帝命其射箭，突厥使者一箭正中靶心。隋文帝说：“除非贺若弼能与此人相抗。”遂命令贺若弼射一箭。贺若弼祈祷说：“臣如果是赤胆忠心、报效国家，就让我一箭射中靶心，如果不是，就让我射不中吧。”结果，一箭中的。隋文帝大喜，对突厥使者说道：“此人是上天赐予我的啊！”

隋炀帝当太子后，曾问贺若弼：“杨素、韩擒虎和史万岁三人，均被世人称为良将，他们之间优劣如何？”贺若弼回答：“杨素是一员猛将，但不是一个谋略之将；韩擒虎是一员打斗之将，但不是一位有帅才的将领；史万岁是一员骑兵将领，但不是一位大将。”杨广接着问：“那谁堪称大将呢？”贺若弼躬身施礼，说道：“那就看殿下您自己选择了。”他的意思是自己堪称大将。

我们知道贺若弼的父亲贺若敦在临死前曾用锥子猛刺贺若弼的舌头，意思是告诫他祸从口出。北周武帝时，上柱国王轨曾对周武帝说：“太子不是当帝王的材料，臣曾与贺若弼讨论过此事。”但当武帝把贺若弼唤来时，贺若弼知道太子之位难以动摇，担心会引火烧身，就谎称：“太子品德学业天天进步，我没见出现过什么纰漏。”等到贺若弼退下后，王轨埋怨他出卖了自己，但此时的贺若弼还记得亡父的告诫，他对王轨说：“君主不懂得保密就会丧失臣子的拥护，臣子不知保密就会身首异处，因此，我不敢轻易讨论这种事情啊。”但随着岁月的流逝，贺若弼逐渐忘记了父亲的告诫，故态复萌，时常口无遮拦。等到隋炀帝即位后，他更是受到隋炀帝的猜忌和疏远。当他看到隋炀帝制作容纳数千人的大帐时，他也认为太过奢侈了，与高颎、宇文弼等人一起私下谈论隋炀帝执政两年多来的得失。

高颎、宇文弼和贺若弼三人的牢骚都被人举报了。就在隋炀帝正式下诏征发百万百姓修筑长城的同一天，即七月二十九日，他又下令将高颎、宇文弼和贺若弼三人斩首，将高颎的儿子们全部流放边疆，贺若弼的妻子、儿女没为官府奴婢。此事也牵扯到了苏威，苏威也因此而被免官。

此事还牵扯到了后梁后主萧琮。因隋炀帝的萧皇后是萧琮的妹妹（南梁武帝萧衍的太子萧统早死，梁武帝末年，南梁经历了侯景之乱，诸子争权，萧统一系诸王萧詧等人也不甘心帝位旁落到叔叔们手上，遂发生内讧，最终，襄阳的萧詧依靠北周的帮助消灭了江陵的叔父梁元帝萧绎，建立了依附于北周的后梁政权，萧詧为后梁第一任帝后梁宣帝，其子萧岿为后梁明帝，萧琮和杨广的萧皇后均是他的儿女，萧岿死后，萧琮即位，是后梁的第三任也是最后一任皇帝后梁后主），在隋炀帝即位后，萧琮很受重用，被任命为内史令，改封为梁公。萧琮身为亡国之君，自然是低调做人，他不贪图权势，下班以后，只是喝酒作乐而已，根本不把工作放在心上。杨约当时也是内史令，隋炀帝就派杨约去萧琮家里劝说萧琮，杨约又以私交奉劝萧琮，萧琮却说："我萧琮如果再埋头于俗务之中，与大人您又有什么两样！"萧琮是暗讽杨约是个宦官，杨约听了，也没生气，只好苦笑而退。

萧琮虽然低调做人，但在朝廷勋贵面前也丝毫不会低头，一次，尚书令杨素见萧琮把堂妹嫁给了钳耳氏，就对萧琮说："大人您是帝王之家，名声很好，为何要把妹子嫁给钳耳氏？"萧琮回答："过去已将一个妹妹嫁给了侯莫陈氏了，这又有什么奇怪的！"杨素说："钳耳氏是西羌，侯莫陈氏是北虏，岂能相提并论！"杨素的意思是出自北方鲜卑的侯莫陈氏要比西羌的钳耳氏高贵，这当然是站在北朝贵族的立场得出的结论，因鲜卑贵族建立了北魏帝国，而北朝的北周、北齐、隋、唐其实都可以追溯到北魏。但在南朝人士的眼里，这些种族都是夷族，无所谓贵贱，因此，当萧琮听了杨素的话后，就说道："把西羌从北虏中分开来说，这闻之未闻。"杨素听后，一脸羞愧。

萧琮与贺若弼私交甚深，等到贺若弼被杀后，隋炀帝又听到民间传唱一种谣言，称："萧萧亦复起。"遂对萧琮猜忌起来，将其罢官，不久，萧琮就死掉了。

三三 北巡燕代（三）

大业三年（公元607年）八月六日，在榆林驻足近两个月的隋炀帝开始从榆林出发，经过云中（今内蒙古自治区和林格尔县），沿金河（流经今内蒙古自治区呼和浩特市南的黑河）逆流而上，前往突厥启民可汗的王庭。

当时，隋炀帝率领五十多万甲士，战马十万多匹，旌旗辎重，绵延上千里，浩浩荡荡而来。隋炀帝命令宇文恺等人建造了一种名字叫作“观风行殿”的移动宫殿。殿上能容纳数百人，宫殿内部设有机关，能开能合，下面安装车轮，可以迅速移动。在观风行殿的基础上，隋炀帝又下令建造了更大的能移动的城堡，称之为“行城”。行城周长两千步，用木板当作城墙，用粗布包裹，画上各种图案，行城之上城楼等都完备。北方少数民族见到这种能移动的城堡，无不大为惊骇，以为是神仙下凡，十里之外望见，就赶忙跪地叩头，无人再敢骑马。启民可汗则恭恭敬敬地等候圣驾的光临。

八月九日，隋炀帝抵达启民可汗的大帐。启民可汗非常恭敬地给隋炀帝敬酒，突厥王侯以下的各级官员全都挽起袖子，在帐前操刀割肉，亲自服务，无人敢抬头偷窥一眼隋炀帝。隋炀帝大喜，他赋诗一首，道：“鹿塞鸿旗驻，龙庭翠辇回。毡帐望风举，穹庐向日开。呼韩顿颡至，屠耆接踵来。索辫擎膻肉，韦韝献酒杯。何如汉天子，空上单于台？”萧皇后也驾临义成公主的大帐。隋炀帝赏赐给启民可汗和义成公主一人一个金瓮，还有大量精美的衣服，突厥特勤以下官吏也都受到了隋炀帝的赏赐。

当时，高句丽的使者也暗中联络启民可汗，启民可汗不敢隐瞒，将使者带至隋炀帝面前。黄门侍郎裴矩对隋炀帝说：“高句丽本是箕子所封之地，汉晋之间为国家的郡县，如今却不臣服中央，成为他国，先帝早就打算发兵讨伐，只因汉王无能，才师出无功。如今陛下登基，岂能不取？令原本是礼仪之邦而变为蛮荒之地？如今，他们的使者亲眼见到启民可汗举国归顺，应该趁着他们害怕而胁迫他们臣服。”隋炀帝命令牛弘代为宣旨：“朕因为启民可汗一片诚心，所以才亲自来到这里，明年，我将去涿郡。你回去以后，要告诉你们高句丽王，早早前来朝见，不要有什么疑虑。对你们的抚育之礼与对我的子民一样，如果还不朝见，我将带上启民可汗一起前去你们那里了。”然而，等高句丽的使者回复后，高句丽王高元就断绝了与隋朝的来往。

很快，隋炀帝就回去了，启民可汗护送入塞。

八月十三日，隋炀帝命令启民可汗归国。由于天气转冷，隋炀帝没有按照原计划东去涿郡，而是取道马邑道直接南下，返回洛阳。

八月十七日，隋炀帝来到楼烦关（今山西省静乐县境内）。二十六日，隋炀帝抵达太原，下诏营造晋阳宫。隋炀帝在经过雁门（今山西省代县）时，雁门太守丘和奉献的食物非常精美，等到来到马邑（今山西省朔州市），马邑太守杨廓竟然没有呈献，隋炀帝很不高兴，遂提拔丘和为博陵（今河北省定州市）太守，并命杨廓前去博陵学习丘和的办事方法。从此以后，隋炀帝所到之处，各地均竞相奉献出精美的食物。

在太原，隋炀帝对自己的心腹、御史大夫张衡说：“朕将要去你们家做客，你去当一回朕的主人。”张衡家在河内，听说后，当即飞奔回家，与宗族一起准备酒肉。隋炀帝从太原一路南下，翻越太行山，修筑九十里长的直道（快速通道），径直来到张衡家里。隋炀帝对张衡家附近的山水流连忘返，留下三日，对张衡说：“昔日跟随先帝封禅泰山，途经洛阳，眺望这里，一直遗憾未能来过，真没想到今天竟然满足了夙愿。”赏赐给张衡他们家旁边的田地三十顷、一匹良马、金带、绸缎六百段、衣服一件、御用食器一件。张衡坚决推辞，隋炀帝说道：“天子经过的地方之所以被称作是幸的，就是能得到天子的赏赐，不用推辞。”张衡又献给隋炀帝美食，隋炀帝命令遍赏公卿、从官，甚至卫士们也都得到了一份。

九月二十三日，隋炀帝回到了洛阳。这次北巡，可以说隋炀帝取得了重大成果，不过，在他高兴之余，也遇到了不少烦心事，宇文述的两个儿子宇文化及和宇文智及就让他火冒三丈。

宇文化及是宇文述的长子，性格凶险、贪婪，喜欢声色犬马，是长安城内出了名的轻薄公子。杨广当太子时，因其父宇文述的关系，宇文化及也经常出入杨广的卧内，成了杨广的心腹，但由于宇文化及贪婪成性，经常招权纳贿，一再被隋文帝免官，不过，又由于杨广的宠爱，再加上杨广的女儿南阳公主嫁给了宇文化及的另一个弟弟宇文士及，因此，宇文化及也总能化险为夷，不仅如此，反而更加骄横。等到隋炀帝即位后，宇文化及也被晋升为太仆少卿。这次他也随隋炀帝来到塞外，贪财已经上瘾的他竟然与弟弟宇文智及一起违背朝廷禁令偷偷与突厥人买卖，结果，此事被人告发。隋炀帝得知后，不禁勃然大怒，将他们兄弟二人关押了数月之久。等快到洛阳时，隋炀帝决定在洛阳城外将二人斩首示众以后，再进城。刽子手已经将二人的衣服脱下、头发编上，即将行刑，幸赖二人的弟媳南阳公主到父皇那里苦苦求情，隋炀帝这才网开一面，将二人赦免，罚他们给其父宇文述当奴仆——世事无常。南阳公主的这次求情在许多年以后却让这二人把自己的父皇送上了西天！由此可见，救人不一定全是好事，只有救好人才是好事。

十月，隋炀帝下令黄河以北的各郡均要举荐一家乐户，送到洛阳，连同原有的乐户共计三千多家，专门在洛水南岸划出十二坊予以安置。

西域各国商人很多都来到张掖（今甘肃省张掖市）与中原交易，隋炀帝命吏部侍郎裴矩前去监管。裴矩知道隋炀帝好大喜功，希望能建立超越古人的伟业，因此，在张掖期间，裴矩对前来的西域商人们都很礼遇，引诱他们说出西域乃至中亚各国的山川风貌、服饰文化等情况，撰写了《西域图记》三卷，记录了四十四个国家的国情，入朝以后，上呈给了隋炀帝。又另行绘制了一幅详细的西域地图，东起西顷山（今甘肃省临洮县南）一直向西，纵横长达两万多里。标明从敦煌（今甘肃省敦煌市）出发，西到西海（确址不详，当指今里海，一说黑海），一共有三条通道：北道经由伊吾（今新疆维吾尔自治区哈密市）；中路经过高昌（今新疆维吾尔自治区吐鲁番市）；南道经过鄯善（今新疆维吾尔自治区若羌县东），三条道路在东端于敦煌会合。

裴矩献上《西域图记》后，又专门上书隋炀帝称："以我国的威德，加上将士们骁勇善战，西出日落之地，翻越昆仑山，是易如反掌的事。但是，由于西突厥和吐谷浑分别控制着北部的胡人和南部的羌族，阻塞了西域各国朝贡之路。如今，他们纷纷通过各自国家的商人暗中表示忠心，日夜眺望东方，希望能当上陛下的臣民。如果对他们进行安抚，让他们之间相互和睦，我们只需派遣一介使者，根本无须出动军队，西域各国就会臣服，而西突厥和吐谷浑即可灭亡，统一世界，就在今日！”见到裴矩的奏疏，隋炀帝大喜，赏赐给他五百段丝绸，经常命其登上御榻，亲自询问西域各国的情况。

裴矩反复强调说：“西域各国国内珍宝很多，吐谷浑容易被消灭。”于是，隋炀帝产生了建立秦始皇和汉武帝一样功业的想法，企图将西域纳入中华的版图，并将此事全部交给裴矩处理。但隋炀帝对此事还是非常慎重的，他又任命裴矩为黄门侍郎，令其再次返回张掖，以重金为诱饵，劝说各国商人们前往长安、洛阳，隋炀帝要亲自听听他们的说法。从此以后，来到长安、洛阳的西域商人络绎不绝，他们经过的郡县奉命全程招待，搞得疲惫不堪，浪费了上亿的钱财。

也许是隋朝政府对西域表现出来空前的热情，导致了铁勒开始骚扰隋朝边境，隋炀帝命令将军冯孝慈率军从敦煌出战，但被铁勒人击败。但不久，铁勒人担心隋军会采取报复行动，遂主动谢罪，隋炀帝命裴矩予以安抚。

此时的突厥又一分为二，东面是依附于隋朝的东突厥启民可汗，而西面则是独立的出自东突厥阿波可汗一系的西突厥处罗可汗。西突厥处罗可汗穷兵黩武，属下的铁勒纷纷背叛，铁勒的莫何可汗和薛延陀的小可汗均多次击败处罗可汗，西突厥内部也是矛盾重重，已到了崩溃的边缘。裴矩了解到处罗可汗非常思念远在隋朝的母亲向氏，就决定以向氏为筹码，说服西突厥臣服隋朝。

大业四年（公元608年）二月五日，隋炀帝派遣司朝谒者崔君肃携带诏书前往西突厥，劝谕处罗可汗。处罗可汗见到崔君肃后，态度非常傲慢，接受诏书时不肯起身。

崔君肃说道：“突厥本来是一个国家，现在一分为二，每年相互之间都要打仗，已经打了数十年，东、西突厥谁也灭不了谁，谁都知道这是双方势均力敌的缘故啊。东突厥的启民可汗虽然拥有百万之众，却卑躬屈膝臣服于天子，原因何在呢？正是因为他对您恨之入骨，又无法单独制服您，想向大国借兵，一起消灭了您啊。我大隋群臣都建议听从启民可汗的请求，天子已经同意了，军队即将出发。但您的母亲向氏担心西突厥被消灭，日夜守在皇宫门外，痛哭流涕，匍匐谢罪，请求派人前往突厥，召唤可汗入朝。天子生怜悯之心，这才派我来到此地。如今，可汗竟然如此傲慢，既然如此，向夫人肯定是在欺骗天子，一定会被拉到街市上斩首示众，将人头送到这里。调派大隋军队，加上东突厥的军队，左右夹击，西突厥就要大祸临头了！为何您竟然不肯叩一两个头，而宁愿让自己的母亲送命，又为何不肯说句称臣的话，而令汗国沦为废墟呢？我真是想不通！”

处罗可汗听后，顿时打了一个激灵，猛然从床上跃起，泪流满面，再三叩拜，接受了诏书，并派遣使者随崔君肃一起来到隋朝，向隋炀帝进贡来汗血马。

三月十九日，倭国国王多利思比孤派遣使者进贡，送来的国书上写道："太阳初升之处的天子问候日落之处的天子身体无恙。"隋炀帝见后，很不高兴，对鸿胪卿说道："以后蛮夷送来的书信，如果言辞无礼，就不要再送上了。"据《日本书纪》《古事记》称，当时的日本天皇是推古女皇，因此有人质疑多利思比孤的身份。但也有人认为，隋唐人对倭国与日本所指不同，前者是指九州王朝，后者是大和王朝，多利思比孤是九州王朝的国王；还有人认为，多利思比孤是推古女皇的皇太子圣德太子。

三四 齐王失宠

隋炀帝依靠恐吓就让西突厥处罗可汗表示了臣服，真是奇迹。

此时的隋炀帝将目光扫向四方。

一、东北及东方。继去年三月，他派遣羽骑尉朱宽入海寻访海外各国，朱宽抵达流求国以后，到今年（大业四年）一月一日，隋炀帝又下诏征发黄河以北各郡一百多万军民开凿永济渠，引导沁水向南注入黄河，向北一直通到涿郡。男丁不够用，开始征召妇女服役。这是为了即将对高句丽发动的大规模战争做准备。

二、西方。由裴矩驻在张掖，全权负责。裴矩在年初即招抚了西突厥，到这一年七月，裴矩又暗示铁勒进攻吐谷浑，以将功补过。铁勒在裴矩的劝诱下，果然出兵，大破吐谷浑。吐谷浑第十七任可汗慕容伏允慌不择路，向东遁逃，逃到隋帝国的西平郡（今青海省海东市乐都区），派人向隋朝求救。隋炀帝命令观德王杨雄率军从浇河（今青海省贵德县）、许公宇文述从西平前往迎接。宇文述进抵临羌城（今青海省湟源县），吐谷浑见隋军军势甚盛，不敢投降，遂率众向西南而去。宇文述率军追击，攻克了曼头城（今青海省兴海县北）和赤水城（今青海省兴海县），斩杀三千多人，生擒吐谷浑王公及以下二百人及四千多男女。

三、南方。大业四年三月，隋炀帝下诏公开招募能出使绝远地区的人才，屯田主事常骏等人应募，请求奉命出使赤土国（有人认为在马来半岛上，有人认为在苏门答腊岛上），隋炀帝大喜，三月二十三日，他命令常骏等人携带五千段丝绸，前往赤土国，赏赐给赤土国王。常骏来到赤土国后，赤土国王利富多塞派人率领三十艘船只前来迎接，用黄金锁链拴住常骏等人的船只。常骏等人在海上行驶了一百多天才抵达赤土国境，又在其境内走了一个多月才抵达他们的国都。赤土国王居住之地非常奢华，对待隋朝使者也非常优厚，在常骏等人返回时，又派王子那邪迦随他们来到中国，向隋炀帝进贡。

四、北方。大业四年，隋炀帝又开始了他的第二次北巡。

《隋书·炀帝上》记载：“（大业四年三月）乙丑（二十二日），车驾幸五原，因出塞巡长城。”学者们研究，隋炀帝不可能在三月就来到塞外的五原，此处的五原应是太原之误。去年八月，隋炀帝下令在太原修建晋阳行宫，经过大半年的建筑，晋阳宫已经建成，此时隋炀帝当入住了晋阳宫。

为了这次北巡，隋炀帝在上次建造观风行殿和行城的基础上，又命人建造了六合板城，方圆一百二十步，高三丈六尺，里面机关众多。每次驻扎后，板城之外就排列一队枪车，作为外围，车阵之内布满铁蒺藜；再往内，部署了一排强弩，用绳子连着机关，人触碰绳子，发动弩床，即射出弩箭。

四月四日，隋炀帝下令在汾州以北的汾水之上营造汾阳宫（今山西省宁武县境内）。汾水源头称为天池，汾阳宫环绕天池而建，为消暑离宫。十三日，隋炀帝还下诏启民可汗已接受教化，愿意改变原有风俗，应该在万寿（今内蒙古自治区托克托县以北）给他筑城造屋，供应给他的床帐等日用品务从优厚。但启民可汗于本年病死了，隋炀帝听到启民可汗的死讯，三天之内不理朝政，进行吊唁，册立启民可汗的儿子咄吉世为可汗，是为始毕可汗。始毕可汗请求按照突厥习俗，再娶义成公主为妻，隋炀帝同意了。

七月十日，隋炀帝又下诏征发二十万人修筑长城，自榆谷向东修筑。榆谷，有版本记作榆林谷，按：榆谷在今青海省贵德县南，此时隋炀帝修筑的长城当在北方，即榆林谷（今内蒙古自治区托克托县）向东。八月二十一日，隋炀帝亲自祭拜北岳恒山，大赦天下，河北道各郡太守全部前来参加典礼，裴矩也邀请西域十余国的使者前来助祭。九月一日，隋炀帝又命天下的驯鹰师一万多人齐聚东都洛阳。

一切似乎都令隋炀帝十分满意，但满意之中也有烦心事——次子杨暕就让他非常恼火。

虽说隋炀帝一生有三个儿子，但前太子杨昭已经病死，幼子杨杲到大业四年才两岁，又是庶出，而隋炀帝与萧皇后所生的次子杨暕则已二十四岁了，因此，在他哥哥杨昭死后，杨暕已成为太子最热门的人选，隋炀帝对他也寄予了厚望。

杨暕，字世朏，小字阿孩。他容貌俊美，少时候深受祖父隋文帝的喜爱。开皇中，被立为豫章王，食邑一千户。年长后，博览群书，又擅长骑射，曾历任内史令、扬州总管沿淮以南诸军事。隋炀帝即位后，被晋封为齐王，食邑五千户，后任豫州牧、河南尹。太子杨昭死后，隋炀帝下令将杨昭东宫卫队两万多人都划归杨暕指挥，又命令吏部尚书牛弘给杨暕精选下属，大多是公卿的子弟。隋炀帝以光禄少卿柳謇之担任齐王长史，并告诫他道："齐王品德学业都有长进的话，富贵自然会进入你家；如若不然，大祸也会降临到你的头上。"柳謇之出自河东柳氏，河东柳氏在北魏、北周时期就已成为望族。柳虬曾任独孤信从事中郎、北周丞相宇文泰记室参军，后为秘书监，有子柳鸿渐；柳虬的弟弟：柳桧（曾任北周魏兴、华阳二郡守，战死，有子柳雄亮，入隋后曾任秦王杨俊的司马）、柳鷟（有子柳带韦，曾任北周陈王宇文纯并州总管长史）、柳庆（为北周骠骑大将军、开府仪同三司、尚书右仆射、左仆射，有子柳机、柳弘、柳旦、柳肃，柳机就是兰陵公主的丈夫柳述的父亲），而柳謇之就是柳机的堂侄，与柳述是堂兄弟关系。柳謇之，字公正，身高七尺五寸，容貌非常伟岸，精神焕发，入隋后，历任通事舍人、内史舍人、兵部司勋二曹侍郎。柳謇之口才很好，酒量又很大，能喝下一石酒也不会醉，因此，隋朝朝廷总让其接待外宾。开皇中，隋文帝将光化公主嫁给吐谷浑王、以义成公主嫁给启民可汗，都是派柳謇之送亲的。因这两次送亲，被吐谷浑、突厥赠予他私人两千多匹马还有大量财物，回来之后，他全部散给亲戚们，家里没有留下一点。隋炀帝即位后，又拜其为光禄大夫、黄门侍郎。

当时在给齐王杨暕挑选下属时，隋炀帝还举行了较为隆重的仪式，他身着正式服装登上大殿，命齐王站在西朝堂，派吏部尚书牛弘、内史令杨约、左卫大将军宇文述等人从大殿上把柳謇之带到齐王站立之处，面西而立。牛弘给齐王宣读诏书，说道："我（是隋炀帝自称）出藩当晋王之时才十二岁，先帝让我站在西朝堂，命高颎、虞庆则、元旻等人从内殿送来王子相，并告诫我说：'你还不懂事，让王子相来辅佐你，事无大小，都可全权委托他处理。不要亲昵小人，疏远了王子相。如果你能听我的话，将对社稷有益，也将令你成名；如果不听我的话，国家和你自身都将败亡了。'我接受先帝的教诲，时刻不敢忘记，如果没有王子相的帮助，就没有我的今天。你如今对待柳謇之要像我当初对待王子相那样。"

杨暕眼看就要当上皇太子，隋朝皇亲国戚、高官显贵们无不上门巴结，就连他的姑姑、曾任北周宣帝皇后的乐平公主杨丽华也来给杨暕送礼、讨好，杨暕因此逐渐骄横起来。他亲昵小人，经常横行不法，常命亲信乔令则、库狄仲锜、陈智伟、刘虔安、裴该、皇甫谌等人四处给他寻找美女。狐假虎威，乔令则等人背后有杨暕这个靠山，更是无恶不作，胡作非为。打听到哪家女孩子长得漂亮，总是谎称奉杨暕之命将人家载入杨暕家中，趁机藏匿起来，肆意奸淫，过后再送回。库狄仲锜、陈智伟二人前往陇西出差，严刑拷打少数民族酋长，勒令送上良马，最后总算得到了几匹，二人带回送给杨暕。杨暕命令将马退还人家，但库狄仲锜等人谎称是杨暕所赐，竟然私自牵回了自己家，杨暕对此一无所知。乐平公主杨丽华曾对隋炀帝说柳家的女孩貌美如花，当时隋炀帝不置可否，过了很久，乐平公主又把柳氏女送给了杨暕，杨暕笑纳了。再后来，一次，隋炀帝突然想起此事，就问姐姐乐平公主："柳氏女现在何处？"乐平公主回答："在齐王那里。"隋炀帝听后，心里非常不快。

杨暕在洛阳修建宅第，大门无缘无故倒塌了，正房的房梁也突然从中间断裂，人们都认为这是一个不祥之兆。杨暕随隋炀帝临幸汾阳宫，他奉命率领五万后军，与隋炀帝相距数十里安营。在汾阳宫，隋炀帝下令进行围猎，命杨暕率领一千骑兵参加围猎。结果，杨暕及其手下打下了很多麋鹿，而隋炀帝自己竟然一无所获。隋炀帝面上无光，责备手下的近臣，但近臣们都说被杨暕身边的人阻挡，野兽根本到不了隋炀帝跟前，于是，隋炀帝大怒，开始派人搜罗杨暕的罪过。

根据规定，县令不得无故离开本县。一个叫皇甫诩的伊阙县令，因是杨暕的心腹，这次杨暕也把他带到了汾阳宫。御史韦德裕迎合隋炀帝的旨意，遂弹劾杨暕违反制度，隋炀帝下令一千多名甲士闯入杨暕的住地，彻查此事。杨暕的王妃韦氏是民部尚书韦冲的女儿，早死，杨暕又与韦氏的姐姐、元夫人私通，生下一个女儿。杨暕曾召来看相师给后宫嫔妃看相，看相师指着元夫人说道："这位生孩子的女士将成为皇后，王贵不可言。"京兆人达奚通有一个爱妾王氏唱歌很好听，王公贵族们在一起饮宴，也经常让王氏前来助兴，王氏因此也曾出入于杨暕家中。因元德太子杨昭还有三个儿子，杨暕虽然确信自己将被立为储君，但总是忐忑不安，暗中使用巫术诅咒。至此，上述事情全部浮出水面，隋炀帝大怒，下令斩杀乔令则等几个人，将元夫人赐死，把齐王府的官员们全部流放到边地。柳謇之因没能尽到匡正之责，也被除名。

当时，隋炀帝的幼子、赵王杨杲还在襁褓之中，他对群臣们说道："朕只有杨暕这一个孩子，要不是这样，我会下令把他拖到街市上公开处死，以维护国家法律的尊严。"从此以后，杨暕就失宠了，虽然身为河南尹，却无权过问具体事务。隋炀帝派一名虎贲郎将（正四品）监管齐王府，杨暕只要有一点过失，虎责郎将就会立马向隋炀帝报告。隋炀帝也经常担心杨暕会发动政变，给杨暕身边配备的都是些老弱病残人员，只是充个数罢了。太史令庾质是庾季才的儿子，庾质的儿子担任杨暕的属下，隋炀帝对庾质说："你让你的儿子当齐王的下属，这说明你不能对我尽忠，这是为何？"庾质回答："臣侍奉陛下，臣的儿子侍奉齐王，都是一心一意的，不敢生出二心。"但隋炀帝依然很不高兴，将其贬为合水（今甘肃省庆阳市）令。

杨暕获罪后，隋炀帝曾责备经常与之往来的左骁卫将军董纯。董纯回答："前不久多次探望齐王，是因为先帝、先后活着时在仁寿宫把元德太子杨昭和齐王杨暕放在膝上，曾叮嘱我说：'你要看护好我的这两个孙儿，不要忘了我的话。'臣不敢忘记先帝的话，当时陛下您也在一旁。"隋炀帝听后，顿时变了脸色，承认道："确有此事。"遂放了董纯，但过了几天，隋炀帝还是将他贬为汶山太守了。

隋炀帝与杨暕父子二人至死都是心存很深的隔阂。

三五 经营西方

此时，在隋帝国的西部，主要有西突厥、铁勒、吐谷浑、党项羌以及西域各小国等势力。

这几股力量相互之间矛盾重重，力量此消彼长，有大有小。针对这种情况，隋炀帝确定了远交近攻的策略：先拉拢、安抚西突厥，而后挑唆铁勒进攻吐谷浑，借力打力，继而占领了吐谷浑全境。拉拢西突厥，保证了隋朝军队在西进时，该地区力量最强大的西突厥不会前来捣乱，而以铁勒先从西北把吐谷浑往东赶，又便于隋军将其聚歼。

在顺利完成这两步以后，紧接着，隋炀帝又任命右翊卫大将军薛世雄为玉门道行军大将，与东突厥启民可汗的突厥军队一起西进，进攻依附于铁勒的伊吾。从隋炀帝命令东突厥启民可汗协同薛世雄出兵伊吾来看，隋炀帝这次用兵应该有三个目的：一是占领伊吾，建立通往西域的桥头堡；二是关上吐谷浑与西域各国，尤其是西突厥、铁勒汗国联系的大门，真正把吐谷浑汗国的土地圈占起来；三是以东突厥之兵伺机打击铁勒或者西突厥军队。然而，由于东突厥启民可汗的去世，东突厥军队并未如期来到玉门关，与隋军会师，于是，薛世雄率领隋军单独踏上了西征的道路。

起初，伊吾人判断隋军不会长途跋涉、穿越沙漠前来，根本没有戒备，等到听说薛世雄的军队已过了沙漠，伊吾人不禁大惊失色，不战而降。薛世雄遂在汉朝故地伊吾城的东面修筑了一座城池，留下银青光禄大夫王威率领一千甲士戍守在那里，而后，撤回。

大业五年（公元609年）一月十五日，隋炀帝下诏在全国重新丈量土地，抑制土地兼并，平均分配田地。二十日，他从东都洛阳西返长安，二十一日，下令禁止国内使用铁叉、刀斧之类的物品。二月十一日，隋炀帝回到了长安。三月二日，他就马不停蹄开始西巡河右了。隋炀帝经过天水（今甘肃省天水市）时，看到道路修得不好，又见奉献的食物不丰富，不禁大怒，下令将太守乞伏慧斩首。等乞伏慧被拖到他的面前时，他见乞伏慧一脸憔悴，还是个秃头，顿生恻隐之心，才饶了乞伏慧一命，将其削职为民。

四月七日，隋炀帝来到临津关（在今甘肃省临夏市西北黄河岸边），渡过黄河，来到西平郡（今青海省海东市乐都区），并在这里举行盛大的阅兵仪式，准备发动对吐谷浑的最后一击。

五月九日，隋炀帝在拔延山（今青海省西宁市东南、隆化县境内）围猎，围起来的围场方圆达二十里。十四日，隋炀帝率军来到长宁谷（在今青海省西宁市西北北川河），翻越星岭（今青海省大通县北达坂山），二十日，抵达浩亹川（今青海省大通河门源县段）。因桥梁未能修好，隋炀帝下令斩杀了都水使者黄亘以及九名监工，数日后，桥架好了，隋军遂渡过了浩亹川。

当时，吐谷浑可汗慕容伏允率领吐谷浑残余部众，躲藏在覆袁川（大通河的上游），隋炀帝命令内史元寿率军向西南挺进到金山（今青海省西宁市西七十里），兵部尚书段文振率军向西北进驻雪山（今祁连山），太仆卿杨义臣驻扎在东面的琵琶峡（今青海省门源县西），将军张寿率军向西进驻泥岭（今青海省大通河与青海湖之间的大通山），隋军连营三百多里，从四面八方将吐谷浑团团围住。慕容伏允率领数十骑从包围圈内逃出，另以手下的王爷冒充是自己率众撤至车我真山（约在今青海省祁连县东南一带）。

元寿，字长寿，河南洛阳人，为北魏宗室。入隋后历任尚书主爵侍郎、晋王行台左丞、尚书左丞、太常少卿、太府少卿。隋炀帝即位后，杨谅叛乱，隋炀帝任命其担任杨素的行军元帅长史，因功被授予大将军，晋升为太府卿、内史令。段文振，北海人。在北周灭北齐之战中，他立下战功，被晋升为上仪同，后历任相州别驾、扬州总管长史、杨坚丞相掾等职，入隋后，又历任石、河二州刺史，兰州总管、扬州总管司马、云州总管、太仆卿。隋炀帝即位后，被征为兵部尚书。《隋书·段文振传》称：“从征吐谷浑，文振督兵屯雪山，连营三百余里，东接杨义臣，西连张寿，合围浑主于覆袁川。”《隋书·杨义臣传》称：“从征吐谷浑，令义臣屯琵琶峡，连营八十里，南接元寿，北连段文振，合围浑主于覆袁川。”张寿生平不详。

五月二十六日，隋炀帝下诏命令右屯卫大将军张定和率军前去清剿。张定和与吐谷浑相遇后，轻视敌人人少，呼喊命其下山投降，但敌人不从。张定和也不披上铠甲，亲自率军朝山上冲锋，吐谷浑将士兵埋伏在岩石之下，发出冷箭，一箭将张定和射杀。隋军副将柳武建整顿军队向吐谷浑人发起总攻，将山上的吐谷浑人全部屠杀了。得知张定和被杀，隋炀帝非常悲痛，为之流泪，追赠其为光禄大夫，封武安侯，谥号壮武。

五月二十八日，吐谷浑仙头王走投无路，只得率领十余万部众向隋军投降。

六月二日，得知吐谷浑王伏允脱逃，隋炀帝下令光禄大夫梁默（原为北周猛将梁士彦的奴仆，骁勇绝伦）等人率军跟踪追击，结果兵败，被杀。卫尉卿刘权奉命从伊吾道南下，他们进抵青海（今青海湖），生擒一千多人，又乘胜前进，一直挺进到伏俟城（今青海省共和县西北）。刘权，字世略，彭城人。他年少时是一方豪强，藏匿逃犯，朝廷官吏不敢上门，后改过自新，在北齐任奉朝请、行台郎中。北齐灭亡后，被北周任命为假淮州刺史。入隋后，他历任苏州刺史、卫尉卿，进位银青光禄大夫。

隋炀帝命令刘权率部留在青海，实施屯田。

六月六日，隋炀帝对给事郎蔡征说："自古以来天子都有巡视西方的惯例，可是江东的历代皇帝终日涂脂抹粉，坐在深宫之中，不与百姓们相见，这是什么道理？"蔡征回答："这也是他们都很快灭亡的原因。"六月十一日，隋炀帝抵达了张掖（今甘肃省张掖市）境内。为了博取隋炀帝的欢心，在此之前，裴矩就以重金为诱饵，劝说高昌王麹伯雅、伊吾王吐屯设等人前来朝见。六月十七日，隋炀帝一行来到燕支山（今甘肃省山丹县南八十里的胭脂山），麹伯雅、吐屯设以及西域二十七个小国的国王或者使者都在路边迎候，裴矩令他们都身穿盛装，佩戴金玉，焚香奏乐，载歌载舞。隋炀帝大喜，又下令张掖、武威两郡的百姓都穿上艳丽的衣服，前来围观，车马、衣服不鲜艳的，由地方官员督促改进，于是，车辆、马匹填满街道，方圆数十里之内是人山人海，显示出隋帝国的强大。伊吾王吐屯设自愿献出西域数千里的土地，隋炀帝非常高兴，六月十八日，他下令在吐谷浑故地上设置了若羌郡（今新疆维吾尔自治区若羌县）、且末郡（今新疆维吾尔自治区且末县）、河源郡（今青海省兴海县）、西海郡（今青海省海晏县）四个郡，另设县、镇、戍，把轻刑犯流放到那里担任守边士兵。又命令刘权镇守河源郡积石镇，进行屯田，防备吐谷浑的残余力量，保护通往西域之路。至此，吐谷浑原有辖境，从西平临羌城以西到且末（今新疆维吾尔自治区且末县）

以东，祁连山以南，到大雪山以北东西四千里，南北两千里，全部被隋朝吞并。隋炀帝因裴矩的功劳，而加授其为银青光禄大夫。

六月二十一日，隋炀帝登临观风行殿，展示出盛大的仪仗，邀请高昌王麹伯雅、伊吾王吐屯设登上大殿，其他在台阶下陪侍的尚有二十多个国家的使节，演奏九部乐曲以及杂技节目，赏赐给他们不少财物。二十三日，隋炀帝下令大赦天下。据传说，吐谷浑得到青海湖以后，曾将母马放到湖边放牧，就会有龙前来交配。七月，隋炀帝下令把两千匹母马送到青海湖边，希望能得到龙种，但无果。大约就在此时，他兴之所至，写下了一首名篇《饮马长城窟行》："肃肃秋风起，悠悠行万里。万里何所行，横漠筑长城。岂台小子智，先圣之所营。树兹万世策，安此亿兆生。讵敢惮焦思，高枕于上京。北河见武节，千里卷戎旌。山川互出没，原野穷超忽。撞金止行阵，鸣鼓兴士卒。千乘万旗动，饮马长城窟。秋昏塞外云，雾暗关山月。缘严驿马上，乘空烽火发。借问长城侯，单于入朝谒。浊气静天山，晨光照高阙。释兵仍振旅，要荒事万举。饮至告言旋，功归清庙前。"

不久，隋炀帝开始东还，但他们在途经大斗拔谷时遇到了意想不到的灾难。

大斗拔谷，今名扁都口，位于今甘肃省民乐县东南七十里，是民乐县童子坝河横切北祁连山北麓的一条谷口。这里海拔三千米，谷长五十里，宽不足二里，山高坡陡，地形险要，自古以来为河西走廊南部的重要门户。清陶保廉《辛卯侍行记》中描述："贯祁连之中，盛夏积雪，当春不芳，鸟道环崖，裁容一轨。途经深涧，溜急石多。夏秋骑步均艰，严冬堕指裂肤。"当隋炀帝们穿行大斗拔谷时，突然天地昏暗，风雪交加，文武百官衣服全部淋湿，又冻又饿，在黑暗中行走，始终走不到前方的宿营地，将士们被冻死了一多半，马驴十之八九也都冻死了。后宫嫔妃、公主在黑暗中迷失方向，与士兵们混杂在一起，露宿在山谷之中。大约就在此前后，隋炀帝的大姐乐平公主杨丽华病死了。临死之前，她对隋炀帝嘱托道："我没有儿子，身边只有一个女儿。我不怕死，只是心疼我的女儿女婿。请将我的汤沐邑转给我的女婿李敏继承。"隋炀帝答应了，后李敏食邑增至五千户，并暂代屯卫将军。

九月十九日，隋炀帝回到了长安。十一月十三日，他再度来到洛阳。

吞并吐谷浑后，隋朝进入极盛。当时，天下一共有一百九十个郡，一千二百五十五个县，八百九十万户人。疆域东西九千三百里，南北一万四千八百一十五里。但这种强盛隐含着危机，而吞并吐谷浑也给隋朝百姓带来了沉重的负担。自从吞并吐谷浑后，从长安各县到西北各郡每年都需要向边疆调运大量的粮食等物资，数量上亿。当时百姓们缴纳赋税要自行负担运输，由于路途遥远，道路难行，又总是被强盗在半路上劫掠，人马往往死在半路，不能顺利送到边地，地方官员们却认为百姓们是在抗税，往往把人弄得家破人亡，由此，关西地区的百姓们最先陷入困境。

慕容伏允败走后，藏匿在雪山（当指昆仑山）之间，后来，他走投无路，只好率领数千手下依附于党项羌（临洮、西平以西群山中的羌族部落）。过去，慕容伏允曾将儿子慕容顺送到隋朝，隋炀帝将其扣留了下来，等隋朝吞并吐谷浑后，隋炀帝任命慕容顺为可汗，将其送到玉门，命其统领吐谷浑的残余部众，又以慕容尼洛周担任宰相。但他们行至西平时，部众哗变，杀死了尼洛周，慕容顺只好又返回了。

三六 佞幸满朝（一）

隋炀帝在即位后短短的五年里，做了前人需要很多年才能做完、甚至终生也没敢去做的事情。

开挖壕堑、营建东都、开挖通济渠、邗沟、南巡江都、确立舆服制度、威服东突厥、消灭吐谷浑、开挖永济渠、营建晋阳宫、汾阳宫、重修长城，等等，他用短短的四五年时间干了别人需要很多年才能干完的事情。这也就应验了那句话，干事多的不一定得什么好处，不干事、少干事就不会出错。就拿唐太宗的贞观之治来说吧，贞观之治的到来主要还是唐太宗的与民休息政策带来的，而这一政策几乎与无为而治差不多，也就是说作为君主的少插手百姓们的日常生活，少给大家添麻烦。整个贞观年间，唐太宗并没有干下多少利及千秋的大工程，他留给后世最宝贵的财富还是一些治国理政的原则等哲学层面的东西和他那种超凡的用人手段以及宽广的胸怀，而隋炀帝同样是一个有着远大抱负的君主，他想干出前人未曾干下的伟业，就在他刚刚登上皇帝宝座的那一年，陈后主陈叔宝也去世了，隋炀帝打心眼里看不起这位只会写出一些艳词、终日与女人厮混的亡国之君，所以，他给陈叔宝的谥号是陈炀帝。根据《谥法》：“好内远礼曰炀。去礼远众曰炀。”隋炀帝把陈叔宝谥为陈炀帝，表明了他对这个不顾礼仪、荒淫昏醉的陈叔宝十分蔑视，殊不知，等他死后，也被人谥为了炀！

然而，此昏君非彼昏君。

大千世界，无奇不有。昏君也有不同的昏法：有压根就是个低能儿的昏，如晋惠帝，这是因为智商太低；有从小生活在宫廷、不了解社会、继而被人蒙蔽的昏，如秦二世；有性格软弱、迷恋宫廷生活、痴迷酒色、不问世事的昏，如陈后主；有私欲太强、只知个人享受的昏，如东汉灵帝；也有刚愎自用、听不得忠言、结果下情无法上达、自己始终被蒙在鼓里的昏，大业后期的隋炀帝多少就是这样。说隋炀帝是个昏君，可能会引起一些人的争议，人们更倾向于说他是个暴君，但从大的层面上讲，自以为是、刚愎自用其实也是一种昏庸，与智商太低的昏庸一样都是对客观情况没有一个正确的判断，只不过一个主观能力不足，另一个看起来主观能力有余罢了。

概括起来，隋炀帝的特点主要是：好大喜功、刚愎自用、拒谏饰非、刻薄猜忌、奢靡无度。假如到大业五年，隋炀帝停下脚步，稳一稳，让百姓歇一口气，隋朝可能也不至于灭亡，而隋炀帝也许还会成为历史上一个伟大的君主，然而，性格决定命运，好大喜功的他根本不知道什么叫停息，此时，他已头脑发热，还将把隋帝国引向更深的深渊……

隋炀帝曾经非常平静地对秘书郎虞世南说出了自己的心里话：“我本性不喜欢听人劝谏，对于那些名望很大、地位很高的高官想通过劝谏我而博取好名声的，我更是难以忍受。至于那些低贱的士人，虽然当面我多多少少会加以脸色，但始终我是不会提拔他们的！你要明白！”人道是，能够听取别人的意见，不仅仅是一个人的智慧，而且还是一个人的胸怀。

隋炀帝文章写得很好，他也非常自负，曾对侍臣说：“天下人会不会认为朕凭着是先帝的儿子而当上皇帝的？就算是让朕与士大夫们公平竞争，朕也能当上。”他嫉妒心又特强，不愿别人的文才高过自己。《隋唐嘉话》称：“炀帝善属文，而不欲人出其右。司隶薛道衡由是得罪，后因事诛之，曰：更能作‘空梁落燕泥’乎？”大多数的人认为薛道衡的死是因为隋炀帝嫉妒他的才华，进而反证隋炀帝的妒忌心，其实就薛道衡这一个案来说，导致薛道衡最终被杀恐怕还有更深层次的原因。薛道衡早就负有盛名，在隋朝灭陈之前，他的每篇新作都会在大江南北传诵。他长期给隋文帝服务，从事文字工作，隋文帝经常夸奖他说：“薛道衡写出来的文章最合我意。”但隋文帝也总是从关心的角度告诫他性格过于迂腐、荒诞。薛道衡与杨素关系密切，仁寿年间，由于杨素如日中天，引起了隋文帝的警惕，隋文帝不愿薛道衡一直掌握着朝廷机密，就把他外派到襄州担任总管。隋炀帝即位后，把薛道衡调任为番州（广州，因避杨广讳而改）刺史。薛道衡上书请求退休，隋炀帝对内史侍郎虞世基说：“道衡回来后，我将把秘书监交给他。”然而，薛道衡回到京师后，上呈了一篇歌颂隋文帝的《高祖文皇帝颂》。隋炀帝看后，很不高兴，对苏威说：“道衡赞美先朝，不过是《鱼藻》之义啊。”《鱼藻》是《诗经·小雅》中的一篇，诗人借歌颂古代的周武王以讽刺当时的周幽王。长期以来薛道衡就没有与隋炀帝站在同一阵营里，还是在开皇十二年时，薛道衡因是苏威一党而被流放岭南，时任扬州总管的杨广曾极力拉拢薛道衡，却遭到了薛道衡的拒绝，对此杨广虽然一直耿耿于怀，但因爱惜薛道衡的才华，杨广仍然对其非常礼遇，而隋文帝却对薛道衡有知遇之恩，因此，如今薛道衡大肆赞颂隋文帝，让隋炀帝感到是在含沙射影诋毁现实，也十分自然。但隋炀帝还是隐忍不发，将薛道衡任命为司隶大夫，想寻找个借口再处死他。司隶刺史房彦谦劝薛道衡要低声下气，杜门谢客，可是“迂诞”的薛道衡不以为意，正巧隋炀帝下令群臣讨论新法令，一直定不下来，薛道衡对大家说：“要是高颎不死，这事早有结果了！”有人把薛道衡的话传到了隋炀帝的耳朵里，隋炀帝发怒道：“你还怀念高颎？”遂将薛道衡打入大牢。裴蕴见风使舵，上奏道：“薛道衡自恃才华，依仗自己是个老臣，有无君之心，把过错都推给国家，故意制造事端。如果单说他的罪名，似乎非常隐晦，但推究他的内心，是大逆不道。”隋炀帝说：“太对了！我年轻时曾与他一起参加灭陈战役，他轻视我年少，与高颎、贺若弼等人独断专行，等我即位后，他内心一直不安，幸赖天下无事，他无从造反。你探究他的内心，真是细致入微，洞察一切。”薛道衡毕竟书生气太重，他自以为并没有犯什么大错，断定司法部门上报处理结果后，隋炀帝一定会赦免了自己，因此，他还催促主管官员早早结案，又通知家人安排菜肴，准备设宴款待前来问候的客人。然而，他万万没有想到隋炀帝早已下定了处死他的决心，等到有关部门把材料报上去后，隋炀帝下令命其在狱中自尽。薛道衡接到诏书后，根本无法相信自己的眼睛，一时间反应不过来，迟迟不愿自杀。有关部门再次向隋炀帝报告，隋炀帝又下令将其勒死，将其妻子流放到且末。天下人都认为薛道衡死得冤枉。

隋炀帝既然不喜欢听到不同意见，自然他的身边就会聚集一群擅长溜须拍马、见风使舵的佞臣，他们主要是裴蕴、裴矩、宇文述、虞世基、苏威所谓的“五贵”以及郭衍、云定兴等人。裴蕴“善候伺人主微意”“素怀奸险，巧于附会，作威作福，唯利是视”；裴矩虽然非常勤勉，但也“承望风旨，与时消息”；宇文述、郭衍“无所是非，不能轻重，默默苟容，偷安高位，甘素餐之责，受彼己之讥”；虞世基“国危未尝思安，君昏不能纳谏。方更鬻官卖狱，黩货无厌”；苏威“君邪而不能正言，国亡而情均众庶”。这些人竞相取悦隋炀帝，一次，郭衍对隋炀帝说：“别像高祖那样把自己弄得很辛苦。”劝隋炀帝每五天上一次朝，隋炀帝越发感到郭衍对自己是真心爱护，说道："只有郭衍与朕的想法是一致的。"还有宇文述也非常善于取悦隋炀帝，他的一举一动无不让隋炀帝感到莫大的满足，致使隋炀帝身边的侍从们也都暗地里效仿他。虽说佞臣最大的特点就是善于察言观色、溜须拍马，但不一定就意味着他们只会这些，也不必然意味着佞臣们就没有才能，尤其干事之才，民部尚书裴蕴就是一个例子。因民间户籍很多不实，没有户口或者把年龄改大改小的情况很多，裴蕴建议一一进行当面核查，只要发现一人不实，原负责登记的官员一律免职；他还建议允许百姓向朝廷举报，只要检举属实的，被检举的那家人要替检举人再负担一份劳役。由于采取了这一措施，当年，全国新登记适龄成年男丁二十四万三千人，新归附的又有六十四万一千五百人。隋炀帝翻看奏报，对群臣们说："过去朝中没有贤才，以致出现户籍登记混乱的情况，如今户籍登记准确无误，这全是裴蕴的功劳啊。"不久，就晋升他为御史大夫，与裴矩、虞世基一起掌管朝廷机要。裴蕴善于察言观色，揣摩隋炀帝的心思，凡是隋炀帝想要加罪的人，裴蕴总会深文周纳，陷入重罪；只要隋炀帝想从宽发落的，他又能曲解法律，从而将人释放，因此，隋炀帝十分满意。从此以后，朝中大小案件，隋炀帝都交给裴蕴处理，刑部和大理寺晾在一边，而他们审理的案件也总是遵从裴蕴的意见，才敢判决。裴蕴伶牙俐齿，口若悬河，有颠倒黑白之才，一件案子或轻或重，他都能引经据典，说得头头是道，别人根本提不出异议来。其他几人也是如此，隋炀帝常常称赞裴矩的能力，说："裴矩总能体察朕的心思，他所上奏的事宜都是计划好但还没来得及说出口的，裴矩总能提出来，如果不是一心为国的话，怎能做到这一点？"

三七 佞幸满朝（二）

隋炀帝本身是一个矛盾集合体。

他上朝时一脸严肃，非常威严，说出的话往往有理有节，且词采飞扬，但他的内心欲望强烈，只喜欢声色犬马，他在东西京以及巡游期间，总要带上和尚、尼姑、道士、女官，美其名曰四个道场。梁公萧钜是萧琮的侄子，千牛左右宇文皛是隋初功臣宇文庆的孙子，二人都深得隋炀帝的宠爱。这两个人都是大有来头的：后梁后主萧琮有子萧瓛、萧璟（曾任朝请大夫、尚衣奉御）、萧玚（曾任卫尉卿、秘书监）、萧瑀（曾任内史侍郎、河池太守，为唐初功臣，凌烟阁二十四功臣第九），萧钜之父不详，但既然是萧琮的侄儿，也是萧皇后的侄儿。史称，萧钜小名藏，隋炀帝对他非常溺爱，与宇文皛二人是隋炀帝的耳目。宇文庆的儿子宇文静礼，娶了隋文帝杨坚的女儿广平公主，生下宇文协、宇文皛兄弟，因此，二人是隋炀帝的外甥，隋炀帝是二人的舅舅。宇文静礼早死，宇文协历任武贲郎将、右翊卫将军；宇文皛，字婆罗门，从小就养在宫中，后为千牛左右，隋炀帝对他非常亲昵。隋炀帝每次出行或饮宴，萧钜和宇文皛总是寸步不离，萧钜负责监视百官，宇文皛负责监视六宫，因此，宇文皛进出后宫，一路畅通无阻，当时人称宇文三郎。

隋炀帝日常生活的主打节目就是游宴。每天，他都要在洛阳西苑的亭台楼阁之间大摆筵席，命元德太子的次子燕王杨倓、萧钜、宇文皛与隋文帝的嫔妃们同坐一席；和尚、尼姑、道士、女官同坐一席；隋炀帝与嫔妃们坐在一席，各席相互连接。隋炀帝每天下朝以后，即和这些人搅在一起，相互劝酒，酒足饭饱之后，什么事情都干得出来。杨倓，字仁安，聪慧英俊，喜欢读书，他是隋炀帝最宠爱的孙子。杨氏妇女中有美色的，也常被送入宫中，被隋炀帝临幸。《隋书》称：萧钜“于宫中多行淫秽”。宇文皛“与宫人淫乱，至于妃嫔公主，亦有丑声”。萧皇后听说后，曾告诉了隋炀帝，宇文皛吓得几天不敢再露面。他的哥哥宇文协上奏说：“宇文皛年龄慢慢大了，不可再留在后宫。”隋炀帝问：“宇文皛在哪？”宇文协回答：“在朝堂。”隋炀帝把宇文皛召入，也没降罪，对他还像往常一样。

隋炀帝在即位之初，曾重用一些藩邸旧人，如独孤楷的弟弟独孤盛、虞庆则的儿子虞孝仁等，而张衡亲手杀死了隋文帝，对隋炀帝的即位立下了汗马功劳，自然也是隋炀帝重用的人。不过，知道人家的秘密太多了，毕竟不是一件好事。在隋炀帝的内心深处，他对待张衡的感觉其实与对杨素差不多，只盼着他们能早死，也好把秘密永远带入坟墓里，但张衡并不明白这一点，“以籓邸之旧，恩宠莫与为比，颇自骄贵”。

当时，隋炀帝打算扩建汾阳宫，命张衡与纪弘整绘图上报。张衡趁机劝谏道：“近年来劳役太重，百姓疲惫不堪，希望陛下留意，稍稍减少一些。”张衡这话原本也是善意，但在刚愎自用的隋炀帝看来，所有劝谏的人都是对自己能力的一种否定，更何况是像张衡这种洞悉内幕的人，似乎还是对自己的一种要挟，这让隋炀帝非常不满。不久，他就对身边的人说：“张衡这小子自以为我得到天下全是由他设计安排的。”于是，隋炀帝旧话重提，把过去齐王杨暕私带伊阙令皇甫诩以及上次祭祀恒山时当地觐见的百姓大多衣冠不整之事又抖搂了出来，斥责张衡身为御史大夫没有尽到弹劾之责，将其贬为榆林太守。

等到隋炀帝再次北巡，张衡当时正督建楼烦城，遂前往晋见隋炀帝。隋炀帝见张衡不但没有消瘦，反而发胖了，认为他根本没有把贬谪当一回事，说道：“你很肥胖啊，暂且回去吧。”又把他打发回去了，不久，下令他南下江都，负责修建江都宫。有一个人找到张衡控告江都宫监对自己不公，张衡不仅不予理睬，反而把此人的诉状转交给了宫监，礼部尚书杨玄感出使江都，那人又到杨玄感那里鸣冤。杨玄感听后，觉得张衡做得太不应该了。等到杨玄感见到张衡后，还没有谈到正题，张衡却突然说：“薛道衡死得真是冤枉啊！”杨玄感回京后，即向隋炀帝告发了，与此同时，江都郡丞王世充又弹劾张衡不断减少修筑宫室的工程器械，于是，隋炀帝大怒，下令逮捕张衡，将其铐到江都街头，打算杀掉。

隋炀帝很早就想杀人灭口了，但他犹豫再三，觉得仅仅因此就杀了张衡，实在是理由不足，反而令天下人横生猜疑，他决定再等一等，寻找一个更妥当的借口再说，过了很久，隋炀帝才又下令将其削职为民，放回老家。张衡被放归老家后，隋炀帝还时常派人前去查看他的作为，到大业八年，隋炀帝东征高句丽大败而还，张衡的妾告发张衡口出怨言，隋炀帝下令将其赐死。临死前，张衡高呼：“我替人家做了什么事啊，还想长期活命？”监刑官赶忙塞住自己的耳朵，催促刽子手赶紧把张衡给杀了。

王世充，字行满，本是西域人。本来姓支，他的祖父支颓耨，迁居新丰（今陕西省西安市临潼区东）。支颓耨死后，留下少妻和一子支收，其妻与仪同王粲野合，生子王琼，王粲遂将其纳为小妾。支收也随着母亲来到了王家，王粲对支收非常喜爱，就将他改姓王，后来，王收官至怀、汴二州长史。王世充就是王收的儿子。王世充生来一头鬈发，声音沙哑凶狠，像豺狼的叫声，他性格阴沉诡诈，也读过很多书，尤其喜爱看兵法书，通晓占卜和推算星象之术。开皇中，王世充从军，隶属于左翊卫，后因军功被拜为仪同，授予兵部员外郎。王世充口才很好，善于应对，又熟悉法律，有颠倒黑白之才，后逐渐被晋升为江都郡丞。张衡被免官后，隋炀帝就提拔王世充为江都宫监。此后，隋炀帝屡屡临幸江都，王世充察言观色，阿谀逢迎，每次觐见汇报工作，总能让隋炀帝感到非常满意。王世充大肆整修亭台楼阁，并偷偷送给隋炀帝远方的奇珍异宝，进行巴结，从此以后，隋炀帝开始对他亲昵了起来。

大业五年的西巡虽然夺取了吐谷浑领地，但在大斗拔谷损失惨重，可谓是得失参半。当年十一月隋炀帝回到洛阳后，到了第二年（大业六年，公元610年）一月一日凌晨，又发生了一件令隋炀帝心惊胆战的事情。当天天还没亮，有几十人头戴白帽，身穿素色衣服，手持鲜花，点燃香火，自称弥勒佛，从建国门入城，守门士兵纷纷叩头，继而，这群人夺取士兵们的武器，试图作乱。齐王杨暕遇到后，将其全部斩杀，事后，在洛阳城内大肆搜捕，有数千家受到牵连。

当时，各国的藩王、酋长、使者、商人都齐聚洛阳，隋炀帝早就想要好好热闹一下了，因此，元旦的突发事件虽然多多少少影响了一些隋炀帝的心情，但并没有打乱他的计划。一月十五日，隋炀帝策划的元宵盛会在端门前面的大街上照常举行。当天晚上，端门大街灯火通明，各种杂技、戏剧竞相上演，光是演出的场地就有五千多步，整个场地上光乐队人数就高达一万八千多人，乐曲声音数十里之外都能听到。整个洛阳城内的百姓沉浸在一片欢腾之中，人们通宵达旦地狂欢，一月十五的狂欢一直持续到一月月底才结束，花费高达数万。从此以后，每年如此。很多外宾请求允许他们进入丰都市场（洛阳东市）进行交易，隋炀帝答应了。但为了面子，隋炀帝下令提前整修房屋，务必令屋檐整齐划一，内外部装饰一新，货物充盈，店主、服务员都衣着整齐，甚至是买菜的都坐在龙须草编织的垫子上。酒店老板都接到命令，胡人路过酒店，都要热情地把他们请进店里，好酒好菜招待一番，不收饭钱，诓骗胡人们说："我们中国太富裕了，谁来吃饭都不要钱的。"胡人听了都惊骇赞叹。但假的真不了。胡人们也发现了其中一定有诈，他们看见树上包裹着丝绸，说道："我们看见中国也有穷人，衣不遮体，为何不把这些丝绸赏给他们，缠在树上有什么用呢？"被问的人一脸羞愧，无言以对。

隋炀帝西巡回来后，就开始部署对流求的讨伐。据《隋书·流求传》记载，流求的位置在"建安郡（今福建省建瓯市）东，水行五日而至。土多山洞。"从与建安郡的距离以及岛上的地理特点来看，流求当属今天的台湾。当时，流求国王姓欢斯，名叫渴剌兜，朱宽在大业三年来到流求后，因言语不通，就劫掠一名流求人回到了大陆，第二年，隋炀帝又派朱宽前去招抚，但流求不从，于是，隋炀帝就派虎贲郎将陈棱、朝请大夫张镇周征调一万东阳（今浙江省金华市）地方军队，从义安（今广东省潮州市）出海前去讨伐。隋军入海后先来到高华屿，又东行二日到达鼊鼊屿，又行一天就到了流求。陈棱在军中带上南方各地的蛮族，其中一个昆仑人能听懂流求话，陈棱遂命其前去劝说，但流求王欢斯渴剌兜不从，派军抵御隋军。陈棱率领隋军多次击败流求军队，一直攻到流求国都，欢斯渴剌兜亲自率军迎战，又被隋军击败，欢斯渴剌兜只好退入营寨。陈棱乘胜发动猛攻，一举攻克了营寨，斩杀了欢斯渴剌兜，焚烧了宫室，俘虏数千流求人返回了大陆。从此又与流求国失去了联系。二月十三日，陈棱等人将流求俘虏献上，隋炀帝下令赏赐给百官为奴，封陈棱为右光禄大夫，张镇周为金紫光禄大夫。

三月二日，闲不住的隋炀帝就又离开洛阳，乘船南下，前往江都了。在下余的大半年里，隋炀帝一直就住在江都，并下令开凿从京口（今江苏省镇江市）到余杭（今浙江省杭州市）的运河。这条运河长八百多里，宽十余丈，能行驶龙舟，沿岸建造行宫、草料场等，隋炀帝是想东巡会稽（今浙江省绍兴市）。至此，在短短的数年里，一条贯穿中国的京杭大运河终于建成了。京杭大运河分四段施工：通济渠、邗沟、永济渠、江南运河，这条运河让隋炀帝背尽骂名，而后来的李唐王朝、宋朝等则是坐享其成，宋太宗就曾称赞道："天下转漕，仰给在此一渠！"（《宋史·河渠三》）直到清末铁路运输出现之前，京杭大运河一直是南北运输的大动脉，对于国家的经济发展甚至王朝的兴衰存亡都起着至关重要的作用，千百年后，谁也无法抹杀作为决策人的隋炀帝那种高瞻远瞩的战略眼光，说隋炀帝修运河仅仅是为了方便自己南巡，那只是小说家言。

三八　官逼民反

至此，我想对隋炀帝说，好了，够好了，打住吧！

假如隋炀帝就此打住，热血不再沸腾，真正当一个只知个人享乐的君主的话，也许隋帝国的寿命还要长一些，隋炀帝死后仍不失为一个伟大的君主，谥号自然不会是这个炀字，然而，一心要建功立业的他根本顾不上仅仅是自己享乐、丝毫没有止步的迹象。

大业三年他第一次北巡后，到大业四年就下令开凿了永济渠，已经在为平定辽东做着准备了。还在永济渠开挖过程中，一刻也闲不住的他又忙中偷闲，平定了吐谷浑，如今，西方已拓地数千里，而永济渠也已修好，隋炀帝这才将目光再一次转回了东北，决定一举消灭拒不臣服的高句丽。

外族对中国历朝最大的威胁无一例外地都来自北方，要么来自西北，要么来自东北。西汉，北方匈奴处于鼎盛，经汉武帝打击后，匈奴逐渐消亡，到东汉以后，东胡各族鲜卑、乌桓等又强盛起来，西晋以后，五胡乱华，中原生灵涂炭，北朝建立的慕容前燕、拓跋魏等都出自东胡系的鲜卑，而前燕入居中原就是从辽东而来的，隋炀帝对这段历史当然非常清楚，因此，在他瓦解了西北威胁之后，自然对来自东北的威胁不会坐视不顾。

另外，从战略上来讲，隋炀帝征讨高句丽有其自身的合理性。

在当时的东北亚地区，最强盛的国家就是高句丽，它的领土跨有今鸭绿江两岸，西至辽河，包括今朝鲜半岛北部和辽东半岛。在高句丽的北面是靺鞨，再北是室韦；西边则是契丹、奚等东胡部落；朝鲜半岛东南是新罗、南面是百济和依附于倭国的任那国。在中国南北朝对峙时期，朝鲜半岛也是三国鼎立，因地缘政治的因素，高句丽多向北朝进贡，而百济、新罗、倭国则向南朝朝贡。在此期间，高句丽曾联合新罗、百济联合倭国，在朝鲜半岛上进行了长期的战争，公元

562年，新罗吞并任那国，高句丽的势力也伸向半岛南部，与此同时，高句丽安抚、拉拢靺鞨、契丹等，甚至企图联络东突厥，以期在东北亚地区谋求霸权。到隋文帝开皇十八年，高句丽王高元竟然率领靺鞨之众进攻业已投降隋朝的契丹别部，令隋文帝大怒，并派遣汉王杨谅出兵征讨，但由于杨谅无能，致使隋军不战先败，损失惨重。如今，高句丽虎视东北，还想瓦解东突厥与隋朝的臣属关系，一旦中原有变，其即有可能会像当年前燕慕容儁那样挥师入关，因此，在隋文帝末年，消灭高句丽就已经成为隋帝国高层的共识，到隋炀帝即位后，打击高句丽、消除其在东北对隋朝的潜在威胁，就提上了议事日程。

大业七年（公元611年）二月三日，身在江都的隋炀帝登上钓鱼台，面临扬子津（今江苏省扬州市长江北岸渡口），设宴款待群臣。十九日，他从江都出发，沿京杭大运河一路北上涿郡（今北京市）。一路上，隋炀帝命令尚书选部、门下、内史、御史四部门在船上联合办公，决定全国各地地方官员的任命，参与候选的士人高达三千多人，有的徒步跟随船队三千多里也没有被任命个一官半职，天寒地冻，因饥饿、寒冷而死的有十之一二。二月二十六日，隋炀帝正式下诏讨伐高句丽。他在诏书中称："武有七德，先之以安民；政有六本，兴之以教义。高句丽高元，亏失籓礼，将欲问罪辽左，恢宣胜略。虽怀伐国，仍事省方。今往涿郡，巡抚民俗。其河北诸郡及山西、山东年九十已上者，版授太守，八十者授县令。"

为此，隋炀帝进行了精心的准备，可以说整个大业七年隋帝国上下都在为即将到来的讨伐高句丽一仗做着准备。一是修造战舰，组织庞大的舰队。隋炀帝命令元弘嗣前往东莱海口造船三百艘，期限紧迫，在官员的严厉督促下，民工们昼夜站在水中，片刻都无法休息，腰部以下都长满了蛆虫，因劳累而死的就有十之三四。二是购置战马。隋炀帝命令向富人们加收税赋，用来购买战马，一匹马竟然炒到十万钱。三是全面检查武器装备。务必让武器新颖、精良，一旦发现质量不合格，将立即把督造官斩首。四是运送粮食等辎重。大业七年五月，隋炀帝下诏命令黄河以南、淮河以南、长江以南修造五万辆辎重车，用来装运铠甲、营帐、衣服等物品，命士兵们拉车，又征调黄河南北的农夫协助。七月，隋炀帝又征发长江、淮河以南的民夫以及私人船只，将黎阳和洛口国营粮仓内的粮食运往涿郡。一千多里之内船只首尾相连，满载着粮食、铠甲、武器以及攻城器具，途中人数始终保持数十万之众，日夜不断，大路为之阻塞，农夫们在途中一个接一个地倒毙，尸体腐烂发出恶臭。五是征召全国军队。隋炀帝下诏不论远近，整个隋帝国的军队全部集中到涿郡；又征调江淮以南的水手一万人、弩手三万人、岭南的短矛突击手三万人，于是，各地军队从四面八方火速北上，赶往涿郡。

整个中国陷于一片混乱。

雪上加霜的是：黄河又决口了，太行山以东以及黄河以南地区有三十多个郡被洪水淹没，百姓全被淹死；十月三日，黄河砥柱山崩塌，黄河河水被阻挡，倒流了数十里。

隋炀帝自从大业六年策划讨伐高句丽，就下诏在太行山以东设置总部，专门饲养战马，又征调民夫把粮食再从涿郡运到辽西的泸河（今辽宁省锦州市）、怀远（今辽宁省沈阳市辽中区）二镇。由于路途遥远，运粮的农夫和牛往往都死在半路上，一去不返，士兵们也死亡过半，耕种收割失去农时，田野撂荒，加上洪灾，各地发生了严重的饥馑，粮价飞涨，尤其是东北边境，由于集中了大量军队、农夫，消耗量剧增，一斗米竟高达数百钱。各地运送到边境的大米有的被检验出是劣质大米，有关官员又让农夫在当地购买补偿。朝廷又调发六十多万车夫，每两个人负责用小车运送三石米，因道路遥远，这三石米连两人的口粮都不够，等到目的地的时候，又无米可缴，均因害怕被惩处而纷纷逃亡。再加上各地官员贪婪残暴，借机鱼肉百姓，百姓因此被剥削得一贫如洗。如果安分守己，就只能在家里等死，如果挺身而出，落草为寇，兴许还能多活些时日，于是，走投无路的百姓们开始纷纷落草为寇了。

形形色色的君主们可能有各自的特点和志向，但对于老百姓而言，什么国家大事、什么建功立业等等那都是扯淡，能不折腾，让一介草民能过上平静富足的生活就成了。一个真正强大的国家是百姓富足，而不是国强民穷，一个国强民穷的国家会因为内部矛盾激化而瞬间崩溃，一个国穷民富的国家在危急时刻，人们会拿出私财救国，而隋炀帝恰巧不懂得这一点。

其实早在大业五年三月，就有数万逃避劳役的百姓躲进长白山（今山东省章丘市、邹平县境内）中，第二年，雁门人尉文通又聚集了三千多人躲避在莫壁谷中，但都被隋朝政府剿灭。到了大业七年，邹平百姓王薄又在长白山落草，他自称知世郎，意思是能预测世事，还亲自撰写了一首《无向辽东浪死歌》，号召穷苦百姓起来造反。歌的内容为：“长白山前知世郎，纯着红罗绵背裆。长槊侵天半，轮刀耀日光。上山吃獐鹿，下山吃牛羊。忽闻官军至，提刀向前荡。譬如辽东死，斩头何所伤。”王薄率众纵横于齐郡（今山东省济南市）、济北郡（今山东省东阿县）境内，有数万之众，率先扯起了反抗隋炀帝暴政的大旗。

星星之火可以燎原。紧接着，在王薄起义军的感召下，距离长白山咫尺之遥的平原郡（今山东省陵县）、漳南县（今山东省德州市）等地也相继爆发了农民起义，主要有以下几股。

一是平原郡刘霸道。平原郡以东有一个地方名叫豆子航（在今山东省惠民县西北），这里背靠渤海，面向黄河，沟壑纵横，地形复杂，自北齐以来，这里就藏匿了很多强盗。有一个名叫刘霸道的人，他家就住在豆子航附近，世代为官，是富甲一方的财主。刘霸道喜欢行侠仗义，门下食客常有数百人，等到各地变民蜂拥而起以后，远近不少人也投靠到了刘霸道的手下，刘霸道拥有部众十余万，被人称为阿舅贼。

二是漳南县窦建德。年少时，窦建德非常侠义，曾经有一个同乡因家境贫寒而无力埋葬亲人，窦建德正在田间干活，听说后，不禁喟然叹息，连忙把耕牛送给那人帮助那人安排丧事，后窦建德被任命为里长。其父病故时，前来送葬的就有一千多人，所送来的馈赠，窦建德一概不收。在隋炀帝征调各地军队时，窦建德因勇敢而被挑选为二百人长，同县的孙安祖也被选为远征军士兵。孙安祖家遭了水灾，妻子儿女都被饿死，家里一贫如洗，孙安祖遂向县令请求免除兵役，县令大怒，将孙安祖痛打了一顿。一怒之下，孙安祖刺杀了县令，投奔到窦建德那里，窦建德把他藏匿了起来。官吏搜捕很急，顺藤摸瓜找到了窦建德家里。情急之下，窦建德对孙安祖说：“文皇帝时，天下鼎盛，征发天下百万之众讨伐辽东，尚且为高句丽所败。如今，天下水灾，百姓穷困，而主上却一点也不关心百姓，御驾亲征辽东，再加上去年西征的疮痍还未平复，百姓疲敝，连年繁重的劳役、兵役，服役的人还在外面，如今又要大肆征发军队，人心容易被煽动。大丈夫活在世间，当立下大功，岂可终日当个四处流亡之人呢？我听说高鸡泊（今河北省故城县西南）方圆数百里，芦苇茂密，可以到那里逃难，时不时地出来劫掠，足以活命。等到聚集一群手下以后，再静观时变，一定能立下大功。”孙安祖听从了。窦建德又招徕、引诱了数百名逃兵和无业流民，交给了孙安祖，入高鸡泊当了强盗，孙安祖自称将军。

三是鄃（今山东省夏津县）人张金称也聚拢了一百多人，在河曲（今河北省清河县）一带活动。

四是蓨（今河北省景县）人高士达也起兵，拥有一千多人，也在清河（今河北省清河县）境内活动。

孙安祖、张金称、高士达等盗匪，前来漳南县的，所到之处烧杀劫掠，唯独不破坏窦建德住的乡里，因此，郡县官吏怀疑窦建德暗中与强盗们有来往，遂将窦建德的一家老少全部屠杀了。窦建德听说全家被杀，遂率领自己的二百名部下从前线逃了回来，投奔了高士达。高士达自称东海公，以窦建德为司兵。不久，张金称又杀害了孙安祖，孙安祖手下的人马也都投靠了窦建德，窦建德实力逐渐增强，其直接指挥的部队增至一万多人。窦建德对人非常诚恳，礼贤下士，与士兵们同甘共苦，因此，他手下的人都肯为他卖命。

五是章丘人杜伏威、辅公祏。杜伏威从小游手好闲，家境非常贫困，以盗窃为生，与辅公祏为刎颈之交。辅公祏的姑姑家以牧羊为业，辅公祏屡屡把姑家的羊偷来接济杜伏威，最终，辅公祏的姑姑向官府告发了。郡县搜捕很急，二人遂聚众落草为寇，当时，杜伏威年仅十六岁。杜伏威经常保护着其他人，出外时总是冲在前面，撤离时总是断后，因此，大家对他都非常佩服，公推他为主。

史称："自是，所在群盗蜂起，不可胜数，徒众多者至万余人，攻陷城邑。"大业七年十二月十三日，隋炀帝下令都尉、鹰扬郎将与地方郡县武装相互配合，缉拿变民，抓住后一律处死，然而，无法遏制这一势头。

三九　一伐高句丽（一）

大业七年，隋炀帝除了为讨伐高句丽做着准备外，眼睛依然没有放过西北。

还是在前年隋炀帝西巡时，曾派御史韦节征召西突厥处罗可汗，命处罗可汗前往大斗拔谷与自己会面，但西突厥贵族不从，处罗可汗借口推辞了。隋炀帝大怒，但又毫无办法。当时，西突厥原达头可汗的孙子射匮在中亚石国（今乌兹别克斯坦塔什干）以北建立牙帐，杀了石国国王，命特勤甸职代管石国国政。在隋炀帝西巡时，甸职曾派使者来到张掖代表射匮向隋炀帝致意，等隋炀帝回到洛阳后，射匮又派使者来到中原求婚，裴矩趁机向隋炀帝建议说："处罗可汗不来朝拜，只不过是他自恃强大罢了。臣请求设计削弱他们，分裂他们的国家，自然就容易控制了。射匮是都六的儿子、原西突厥可汗达头可汗的孙子，世代都是可汗，统治西方，如今，他失去了汗位，臣服于处罗可汗，因此，他来是想结我们为外援。请求陛下重赏他的使者，拜他为西突厥大可汗，这样一来，西突厥就分裂了，分裂后的双方也都会听命于我。"隋炀帝说："你说得对啊。"遂派裴矩前往使者下榻的宾馆，进行暗示。

不久，隋炀帝又在仁风殿召见射匮的使者，对使者说出处罗可汗种种错处，又夸赞射匮一番，最后表示，要立射匮为大可汗，命他发兵诛杀处罗可汗，然后承诺把隋朝公主嫁给射匮。隋炀帝取下一支桃竹白羽箭交给使者，命他带给射匮，还嘱咐使者道："此事事不宜迟，要像这支箭一样快点发动！"射匮出自西突厥创始人室点密，而现任的西突厥处罗可汗则出自东突厥阿波可汗，因此，二者之间存在矛盾，隋炀帝就是利用他们之间的矛盾，分化瓦解，达到削弱西突厥的目的。

射匮的使者返回时，途经处罗可汗辖地，处罗可汗非常喜爱使者带回的那支桃竹箭，想强行留下。使者十分机警，用谎话搪塞了过去，遂把箭带回给了射匮。射匮听了隋炀帝的承诺以后，禁不住大喜，起兵袭击处罗可汗。处罗可汗猝不及防，被打得大败，抛妻别子，率领数千亲信骑兵狼狈向东逃窜。途中，他们又遇到了劫匪，最终抵达高昌（今新疆维吾尔自治区吐鲁番市），停留在高昌以东的时罗曼山（今天山东段）。高昌国王麹伯雅向隋炀帝报告了这一情况，隋炀帝就派遣裴矩与处罗可汗之母向氏身边的侍从火速赶往玉门关晋昌城（今甘肃省瓜州县东南），劝说处罗可汗入朝。

大业七年十二月八日，处罗可汗来到涿郡的临朔宫觐见隋炀帝。隋炀帝大喜，以特别尊贵的礼仪迎接处罗可汗。隋炀帝设宴款待处罗可汗，处罗可汗叩头，为入朝太晚而谢罪。隋炀帝备下珍馐美馔、华丽的女乐招待处罗可汗，又不断安慰他，说道："如今四海一家，朕都会一一抚育的，使万民各随本性生活。就好比天上只有一个太阳，万物才能好好生长，如果有两三个太阳的话，万物岂能生长？"但失去故国的处罗可汗一直郁郁不乐。不久，隋炀帝又把处罗可汗的部众一分为三：由其弟弟阙大度设统领一万多老弱驻扎在会宁（今甘肃省靖远县）；特勤大奈率领剩余部众居住在楼烦（今山西省静乐县）；而令处罗可汗率领五百骑兵经常跟在隋炀帝身边巡游，赐号为曷娑那可汗。

隋炀帝这样安排可能还有深意。东突厥新任可汗始毕可汗继位后，显然改变了其父启民可汗全面听命于隋朝的政策，不仅拒不派兵协同进军伊吾的隋朝将领薛世雄，而且在隋炀帝决定讨伐高句丽时也表现得很不积极，这其实已令隋炀帝十分不满了，如今，隋炀帝明知处罗可汗与东突厥始毕可汗有世仇，但依然将处罗可汗的一部分部众放在了娄烦、东突厥的眼皮底下，自然有提防始毕可汗的味道。

就这样，西突厥汗位又从阿波可汗一系回到了达头可汗一系，而在射匮可汗继位后，西突厥又复兴了起来，铁勒契苾、薛延陀很快就又去除可汗位号，臣服于射匮可汗，铁勒汗国昙花一现。因隋炀帝一直致力于对付高句丽，对于逐渐强大的西突厥只能听之任之。这是后话。

到大业八年（公元612年），隋炀帝征调的全国军队都已经齐聚涿郡了。隋炀帝召见合水令庾质，问道："高句丽之人连我们的一个郡都不到，朕如今出动如此庞大的军队前去讨伐，你看能否胜利？"庾质回答："一定能攻克。然而，臣私下认为，陛下不宜亲自出征。"隋炀帝脸色沉了下来，问道："朕统领大军来到此地，哪有还没碰见敌人自己就先退去的道理？"庾质回答："如果一战不胜的话，势必有损陛下的声望。如果陛下停留在这里，命令猛将锐卒，倍道兼行，出其不意，一定能够攻克。兵贵神速，如果行动迟缓，就不可能成功。”隋炀帝听后，很不高兴，说道：“你既然怕吃苦，不愿前去，自然可以留在这里。”右尚方署监事耿询上书苦苦劝谏，隋炀帝大怒，命令左右将其推出斩首，幸赖何稠营救，才免去一死。给事中许善心也因劝谏而被免官。兵部尚书段文振被任命为左候卫大将军，率军负责进攻南苏（今辽宁省抚顺市东）。途中病危，临终前，段文振给隋炀帝写信献计称：“我见辽东小丑（指高句丽王高元），没有受过惩处，致使令我出动大军，陛下亲自出征。然而，夷狄之人诡计多端，要严加防备，如果他们只是口头上请降，希望陛下不要轻易接受。如今，已经到了汛期，行动要迅速起来。我只求陛下严令各军火速行军，昼夜兼行，水、陆并进，出敌不意，则自然可以攻下平壤这座孤城。一旦端掉平壤，其余各城也会投降。如果不迅速解决战斗，一旦拖到秋天，遇上霖雨，道路艰险，兵粮断绝，前有强敌，后有靺鞨，就危险了。现在迟疑不决，不是上策啊。”段文振不久就死在了军中。

大业八年一月二日，隋炀帝下令左翼十二军分别进攻镂方（今朝鲜平安南道东南部的阳德郡）、长岑（今朝鲜黄海南道长渊郡北）、海溟（今朝鲜黄海南道海州市一带）、盖马（确址不详，似在吉林省境内）、建安（今辽宁省岫岩县一带）、南苏（今辽宁省抚顺市东）、辽东（今辽宁省辽阳市）、玄菟（今辽宁省铁岭市）、扶余（今辽宁省昌图县）、朝鲜（今朝鲜平壤市南）、沃沮（约在今吉林省临江县和长白县一带）、乐浪（今朝鲜平壤市）等；右翼十二军分别进攻黏蝉（今朝鲜平安南道南浦西北）、含资（今朝鲜黄海北道瑞兴郡）、浑弥（今朝鲜平安南道安州区东南）、临屯（在今韩国江原道）、候城（今辽宁省沈阳市附近）、提奚（今朝鲜黄海北道平山郡西南）、蹋顿（确址不详）、肃慎（今吉林省）、碣石（遂城，今朝鲜平壤西）、东暆（今韩国首尔西南）、带方（今朝鲜黄海北道凤山郡石城里的古唐城）、襄平（今辽宁省辽阳市）等，各军依次出发，在平壤会合，共计兵力一百一十三万三千八百人，号称二百万，而随军的农夫又超过士兵人数的一倍。他在出征诏书上还要求隋军要做到秋毫无犯，树立正义之师的良好形象，并着眼于安抚，而不是杀戮。

隋军各军主将大致为：

左翼第一军主将似为右屯卫大将军麦铁杖（《隋书·麦铁杖传》：“寻除

右屯卫大将军……及辽东之役，请为前锋”）。第二军左武卫将军樊子盖（《隋书·樊子盖传》：“征摄左武卫将军，出长岑道，因宿卫未行”，这句话可以理解为：樊子盖仍然是第二军的主将，但因战场情况发生了变化，第二军为了保卫皇帝而没有投入前线）。第三军为右翊卫大将军来护儿（《隋书·来护儿传》：“转右翊卫大将军。辽东之役，护儿率楼船，指沧海，入自浿水……”）。第四军左屯卫大将军吐万绪（《隋书·吐万绪传》：“辽东之役，请为先锋，帝嘉之，拜左屯卫大将军，率马步数万指盖马道……”）。第五军不详。第六军左候卫大将军段文振（《隋书·段文振传》：“及辽东之役，授左候卫大将军，出南苏道”）。第七军左骁卫大将军荆元恒（据《资治通鉴》）。第八军右屯卫将军辛世雄（据《资治通鉴》）。第九军左翊卫大将军宇文述（《隋书·宇文述传》：“及征高句丽，述为扶余道军将”）。第十军金紫光禄大夫周法尚（《隋书·宇文述传》：“辽东之役，以舟师指朝鲜道……”但由于该句之后紧跟一句“会杨玄感反……”可能令人误认为是第二征辽东的事，但据《资治通鉴》周法尚的确参加了第一次战役）。第十一军右翊卫将军、正议大夫薛世雄（《隋书·薛世雄传》：“辽东之役，以世雄为沃沮道军将，与宇文述同败绩于平壤”）。第十二军右翊卫大将军、光禄大夫于仲文（《隋书·于仲文传》：“辽东之役，仲文率军指乐浪道”）。

右翼军队的编制很多都已无法考证。有明确记载的只有：

第一军可能是检校左武卫将军崔弘升（《资治通鉴》称：“检校左武卫将军崔弘升出遂城道。”遂城在平壤西，与黏蝉的方位很接近，可能所指为同一地点）。第三军右武卫大将军李景（《隋书·李景传》：“八年，出浑弥道。九年，复出辽东。及旋师，以景为殿。高句丽追兵大至，景击走之。赍物三千段，进爵滑国公”。第七军左骁卫大将军史祥（《隋书·史祥传》：“及辽东之役，出蹋顿道，不利而还”）。第八军太仆卿杨义臣（《隋书·杨义臣传》：“以军将指肃慎道。至鸭绿水，与乙支文德战，每为先锋，一日七捷。后与诸军俱败，竟坐免”）。第九军右武候将军赵才（《隋书·赵才传》：“赵才，字孝才……及辽东之役，再出碣石道，还授左候卫将军”。《读史方舆纪要》：“杜佑曰：秦长城所起之碣石，在汉乐浪郡遂城县地。今犹有长城遗址，东截辽水入高句丽。隋大业八年，伐高句丽，分遣赵孝才出碣石道。是也”）。第十军主将不详，仅仅知道本军受降使者为陆知命（《北史·陆知命传》称：“辽东之役，为东暆道受降使者，卒于师”）。第十二军右御卫将军张瑾（《资治通鉴》：“右御卫将军张瑾出襄平道”）。至于二、四、五、六、十一这五支部队的主将则无考，但另有：检校右御卫虎贲郎将卫玄（字文升）出增城道（在今朝鲜平安南道），与左翼第一军进攻的镂方（朝鲜平安南道东南部的阳德郡），位置非常接近，有可能是在麦铁杖死后，由其接替成为左翼第一军的主将。据《隋书·王仁恭传》：“辽东之役，以仁恭为军将”及《北史·元寿传》：“七年，兼左翊卫将军。从征辽东，在道卒”记载，可知，信都太守王仁恭、左翊卫将军元寿亦为其中一军的主将，当在无考的五支军队之内。

四〇 一伐高句丽（二）

隋炀帝在涿郡城南桑干水上祭拜战神，在临朔宫南祭拜上帝，在蓟城城北祭拜马神。

他亲自任命参战将领：每一军任命一名大将，一名副将；骑兵四十队，步兵八十队；每一队一百人，骑兵每十队为一团，步兵每二十队为一团（骑兵一千人为一团，步兵二千人为一团），每个团由一名偏将统领；各团的铠甲、军旗都不相同；各军又设置一名受降使者，不受本军大将领导，直接对隋炀帝负责；辎重后勤部队每军也有四个团（八千人），由步兵保护着前进。

一月十三日，第一军出发，以后每天派出一军，各军之间相距四十里，前后衔接，鱼贯而行，一直经过四十天，所有的部队才出征完毕。这支前所未有的大军旌旗招展，鼓角相闻，绵延了九百六十多里。隋炀帝的大本营包括了十二卫（左右翊卫、左右骑卫、左右武卫、左右屯卫、左右御卫、左右候卫，再加上左右奋身、左右监门四府共为十六府）、三台（御史、谒者、司隶）、五省（尚书、门下、秘书、内史、殿内）、九寺（太常、光禄、卫尉、宗正、太仆、大理、鸿胪、司农、太府），分别隶属内、外、前、后、左、右六军，最后出发，又绵延了六十多里，因此，全军共计三十军，绵延了一千四十里。自古出师，从未见过如此的盛况。

从后来战役的进展情况上来看，隋炀帝的部署如下。

这次讨伐高句丽之战，隋炀帝开辟了两个战场：一是辽河以东到鸭绿江以西战场。二是高句丽国都平壤附近战场。

一、辽河以东到鸭绿江以西战场。该战场主要由左翼十二军负责，右翼十二军的部分军队协同；任务是逐一拿下这一区域的高句丽据点，伺机歼灭高句丽驻军。

二、高句丽国都平壤附近战场。该战场主要由右翼十二军负责，该十二军主要是水军，他们从东莱等地直扑平壤，该战场的任务是：一是避开重兵防守的辽东敌军，批亢捣虚，黑虎掏心，伺机夺占敌人心脏，起到斩首效果；二是牵制高句丽军队，使之无力兼顾辽东，以利于隋军将其各个击破。另有一部水军进攻今韩国首尔附近地区，策应平壤战场。

这个战场的隋军互为奇正，相互支援。运用得好，可以起到疲惫敌人的作用；但运用不好，敌人反过来也有可能以空间换时间，拉长隋军的战线，将隋军两个战场割裂开来，隋军自己又有被各个歼灭的危险。

大业八年（公元612年）三月十四日，隋炀帝亲自率领一百多万大军，来到了辽水（今辽河）西岸。

由于担心诸将贪功，隋炀帝自任统帅，前敌不设主帅，各军主将互不隶属，有事必须向隋炀帝本人汇报，不得擅自行动，但隋炀帝并非一直在最前线，而前线的情况瞬息万变，在这种指挥体制下，也导致了隋军一直行动迟缓。等隋朝大军来到辽河西岸时，高句丽军队早已做好了战斗准备，他们驻扎在辽河东岸，依托辽河阻挡住了隋军前进的道路。

隋炀帝即位后，麦铁杖被提拔为莱州刺史、汝南太守、右屯卫大将军，隋炀帝对他非常器重。麦铁杖为了报答隋炀帝的知遇之恩，一直都想着要为国效命，战前，他主动请缨，要求担任前锋，因此，隋军第一军的主将可能就是他。他对医生吴景贤说：“大丈夫的性命自由上天注定，岂能到头来卧在病榻之上，用艾叶针灸、瓜蒂喷鼻退热，最后死在儿女之手呢？”此时，见高句丽军队挡在前面，麦铁杖对三个儿子说道：“你们该准备浅色黄衣了！我受国家厚恩，今天就是我的死日。我被杀以后，你们就富贵了，以后只需你们忠诚、孝顺就行了，努力啊！”

三月十五日，隋炀帝亲临辽河西岸，命令工部尚书宇文恺在辽河西岸建造了三道浮桥。

十九日，浮桥建好，隋军由西岸将浮桥拖向东岸，可是，由于计算不准确，等将士们已经站在桥上，将至东岸，发现桥身太短，距离东岸还有数丈之遥，就在大家站在桥上迟疑之际，高句丽人已蜂拥而至，堵在了东岸。麦铁杖大吼一声，即跳入水中，向东岸冲去，隋军中的骁勇之士也都争先恐后地跳下浮桥，紧随其后。但高句丽人站在高高的东岸之上，隋军将士无法冲上河岸，战死了很多人。麦铁杖跃上东岸，杀入敌军中，只有虎贲郎将钱士雄、孟金叉二人跟在他的身后，三人在万众之中苦苦搏杀，但终因寡不敌众，三人全部壮烈殉国。

出师不利。隋军走出国门的第一战，就损失了一员猛将，这让隋炀帝非常痛心，他见麦铁杖被杀，不禁流下了眼泪，下令向高句丽人买回了麦铁杖的尸体，追赠其为光禄大夫、宿国公，谥号武烈公，以其子麦孟才继承宿国公爵位，拜为武贲郎将，次子麦仲才、三子麦季才均为正议大夫；追赠钱士雄为右屯卫将军、武强侯，谥刚侯；追赠孟金叉为右光禄大夫，其子孟善谊袭官。

麦铁杖战死后，隋炀帝又命少府监何稠兼任右屯卫将军，下令他组织人力把浮桥加长，两天过后，何稠就圆满完成了任务。三月二十五日（原文为甲午日，似应为甲辰日），隋军大队人马鱼贯而进，依次渡过了辽河，与高句丽军队在辽河东岸展开了一场大战，高句丽军队被打得大败，损失了一万多人。隋军乘胜前进，顺势包围了辽东城（今辽宁省辽阳市），即汉代的襄平城。

稍后，隋炀帝也渡过了辽河，他带着西突厥曷娑那可汗（处罗可汗）和随军的高昌王麹伯雅以及西域南洋的使者一起查看战场，以起到威慑他们的作用。隋炀帝命令刑部尚书卫玄、尚书右丞刘士龙安抚辽东各地，设置郡县，免除当地百姓十年的赋税。卫玄，字文升，他在北周时历任益州总管长史、开府仪同三司、太府中大夫，治内史事、领京兆尹，入隋后，又先后担任淮州总管、岚州刺史、检校朔州总管事、卫尉少卿、资州刺史、遂州总管，炀帝即位，又历任卫尉卿、工部尚书、右候卫大将军、刑部尚书。此时，他兼任检校右御卫大将军。

隋军各路人马扑向辽东之时，隋炀帝曾谆谆告诫各军主将："我们这次出兵是为了吊民伐罪，并不是为了好大喜功，建立功名。众将也许没有体会到朕的本意，打算轻兵掩袭，单打独斗，为了自己扬名立功，这都不是我大军的做派。诸位进军务必兵分三路，假如要想对敌发起进攻，一定要提前通知其他两路，相互协同，不得轻军妄进，以免招致惨败。另外，各军所有军事行动，都要向我禀报，不得自作主张。"归纳起来，隋炀帝的作战方略只有一点，那就是各军协同作战，不得轻举妄动。姑且不论战争的最终结果，实际上，隋炀帝的这一作战方针也不是没有他的道理：一、对于隋军而言，到人家境内打仗，属于外线作战，情况不明，地形不熟，轻率冒进有可能被敌人各个击破；二、隋军大举讨伐高句丽，根本不可能做到掩袭敌人，在高句丽已经做好充分准备的前提下，再提袭击敌人，已是空谈；三、隋炀帝对战局的判断过于乐观，在他看来，在隋朝大兵压境下，高句丽也许会不战而降，即使开始会战，但在战败以后，必定会降。只要隋军不出现纰漏，高句丽军队就是以卵击石，最终会被消灭。

隋炀帝的这一稳扎稳打的战术在战役初始阶段取得了明显的效果。由于隋军行动谨慎，高句丽军队在与隋军的屡次野战中，均被人数占优、装备精良的隋军击败，只好改变策略，退入辽东城内固守。隋炀帝下令将辽东城团团围住，但他又传令军中，如果高句丽人投降，应立即进行安抚，不得放纵士兵继续攻击。如果说隋炀帝此前的做法并无不当，但这一指令就有点迂腐了：战争固然是政治的延续，也是为政治服务的，但在战场上最重要的就是趋利避害，审时度势，把握战机，采取一切手段换取胜利，在这个时候，胜利才是硬道理。

果然，每当辽东城快要陷落的时候，高句丽人总是谎称将要投降，由于隋军中又设有安抚大使，且各军主将均不得随机应变，因此，一旦接到高句丽人的请求，前线指挥官们均立即下令停止攻击，飞报隋炀帝，但等隋炀帝的批示送回前线后，城内守军又修好了工事，继续抵抗。这种情况反复出现了两三次，可隋炀帝始终没有觉悟，而辽东城也一直没有被隋军攻下。

前方还在激战，四月二十七日，隋炀帝来到临海顿（今辽宁省凌海市附近大凌河入海口处），看到大鸟在天空中飞翔，遂命令著作佐郎虞绰（与虞世基、虞世南同族）写下铭文，他自己也诗兴大发，写下了一首《望海诗》："碧海虽欣瞩，金台空有闻。远水翻如岸，遥山倒似云。断涛还共合，连浪或时分。驯鸥旧可狎，卉木足为群。方知小姑射，谁复语临汾。"他还写了两首《纪辽东》，其一："辽东海北翦长鲸，风云万里清。方当销锋散马牛，旋师宴镐京。前歌后舞振军威，饮至解戎衣。判不徒行万里去，空道五原归。"其二："秉旄仗节定辽东，俘馘变夷风。清歌凯捷丸都水，归宴洛阳宫。策功行赏不淹留，全军藉智谋。讵似南宫复道上，先封雍齿侯。"

四一 一伐高句丽（三）

与此同时，在第二战场的战斗也打响了。

来护儿不仅是一位名将，而且还是一名良吏。隋文帝仁寿初年被升为瀛州（今河北省河间市）刺史，在任期间，他爱民如子，美名经常传到隋文帝那里，隋文帝多次进行表彰。隋炀帝即位后，将来护儿征召为右骁卫大将军，当地百姓有数百人前往京师，挽留来护儿。隋炀帝对来护儿说："过去国家尚未安定，爱卿身为名将；如今天下无事，你又成了优秀的地方官，可以说两方面都做得很好啊！"

如今，隋炀帝又任命来护儿为平壤道行军总管，兼检校东莱郡太守，率领隋朝海军直指沧海，隋军舰队绵延数百里，从浿水入海口逆流而上，距离平壤六十里。沧海，当是泛指，为今黄渤海；汉魏时期的浿水又称为马訾水，即今鸭绿江；隋唐时期的浿水为朝鲜大同江，但也有人认为是礼成江或临津江，因《三国史记》中称"渡浿带二水，至尔邹忽"（按：尔邹忽即今韩国的仁川市）。不过，从该传上下文分析，倾向于认为浿水就是今朝鲜平壤附近的大同江。

高句丽主高元集中全国所有的兵力抵御隋军，列下数十里长的军阵，隋众将都很害怕，可是，来护儿笑着对副将周法尚和手下将士们说："我原本想着他会坚壁清野以等待王师的到来，如今，他竟敢前来送死，当灭此朝食！"高句丽主高元的弟弟高建骁勇绝伦，他率领数百名敢死队直扑隋军阵营。见敌人旋风般冲上前来，来护儿一声令下，命令武贲郎将费青奴和他的第六子左千牛来整二人冲出阵来，上前迎战。费青奴和来整二人同样骁勇异常，武艺超群，只见二人跃马挥刀，杀出军阵，一眨眼工夫，就一刀将高建斩于马下。来护儿见状，立即命令部队发起了总攻，遂大破高句丽军队，斩杀无数敌人，隋军乘胜攻破了平壤的外城，在城外安营扎寨，以等待陆军的到来。高句丽人白天都关闭内城城门，不敢出战。

这是《北史》的记载，但《隋书·来护儿传》和《资治通鉴》的记载恰恰相反。来护儿大胜高句丽军队以后，打算乘胜追击，但副总管周法尚劝阻，请求等待其他各军到来后再向平壤发起总攻，但来护儿不从，遂亲率四万精兵直抵平壤城下。高句丽人在平壤外城的寺庙里埋下伏兵，然后出城寻战，两军刚一交手，高句丽人就佯装战败，匆匆退入城去。来护儿率军趁机攻入城内，纵兵大肆抢掠，部队阵形大乱。高元的弟弟高建招募五百敢死队出来截杀，高句丽其他伏兵也一齐出动，隋军大败。来护儿侥幸捡了一命，四万大军只有数千人逃出了平壤。来护儿遂率领残部停在海边，也不敢再配合其他隋军作战了。

两种说法的不同点在于：一是来护儿的军队是否先胜后败；二是高建究竟死没死？《旧唐书·高句丽传》称："其王高建武，即前王高元异母弟也。"《新唐书·高句丽传》也称："隋末，其王高元死，异母弟建武嗣。"可能司马光看到《北史》记载："高元弟建骁勇绝伦"后，误以为高建就是高建武，因此，否认了《北史》，而采信了《隋书》来护儿先胜后败的说法。实际上，在中国其他历史书籍如《通典》等，高建武也经常记作高武，所以，极有可能高建和高武都是高元的弟弟。《隋书》编纂在先，《北史》在后，且《北史》作者李延寿还参与过《隋书》的编纂，李延寿可能发现了《隋书》的错误，进行了改正，但司马光因误解而没有采信。另外，战后，来护儿不仅没有被惩处，反而"以功赐物五千段，以第五子弘为杜城府鹰扬郎将，以先封襄阳公赐其子整"（《北史》）。由此也可见，来护儿在平壤城下并没有失败，而是因众寡不敌，在等待援军的到来。

隋炀帝的如意算盘是：以来护儿的水军从海道直扑平壤，将高句丽军主力牵制在平壤城下，使其无暇远顾鸭绿江以西；隋军陆军以压倒性优势迅速消灭鸭绿江以西敌军，设置州县，反客为主，实施有效的管理，在这一地区因粮于敌，将辽东地区作为陆军进攻平壤的跳板或者二级策源地，再渡过鸭绿江，与水军一起将高句丽主力合围于平壤城下，予以消灭。然而，隋军迟迟没有扫清辽河以东、鸭绿江以西的高句丽据点，尤其是一直没有攻克辽东城，这实际上已经打乱了隋炀帝的计划，不仅迟滞了辽东陆军前进的步伐，而且还令隋炀帝不敢将全部陆军都投入平壤前线，致使平壤的来护儿所部成了孤军。

这让隋炀帝心急如焚，也大为恼火。

六月十一日，从三月二十五日隋军渡过辽河到如今，已过去了两个半月之久，但辽东城依然没有被攻破。隋炀帝亲临辽东城南，观察形势，又将众将召到跟前训话："你们各位自以为官职很高，又有显赫的家世，难道是想把我当成一个傻子来耍吗！在京城的时候，你们大家都劝谏不要让我来亲征，是不是存心不想让我看到你们在前线的表现？今天，我来到阵前，就是要看看你们的表现，来杀了你们！你们怯懦避战，不肯尽力，难道你们真的以为我不能杀了你们吗？"众将见隋炀帝发怒了，均吓得战战兢兢，面如土色。隋炀帝遂命令在辽东城西数里之处建造一座六合城，自己住在城内就近督战。六合城周围八里，高十仞（一仞约为成年男子双臂的长度），六合城内还有一座行殿，能容纳六百人，六合城四角都有城楼，四面还有观，下面开三个城门。更加神奇的是，如此规模的一座六合城以及行殿，仅用一天晚上的时间就建成了，第二天清晨，高句丽人在辽东城上见到从天而降一座城池，都大惊失色，以为是神功。

但辽东城还是没有攻下，而辽东地区高句丽的其他各城也都还在坚守。

目前这一情况，让隋炀帝陷入两难的境地：是继续以重兵先解决辽东，等辽东解决之后，再过鸭绿江呢？还是留下一部兵力解决辽东，分出一部兵力火速过江？前者的好处是：陆军主力坚持不分兵的原则，符合稳扎稳打的决策以及"十则围之"的战术要求，立足于不败之地，但该方案的缺点也是显而易见的：一是将大军集结于几座坚城之下，使不少军队无用武之地，效率不高；二是夏季即将结束，一旦进入秋季，东北地区秋汛和随之而来的严寒，都将给军事行动带来极大的不便；三是持久作战后勤难以保障；四是长期不过江，将让来护儿所部承受巨大的压力，甚至会被高句丽军吃掉。而后者则根据实际情况，适当分兵，提高了效率，但也不是没有不足，那就是：要分多少兵？辽东部队不仅要攻城，又要确保后方粮运安全和皇帝的安全，分出去的兵多了，后方就吃紧，而分出去的兵少了，不仅拿不下平壤，而且还极有可能被敌人吃掉。

然而，时间不等人。作为最高统帅的隋炀帝必须作出决断！在权衡再三之后，隋炀帝终于决定作出了一项重要决定：分兵！

四二 一伐高句丽（四）

隋炀帝命令：

左翼第九军左翊卫大将军宇文述由扶余道（今辽宁省昌图县）方向进击；

左翼第十二军右翊卫大将军、光禄大夫于仲文向乐浪（今朝鲜平壤市）方向进击；

左翼第七军左骁卫大将军荆元恒由辽东道（今辽宁省辽阳市）出击；

左翼第十一军右翊卫将军、正议大夫薛世雄由沃沮道（约在今吉林省临江县和长白县一带）出击；

左翼第八军右屯卫将军辛世雄向玄菟道（今辽宁省铁岭市）出击；

右翼第十二军右御卫将军张瑾由襄平道（今辽宁省辽阳市）出击；

右翼第九军右武候将军赵才向碣石道（今朝鲜平壤西）进击；

右翼第一军检校左武卫将军崔弘升出遂城道（今朝鲜平壤西）进击；

有可能是左翼第一军检校右御卫虎贲郎将卫玄出增城道（在今朝鲜平安南道）；

九支部队从辽东由西向东向鸭绿江方向攻击前进，在鸭绿江以西地区会师。

来护儿统领的军队究竟有几支不详，但来护儿的舰队还有相当一部分船只是装运粮食的，以确保整个大军的吃饭问题，因此，真正能用于作战的部队可能不会太多。隋炀帝从辽东抽调的这九支部队人数共计三十万五千人，而朝鲜的《三国史记·地理四》则称，高句丽在最强盛时的总兵力也不过三十万人，因此虽然隋军没有压倒性优势，但在与高句丽军队野战时还是具有优势的。

这九支军队从泸河（今辽宁省锦州市）、怀远（今辽宁省辽西县）二镇的后方粮食基地带上粮食，每人携带足够吃一百天的粮食，又配发了铠甲、刀枪、长矛、衣服、攻城工具、宿营帐篷，等等，每人平均要携带三石以上的重物，对于如此重量，士兵们的体力根本无法承受。将军们却下令："敢擅自扔掉粮食的，斩！"士兵们无奈，只好偷偷在帐篷下面挖坑，将粮食埋在地下，部队刚走到半道上，士兵们携带的粮食就已经扔完了。

虽然隋炀帝明定这九支军队要渡江作战，但实际上，除了这九支部队之外，尚有其他隋军部队配合他们渡江，这就包括右翼第八军的杨义臣所部。杨义臣率领本军也挺进到鸭绿江边，与高句丽丞相乙支文德交锋，每次杨义臣都是担任大军的先锋，一日之内曾七战七捷。隋军不顾身后的乌骨城（今辽宁省丹东市凤城市边门镇），将乙支文德的军队压迫在鸭绿江西岸的狭窄地带。右翊卫大将军于仲文将数千头骡马留在大军后面，等隋军越过乌骨城之后，驻守在城内的高句丽军队偷袭隋军的辎重，于仲文早有防备，遂率军反身杀回，大破高句丽军队。

乙支文德见情况危急，再次故技重演，亲自来到隋军大营诈降，实际上一是为了争取撤至鸭绿江东岸的时间，二是为了探听隋军的虚实。隋军这九支军队依然没有统帅，只不过宇文述资格较老，又是隋炀帝的心腹，因此在军中说话较有分量而已，而在大军出发之前，因隋炀帝觉得于仲文足智多谋，曾命各军要听他的，因此，这九支部队的最高统帅可以看作宇文述和于仲文。鉴于在辽东城一再吃亏上当，这一次，隋炀帝对宇文述和于仲文都下了密旨："如果高元或者乙支文德前来，一定要将其生擒。"当乙支文德来到隋军营中后，于仲文就打算下令将其抓获，但由于他提前没有与军中慰抚使、尚书右丞刘士龙沟通好，刘士龙也秉承隋炀帝原来的圣旨，坚决不让于仲文这么做。二人争执不下，于仲文也没再坚持，遂任由乙支文德离去了。等乙支文德走后，于仲文把隋炀帝的密旨说了，众人这才后悔起来，又赶忙派精锐骑兵前去追赶，欺骗乙支文德道："还有话说，请返回详谈！"但乙支文德根本不听，遂率众渡过鸭绿江向东逃走了。

中了乙支文德的金蝉脱壳之计，让他在眼皮底下溜走，这让于仲文、宇文述以及其他隋军将领们都非常不安，已预感到回去不会有好果子吃。接下来该怎么办？

宇文述考虑到军中已经断粮了，而乙支文德又已逃了，建议就此西撤，而于仲文则建议挑选出精锐骑兵前去追赶屡战屡败的乙支文德，能够将功补过。宇文述苦苦相劝，于仲文发怒道："将军率领十万大军，却不能击破区区小贼，有什么脸面去见皇帝？而且，我于仲文此行肯定不会成功了！"宇文述厉声问道："你怎么知道不会成功？"于仲文回答："过去，周亚夫为将，即使面见天子，军容也毫无改变。这就是因为军中事务全部由一人决定，所以才能建功立业，如今，人人各有各的想法，怎么去迎敌！”宇文述也怕隋炀帝责怪，只好硬着头皮率领各军渡过了鸭绿江。隋军过江之后，屡战屡胜，乙支文德给于仲文送来一首诗：“神策究天文，妙算穷地理。战胜功既高，知足愿云止。”于仲文则回信劝其投降，乙支文德接到书信后即烧毁营寨向后撤退了。

乙支文德见隋军面露饥饿的神情，此时已经知道隋军断粮了，为了拖垮隋军，他采取了以空间换时间的战法，一战即撤。隋军连连取胜，在众将的一致要求下，宇文述只得率军又渡过了萨水（今朝鲜国清川江），挺进到距离平壤仅三十里的地方，依托山险安营扎寨。乙支文德再次派人前来诈降，并请求宇文述道：“将军如果撤军，我将亲自带上高元去朝见大隋天子。”

《北史》和《周书》对高句丽都城平壤都有记载，称，平壤在大同江北岸，依山而建，城墙东西长六里。平时的平壤城就像一个大仓库，只在里面储存物资，而高句丽国王平时在城外另建有王宫，只在战时才进入城内固守，因此，平壤其实只是一个城堡或者据点，易守难攻。此时，谁都知道乙支文德又在要把戏了，宇文述当然对此也心知肚明，但隋军确实已经疲惫不堪，无力再战了，再加上平壤城池险固，根本是有劲使不上，于是，宇文述决定趁着高句丽诈降，挽回一点面子，就下令隋军撤退了。

来护儿的水军与宇文述的陆军相距仅仅三十里地，为什么没有接上头？显然，在宇文述的陆军进抵距离平壤城三十里的地方，遭到了高句丽军队的顽强阻击，已成强弩之末，无力继续前进了，并且与来护儿之间的联系也已被高句丽军队切断。

宇文述等人率领隋军开始缓慢回撤。隋军组织成方阵行进，而高句丽军队很快就从四面八方向隋军发起了攻击，隋军边打边撤。隋军退至白石山（今地不详），被敌人包围了一百多层，敌军从四面向隋军射箭，顿时箭如雨下。右翊卫大将军薛世雄将羸弱之军放到方阵之内，而挑选了二百精锐骑兵向高句丽人冲去，打乱了高句丽人的阵脚，高句丽人向后退却，薛世雄趁机下令全军发起反攻，遂将敌人击破。到七月二十四日，隋军终于退到了萨水东岸。当隋军渡过一半时，高句丽军队突然发起了总攻，亲自断后的右屯卫大将军辛世雄战死。隋军顿时军心大乱，陷于崩溃，无法制止，将士们狼狈西逃，一天一夜狂奔四百五十里，跑到了鸭绿江边。唯独卫玄部没有受到损失。来护儿听说陆军撤退，也从平壤附近撤回了。

在萨水大败的第二天，隋炀帝就下令各军停止进攻，组织撤退了。史称，宇文述等九支军队渡过鸭绿江时，共计有三十万五千人马，逃回辽东城（今辽宁省辽阳市）下，只有两千七百人，远征军的大量军需物资全部丧失。这是一场惨败，据《唐大诏令集》记载，一直到唐贞观十九年，还能看到当年的战场上“骸骨相望，遍于原野”。隋炀帝大怒，下令将宇文述等人逮捕了起来。

高句丽军队乘胜前进，隋炀帝撤军途中，命令王仁恭所部殿后，王仁恭部与赶来的高句丽军队相遇，一举将其击退，确保了大军安全撤回国内。隋炀帝晋升王仁恭为左光禄大夫，赏赐绢六千段，马四十匹。

这次东征，隋军仅仅攻克了高句丽的武历逻（今辽宁省法库县以南），隋朝政府在这里设置了辽东郡和通定镇。八月，恼羞成怒的隋炀帝下诏命令将黎阳、洛口、太原等地粮仓的粮食运往望海顿（可能就是临海顿），为来年的再次东征做准备，他又命令民部尚书樊子盖驻守涿郡。九月十三日，隋炀帝回到了东都洛阳。

史书记载的似乎很清楚，第一次征辽东以失败告终，且是惨败而告终的。但由于史料相互矛盾，令后世的我们对此产生了诸多疑问：一是隋炀帝第一次东征的实际人数究竟有多少？二是萨水之战隋军究竟伤亡多少？三是第一次东征是否是一场惨败？朝鲜、日本史料均记载，隋炀帝此次东征率领的军队人数是三十万，而隋炀帝自己的诏书中则号称二百万，《资治通鉴》说是一百一十多万。据《隋书·李浑传》记载，隋军一军人数大致为两万，因此，大致估算隋军人数在六十万上下。宇文述等九军的人数又有多少？《资治通鉴》记载渡过鸭绿江的是三十万五千人，但他又记载于仲文在斥责宇文述时说“将军率领十万之众，却不能击破小贼，还有什么脸面去见皇帝”的话，似乎可以认定东征军突击部队只有十万人，其余部队则承担着保护交通线、清剿地方等任务。《隋书·炀帝纪》记载：“九军并陷，将帅奔还亡者二千余骑。”《通志》“亡”记作“至”字。“九军并陷将帅奔还亡者二千余骑”这句断句是个问题，有两种断法：一是“九军并陷，将帅奔还，亡者二千余骑”，另一种是“九军并陷，将帅奔还亡（至）者二千余骑”。意思正好相反，前者是说只损失了两千多骑兵，后者是说只回来了两千多骑兵。结合《隋书·宇文述传》记载：“初，渡辽九军三十万五千人，及还至辽东城，唯二千七百人。”应该认定是逃回了两千七百人，但问题是：逃回的两千七百人究竟是九军即三十万五千中逃回了这么多，还是宇文述的第九军逃回了这么多呢？史书把九军总人数与逃回人数放在一起说，自然让人认为是三十万全军覆没，只回来了这两千余人，但问题是，史料还记载了这九军中卫玄军是毫发未损、薛世雄军虽然伤亡很大，但起码还组织了反击，并不是全军溃散，等等，假如三十万才回来两千多，那全军撤回的卫玄军又该如何解释呢？因此，写史人肯定是将宇文述的第九军与九支军队给弄混了，宇文述担任突击任务，一直推进到平壤近郊，因此，他的第九军损失最大，两万余人几乎全军覆没，只有两千多骑兵回来，这是可信的，至于其他各军也都不同程度地有损失，但绝不是三十万只剩两千。不过，即便如此，这次东征也属于惨败，《隋书·五行上》记载：“八年，天下旱，百姓流亡。时发四海兵，帝亲征高句丽，六军冻馁，死者十八九。”

四三　二伐高句丽（一）

隋炀帝第一次东征失利的主要原因大致是：

一是隋炀帝战略意图在于逼降高句丽而不在战。不战而屈人之兵，当然是上策，这也是隋炀帝几年来威服东突厥、西域各国得来的经验，因此，隋炀帝这次东征一反常态，出现了很多不可思议的举措，比如，出师之前就大张旗鼓地在诏书中说出了二十四军各自的建制、进攻方向，等等，也都是为这一战略服务的。但是，隋炀帝恰恰低估了高句丽王的决心，致使一开始就已陷于被动了。

二是失去外援。隋炀帝的举动没有吓倒高句丽，反而吓到了东突厥和百济。东突厥原本是大隋的臣属国，在启民可汗时期，一心一意地要当大隋的臣民，但隋炀帝及其决策层抱着夷不乱华的思想，拒绝接纳东突厥的同化诉求，反而整修长城，把东突厥与内地完全隔离开来。虽然隋炀帝刻意提高对启民可汗的个人待遇，但隋朝政府的这一举动极大地伤害了东突厥上层贵族的感情，等到启民可汗去世、始毕可汗继位后，东突厥与大隋之间的关系已开始冷淡了下来。数年前，当隋炀帝北巡、在东突厥见到高句丽使者时，曾威胁高句丽人，如果不入朝进贡，自己将与东突厥军队一起巡视高句丽国，但当隋炀帝真的东征时，东突厥并未出一兵一卒，显然，这肯定是高句丽人从中离间的结果，无外乎说东突厥与高句丽之间是唇亡齿寒的关系，等等；当高句丽在东北亚称雄时，百济王曾主动请求大隋出兵讨伐高句丽，隋炀帝还命百济打探高句丽的动静，但当隋军真的要出动时，百济同样感到了唇亡齿寒的压力，不仅没有支援隋军，相反还把隋军的军事行动暗中透露给了高句丽，以期隋军与高句丽两强相斗，自己能在夹缝中生存下来。

三是路途遥远。由于路途遥远，且东北作战季节太短等因素，要想一举灭掉高句丽，必须做好打持久战的准备，即：要先占领辽东，而后，以辽东为基地，再逐渐经营鸭绿江以东地区，这样的话，就不是一次战役能解决问题的。正如南北朝对峙时期，北朝之所以到最后能取得对南朝的压倒性优势并赢得最后的胜利，也不是一蹴而就的：长江上游地区，先从南朝手中夺取汉中，进而占领益州，取得上游之利，既可以顺流而下，又屏护住关中，改变关中核心区域受到南朝威胁的不利态势；中游，经营南阳盆地，进而夺取南朝襄阳、江陵地区，与南朝划江而治，平分长江之利；下游，往往先是夺取山东半岛，斩断南朝威胁河北的臂膀，而后经营淮北，继而伺机夺取淮南，与南朝隔长江相望，压迫南朝的生存空间，等到北朝在上游占领了益州、中游拥有了襄阳、下游兵临长江时，南方政权的灭亡就只是时间问题了，三国的东吴是这样、南北朝的南陈亦是如此。同样，基于高句丽特殊的地理位置，要想一举灭掉一国，这本身就是不现实的。这与君主能力无关，而是一个客观现实，隋文帝如此、隋炀帝亦如此，到了唐太宗也是如此，都未能一举征服高句丽，这倒不是高句丽国祚如何，而是进攻方战略运用不当、急于求成而已。

至于这次东征过程中，隋军前线没有统帅、军中设置安抚大使以及行动隐秘性不强，等等，这都是从小的方面分析的，也都是些细节，不是大的方向性问题，就不多说了。

隋炀帝回到洛阳后，将战败将领们全部打入大牢，但隋炀帝最生气的还不是萨水战败，而是宇文述等人私放了乙支文德，因此，他下令将刘士龙斩首示众，以向天下人谢罪。至于萨水之败的责任该由谁承担，隋炀帝颇费脑筋：按理说，对损失最大的宇文述应该处斩，但由于宇文述与隋炀帝之间特殊的关系，隋炀帝又不忍重处，遂将所有将领都削职为民。因在鸭绿江西岸时，隋军已粮食不足了，但于仲文依然强烈要求隋军渡江追击，因此，在追究责任时，众将都把过错推到了于仲文身上，隋炀帝把众将都释放后，唯独没有释放于仲文。于仲文又羞又气，竟然在狱中得了重病，隋炀帝这才把他放了，于仲文被抬到家里，就去世了，终年六十八岁。这次东征前后，隋朝死去了好几位大臣：内史令元寿、观德王杨雄、纳言杨达、兵部尚书段文振、工部尚书宇文恺，等等。

如果说隋朝的灭亡始于东征高句丽，那么，大业八年第一次东征就是一个大隋王朝由极盛而走向衰落的转折点。主要标志就在于：东征大败、国内外声望大跌、国内矛盾加剧、各地开始出现了叛乱，等等。虽然如此，假如隋炀帝此时就罢手还来得及，然而，决心要挽回面子的他根本没有止步的可能，他对侍从们说："高句丽这个区区蠡贼，竟敢对大国傲慢无礼，今天，就是拔山填海也能干成，更何况这个小丑？"左光禄大夫郭荣劝谏道："蛮族失礼，这是臣下的事情，千钧强弩不会去射一只老鼠，陛下为何要降贵纡尊去和这个蠡贼对垒呢？"但隋炀帝不听。隋炀帝又问官复原职的太史令庾质："这次出征如何？"庾质回答："臣实在愚蠢，仍然坚持原来的意见。陛下如果亲征，将造成极大的浪费。"隋炀帝大怒，说道："我亲自出马尚且不行，现在只派人前去，岂能成功！"

在回到洛阳的三个月后，即大业九年（公元613年）一月二日，隋炀帝就下诏征调全国军队再次向涿郡集中，并开始招募壮士，担任"骁果"，整修辽东古城（今辽宁省辽阳市境），用于储备军粮。

三月十六日，隋炀帝从东都洛阳启程，命民部尚书樊子盖等人辅佐越王杨侗（元德太子杨昭长子）留守洛阳。四月二十七日，隋炀帝渡过了辽水。

这次讨伐高句丽与上一次有相同之处，也有明显的不同。相同之处是：依然以水军直扑平壤，等待陆军到来；陆军则一路向东，直扑平壤。不同之处、也是有利之处则是：一、战略上的改变，改为以强攻为主，军中不再设置慰抚使。二、战术随之也改变了，不再大张旗鼓，而是兵贵神速，在第一次结束仅仅数月就发动了这一次进攻，也有这一层意思。三、隋炀帝汲取了上次的教训，不再遥控指挥，而是给前线指挥官以便宜行事之权，但军中仍设有监军。四、陆军也兵分两路：一路由官复原职的宇文述、杨义臣率领直接渡过鸭绿江，直插高句丽腹地，与水军来护儿协同作战，围攻平壤；另一路以王仁恭等将以及隋炀帝亲自率领的后军为主体，负责清扫辽东高句丽的各个据点，这样就避免了上一次在战役之初各路大军齐聚辽东、贻误战机的情况。五是招募骁果，部队战斗力有所增强。招募来的人都是心甘情愿来当兵的，很多都是想要在辽东建功立业的，据史书记载，这一次隋炀帝一共招募了数万骁果，对于招募来的骁果，隋炀帝不仅免除骁果一家的赋税、劳役，还给予骁果个人优厚的待遇。

虽说是吃一堑长一智，隋军避免了上次出现的很多问题，但这次出兵，就国内外形势而言，也有很多不利因素，主要是：国内矛盾更加激化，农民起义呈现由点到面、迅速扩大的态势。大业八年已有长白山王薄，平原刘霸道，章丘人杜伏威、辅公祏，清河窦建德等几股变民，到大业九年一月，杜彦冰、王润等人攻陷平原郡，洗劫而去；平原郡的李德逸聚众数万，称"阿舅贼"，骚扰山东；灵武（今宁夏回族自治区灵武市）的白瑜娑勾结突厥人，骚扰陇西地区，抢掠国营牧马场的战马，被人称为奴贼。二月，济北人韩进洛聚众数万，落草为寇。三月二日，济阴（今山东省菏泽市定陶区西南）人孟海公起兵，盘踞周桥（今山东省菏泽市定陶区西南），有数万之众。这个孟海公也是个奇葩，他只要是听人说话引用书上的话，就气不打一处来，顿时火冒三丈，总是立即下令把说话的人给杀了。北海人郭方预聚徒为盗，自号卢公，众至三万。济北人甄宝车聚众万余，寇掠城邑。

当时的变民主要集中在河北、山东一带，这里去年遭遇水灾、旱灾，百姓非常困苦，再加上东征高句丽取道这里，百姓承受了前所未有的劳役，因此，一呼百应，纷纷揭竿而起。齐郡有王薄、孟让，北海有郭方预，清河有张金称，平原有郝孝德，河间有格谦，渤海有孙宣雅，他们少则数万，多则十余万，到处攻击郡县。隋朝太平时间长了，前些年朝廷又下令天下百姓不得使用铁器等工具，以防作乱，造成的结果是内地武备废弛，军民不会打仗，地方郡县官吏遇到变民，都是望风溃散。

沧海横流，方显英雄本色！

正是在此时，一位英雄横空出世，他就是齐郡的郡丞张须陀！

四四　二伐高句丽（二）

张须陀，字果，弘农（今河南省灵宝市）人，祖籍南阳西鄂县（今河南省南阳市北）人，是为董卓所杀的东汉太尉张温的后人。

张须陀性格刚烈，有胆有识。年少时曾随史万岁讨伐西爨，因战功被授予仪同；隋炀帝即位，张须陀又在杨素军中，讨伐汉王杨谅，加授开府，后被任命为齐郡郡丞。当时，因东征辽东，百姓饥饿，张须陀擅自开仓放粮，然后才禀报隋炀帝，隋炀帝知道后，也没责怪。王薄集结数万人马骚扰郡县，官军多次进剿都失利了。张须陀率领本郡地方部队进剿，王薄遂离开齐郡南下，劫掠鲁郡。张须陀率军紧随其后，在泰山脚下追上了王薄的变民军。王薄自恃屡次胜利，骄傲轻敌，没有戒备。张须陀挑选精锐部队，出其不意伺机掩杀，大破王薄军，斩杀数千人。王薄搜罗残兵败将，得一万多人，将要向北渡河而去。张须陀又乘胜追击，在临邑（今山东省临邑县）追杀王薄，再次将其击败，斩杀五千多人，缴获上万头牲畜。王薄率众渡过黄河后，又联络豆子航的孙宣雅、石秪阇、郝孝德等人凑了十余万大军南下，进攻章丘（今山东省章丘市）。张须陀派遣水军切断了变民军的退路，他亲自率领两万精兵迎击，大破敌人；战败后的变民军退到渡口，却又被张须陀早已布下的水军夹击，官军俘获变民军家眷、辎重数不胜数。当年，变民头领裴长才、石子河等人率领两万军队突然进抵章丘城下，纵兵大肆抢劫，张须陀来不及集结军队，仅率领五个骑兵杀入敌阵。敌人见只有张须陀等六人，竟相冲了上来，将他们包围了一百多层，只见张须陀在万众之中，左冲右突，毫无惧色，身中数枪，却越战越勇。危急关头，守军集结完毕，从城内杀出，变民军这才败退了。

数十天后，到了大业九年（公元613年）三月二十六日，秦君弘、郭方预等人又集中兵力包围了北海（今山东省青州市），兵势非常犀利。张须陀对部下们说："敌人自恃强盛，认为我不敢前去救援，如今我速速赶去，一定能将其击破。"于是，他挑选精兵良将，倍道兼行，突然出现在北海城下。变民军果然没有防备，一战下来，张须陀大破变民军，共斩杀了数万人，缴获三千多辆辎重。

历城（今山东省济南市）人罗士信年仅十四岁，在变民军到来之前，他坚决要求参军。张须陀对他说："看你的个头连盔甲都穿不上，岂能上阵杀敌！"罗士信大怒，当即穿上两层重甲，腰间两边各带一个箭袋，跃身上马，张须陀大为惊奇，赞不绝口，遂同意了。罗士信追随张须陀在潍水（今山东省潍河）上与变民军决战。双方刚刚列下阵势，只见罗士信跨马挺枪，杀入敌阵，一连刺倒数人，砍下一人的人头，将人头抛向空中，又用枪尖在空中接住，高举人头，在敌人大阵之前耀武扬威，来回巡视。变民军大惊失色，无人敢上前过招。张须陀见状，立即下令全军发起总攻，变民军大败。罗士信每杀一人，总是割下鼻子揣入怀中，等到战斗结束后，再拿出鼻子计算杀敌数目。张须陀对罗士信非常欣赏，把自己的坐骑赏给罗士信，引为自己的亲信。每次交战，张须陀总是第一个杀入敌阵，罗士信则紧随其后。

隋炀帝在前线接到张须陀连连破敌的报告，大喜，命使者前去慰问，并特意嘱咐使者让画师画下张须陀、罗士信的画像，带回观赏，藏于内史省。很多人认为《隋唐演义》中第七条好汉罗成的原型就是罗士信。

后方有张须陀进剿变民，而前方隋军将士也非常用命，隋军连连取胜。左光禄大夫王仁恭率军向扶余方向突击，出发前，隋炀帝对王仁恭说道："上次各军都失利了，只有你一军击破了敌人。古人说过，败军之将不可以言勇，我还能依靠诸将吗？如今我把先锋交给你，你不要辜负了我的期望。"赏赐给他十匹骏马，一百两黄金。当王仁恭率领隋军进至新城（今辽宁省新宾县）时，数万高句丽军队背靠城池列阵迎战，王仁恭率领一千精锐骑兵将敌人击败。高句丽人退入城池固守，王仁恭率领隋军将敌人团团包围，从四面八方发起了猛攻。隋炀帝听说后大喜，派舍人前往前线慰问，并晋升王仁恭为光禄大夫，赏绢五千匹。隋炀帝率领各路隋军包围了辽东城，飞楼、撞车、云梯、地道全都用上了，不分昼夜向辽东城发起猛攻。

在皇帝的亲自督促下，隋军将士作战非常勇敢，左光禄大夫郭荣、骁果沈光就是其中的佼佼者。左光禄大夫郭荣虽然在战前曾劝阻隋炀帝亲征，但他来到前线后，作战非常勇敢，一直冲杀在最前面，一百多天身上没有脱去铠甲。隋炀帝常命人偷偷察看众将的举动，见郭荣如此，隋炀帝大喜，经常予以勉励。

沈光，吴兴人，其父任南陈吏部侍郎，南陈灭亡后，沈光一家被迁到了长安。沈光从小就骁勇敏捷，别人是骑马，他是戏马，马术为天下第一。在刚刚修建禅定寺时，旗杆高十几丈，绳子却断了，沈光对僧人说："让我上去把绳子系上。"遂嘴里咬住绳索，一口气爬到旗杆顶部，安好后，他手足完全放开，故意从空中坠落而下，落地时以手掌接地，倒退了十几步。旁观的人无不击节叹赏，人们称他为肉飞仙。隋炀帝征召天下骁勇之士参军，沈光也报名参加了，在全国挑选出的数万猛士中，沈光又是第一。在沈光前往辽东时，一百多名亲朋好友骑马来到灞上送行，沈光说道："这次前去辽东，如果不能建立功名，我就将死在高句丽，不会再与众位朋友相见了！"在向辽东城发起猛攻时，隋军建造了长十五丈的云梯，士兵们站在云梯顶端，居高临下，与城墙上的高句丽兵厮杀。沈光就在云梯的顶端，杀伤了十几个高句丽兵，敌人竞相向沈光砍来，沈光被砍下了云梯。在下坠过程中，恰巧云梯旁边有条下垂的绳子，说时迟那时快，只见沈光一把抓住了那条绳子，扭身继续向上攀爬。

隋炀帝目睹了这一幕，他立即命人飞马召唤沈光见驾，交谈过后，隋炀帝大喜，当即拜其为朝散大夫，赏赐给他宝刀良马。自此，沈光成了隋炀帝的贴身侍卫，不久，隋炀帝又晋升其为折冲郎将。隋炀帝对他非常宠爱，经常把自己的衣服、食物赏赐给他，对他的厚遇其他侍从无人能比。

辽东攻防战打得异常惨烈，敌我双方都战死了很多人，但隋军强攻了二十多天，依然没有攻克，于是，隋炀帝下令隋军制造了一百多万个布袋，每个布袋里都盛满了泥土，一个一个堆在辽东城外，堆成一个与辽东城墙一般高、宽三十步的攻城大道，沿着攻城大道，隋军士兵可以轻松地冲上城墙；隋炀帝还下令制造了八轮楼车，比辽东城墙还高，可以居高临下向城内射箭。

辽东城已危在旦夕！而其他各路隋军也乘胜向高句丽腹地突击，宇文述、杨义臣所部一路向东，已进抵鸭绿江西岸，来护儿的水军在东莱港口也整装待发，即将下海，直指平壤，高句丽军队只有招架之功，再无还手之力，高句丽国眼看就要大祸临头了……

在辽东城下，隋炀帝对即将到来的胜利充满了信心，他挥笔写下一首《白马篇》，歌颂勇敢善战的隋军将士们，在诗中，他充满激情地写道："白马金具装，横行辽水傍。问是谁家子？宿卫羽林郎。文犀六属铠，宝剑七星光。山虚弓响彻，地迥角声长。宛河推勇气，陇蜀擅威强。轮台受降虏，高阙翦名王。射熊入飞观，校猎下长杨。英名欺卫霍，智策蔑平良。岛夷时失礼，卉服犯边疆。征兵集蓟北，轻骑出渔阳。集军随日晕，挑战逐星芒。阵移龙势动，营开虎翼张。冲冠入死地，攘臂越金汤。尘飞战鼓急，风交征旆扬。转斗平华地，追奔扫带方。本持身许国，况复武力彰。会令千载后，流誉满旂常！”

隋炀帝激情豪迈，眼看着就要拿下辽东城，一雪前耻了！

然而，就在这时，隋军后方出了大乱子，让隋炀帝苦心经营的第二次东征又化为了泡影……

四五　玄感之变（一）

此人便是前司徒、楚国公杨素的长子杨玄感。

杨玄感，身材魁伟，相貌堂堂，还是个美髯公，他能文能武，喜欢读书，擅长骑马、射箭，被人们比作当世的项羽。因其父杨素的军功，杨玄感很早就被拜为柱国，与其父均为二品官，朝会时父子二人站在同一排。隋文帝觉得不妥，特意把杨玄感降了一级，杨玄感不仅没有不满，反而拜谢道："没有想到陛下对我如此宠爱，竟然让我在朝廷之上还能对父亲尽到孝心。"后历任郢州刺史、宋州刺史，都很称职。大业二年其父杨素去世后，杨玄感被征召入京，担任鸿胪卿，袭爵楚国公，后晋升为礼部尚书。

杨玄感虽然内心傲慢，但喜爱文学，愿意与名士们交往，尤其与蒲山公李密关系很亲密。李密，字玄邃，是西魏司徒李弼的曾孙，北周时赐姓徒河氏；李密的祖父李曜任北周太保、魏国公；父亲李宽为隋朝上柱国、蒲山公，都是当时知名的人士。李密从小就有大志，轻财好士，为左亲侍（皇帝的卫士）。一次，李密在宫中值班，隋炀帝见到后，对宇文述说："那个站在左边的黑色小孩是谁？"宇文述回答："是前蒲山公李宽的儿子李密。"隋炀帝又说："这孩儿眼神与众不同，不要让他担任宿卫。"过了几天，宇文述找到李密说："你如此聪明，应该走读书入仕这条道，宫廷侍卫事务琐碎，不是像你这样有才华的人该待的地方。"李密听了，大喜，遂称病辞职回家，闭门谢客，专心读书。一次，李密去找深通《汉书》的国子助教包恺切磋，他骑着一头黄牛，牛角上挂着一本《汉书》，一边走一边读。正巧，尚书令杨素在路上看见了，就从后面赶了上来，问道："是哪里的书生如此勤奋？"李密认识杨素，赶忙从牛背上下来拜见。杨素又问读的什么书，李密回答："《项羽传》。"杨素大为惊奇，遂将其召到家中畅谈，一番交谈后，杨素大喜，对杨玄感等诸子说道："我看李密的见识、气度，你们都赶不上。”从此以后，杨玄感就与李密结下了友谊，这就是成语牛角挂书的来历。不过，有些时候，倨傲的杨玄感也会欺负李密，李密说：“说话要说真话，对人岂能当面阿谀奉承！如果在两军阵前一争高下，叱咤风云，令敌人胆战心惊，我李密当然比不上您；但是，搜罗天下豪杰，令他们各得其所，您不如我李密。为何地位稍高于我就如此轻视天下的士大夫呢？”杨玄感听后，哈哈大笑，对李密也是口服心服。

如前所述，杨素虽然身为大隋帝国第一权臣、功臣，但不仅遭到隋文帝的猜忌，而且，在隋炀帝即位后，更是盼着杨素早点去世。这固然与杨素功高震主有一定关系，但也与其自视甚高、对人态度傲慢有关。在朝会以及饮宴中，杨素在言谈举止间有时也会不自觉地对隋炀帝表现出失礼，这让隋炀帝怀恨在心，后来，杨素也觉察出了这一点。等到杨素死后，隋炀帝曾向近臣提及杨素生前的种种作为，说道：“要是杨素不死，最终会落得了灭族的下场。”实际上，隋炀帝说这话的时候，是有特殊语境的，前面肯定是说这人太傲慢了，如果这样下去，肯定不会有好下场，等等。但这话传到了杨玄感耳朵里就变了味，在杨玄感看来，自己的父亲对隋炀帝立了大功，却备受猜忌，最终郁郁而终，如果父亲不死，他隋炀帝还想把我们家满门抄斩，这也太狠心了吧？杨玄感与叔父杨约的感情很深，杨素死后，杨约被征召回京，路过华阴时，他顺道到哥哥的坟墓上哭祭，却受到弹劾而被免官，不久也死掉了。杨玄感因家族势力很大，满朝文武大多是父亲的门生故吏，见朝政日益紊乱，而隋炀帝又非常猜忌，内心十分不安，就与弟弟们一起阴谋作乱，废掉隋炀帝，另立秦王杨浩为帝。隋炀帝西征吐谷浑、回到大斗拔谷时，遇到大风雪，隋炀帝的侍从一片大乱，杨玄感当时就想动手，他的叔父杨慎说道：“人们还很一心，还没有机会，不可发动。”杨玄感见隋炀帝四处征伐，想借此立下威名，遂暗中向兵部尚书段文振请求担任武职，段文振禀报了隋炀帝，隋炀帝对杨玄感大加赞赏，对群臣说道：“将门出将，相门出相，真是不假呀！”赏赐杨玄感一千段丝绸，对他逐渐宠信起来，杨玄感也多多少少参与到朝廷的决策上来了。杨玄感与他另一个叔父杨岳关系不和，杨岳曾秘密给隋炀帝上书称杨玄感肯定要谋反，但没有拿出证据，隋炀帝不信。

隋炀帝第二次东征时，命令杨玄感在黎阳监督后方的粮运，杨玄感就借此机会与虎贲郎将（禁卫军军官）王仲伯、汲郡（今河南省卫辉市）赞治（秘书长）赵怀义等人密谋，故意截留粮船，不及时出发，想让前线军队断粮、自溃；隋炀帝派使者催促，杨玄感却扬言水路强盗很多，粮船应当集中起来，一起北上，不能单独行动。杨玄感的弟弟虎贲郎将杨玄纵、鹰扬郎将杨万硕就在辽东前线，杨玄感暗中派人前去召唤，二人偷偷脱离军队逃回。杨万硕行至高阳，被监事许华逮捕，押回涿郡斩首。杨玄感还派家童来到长安，召李密和弟弟杨玄挺赶赴黎阳，二人得到消息后，立即启程东进。

当时，右骁卫大将军来护儿率领水军将从东莱入海直取平壤，大军尚未出发。杨玄感没有理由煽动群众，遂派家奴假扮成从东方赶回的朝廷使者，谎称来护儿因延误出兵日期而造反了，要求各地发兵前去征讨。

六月三日，杨玄感闯入黎阳县，下令关闭城门，大量强征民夫，将船上的帆布制作成铠甲，设立官府衙门，恢复隋文帝时期的制度。杨玄感又向邻郡发布公文，以讨伐来护儿为名，要求各地调派军队，到黎阳会合。任命东光县尉元务本为黎州（今河南省浚县）刺史，赵怀义为卫州（今河南省卫辉市）刺史，河内郡主簿唐祎为怀州（今河南省沁阳市）刺史。治书侍御史游元在黎阳督运，杨玄感对他说：“独夫民贼杨广暴虐无道，如今陷身于辽东边荒，这是上天要让他灭亡啊。我亲自率领义军诛除无道之人，你看如何？”游元回答：“你的父亲深受国恩，近代以来无人能比，你们兄弟也位居高官，理当尽心竭力，报效国家，我没有想到你父亲的坟土未干，你们竟要谋反！我唯有一死而已，不敢从命！”杨玄感遂将其杀害了。游元是北魏著名学者游明根的孙子。

杨玄感挑选五千名壮年搬运工，三千名丹阳、宣城的船夫，宰杀牛羊猪，与大家宣誓说：“主上无道，不关心百姓，天下骚动，死在辽东的人已成千上万。如今，我将与你们大家一起起兵，救民于水火之中，你们看如何？”众人皆齐声高呼万岁，杨玄感遂整顿军队，将要奔袭洛阳。唐祎逃回河内后，立即向驻守洛阳的越王杨侗和民部尚书樊子盖报告了。

杨玄感起兵后，李密正巧赶到了黎阳，一见之下，杨玄感大喜，说道：“你经常胸怀大志，要兼济天下，如今正是你用武之时，你说下一步该怎么办？”李密回答：“天子出征，远在辽东，距离幽州尚且有千里之遥，南有大海，北有强胡，中间一线与中原相连（今辽西走廊），这非常危险。大人率领军队出其不意，长驱北上，进入蓟城（今北京市），再占领临榆关（今山海关），扼住其南下回国的咽喉要道。前有高句丽，后无退路，不出十天半月，他的军粮必然吃尽，我们送去书信招降，他的部队自然土崩瓦解，纷纷投降，可以不战而将其生擒，这是上策。”杨玄感说：“再说说次等的策略。”李密又说：“关中四塞之地，天府之国，虽然有卫玄把守，但不足为虑。如果我们路过城池不攻，趁其不备，直取长安，搜罗豪杰，安抚百姓，据守险要；天子即使回来了，也失去了根据地，可以慢慢与其较量，这是万全之策，也是中策。”杨玄感又说：“再说说你的下策。”李密接着说道：“挑选精锐部队，昼夜兼行，袭占东都洛阳，号令四方，但我恐怕唐祎已经告发，洛阳守军已做好了戒备。如果我军前去进攻，一百天之内无法攻克洛阳，天下之兵从四面八方云集洛阳，结局就不是我所知道的了。”杨玄感回答：“你说的不对。如今，朝廷百官的家眷全都在洛阳，如果先拿下洛阳，就足以摇动群臣之心，况且，路过城池却不进攻，将怎么向天下人显示武力？你说的下策，才是上策啊！”于是，杨玄感率领军队直扑洛阳，以弟弟杨玄挺为先锋，命其率领一千精锐部队，先夺取河内，但唐祎闭城固守，杨玄挺一无所获。

四六 玄感之变（二）

得到唐祎的报告后，杨侗、樊子盖大惊失色，赶忙下令实施戒严。

唐祎又命修武（今河南省修武县）军民行动起来，守住了临清关（今河南省新乡市东北）。杨玄感无法从这里南渡黄河，只好在汲郡（今河南省卫辉市）渡河，追随他的百姓们非常多，如同赶集一般。过河之后，杨玄感命令弟弟杨积善率领三千人马从偃师（今河南省偃师市）以南沿洛水向西挺进；命杨玄挺从白司马坂（在河南省洛阳市以北）翻越邙山南麓进入洛阳盆地；他自己则率领三千多人紧随杨玄挺之后，两军相距十里多，自称大军到来了。杨玄感的部队没有铠甲，也没有弓箭，士兵们仅仅手持单刀，拿着用柳木做成的盾牌。

杨侗等人派遣河南令达奚善意率领五千精兵前去抵挡杨积善，将作监、河南赞治裴弘策率领八千人马抵御杨玄挺。南路：达奚善意南渡洛水，在南岸安营扎寨，但等到第二天，杨积善率军到来后，达奚善意之军不战自溃，一哄而散，铠甲武器全部落入杨积善之手。北路：裴弘策进至白司马坂，一战下来，就被杨玄挺的部队击败了，也把铠甲武器扔了一多半，杨玄挺也不追赶；裴弘策退了三四里，又搜集残兵，再次列阵迎敌，杨玄挺率部慢悠悠地来到裴弘策前面，席地而坐，休息了半晌，突然下令向裴弘策军发起进攻，裴弘策猝不及防，再次战败，如此反复了五次。

六月十四日，杨玄挺率军直抵洛阳城外，裴弘策率领十几名骑兵狼狈退入宫城，他原先带去的八千人马全部投降了杨玄感。杨玄感驻扎在上春门，每每对众人说："我身为上柱国，家财巨万，至于富贵，这不是我所追求的。如今，之所以我要冒着被灭族的危险起兵，就是为天下百姓的苦难啊！"人人听了都非常感动、喜悦，洛阳城附近的父老乡亲们争相献来牛酒，犒劳杨玄感的军队，每天都有上千人报名参加义军。杨玄感招募了五万多人，分出五千人驻守洛阳东面的慈涧道，分五千驻守洛阳南面的伊阙道，又派遣刚刚投降自己的韩擒虎的儿子韩世谔率领三千人包围了荥阳（今河南省荥阳市），命顾觉率领五千人进攻虎牢关。虎牢关隋军投降，杨玄感以顾觉为郑州刺史，镇守虎牢关。

洛阳城内越王杨侗还是个小孩，洛阳的存亡全靠樊子盖了。

樊子盖，字华宗，庐江（今安徽省合肥市）人。其祖父原本是南梁越州刺史，其父因侯景之乱而投奔北齐，官至仁州刺史。樊子盖在北齐历任慎县令，东汝、北陈二郡太守，员外散骑常侍等职。北周武帝灭北齐以后，任命他为郢州刺史，隋朝建立后，樊子盖历任枞阳太守、辰州刺史、嵩州刺史、齐州刺史、循州总管，隋炀帝即位后，又转任其为凉州刺史、武威太守。因樊子盖清正廉洁，隋炀帝曾多次下诏予以褒奖。樊子盖长期在边地任职，在他的多次请求下，直到大业七年，隋炀帝才答应将他征召入朝，任命为民部尚书。当时，处罗可汗以及高昌王归降，隋炀帝又命其为武威太守，奉迎二人。去年第一次伐高句丽时，隋炀帝任命其为左武卫将军，出长岑道。后因宿卫皇帝而没有过鸭绿江，回来后，被晋升为左光禄大夫、涿郡留守。

隋炀帝对樊子盖非常信任，在临行之前，他对樊子盖说："我把越王留守东都，是显示皇族有磐石之固，只是个形式，至于社稷大事，则由你全权负责。行事要格外小心谨慎，身边布置五百人的卫队后再出行。对于那些无赖之徒，可当即诛杀；凡是适宜干的事情，你可自行决定，不必徒劳文书传递了。"他又指着越王杨侗、代王杨侑二人说："如今我把这两个孙子交给你和卫玄你们二位了，要挑选忠贞、贤良、方正的人来教育他们。是动是静，都要适可而止。"

虽然隋炀帝授予了樊子盖大权，但由于樊子盖长期在外任职，一些京城旧官对他十分轻视，当杨玄感逼近洛阳时，这些人又往往拒绝执行樊子盖的命令。裴弘策与樊子盖的品级相同，战败回城后，樊子盖命他再次出战，但裴弘策不从，樊子盖大怒，当即命人将其拉出去砍下了脑袋。国子祭酒杨汪原本也是弘农华阴（今陕西省华阴市）人，其曾祖迁居河东，杨汪年少时凶狠好斗，后折节读书，精通《左传》，在北周时任冀王侍读等职，入隋后，历任尚书左丞、大理卿、国子祭酒等职，也算是隋朝的老臣了。裴弘策战败入城后，遇见杨汪，二人支开众人密谈了很久，不久，杨汪又对樊子盖稍稍流露出一丝不恭，樊子盖又要将其杀掉。杨汪见势头不对，赶忙跪下叩头，把头都磕破了，樊子盖这才饶了他一命。杨汪就是唐玄宗的爱妃杨玉环的曾祖父。

樊子盖接连惩处了裴弘策和杨汪二人，立即起到了杀鸡儆猴的作用，洛阳城内的将士们无不震恐，对他再也不敢仰视，更不用说顶嘴了，军纪也整肃起来。

杨玄感先礼后兵。

内史舍人韦福嗣是韦洸的侄儿，随军出城抵御义军，战败后为杨玄感所俘。杨玄感对他十分看重，命他与同党胡师一起负责军中文书，并给樊子盖写了一封劝降信，但樊子盖不降。杨玄感率领部队全力攻城，樊子盖在城内随机应变，死死据守，杨玄感无法攻克洛阳。但由于樊子盖杀死了裴弘策，一些本来是响应政府号召前来投军的贵族子弟们反而投靠了杨玄感，这些人就包括韩擒虎的儿子韩世谔、观王杨雄的儿子杨恭道、虞世基的儿子虞柔、来护儿的儿子来渊、裴蕴的儿子裴爽、大理卿郑善国的儿子郑俨、周罗睺的儿子周仲等四十多人，杨玄感全部委以重任。

留守长安的元德太子杨昭的长子、代王杨侑命令刑部尚书卫玄率领四万人马东进，救援东都洛阳。卫玄率军来到华阴，挖开了杨素的坟墓，焚烧了他的尸骨，向士兵们显示与杨玄感不共戴天的决心，而后，一路杀出崤山、渑池，直奔洛阳。杨玄感得知后，赶忙分兵抵御，卫玄且战且行，一直进抵洛阳西郊的金谷（今河南省新安县东）。

杨玄感造反的消息也传到了辽东。

老天似乎在给隋炀帝开了一个天大的笑话。看着眼前即将到手的辽东城，刚才还沉浸在喜悦之中的隋炀帝一下子跌到了冰点，顿时非常担心，他赶忙把纳言苏威召入帐中，悄悄将此事告诉给了他，说道："这家伙聪明，难保不会造成后悔吧？"苏威回答："能够明白是非，洞察成败，这才叫聪明。杨玄感是个粗人，思路并不缜密，无须多虑。我只担心此人来这一下子会在全国诱发出更大的动乱啊！"隋炀帝又听说朝廷群臣的子弟都在杨玄感的营中，又担心起来。兵部侍郎斛斯政素来与杨玄感私交很好，段文振生前就曾告诫过隋炀帝斛斯政此人不可信，但隋炀帝没有听信，当杨玄感谋反时，斛斯政与他通谋，有意将杨玄纵兄弟放走了；此时，隋炀帝下令要彻查此事，斛斯政内心不安，六月二十六日，斛斯政潜逃到了高句丽。

六月二十八日深夜，隋炀帝秘密召集各军将领，命令他们趁夜撤军，粮食物资、铠甲兵器、攻城器具等都堆积如山，各军的营帐、工事也都保持原状，一动不动，全部扔掉。隋军各部队接到命令后，都不知道发生了什么事情，人心惶惶，军心大乱，一窝蜂地向后方撤去。高句丽人当晚就发现了这一异常情况，但他们也不知就里，不敢贸然出城追击，只是在城内呐喊，一直到第二天中午时分，城内的高句丽人才敢小心翼翼地走出城外，四处打探，仍然怀疑是隋军故意设的圈套。又过了两天，高句丽人这才出动了数千人马尾随在隋军后面，但又惧怕隋军人数众多，不敢接近，常与隋军大军相距八九十里那么远；快到辽水东岸时，高句丽人侦察到隋炀帝的御营已经全部渡过去了，才敢逼近隋军后卫部队。隋炀帝命令右武卫大将军李景率军殿后，当时，隋军后卫尚有数万人马，高句丽人从四面八方进行袭击，李景指挥隋军将敌人击退，只有落在最后的数千名老弱士兵被高句丽人杀死或俘虏。

撤军途中的隋炀帝问太史令庾质道："爱卿前不久劝阻我亲征，原来就是为此啊！你说玄感能成事吗？"庾质回答："玄感虽然地位很高，但一直并不得人心，他趁着百姓们劳苦而希望能侥幸成功。如今天下一家，他是难以得逞的。"

隋炀帝下令左翊卫大将军宇文述、左候卫将军屈突通等人乘坐驿马快车前往各地调派军队，前去讨伐杨玄感；又派遣虎贲郎将陈棱进攻驻守黎阳的叛军将领元务本，接着，隋炀帝又下诏命令各地征发百姓修筑城池，以备叛军来犯。来护儿行至东莱，听说杨玄感污蔑自己谋反，立即召集部将商议讨伐事宜，众将都觉得没有接到朝廷的诏书，不宜擅自回师，固执不从。来护儿厉声吼道："洛阳被围，这是心腹大患！高句丽抗命，那是皮肤小病！国家之事，我们既然明白了该怎么做，那就去做！擅自行动的责任，由我来负！与你们无关！有胆敢抗命者，格杀勿论！"当天来护儿就率军返程了，同时，他派儿子来弘、来整飞马北上，向隋炀帝报告。当来弘、来整二人来到涿郡时，隋炀帝已经下令来护儿回救洛阳了，他见到二人非常高兴，下诏给来护儿说："你回师那天，与我给你下命令让你返回是同一天，我们君臣之间虽然远隔千里，但心心相印，关系竟如此亲密！"

右武候大将军李子雄因事被除名，这次辽东之役，隋炀帝命其在来护儿军中将功补过。李子雄之所以能飞黄腾达，与他在汉王杨谅之乱中设计生擒幽州刺史窦抗有一定关系，而当初把他推荐给隋炀帝的正是杨素，因此，李子雄与杨素家应该有着很深的渊源。杨玄感叛乱以后，隋炀帝就怀疑李子雄与杨玄感是同伙，下诏在来护儿军中将李子雄逮捕，送往涿郡。途中，李子雄杀掉押运人，逃归了杨玄感。

卫玄率领两万步骑渡过瀍水、涧水挑战，杨玄感假装战败，向后撤退。卫玄率军追击，谁知，杨玄感早已在后面设下伏兵，等卫玄的军队进入伏击圈后，伏兵尽发，卫玄的前军全部被歼。又过了几天，卫玄与杨玄感再度交手，双方刚一接战，杨玄感就命人大喊道："官军已经抓住杨玄感了！"卫玄的军队一听，陡然懈怠下来。就在卫玄军队走神的一刹那，杨玄感突然率领数千精锐骑兵杀来，大破卫玄军，卫玄只得率领八千多人逃出战场。杨玄感骁勇善战，武艺超群，每次战斗总是亲握长矛，身先士卒，他又善于安抚士卒，将士们都愿意替他卖命，因此，在与卫玄的交战中，杨玄感是屡战屡胜，声势更盛，前来投靠的人也越来越多，很快就猛增到了十万人。卫玄众寡不敌，又死伤了一大半，军粮也已吃完，他把牙关一咬，将全军全部开到邙山山上，置之死地，决心与杨玄感决一死战。两军就在邙山山麓展开了你死我活的激战，一天之内能交手十几回合。在激战中，杨玄感的弟弟杨玄挺被卫玄军的流箭射死，杨玄感军队进攻的势头才稍稍被压制了下来。

四七 玄感之变（三）

七月十一日，在杨玄感起兵一个月后，遥远的余杭（今浙江省杭州市）百姓刘元进也闻风起兵了，动乱开始波及江南。

刘元进双手有一尺多长，双臂下垂过了膝盖，他自以为相貌不凡，一直心怀异志。隋炀帝这次也征召了三吴军队北上讨伐高句丽，三吴人都相互说：“往年天下全盛，我们的父兄子弟们出征辽东尚且死了一多半，如今，国家早已衰败，再兴师动众，我们肯定会一去不返了！”因此，很多人为了躲避兵役，都逃亡了。当地郡县搜捕很急，不少人听说刘元进起兵了，都纷纷前去投靠，十天半月之间，刘元进手下就聚集了数万人马。而梁郡的百姓韩相国听说杨玄感包围了洛阳的消息后，也起兵造反，杨玄感任命他为河南道行军元帅，在很短时间内，韩相国也集结了十余万人，他们四处进攻郡县，并开始西进，向杨玄感靠拢。

杨玄感在起兵之前曾判断，只要他振臂一呼，天下百姓和各地地方官吏都将纷纷响应，然而，事态的发展远远出乎了他原来的预想。虽然有韩相国等人的响应，也有百官子弟前来投靠，但各地官员以及军队实权派人物没有一人率领一支成建制的军队投靠到他的门下，就连骑墙观望的都没有，不仅如此，洛阳守军以及从长安而来的援军还一直与他杨玄感死缠烂打，这一切都与他之前的估计有很大差距。投靠到他身边的李子雄也想不出太好的办法来，为了进一步提高声望，李子雄就劝杨玄感赶快登基称帝。杨玄感也拿不定主意，就问李密是否可行。李密回答：“过去，陈胜想自立为王，张耳劝谏，而被陈胜驱逐在外；魏武帝曹操想要得到九锡之礼，荀彧劝阻也被毒死。如今，我李密想说出直言，又怕会落得个张耳、荀彧那样的下场；阿谀逢迎吧，说出来的话又不是我李密的本意。这是为什么呢？起兵以来，虽然捷报频传，但各地郡县还没有一人响应我们的。东都洛阳的守军力量还很强，天下各地的救兵也越来越多。大人理当身先士卒，早早平定关中，却急于称帝自尊，为何要向人显示自己的心胸如此狭隘呢？”杨玄感笑笑，遂不再提及此事了。

杨玄感得到韦福嗣以后，遂把他视为心腹，军旅之事不再只交给李密一人了。韦福嗣原本不是杨玄感的同谋，只是因战败被俘的，因此，他在替杨玄感筹划军事行动时，总会给自己预留下退路。李密一眼就看穿了韦福嗣的心思，他对杨玄感说道：“韦福嗣原本不是我们的同党，怀有观望之心，明公刚刚建立大事，就把奸诈之人放在身边，听他说三道四，一定会误了大事，请你杀了他！”杨玄感说道：“哪能到这地步！”李密退下后，对亲信们说道：“杨大人喜欢造反，却不懂得取胜的法宝，如今，我们就要被人生擒了啊！”

屈突通率军进驻河阳（今河南省孟州市），宇文述率领大军紧随其后。杨玄感向李子雄询问对策，李子雄说道：“屈突通深通兵法，如果让他渡过了黄河，则胜负就不好说了；不如分兵抵御。屈突通如果过不了黄河，那么，城内的樊子盖和城外的卫玄二人就没有了外援。”杨玄感连连点头，表示同意。樊子盖得知他们的计划后，屡屡出兵，进攻杨玄感的大营，杨玄感穷于应付，遂没有及时阻止屈突通过河。屈突通趁机率军渡过了黄河，驻扎在破陵（在河南省洛阳市东北），杨玄感只好将部队一分为二，西面抵御卫玄，东面阻击屈突通。樊子盖又趁机率军突出城外，与杨玄感军在城外大战，屡屡击破杨玄感军。

眼看来护儿、宇文述等军即将赶到，而一时半会儿已无法攻克洛阳，杨玄感开始忧虑起来了。他向众人问计，李子雄建议道：“朝廷援军越来越多，而我军却屡战屡败，此地不可久留，不如径直西入关中，打开永丰仓赈济百姓，这样一来，关中地区可很快平定。占据府库，扼守险要，再东进争夺天下，也能开创出霸王之业啊！”李密也说：“弘化（今甘肃省庆阳市）留守元弘嗣手握重兵，雄踞陇右，可以对大家声称元弘嗣也造反了，派人前来迎接大人入关，如此一来，可以欺骗大家西进。”

正巧杨玄感老家华阴的族人来到洛阳，请求担任向导，于是，大业九年七月二十日，也就是在他起兵一个半月、包围洛阳一个月多一点后，杨玄感下令解除对洛阳的包围，率军向潼关杀来，沿途谎称：“我已经攻破了洛阳，现在要夺取关西来了！”宇文述等众将一起率领隋军紧紧追赶。

弘农太守、蔡王杨智积，是隋文帝次弟杨整的儿子。由于隋文帝与他的两个同父同母弟弟杨整、杨瓒关系恶劣，入隋后，虽然杨智积被封为蔡王，但内心非常忧惧，一直小心翼翼，清静自守，生下的五个儿子，他只让他们熟读《论语》《孝经》两本书，其他书本一概不让读。杨智积在隋文帝开皇二十年被召回京师，杨智积一直在京师闲居了十一年之久，到隋炀帝大业七年，才被任命为弘农太守。得知杨玄感的军队即将经过弘农时，杨智积对下属们说："杨玄感听说大军将至，打算西进夺取关中，如果让他的奸计得逞的话，就难以剿灭了；应当设下计策拖住他，不出十天，就可以将其生擒了！"于是，等杨玄感的军队来到弘农宫（今河南省灵宝市境内）时，就出现了一群身份不明的老百姓拦住了杨玄感的马，说道："弘农宫守备空虚，里面囤积了大量粮食，很容易就能将其拿下。"杨玄感信以为真，遂组织部队向弘农宫发起了进攻。

等到杨玄感的军队来到弘农城下时，杨智积登上城墙，对着杨玄感是破口大骂，杨玄感大怒，执意要夺下弘农。李密苦苦劝谏道："大人如今是欺骗着大家才举兵西进的，兵贵神速，更何况后面还有追兵，岂能在此逗留！如果前方攻不下潼关，后面又无险可守，部众一旦溃散，将如何是好？"火冒三丈的杨玄感根本不听，依然下令向弘农发起了进攻。杨玄感的军队烧毁了弘农城门，但杨智积命人在城门里面也点燃起熊熊大火，杨玄感的军队还是冲不进去。强攻了三天，杨玄感还是无法攻克弘农，只好恨恨而去，而恰恰是他耽误的这三天时间，决定了他的命运。

等到杨玄感的军队行至阌乡皇天原（在今河南省灵宝市西）时，宇文述、卫玄、来护儿、屈突通等各路隋军终于赶了上来。杨玄感登上槃豆，布下了绵延五十里的大阵，边打边撤，一天之内被隋军击败了三次。

八月一日，杨玄感在董杜原（在今河南省灵宝市西）列阵，隋军一齐向杨玄感的军队发起猛攻，宇文述、来护儿正面攻击，屈突通以奇兵进攻背后，杨玄感大败，与十余名骑兵逃离战场，朝上洛（今陕西省商洛市商州区）方向逃来。隋军追兵快要赶上时，杨玄感总是怒目而斥，追兵都吓得掉头就跑。逃至葭芦戍（今河南省卢氏县西），杨玄感身边只剩下弟弟杨积善一人徒步跟随。杨玄感自知难逃一死，遂对杨积善说："我不能被人羞辱而死，你来杀了我！"杨积善拔出佩刀砍掉了哥哥脑袋，而后，又举刀朝自己身上刺来，却没有刺死，被追兵抓住，与杨玄感的头颅一起送到隋炀帝那里。

隋炀帝下令将杨玄感的尸体千刀万剐，示众三天，而后，又剁成肉酱，烧成灰烬。杨玄感的弟弟、义阳（今河南省信阳市）太守杨玄奖听说哥哥起兵了，将要前去投靠，反为郡丞周旋玉所杀；杨玄感的另一个弟弟杨仁行为朝请大夫，也在长安被杀。

杨玄感失败时，韩相国已率军推进到襄城（今河南省汝州市），听说杨玄感被杀的消息后，韩相国的变民军也逐渐离散，最终，韩相国被当地官吏抓获、斩首。

因镇守弘化郡的元弘嗣与斛斯政是亲戚关系，为防意外，隋炀帝派卫尉少卿李渊火速赶往弘化郡，逮捕元弘嗣，并就此接管了他的职务，统领关中十三郡的军队。李渊，字叔德，一说出自陇西狄道（今甘肃省临洮县），一说出自陇西成纪（今甘肃省秦安县），据说是五胡十六国时期前凉李暠的七世孙。李暠生下李歆，李歆生下李重耳，李重耳生李熙，李熙生李天锡，李天锡生李虎，李虎为西魏八大柱国之一，赐姓大野氏，封唐国公。李虎就是李渊的祖父，李虎生李昞，为北周安州总管、柱国大将军。对李唐皇室的血统问题，历来就是众说纷纭，莫衷一是。有人认为，李唐皇室出自拓跋鲜卑，有人认为出自赵郡李氏，也有人则坚信史书的记载，认定是出自陇西李氏。李渊生于北周武帝天和元年（公元566年），属狗，时年四十八岁，他比隋炀帝大三岁。北周、北齐、隋朝、唐朝以及南方的梁、陈皇族之间有着复杂的婚姻关系，比较明显的是：独孤信的长女嫁给了北周第二任皇帝北周明帝宇文毓，四女嫁给了李渊的父亲李昞，七女嫁给了隋文帝；而李渊又娶了宇文毓的妹妹、北周襄阳公主的女儿窦氏；隋文帝的女儿杨丽华又是宇文毓弟弟、北周武帝宇文邕儿子北周宣帝宇文赟的杨皇后。也就是说，李渊是隋炀帝的姨家表哥，而隋炀帝的姐姐杨丽华又是李渊妻子窦氏的舅家兄弟（周宣帝宇文赟）媳妇。隋炀帝的母亲独孤伽罗是李渊的小姨，对李渊非常喜爱，李渊长大后，宽和仁爱，豁达直率，有一个叫史世良的术士对他说："你骨相非同寻常，一定会成为人主，请你珍重，不要忘了我的话。"隋朝建立后，李渊历任千牛备身，谯州、陇州、岐州刺史，卫尉少卿。此次辽东之役，李渊奉命在怀远镇督运粮草。

四八 燎原星火（一）

大业九年八月二日，就在杨玄感被杀的第二天，吴郡（今江苏省苏州市）百姓朱燮、晋陵（今江苏省常州市）百姓管崇聚众劫掠江左（太湖周边地区）。

朱燮原本是个还俗的道士，读过一些史书，懂得兵法，他体格短小，担任昆山县的博士，与数十名学生举起了反抗的大旗，忍受不了朝廷苦役的百姓们纷纷前来投靠。管崇，容貌俊美，身材魁梧，倜傥洒脱，隐居在常熟，自称有皇帝之相，因此，很多豪杰都推举他为主。当时，隋炀帝还在涿郡，下令虎牙郎将赵六儿率领一万隋军驻扎在扬子（今江苏省仪征市），分成五个大营，防备变民北渡长江。管崇派遣部将陆颚趁夜偷偷渡过长江，袭破了隋军两座大营，缴获隋军武器装备，又安全返回，变民声势更盛，拥有十万之众。

司农卿赵元淑与杨玄感私交很好，隋炀帝在辽东前线时，赵元淑镇守临榆关。杨玄纵南逃，途经临榆关，赵元淑设宴款待杨玄纵，席间还命小妾魏氏陪侍，并赠送给杨玄纵路费。等到杨玄感被杀后，有人举报了此事，隋炀帝大怒，亲自审问，八月二十日，下令将赵元淑与魏氏双双斩杀在涿郡街市，没收全部家产。

隋炀帝命令大理卿郑善果、御史大夫裴蕴、刑部侍郎骨仪与东都留守樊子盖一起捉拿、审判杨玄感的党羽。骨仪，《资治通鉴》称其原本是天竺国人，《隋书》称其是长安人。他为人廉洁刚正，开皇初年为侍御史，断案公平，隋炀帝即位后，担任尚书右司郎、刑部侍郎，后隋炀帝对骨仪的清贫自守非常赞赏，破格将他提拔为京兆郡丞。

隋炀帝对裴蕴说："杨玄感振臂一呼，追随他的就有十万之众，可见，天下之人不能太多了，人一多就会聚集在一起为非作歹了。这次再不严肃惩处、彻底屠杀，就无法警示后人。"樊子盖本来就非常嗜血，裴蕴又接到隋炀帝如此这般的指示，于是，这场追究杨玄感余党的行动逐渐演变成一场规模很大的恐怖屠杀行动，杨玄感包围东都时，曾开仓赈济百姓，凡是接受粮仓大米的百姓全部被拉到洛阳城东活埋，一共诛杀了三万多人，全部没收家产，其中冤枉而死的有一多半，流放到边地的又有六千多人。与杨玄感是好友的文士虞绰、王胄被流放到边疆，途中二人脱逃，后被抓获，斩首。隋炀帝听说王胄的死讯，曾幸灾乐祸地说道："'庭草无人随意绿。'还能吟诵这句吗？"

但对于能改过自新的，隋炀帝也是宽宏大量的，像一度陷入杨玄感军中的韦福嗣，就曾在杨玄感西进时脱离，逃回了洛阳自首，也得到了赦免，类似情形也都一概既往不咎。然而，在樊子盖检查杨玄感的文书档案时，发现了韦福嗣替杨玄感给樊子盖写的劝降信的草稿，遂送给了隋炀帝，隋炀帝下诏命令将韦福嗣逮捕，押送到隋炀帝的高阳（隋炀帝改博陵为高阳，即今河北省定州市）驻地。杨玄感失败后，李密与杨玄感的堂叔杨询一起入关，藏在冯翊杨询妻子娘家，后被邻居告发，被官府抓获，于是，樊子盖把韦福嗣、李密、杨积善、王仲伯等十几名要犯一起送往高阳。李密与王仲伯等人密谋逃跑，他说："我们的性命已如同清晨的露水，一旦到了高阳，必定会被剁成肉酱。现在在路上，还有回旋用计的余地，岂能心甘情愿地引颈受戮而不图谋逃亡呢？"大家都表示同意。其中有人身上带的金子多，李密就让此人把金子拿出来让押运官过目，还说道："我们死后，请你把我们埋了，剩下的金子都算你的，就当是我们对你的报答。"押运官答应了，等到离开东都稍远，防范也渐渐松懈了下来。李密请他入市购买酒肉，每夜都饮宴、喧哗，吵闹一晚，押运官慢慢也习以为常了。等到行至魏郡石梁驿，李密等人将看守们灌醉，挖个墙洞，与七人一同逃掉了。李密喊韦福嗣一起逃命，韦福嗣却说："我没有犯罪，天子不过当面骂我一通罢了。"李密先投奔到平原郡变民帅郝孝德的手下，但郝孝德对李密并不礼遇。李密又逃到淮阳，改名换姓，自称刘智远，当了一名乡村教师。数月后，一直郁郁不得志，曾写下一首五言诗："金风荡初节，玉露凋晚林。此夕穷途士，郁陶伤寸心。野平葭苇合，村荒藜藋深。眺听良多感，徙倚独沾襟。沾襟何所为？怅然怀古意。秦俗犹未平，汉道将何冀？樊哙市井徒，萧何刀笔吏。一朝时运会，千古传名谥。寄言世上雄，虚生真可愧。"写完，早已是泪流满面。有人对李密的反常举动很是奇怪，就向淮阳太守赵佗告了密，赵佗命令县里去逮捕李密，李密提前得到消息后，又逃到妹夫雍丘县（今河南省杞县）令丘君明家里。丘君明不敢接纳，又将李密转到侠客王秀才（《新唐书》称为王季才）家里，王秀才把自己的女儿嫁给了李密。后来，丘君明的堂侄丘怀义告密，隋炀帝命令丘怀义携带诏书与梁郡通守杨汪一起前去捉拿，正巧那天李密外出了，而丘君明和王秀才却因窝藏朝廷要犯而被杀。

韦福嗣等人被送到高阳以后，隋炀帝将他们送交大理寺审判。宇文述上奏道："对这些大逆不道之徒，理当严加惩处，不然不足以震慑后人。"隋炀帝回答："那就随你的便吧。"大业九年十二月十五日，宇文述下令在高阳郊外树下木桩，把韦福嗣等一帮罪犯捆绑在木桩上面，用车轮子套住脖颈，命九品以上的文武百官持刀乱砍或弯弓射箭，韦福嗣等人身上被射得像刺猬一般，身躯也已破碎，但头颅仍套在车轮内。然后，又将他们施以车裂之刑，再举火焚烧，将骨灰散尽。杨积善在临刑前称自己亲手杀死了哥哥杨玄感，希望能免去一死。隋炀帝说道："这更说明你不过是一个恶毒的枭鸟罢了！"不仅没有免他死罪，而且还将杨家改为枭氏。

隋炀帝虽然扑灭了杨玄感的叛乱，但正如苏威预计的那样，在杨玄感叛乱之后，各地变民纷纷而起，声势也越来越大了。

九月八日，东海百姓彭孝才起兵，拥有数万人马。

十月七日，变民头领吕明星率军包围了东郡（今河南省滑县），虎贲郎将费青奴将其击破。

同月，余杭的变民头领刘元进率军北上，企图过江接应杨玄感，当其行至吴郡时，就传来了杨玄感已被杀的消息，吴郡的变民头领朱燮、管崇奉迎刘元进，拥立他为主。就这样，刘元进就占据了吴郡，自称天子，任命朱燮、管崇为尚书仆射，设置百官，毗陵（今江苏省常州市）、东阳（今浙江省金华市）、会稽（今浙江省绍兴市）、建安（今福建省福州市）等豪强纷纷逮捕地方官员，举兵响应。隋炀帝命令左屯卫大将军吐万绪、光禄大夫鱼俱罗率军南下，前去讨伐。吐万绪，字长绪，代郡鲜卑人。北周时历任抚军将军、少司武。入隋后，历任襄州总管、青州总管、朔州总管、徐州总管、夏州总管。杨广为太子时，引其为左虞候率。隋炀帝继位后，吐万绪因平定杨谅之功而被晋升为左武候将军，后拜为光禄卿。贺若弼一案，引吐万绪做证，吐万绪证明贺若弼无罪，因此吐万绪也被免官。一年以后，隋炀帝又起用他担任东平太守，不久，隋炀帝南巡江都，路过东平，吐万绪拜伏路旁，隋炀帝命其登上龙舟，吐万绪借机叩头向隋炀帝谢罪，隋炀帝大喜，晋升其为金紫光禄大夫。辽东之战中，吐万绪主动请缨，要求担任先锋，隋炀帝拜其为左屯卫大将军，率领数万人马直指盖马道。等到撤离后，吐万绪又被留镇怀远，进位为左光禄大夫。鱼俱罗，冯翊下邽人。身长八尺，膂力过人，还是个大嗓门，喊话能声闻数百步，又是个重瞳子。历任大都督、开府、上开府、叠州总管、柱国、丰州总管、赵郡太守等职。后因向朝廷进贡，隋炀帝不接受，鱼俱罗就将贡品送给了朝廷重臣们，因结交内臣而受到了御史的弹劾，隋炀帝大怒，将其除名。第二次讨伐高句丽时，隋炀帝任命其为碣石道军将。

刘元进率军进攻润州（今江苏省镇江市）。吐万绪率军推进到润州对岸的扬子津（今江苏省扬州市南长江北岸渡口），刘元进将从茅浦（确址不详）渡江，吐万绪将其击破，并乘胜渡过了长江，背靠长江构筑营栅。第二天，刘元进率军来攻，吐万绪又将其击败，刘元进遂解除了润州之围，向南撤退，吐万绪遂乘胜推进到曲阿（今江苏省丹阳市）。刘元进构筑营栅抵御，双方相持一百多天，此后，吐万绪率军挑战，没等刘元进列好阵势，吐万绪就突然率领骑兵发起了攻击，叛军顿时大乱，被斩杀了数万人，刘元进趁夜逃掉，固守城堡。朱燮、管崇等人驻扎在毗陵（今江苏省常州市），连营一百多里，吐万绪乘胜进击，再次将叛军击破。朱燮、管崇等人退守黄山（今江苏省苏州市西南十五里，又称笔格山），吐万绪将其团团围住，叛军投降。隋军临阵斩杀了管崇、陆颉等五千余人，俘虏三万多叛军家眷，全部送到江都，刘元进、朱燮二人侥幸逃出一命。吐万绪又率军继续南下，解除了会稽之围。鱼俱罗也在吐万绪军中，战无不胜，然而，百姓们再也不愿继续忍受隋朝的暴政了，他们败了以后，又像赶集一样重新聚集起来，人数越来越多。

刘元进退到建安，隋炀帝下令吐万绪继续进剿，吐万绪上书称士兵们已非常疲惫，请求让士兵们休整一段时间，等到来年开春再进兵，隋炀帝很不高兴。鱼俱罗也见天下已经显现出将要大乱的迹象，而几个孩子们还留在京师，担心道路被变民切断，父子不能团聚。当时东都洛阳的米价很贵，鱼俱罗派仆人带了一船大米前往洛阳贩卖，暗中想把几个儿子接到军中。朝廷方面风闻了此事，担心鱼俱罗会发动叛乱，但调查下来没有任何证据。鱼俱罗是个重瞳子，隋炀帝早就对他心存猜忌，遂下令大理司直梁敬真在军中将其逮捕，送到东都，并诬陷鱼俱罗出师不利。隋炀帝遂下令将其斩首示众，没收全部家产。吐万绪同样也受到了隋炀帝的猜忌，隋炀帝暗中命人搜罗吐万绪的罪名，有关官员就上奏弹劾吐万绪怯战；隋炀帝下令将其征召回京，吐万绪非常气愤，行至永嘉，发病而死。

为了因应越来越严重的国内局势，这一年八月七日，隋炀帝下诏命令各地可以将变民的家产全部没收。这一政策本来的目的是想要震慑变民，却是一个双刃剑，当时，全国各地到处都有变民，各地地方官手里有了这一政策，遂开始作威作福，生杀自由，动辄将人说成是变民，把人弄得倾家荡产，社会矛盾也更加激化了。

四九 燎原星火（二）

惩处了吐万绪和鱼俱罗，隋炀帝改任江都郡丞王世充调发淮南数万军队南渡长江，讨伐刘元进。

王世充见天下即将大乱，而江左之人容易被煽动，遂暗中结交豪杰，因犯法被下狱的，王世充总是将其曲解法律，减轻处罚，树立自己的私恩。王世充渡江后，初战失利，被刘元进斩杀了一千多人，王世充退守延陵栅（当在今江苏省常州市武进区境内）。刘元进率军进攻，命令将士们每人手持一把火炬，趁着风势又烧毁了王世充的大营。王世充大惊失色，丢掉大营狼狈而逃，可是，就在这时，突然风向变了，刘元进的士兵们担心烧到自己，纷纷退去。王世充见状，立即挑选精锐士兵，趁机掩杀，将变民军杀死了一多半，从此以后，王世充率部屡屡击败变民军，并最终在吴郡将刘元进和朱燮二人杀死，变民残余部众或投降或逃散。王世充把先投降的叫到通玄寺佛像前发誓，绝不杀降。败逃的变民原本打算逃入海岛，听说后，在十几天之内全都又回来归降了。谁知，王世充却露出狰狞的面目，将三万多投降的变民全部在黄亭涧（黄山山中长数里的山谷）里活埋了。王世充的这一暴行，让刘元进的余党非常愤怒，他们再也不投降了，往往退入深山，继续与隋朝政府抗争，此后，董道冲、沈法兴、李子通等人又趁势而起，一直战斗到隋朝灭亡。王世充虽然对变民非常残暴，但对自己的部下十分关爱，立下战功，王世充总是把功劳归于部下，缴获的财物也全部分给士兵们，因此，他的手下争相替他卖命，隋炀帝也认为他有将帅之才，对他更加宠信。

江左大乱基本上被王世充平定，但全国其他地方的叛乱依然风起云涌，接连不断。

大业九年年底，唐县（今河北省唐县）百姓宋子贤，会幻术，能把自己变成弥勒佛的样子，对外宣称自己就是弥勒佛再世，在周边地区有很多信徒。宋子贤阴谋召开无遮大会，趁机发动起义，袭击隋炀帝的车驾，但由于计划泄露，事情还未发动，宋子贤就被当地官员逮捕杀掉，受到牵连而被诛杀的有一千多家。

与此同时，扶风和尚向海明也自称弥勒佛转世，凡是信奉他的人，就会梦见好事，因此，关中各地百姓纷纷响应，遂起兵造反，拥有数万人马。大业九年十二月十八日，向海明自称皇帝，改元白乌。隋炀帝命令太仆卿杨义臣率军将其击破。

杜伏威和辅公祏起兵后，就率众前往长白山投靠另一个变民头领左君行，但没有受到左君行的礼遇，于是，二人就自称将军，离开长白山，率众南下，劫掠淮河以南。下邳（今江苏省邳州市）人苗海潮也起兵造反了，拥众割据一方。杜伏威命辅公祏对苗海潮说："如今，你我都无法忍受隋朝的暴政，各自起兵，由于没有联合起来，所以经常害怕被隋军消灭，何不联合起来，做大做强，这样一来，就不怕隋军了。如果你有能力当主公的话，我当听从于你；如果自忖不行的话，就来听命于我，如果不从，我们只好决一雌雄了！"苗海潮听后，害怕了，就率众投降了杜伏威。江都留守派遣校尉宋颢前来讨伐，杜伏威假装不敌，将宋颢的军队引入芦苇丛中，然后，在上风口纵火，将宋颢等人全部烧死了。海陵（今江苏省泰州市）变民头领赵破阵认为杜伏威的人数不多，对杜伏威非常轻视，请杜伏威加入自己的队伍。杜伏威命辅公祏率领军队在外面戒备，他只带十个人携带酒肉来到赵破阵的大帐参拜。赵破阵大喜，将杜伏威接入帐中，把手下的将帅们全部召集起来喝酒庆贺。正喝得尽兴，突然杜伏威拔出刀来，一刀将赵破阵杀掉，遂兼并了他的军队，从此，杜伏威的兵势转盛，接着又将安宜（今江苏省宝应县西南）屠城。

再到大业十年（公元614年）二月二十九日，扶风变民头领唐弼拥立李弘芝为天子，拥有十万余众，唐弼自称唐王。

在隋炀帝二次东征高句丽前后，东突厥其实已经蠢蠢欲动了，《隋书·董纯传》称："岁余，突厥寇边，朝廷以纯宿将，转为榆林太守。虏有至境，纯辄击却之。"到大业十年，彭城变民头领张大彪、宗世模等人拥有数万人马，固守悬薄山（确址不详），侵扰徐州、兖州一带。因董纯曾担任过彭城留守，隋炀帝遂命其率军前去平叛。董纯到来后，故意示弱于敌，闭营不战，变民军觉得董纯胆怯，遂不再像过去那样戒备，还像往常那样纵兵到处劫掠。四月，董纯挑选精兵出击，与变民军在昌虑（今山东省滕州市）遭遇，大破变民军，斩杀一万多人，封成高冢，以展示战功。变民头领魏骐驎有一万多人，盘踞在单父（今山东省单县），董纯率军进击，又将其击破，隋炀帝遂任命董纯为彭城留守。东海变民头领彭孝才率领数千人马劫掠怀仁县（今江苏省连云港市赣榆区西），转而进入沂水流域，占领五不及山（确址不详）。董纯率领精兵进击，临阵将彭孝才生擒，而后将其五马分尸，余众四散而逃。虽然董纯屡战屡胜，但天下百姓已人心思乱，彭城周边地区的叛乱也是此起彼伏。有人就在隋炀帝面前诬陷董纯胆小，无力消灭乱党，隋炀帝大怒，即派人来到军中将董纯押回东都。董纯过去与齐王杨暕过从甚密，这一直是隋炀帝的一个心病，有关部门就顺着隋炀帝的意思，把董纯定了一个死罪，董纯遂被冤杀了。

大业十年五月二十三日，延安变民头领刘迦伦自称皇王，改元大世，拥有十万部众，与稽胡（今陕西省北部和山西省西北部的匈奴人）相互勾结。隋炀帝下诏命令左骁卫大将军屈突通为关内讨捕大使，率军前去讨伐。屈突通与刘迦伦在上郡（今陕西省富县）一带交战，临阵斩杀刘迦伦及其一万多部众，俘获数万男女。

十一月二十一日，离石胡（居住在今山西省吕梁市离石区的匈奴人）刘苗王叛乱，自称天子，拥有数万部众；将军潘长文率军前去讨伐，却不能取胜。同月，汲郡变民头领王德仁率领数万人马，进驻林虑山（今河南省林州市）中，落草为寇。

孟让从长白山中率众出击，横扫各郡，来到盱眙（今江苏省盱眙县），已裹胁了十余万人。王世充在平定江南叛乱后，又率军北上，阻击不断南下的变民军队，他来到盱眙后，进驻都梁宫（在盱眙县都梁山上），构筑了五座营寨，依托淮河（《资治通鉴》称是变民军驻扎在都梁宫等等，考诸《新旧唐书》应以王世充为是），固守不战，并谎称将要率众南撤，示弱于敌。孟让得知后，不禁大笑，说道：“王世充不过是一个舞文弄墨的小吏，怎会领兵作战？我将要把他生擒活捉，大摇大摆地进入江都！”当地百姓都已坚壁清野，野外没有粮食，不久，变民军就断粮了，但因王世充的五座营寨挡在面前，又不敢放心大胆地南下江都，于是，开始分兵围攻这五座营寨。王世充每次也都出来迎战，但总是佯装不能取胜，一打就退入寨内。如此数日以后，孟让更加小视王世充了，又分兵南下到更远一点的地方抄掠物资，留下的军队仅够围住营寨。王世充断定敌人已经懈怠，遂在营寨内毁掉锅灶，撤去营帐，毁坏栅栏，排成方阵，从四面向敌人出击，大破变民军，斩杀一万多人，俘虏十余万人，孟让与数十名骑兵仓皇而逃。

齐郡变民头领左孝友拥有十万余众，盘踞在蹲狗山（今山东省昌乐县东），齐郡郡丞张须陀率军前去讨伐，列出八风营逼近变民大营，又分兵切断了左孝友的退路。左孝友走投无路，遂举众投降。左孝友的同党解象、王良、郑大彪等人各有上万部众，张须陀一一将其平定，威震东方，因功被晋升为齐郡通守，领河南道十二郡黜陟讨捕大使。不久，涿郡变民头领卢明月率领十余万人进驻祝阿（原在今山东省济南市长清区东北，唐朝初年迁至今山东省禹城市），张须陀率领一万多人前去截击。双方相持十余日，张须陀的军粮吃尽，将要撤军。他对将士们说："敌人见我军撤退，必定会全军追击我们，如果我们出动一千人袭占了他们的大本营，可以大获全胜。这件任务的确非常危险，你们谁愿前往？"众将无人敢出声，唯有罗士信和秦叔宝愿意前往，于是，张须陀丢弃大营，率军南撤，而命罗士信和秦叔宝二人率领一千壮士埋伏在芦苇丛中。果然不出所料，卢明月率领全军追击张须陀。卢明月的大军过去之后，罗士信和秦叔宝这才率军飞奔卢明月的大营，营门紧闭，二人飞身跳上敌人的硐楼，各自斩杀了数人，敌营中一片大乱。二人趁机又砍开营门，将部队引入营内，纵火焚烧了敌人三十多座营寨，顿时火光冲天。卢明月远远望见后方浓烟四起，心知不好，赶忙停止追击，返身回救，而张须陀却转逃为追，率军奋勇杀敌，遂大破卢明月。卢明月率领数百骑兵狼狈逃去，张须陀俘虏无数敌人。此战以后，远近都知道了罗士信和秦琼的威名。

秦叔宝，名字叫秦琼，以字行世，历城（今山东省济南市）人。由于史书缺载了他的出身，因此，长期以来无人知道秦琼祖上的情况，所幸的是1995年出土了秦琼父亲秦爱的《墓志铭》，据《墓志铭》记载，秦琼的曾祖父秦孝达为北魏广年县令，祖父秦方太为北齐广宁王高孝珩（北齐文襄帝高澄次子）的记室，父亲秦爱曾任北齐城阳王斛律武都（斛律光长子）录事参军，北齐灭亡后，秦爱一直没有出仕。但该墓志可疑之处是：一、斛律光没有当过北齐城阳王，其父斛律金被封的是咸阳王。二、斛律光是被北齐后主高纬杀害的，斛律光被杀后，其长子斛律武都也被杀害了。考诸史料，斛律武都并未封王。三、整个北齐时期，封为城阳王的有两人：一个是孝昭帝高演的第六子高彦基（《北齐书·孝昭六王传》）；另一个是穆提婆（《资治通鉴·陈纪五》）。高彦基事迹缺载，但极有可能在后主即位后就被杀了，所以，穆提婆才当上了城阳王。基于上述分析，我们认为，秦琼的父亲秦爱在北齐末年曾任穆提婆的录事参军，由于在当时以及后世穆提婆都被认为是导致北齐灭亡的奸臣，秦爱曾给奸臣当幕僚自然不是一件光彩的事情，所以，为了掩盖这一段家世，秦琼生前当对此是讳莫如深，所以正史才没有留下记载，这也为秦爱在北齐灭亡之后没有出仕找出了一个合理的原因。

秦琼原为来护儿帐内亲兵，其母去世时，身为将军的来护儿竟然破例派人前去吊唁，军吏非常奇怪，就问："士兵死亡以及家中遇到丧事的多了，将军从未派人前去吊唁，为何唯独要去吊唁秦叔宝呢？"来护儿回答："此人勇敢剽悍，还有志节，一定会凭着自己的本事取得富贵，怎能小瞧他呢？"

五〇 三伐高句丽

隋炀帝出生于北周武帝天和四年、南陈陈宣帝太建元年、北齐后主天统五年，这一年是牛年，因此，隋炀帝是属牛的。纵观隋炀帝的一生，倒真是牛气冲天，倔强任性，如今的他更是牛脾气发作，不撞到南墙，绝不回头——就算是洪水滔天，四海鼎沸，他也与高句丽王高元耗上了！

杨玄感叛乱虽然被扑灭了，但其影响是巨大的，不仅打乱了隋炀帝东征高句丽的计划，更重要的是由于隋朝不少公卿子弟都加入了杨玄感集团，也牵连了一大批公卿贵族，隋炀帝不得不将他们免官，这就瓦解了统治阶级内部的关系，极大地削弱了隋朝的统治基础，另外，杨玄感的这次叛乱也给铺天盖地而来的农民起义军指明了方向，促使他们从过去的逃避赋税转向要推翻隋朝统治、建立新的政权上来了，然而，牛脾气上来的隋炀帝对各地的农民起义并没有引起足够的重视，他的心思还放在高句丽身上，哪跌倒，他就要从哪里爬起来！让他威风扫地的高句丽必须为此付出高昂的代价！

大业九年闰九月二十八日，隋炀帝驾临博陵（今河北省定州市），第二天，他对侍从们说道："朕过去曾跟先帝（杨坚在北周时曾任定州刺史）来到这里，那年我刚刚八岁，岁月如流，转眼之间已过去了三纪（一纪十二年，即三十六年），追忆往昔，再也回不来了！"话音未落，百感交集的他就已失声痛哭、泪流满面了，侍从们也都流下了眼泪。十月十五日，隋炀帝下诏称："博陵过去叫定州，是先帝龙兴之地，可以将博陵改为高阳郡，赦免境内死罪以下的罪犯，免除一年赋税。"

大业十年（公元614年）的元旦，隋炀帝是在高阳度过的。一月十五日，他把宗室之女信义公主嫁给了西突厥曷娑那可汗（处罗可汗），想继续拉拢可汗。他之所以始终没有返回洛阳，主要就在于他还是没忘记高句丽，他认为平定了杨玄感之乱以后，只需派出少量部队去应付各地的叛乱就可以了，他还将继续北上，把高句丽灭掉，因此，就在各地农民起义风起云涌之时，二月三日，隋炀帝又下诏要求百官讨论研究第三次讨伐高句丽的具体事宜。隋炀帝的诏书下发以后，数日之内，无人敢说一句话，这是因为，每个人都知道不能再折腾了，但大家也都知道隋炀帝的脾气，害怕提出反对意见会引火烧身；而支持东征吧，显然一旦失败，到时候追究起责任来，还是吃不了得兜着走啊，与其左右为难，不如闭口不言。

见百官无人劝阻，二月二十日，隋炀帝颁布了一道颇为奇怪的诏书，在诏书中，他说过去讨伐高句丽，由于汉王杨谅、高颎无能，致使三军战死了很多，未来得及掩埋，如今，应该派人前去掩埋，在辽西郡设置一座道场，超度亡灵。是他担心再出师的时候，士兵们看到累累白骨会挫伤士气？还是他心生慈悲了呢？没人知道。三天过后，到了二十三日，他又下诏发动第三次讨伐之战。

三月十四日，隋炀帝来到了涿郡。士兵们在途中相继逃亡，到了二十五日，隋炀帝进抵临渝宫（在今河北省秦皇岛市抚宁区），在旷野中祭祀黄帝，斩杀逃兵，用人血涂抹在战鼓上，但是依然无法制止住逃兵。

四月二十七日，隋炀帝抵达北平郡（今河北省卢龙县）。此时各地叛乱不断，部队逃亡不断，隋炀帝一面指挥各地平定叛乱，一面命令部队缓慢北上。一直到七月十七日，隋炀帝才来到辽河岸边的怀远镇。虽然隋炀帝再一次来到了前线，但此时天下已经大乱，征调的很多部队都没有来到前线，而高句丽经过连年战争也非常疲惫。此时，来护儿已率领水军在毕奢城（又名卑沙城，今辽宁省大连市）登岸，高句丽军队迎战，来护儿大破高句丽军队，斩首一千多级，将直扑平壤。高句丽王高元非常害怕，七月二十八日，遂派遣使者押着叛臣斛斯政来到辽东城下，上书请求投降。

隋炀帝大喜，当即派人持节命令来护儿撤军。

来护儿刚刚打了一个大胜仗，士气高昂，接到隋炀帝的诏书后，心里大为不满。他召集部众，对大家说道："三次出兵都未能讨平敌人，这次回师，不能再来了。劳而无功，我感到非常羞耻。如今高句丽已经困顿不堪，田野连青草都没有，以我军前去进攻，不出几天，即可击败敌人。我打算进兵，径直包围平壤，生擒高元，献上捷报。"他让人给隋炀帝回复，请求出征，拒绝执行隋炀帝的命令。长史崔君肃却竭力反对，但来护儿主意已定，他说道："敌人已经瓦解了，只需我们一支军队就足以解决问题了。我受命在外，君命有所不受，岂能千里之外听从指令！战场情况瞬息万变，很快就会失掉机会，过去一直劳而无功，这太正常了！我宁愿东征高元，回来以后受到皇上的责备，要想让我丢掉这个大好时机，我是绝对做不到的！”崔君肃见来护儿态度坚决，只好退下，对众将说道：“如果你们大家服从元帅，抗拒诏书，我一定要禀报皇帝，你们都得跟着遭罪！”来护儿不怕得罪，众将却害怕，反正是国事，何必如此认真呢？大家一起去劝说来护儿，来护儿无奈，只好接受诏书，率军撤退了。

八月四日，隋炀帝来到怀远镇十几天，就班师了。在途经邯郸时，变民头领杨公卿竟然率领八千多人劫掠隋炀帝护驾的第八队，抢走了皇帝最上等的御马——飞黄厩御马四十二匹。对此，隋炀帝也毫无办法。

这次，完成了心愿的隋炀帝一路动作很快，到了十月三日，他就来到了东都洛阳，然后，他又马不停蹄，于二十五日回到了长安，将高句丽使者和斛斯政送到太庙，向先祖报告结果。隋炀帝又下诏征召高句丽王高元入朝，但高元一直不来，一种被愚弄的感觉油然而生，隋炀帝再次勃然大怒，下诏各军将帅们准备行装，将要发动第四次远征，但由于国内情况持续恶化，隋炀帝这一计划一直没有实现。

十一月二日，隋炀帝下令在长安金光门外，诛杀斛斯政。使用与诛杀杨积善同样的刑罚，令百官亲自斩杀或者射杀，而后，又将他的肉煮熟，命百官吃掉，再把骨头焚毁，扔掉。有些马屁精为了表示忠心，甚至吃到直打饱嗝。

隋炀帝将要回到东都洛阳，太史令庾质劝谏说：“这些年来，征讨辽东，百姓实在已非常疲惫，陛下应该留在关中，让百姓们努力耕作，不出三五年，等国家稍稍富裕一点了，然后再巡视，这才比较合适。”隋炀帝听了，又不高兴了。庾质称病不愿一起东巡，隋炀帝大怒，将其打入大牢，最后，庾质就死在了狱中。

十二月九日，隋炀帝前往东都洛阳，宣布大赦天下。二十五日，抵达了东都。

大业八年、九年、十年，一年一次讨伐高句丽，国内局势也一年比一年糟糕。

大业八年第一次讨伐高句丽：王薄在长白山首义，平原清河郡一带的刘霸道、窦建德、张金称、孙安祖、高士达起义。

大业九年第二次讨伐高句丽：灵武白瑜娑，济北韩进洛，济阴孟海公，北海郭方预，济北甄宝车，礼部尚书杨玄感，余杭刘元进，吴郡朱燮，晋陵管崇，信安郡（今广东省肇庆市高要区）陈瑱，济阴吴海流，东海彭孝才，苍梧郡（今广东省封开县）梁慧尚，东阳李三儿、向但子，东郡吕明星，齐郡孟让，渤海格谦（自号燕王）、孙宣雅（自号齐王），扶风向海明，淮南杜伏威、辅公祏。

大业十年第三次讨伐高句丽：扶风唐弼、李弘芝（称帝），彭城张大虎，琅邪郡宋世谟，延安刘迦伦（称皇王），建安郡郑文雅、林宝护，邯郸杨公卿，长平郡司马长安，离石胡刘苗，汲郡王德仁，齐郡左孝友（投降张须陀），涿郡卢明月。

由此可见，在大业八年的时候，农民起义军还仅仅局限于今山东省中西部、河北省东南部一带；到了大业九年，尤其是杨玄感叛乱之后，全国各地的农民起义军风起云涌，原山东中西部、河北东南部地区又增加了数支部队，并一路南下试图占领江都，并与江南的起义军会合；而江南地区也出现了几支部队，与此同时，北方的灵武、南方的苍梧等地也都发动了叛乱。但所幸的是：王世充消灭了江南刘元进，击破了南下的孟让，保住了江都；张须陀收编了左孝友，大破了卢明月，遏制了局势直线下滑的势头，然而，在这一年是隋王朝局势变坏的重要一年，整个国家已经人心大变，农民起义也有了各自的政治目标，并有人开始称王，把矛头直指残暴的隋王朝。人们打散了，再聚集起来，前赴后继，继续反抗，这实际上已非常可怕了。到了大业十年，局势继续恶化，虽然由于隋炀帝的第三次东征很快就结束了，隋朝政府得以集中力量对付各地农民起义军，出现的起义军数量较上一年要少，但已有人称帝，比上一年更进了一步。

五一　枉杀李敏

隋炀帝是要到他熟悉的东都过新年，然而，谁也没有想到，他再也未能回到长安。

大业十一年（公元615年）一月一日，在东都的隋炀帝设宴招待群臣，这既是对大家一年来辛勤工作的犒劳，也借此向前来恭贺新年的各国使臣展示和夸耀。前来道贺的使臣有：突厥、新罗、靺鞨、毕大辞、诃咄、传越、乌那曷、波腊、吐火罗、俱虑建、忽论、诃多、沛汗、龟兹、疏勒、于阗、安国、曹国、何国、穆国、毕、衣密、失范延、伽折、契丹等国，唯独没有高句丽！高句丽王答应得好好的要入朝朝贡，不仅他自己不来，连派个使者都不成，这显然是想让隋炀帝难堪。高句丽用自己的举动对隋炀帝和各国使臣们说：怎么样？你又上当了吧？我就逗你玩，咋了？要不你还来？你向各国宣布的已经征服我了，这全是假的！

在各国使臣面前，隋炀帝丢尽了颜面，西边的吐谷浑王慕容伏允也趁机夺回了旧有的领地，隋朝政府在当地设立的郡县无力抵挡。在外人面前，他强颜欢笑，但实际上，他的内心充满惆怅，感到非常地无助，只有酒和书才能稍稍忘却内心深处的苦闷。据《隋书·五行志上》记载，一次，他来到长乐宫，独自饮酒，把自己灌得大醉，酒醉之中，他口占一首五言诗。全诗失传，只留下最后两句说："徒有归飞心，无复因风力！"自己有冲天的豪情，却没有回天之力了！命美人反复吟诵，听着听着，隋炀帝悲从中来，泪流如雨，侍从们无不唏嘘叹息。

隋炀帝一生酷爱读书、写书，还是在他担任扬州总管期间，就曾经在自己的王府招徕了上百名学士，常让他们编写书籍，等到继位以后，这一编纂工作就一直没有停下来。经过二十年的努力，在隋炀帝的指导下，学士们一共编纂了三十一部，一万七千卷书，内容涵盖经书、文学、军事、农业、地理、医术、佛教、道教，甚至连赌博、犬马都有，均非常精到。过去，在长安的嘉则殿里共藏书三十七万卷，隋炀帝命令秘书监柳顾言等人精选了三万七千多卷，藏在东都洛阳的修文殿里；又命人照抄了五十部，分别送至长安、东都、各部门收藏。此时的书籍还未成册，以卷轴装饰得非常华美。隋炀帝又命人在观文殿前开辟出十四间书房，每三间开一个门，垂下丝质帷帐，上面雕刻了两个仙女，门外地上设置机关。隋炀帝走到门前，侍女们手持香炉，用脚一踩机关，两个仙女就从空中飞了下来，卷起帐幔，书橱、门扉也都同时开启。等到隋炀帝看完书、走出门后，又都自动关上。

进入新年后，各地农民起义继续发展，为了应对日益严重的叛乱，隋炀帝于二月七日就下诏要求各地将百姓们都迁往城内居住，就近分配土地；在各郡县、驿马站以及大的村落都兴修坞堡，防备强盗。

在本年里，全国各地又出现了几支新的起义军：大业十一年二月五日，杨仲绪率领一万多部众，进攻北平，滑公李景将其击破。十三日，上谷人王须拔谋反，自称漫天王，国号燕；魏刀儿自称历山飞，各自拥众十余万，北连突厥，南寇赵郡。隋炀帝非常忧虑，亲自把将军王辩请上御榻，询问破敌之策。王辩一一说出破敌之法，隋炀帝连连称善，于是，命段达等人率领三千步骑，将魏刀儿击败。五月，变民头领司马长安击破西河郡。七月，淮南人张起绪起兵，拥众三万。十月，彭城魏骐骥聚众一万，骚扰鲁郡。卢明月聚众十余万，在陈郡、汝阳之间流窜。东海李子通率军渡过淮河，自称楚王，改元明政，进攻江都。十一月，王须拔击破高阳郡。十二月，民部尚书樊子盖调发关中兵，进剿绛郡敬盘陀、柴保昌等人，却一直无法取胜。谯郡朱粲拥众数十万，占据荆襄，自称楚帝，改元昌达，汉水流域大多落到他的手里。

东晋以来，社会上一直流传着一句“老君当治，李弘应出”的谶言，由这句谶言又演变出很多谶言，如“李氏当为天子”“老子将度世”以及《桃李子歌》：“桃李子，皇后绕扬州，宛转花园里。勿浪语，谁道许！”“桃李子，洪水绕杨山。”等等，这些谶言令隋炀帝坐卧不安，曾明令禁止，但是，随着农民起义军的蓬勃发展，这些谶言也在社会上重新流传了起来，不少人也是利用这些谶言作为号召，不断壮大自己，比如，扶风的唐弼就是借着这句谶言而拥立了李弘芝为帝，吸引百姓加入他们的队伍中。

这些改朝换代的谶言，也令隋炀帝坐卧不安，这时，有一个名叫安伽陀的和尚自称通晓谶言，对隋炀帝说："将会出现一个姓李的人当天子。"并劝隋炀帝把四海之内凡是姓李的人全部杀光。显然，安伽陀的建议是根本不可能做到的，隋炀帝还没糊涂到因为一句谶言而诛杀那么多无辜的人，笃信佛教的他也不可能去这么做，但安伽陀的话又不能不让隋炀帝对姓李的人格外猜忌。因表兄弟李渊相貌奇特，又姓李，与谶言相符，所以隋炀帝暗中对他非常猜忌。一次，隋炀帝下诏命令李渊见驾，李渊称病没有及时赶到，当时，李渊的外甥女王氏是隋炀帝后宫的嫔妃，隋炀帝问道："你舅舅为何来迟？"王氏回答舅舅生病了。隋炀帝脱口而出："能病死吗？"这话传到李渊耳中，李渊非常害怕，遂沉湎于酒色之中，并向隋炀帝身边的近臣行贿，以保全自己。

另一个让隋炀帝猜忌的就是他的外甥女婿李敏。

如前所述，李敏是北周宣帝皇后、隋炀帝的大姐杨丽华的女婿。杨丽华与北周宣帝宇文赟只有一个女儿宇文娥英，既是寡妇，又失去皇权的杨丽华生前对自己的这个宝贝女儿爱如至宝，爱屋及乌，也对女婿李敏疼爱至深，而李敏的父祖辈也非常显赫。李敏的祖父李贤及其弟弟李远、李穆，他们有的是西魏、北周、隋朝的佐命元勋：李贤在西魏时期历任假节、抚军将军、大都督，原州刺史；北周时历任瓜州刺史、河州总管、大将军。宇文泰与李贤关系很好，北周武帝宇文邕和齐王宇文宪小的时候，宇文泰就把他们放到李贤家中，由李贤抚养；李贤有子五人：李端（开府仪同三司）、李吉（仪同三司）、李孝轨（开府仪同大将军）、李询（上柱国、隰州总管）、李崇（上柱国、徐州总管、幽州总管）；李敏就是李崇的儿子。李贤的弟弟李远，在西魏时历任侍中、太子少师、大将军、尚书左仆射、小司寇。北周建立后，进位柱国大将军，后其子李植密谋诛杀宇文护，宇文护逼其自杀。李贤的另一个弟弟李穆，在西魏时也历任显职，后官拜雍州刺史，兼小冢宰，北周建立后，拜骠骑大将军、开府仪同三司、大都督，直州刺史，大司空，太保，原州总管，上柱国，并州总管，大左辅，太傅等。在杨坚与尉迟迥的对决中，李穆站在了杨坚一边，导致杨坚最终夺取了北周政权。李穆有子：李惇（骠骑大将军、开府仪同三司、凤州刺史）、李怡（仪同三司）、李雅（荆州总管）、李恒（监州刺史）、李荣（合州刺史）、李直（车骑将军）、李雄（柱国、骠骑将军、密国公）、李浑。

如此庞大的家族，已令隋炀帝感到不安了，而这个家族内部却又问题多多。

李浑的长兄李惇早死，等到李穆死时，李惇的儿子李筠作为长门长孙，就继承了祖父的爵位。隋文帝仁寿初年，因李筠非常吝啬，李浑对这个成了李家族长的侄儿非常不满，就派另外一个侄儿李善衡把李筠给杀了。有关部门一直找不到凶手，隋文帝大怒，将李家一家全部抓了起来。过去，李筠曾与堂兄弟李瞿昙有私怨，于是，李浑就站出来指证是李瞿昙杀害了李筠，真正的凶手李善衡和幕后主使李浑自己得以逃脱了惩罚。李筠死后，没有儿子，朝廷就开始讨论该由谁继承李穆的爵位。李浑的妻兄是时任太子左卫率的宇文述，李浑对宇文述说："如果我能继承爵位，我保证每年会把封国税赋的一半送给你。"宇文述是新任太子杨广的心腹，宇文述就找到杨广帮忙，最终，在杨广的斡旋下，隋文帝终于同意让李浑这个李穆的小儿子继承了爵位。李浑继承爵位后，有钱能使鬼推磨，他的官职也随之得到晋升，升为右骁骑卫大将军，生活也日渐奢侈，后院妻妾上百。开始的两年，李浑还遵守约定，如数送给宇文述钱财，两年后，等到李浑地位稳固以后，就翻脸不认人，不再给宇文述钱了。宇文述大怒，曾因酒醉对朋友于象贤说："我竟然被金才（李浑的字）给耍了，我死也不会忘记！"李浑听说后，二人关系开始恶化。

在隋文帝篡夺北周政权之后，曾做梦梦见洪水淹没了都城，心中非常担心，因此，才舍弃了北周长安城，而在原址的南边另建了大兴城，即隋唐时期的长安城。杨玄感叛乱之后，李敏建议加固大兴城，由此，他被任命为将作大匠。后来，有人说李敏的一个名字叫洪儿，隋炀帝立即想起了父亲曾经梦见洪水的事，曾当面告诉此事，希望李敏能自行了断。李敏非常害怕，遂与堂叔李浑、堂兄弟李善衡等人多次暗中密谋，此事被宇文述发现了。宇文述对隋炀帝说："我与李浑素来亲密，听他经常与李敏、李善衡等人密谋，有时竟然通宵达旦。李浑身为大臣，家族很大，又手握禁军，不该如此。"隋炀帝回答："你可以暗中调查。"宇文述就指使虎贲郎将裴仁基上书告发李浑谋反，隋文帝当天就命令宇文述领兵查抄了李浑家，并命尚书左丞元文都、御史大夫裴蕴负责审理此案。审理几天，二人一直找不出李浑等人谋反的证据，隋炀帝又换宇文述审理。宇文述把李穆的妻子宇文娥英从狱中唤出，说道："夫人，你是当今皇上的外甥女，何必担心找不来好丈夫？李敏、李浑的名字上应妖谶，夫人还是好自为之吧。"遂教宇文娥英做证说："李浑曾对李敏说过：'你的名字上应谶言，当为天子。今主上穷兵黩武，不惜民力，这是上天要灭亡隋朝之时啊。如果再次发兵征讨高句丽，你我必为大将军，每一军将有两万多人，光我们叔侄二人的军队就五万了。我们再调发家族各门的堂兄弟们参军，我们这些李家子弟肯定也会担任其他军队的主将，分领兵马。我们率军偷袭御营，一日之内，即可平定了天下。’”宇文述亲自口授，让宇文娥英书写，然后封上封口，写上“上密”二字，好让隋炀帝觉得这封书信别人没有看过，也没动过手脚。宇文述拿着审理报告和宇文娥英的书信入奏说：“如今我已掌握了李浑谋反的证据，还有一封宇文娥英写给陛下的密信。”隋炀帝读完，禁不住流下眼泪，他哭着对宇文述说道：“我家社稷险些就倾覆了，幸赖亲家公你才得以保全啊！”于是，隋炀帝下诏诛杀了李浑、李敏、李善衡以及李氏宗族三十二人，其余三亲等以内的亲戚全部流放到边疆。数月之后，隋炀帝又将外甥女宇文娥英毒死了。

《资治通鉴》称，李敏被杀是大业十一年三月丁酉日，而《隋书·炀帝下》则称是该年五月丁酉日，相差了两个月，不知何者为是。另：据《隋唐嘉话》卷一称：“隋文帝梦洪水没城，意恶之，乃移都大兴。术者云：‘洪水，即唐高祖（指李渊的渊字）之名也。’”

五二 雁门惊魂（一）

隋炀帝杀掉李敏之后，就起驾前往太原去了。

隋炀帝此行的具体日期，史书记载的相互矛盾：《资治通鉴》把隋炀帝北巡的日期记作了三月，而《隋书》不仅将李敏被杀记作五月，把隋炀帝北巡也记作了五月。

在四方大乱的时候，隋炀帝为何不顾其他各处偏偏心急火燎地要北巡呢？

一种说法是避暑。这是《资治通鉴》的说法，但三四月份天气尚不十分炎热，说隋炀帝单纯去避暑，这似乎难以令人信服。

二是安抚东突厥。自从隋炀帝收降了西突厥处罗可汗以后，还将西突厥的部分部众安置在楼烦，已令东突厥始毕可汗对隋朝非常不满了。在隋炀帝东征高句丽时，东突厥曾经南下骚扰内地，北方边境出现了不稳，隋炀帝此行的主要目的可能就是安抚东突厥，稳定北部边境。

三是稳定山西局势。鉴于山西独特而重要的地理位置，要想确保东都洛阳的安全，就必须稳定住山西的局势，隋炀帝在北巡的同时，即任命卫尉少卿李渊为山西、河东抚慰大使，调发河东军队围剿变民。李渊率军来到龙门（今山西省河津市），将变民头领毌端儿击溃。隋炀帝大约是打算借出巡之机，打击稽胡等山西的叛乱势力。

四是压天子气。据《太平广记》引《感定录》记载，在隋朝末年，有望气的人说乾门方向（按照后天八卦，乾卦方位在西北）有天子气，该气一直连到太原，因此，隋炀帝在太原建造晋阳宫，又在宁武建造汾阳宫，其目的就是压这股天子气。虽然是一种迷信的说法，但联系到隋炀帝即位后，不仅修建晋阳宫、汾阳宫，而且在楼烦一带多次修筑长城，可能也是会有这方面的考虑的。

隋炀帝先来到太原，而后就去了汾阳宫（今山西省宁武县管涔山上）。宫城内的房屋不够住，百官和士兵们只好在山谷之中用草搭起茅草棚安身，八月五日，隋炀帝开始出塞北巡。也许他还盘算着与始毕可汗会面，消除双方之间的隔阂，进而劝说他出兵，协助隋军再教训教训高元，即便不能说服始毕可汗，起码要维持双方已有的朝贡关系吧。楼烦太守阴世师听说始毕可汗可能会做出对隋炀帝不利的事情来，劝说隋炀帝返回太原，但隋炀帝不从。阴世师，是原幽州总管阴寿的儿子，历任骠骑将军、东都瓦工监、张掖太守、武贲郎将、涿郡留守。

然而，大大出乎隋炀帝预料的是：如今的始毕可汗早已对他心存怨恨了，事到如今，隋炀帝还幻想着东突厥能协助隋军东征，那简直就是白日做梦。在启民可汗恳请全面汉化遭到拒绝以后，东突厥上层已经清醒地认识到隋朝不可能接纳突厥人作为帝国的臣民，隋王朝只是把东突厥作为它众多仆从国中的一员而已，这让东突厥人自然感到不快，而接下来发生的一连串事情不仅让东突厥人警惕，而且已令他们非常愤怒了。首先就是隋炀帝的三次东征。双方既然不是一家人，就有可能会出现利益冲突，隋朝东征高句丽，自然而然地会让东突厥产生唇亡齿寒的感觉。其次，隋炀帝瓦解了西突厥，又把西突厥部众安排到自己的眼皮底下，这让始毕可汗不禁产生一丝疑虑：你这是又要扶植处罗可汗与我作对？最后，在隋炀帝去年第三次征高句丽时，特意任命裴矩为“护北蕃军事”，实际上是专门监视东突厥的动向。裴矩认为，东突厥羽翼丰满，部众逐渐强盛，再次提出了曾经屡试不爽的分化瓦解之策，即在东突厥中扶植一个贵族，挑拨突厥内部之间的关系，最终酿成突厥内部的动乱，这一策略在当年分化沙钵略可汗与启民可汗以及西突厥处罗可汗和射匮可汗中取得了成功。这次裴矩故技重演，建议隋炀帝将宗室之女嫁给东突厥始毕可汗的弟弟叱吉设，并拜其为南面可汗，但是，这一次裴矩失算了。叱吉设不敢接受，拒绝了隋朝的建议，而始毕可汗听说后，也对隋朝非常不满。裴矩又对隋炀帝说：“突厥人原本民风淳朴，容易离间，但如今有很多匈奴人加入了他们的部落里，这些匈奴人全都非常狡猾，把突厥人教会了。我听说一个叫史蜀胡悉的家伙尤其狡诈，深得始毕可汗的信任，请求设计杀了他。”隋炀帝答应了。裴矩遂派人告诉史蜀胡悉：“天子拿出大批财物，就在马邑，打算与部落做交易，先来的能得到好东西。”史蜀胡悉信以为真，遂没有告诉始毕可汗，率领本部落的部众，驱赶着牲畜，昼夜兼行，争相南下，巴望着能最先与隋朝人做生意。裴矩在马邑设下伏兵，杀死了史蜀胡悉，而后，隋炀帝给始毕可汗下诏说：“史蜀胡悉突然率领部落跑到此地，称将背弃可汗，投奔于我。突厥既然是我的臣子，背叛可汗的人，我也有责任将其杀掉。如今，我已经派人杀了此人，特此通知。”史蜀胡悉的部众当然会把实情告诉给始毕可汗，始毕可汗得知内情后，算是吃了个哑巴亏，虽然不能拿隋朝怎么样，但从此不再入朝了。

因此，当得知隋炀帝此次北巡的消息后，始毕可汗也南下了，但这次他不是只带了突厥贵族，也不仅仅是要去参拜隋炀帝的，而是率领数十万骑兵大举南下，打算活捉隋炀帝！

八月八日，始毕可汗借口打猎，率军出发，幸好，义成公主在始毕可汗出发之后，获取了始毕可汗南下的真实意图，她大惊失色，赶忙派人火速赶来报信。

八月十二日，惊出一身冷汗的隋炀帝也慌忙掉转马头，往回跑，逃入雁门（今山西省代县），齐王杨暕也率领后军退守崞县（今山西省原平市北、隋以前的崞县在今山西省浑源县西）。

八月十三日，突厥骑兵就包围了雁门。

隋炀帝一行猝不及防，顿时一片大乱，所有人都吓得胆战心惊，拆掉民房，取来铁器、木料制造防御武器。城内军民尚有十五万人，但粮食只够吃二十天，纳言苏威之子、鸿胪少卿苏夔负责雁门东城的防御，他一夜之间就建成了一种叫作“弩楼车箱兽圈”的防御器具，隋炀帝见到后，连连夸奖，当即晋升其为正议大夫。

雁门郡下辖四十一座城池，突厥骑兵在包围雁门郡城的同时，又迅速将其与所属各城剥离开来，并攻陷了其中的三十九座城池，只剩下齐王杨暕驻守的崞县和隋炀帝待的雁门郡城还在隋军手里。

隋军多次出城与突厥人交战，但均失利了。突厥人向雁门发起了猛烈的攻击，箭如雨下，流箭落到隋炀帝的面前。隋炀帝这次是彻底吓呆了，想到自己这次有可能成为突厥的俘虏，甚至会被杀头，他怀抱着年仅九岁的幼子赵王杨杲失声痛哭，哭得双眼都红肿了，完全失去了一个皇帝的尊严。

隋炀帝召集群臣商议对策。左卫大将军宇文述劝隋炀帝挑选数千精锐骑兵，出雁门突围而去。纳言苏威反对道：“守城是我们的强项，以轻装骑兵突击则是突厥人的强项，陛下以万金之体岂可轻举妄动！”樊子盖也苦苦劝谏，说道：“陛下万乘之主，岂可轻率行动，一旦出点意外，后悔也来不及了。不如坚守城池以挫败敌人的锐气，从周边四方征调军队救驾，援军很快就会赶到。陛下又有什么可忧虑的呢，却打算亲自去突围！”他流下眼泪，接着又说道：“请求陛下暂停东征，以顺从民意；陛下亲自出来安抚将士们，提高赏赐的规格，将士们自当人人奋勇，不用担忧啊！”金紫光禄大夫虞世基完全赞同樊子盖的三点建议。萧皇后的弟弟、内史侍郎萧瑀出主意道：“我听说始毕可汗借口到此打猎，起初义成公主对此并不知情，况且，根据北方民族的风俗，可贺敦（突厥可汗妻子的位号）有权过问军事。过去，汉高祖刘邦在平城被匈奴军队包围，也有赖于阏氏（匈奴可汗妻子的位号）之力才得以脱身。况且，义成公主是我大隋宗室之女，也需要依靠我大隋作为外援，如果派一位使者去告诉义成公主，就算没有用处，也不至于坏事。我又私下听赶车人交谈，都是担心陛下解除突厥之围后，又要东征高句丽，所以，大家还不齐心，可能会招致失败。恳请陛下颁布诏书，向军中明确承诺赦免高句丽，专门对付突厥，这样一来，军民就安定下来了，会人自为战。”隋炀帝听从了。萧瑀，字时文，为人耿直，笃信佛教。隋炀帝即位后，他历任尚衣奉御、检校左翊卫鹰扬郎将、银青光禄大夫、内史侍郎。萧瑀因经常规劝隋炀帝，惹得隋炀帝很不高兴，逐渐被隋炀帝疏远了。

五三　雁门惊魂（二）

概括起来，群臣给隋炀帝出的主意主要是：

一、固守雁门，等待援军；

二、征调军队，前来勤王；

三、颁布诏书，稳定人心；

四、巡视军队，设下重赏；

五、联络公主，争取内应。

这一次，隋炀帝终于学乖了，这五条对策，他全盘采纳。

隋炀帝的行动能力还是很强的，一旦决定了方向，他往往会做得不错。他亲自出外巡视军队，对士兵们信誓旦旦地说：“努力杀敌！如果能顺利脱离险境，凡是在军中的将士们，你们不用担心不会富贵！我绝不会允许那些个玩弄文字的文官们埋没了你们的战功！”他又下令：“守城有功的，原来没有官职的，一律直接晋升为六品官，赏赐一百段丝绸；原来就有官职的，依次增加。”还让使者不断地来到士兵们中间进行慰问，于是，全体守军个个精神抖擞，士气大振，不分昼夜，顽强地抗击着突厥军队，双方都死伤惨重。

八月二十四日，隋炀帝下诏全国各地郡县都来勤王。王世充将江都军民全部征召入伍，决定北上勤王，他在军中蓬头垢面，一直伤心落泪，昼夜不脱甲胄，枕着野草而眠。事后，隋炀帝听到后，对王世充更加信任了。据说，李渊的次子李世民时年十六岁，也应征入伍，隶属于屯卫将军云定兴。部队出发前，李世民对云定兴说：“一定要多带些军旗、战鼓，好设下疑兵。始毕可汗率领一国的军队胆敢包围了天子，肯定是判断仓促之间，国家来不及派来援军。我们大张旗鼓，令数十里之内旌旗相连，夜里鼓角遥相呼应，敌人会认为各路援军蜂拥而至，一定会望风而逃。如果不这样的话，敌众我寡，一旦敌人全军杀来，我军必然难以抵挡。”云定兴采纳了李世民的建议。

与此同时，隋炀帝也派人从小路来到突厥王庭，向义成公主求救。义成公主派人来到突厥军中，对始毕可汗说：“北方军情紧急！”这时，来自东都洛阳和各郡的隋军增援部队也已进抵忻口（今山西省忻州市北），于是，始毕可汗见好就收，九月十五日，他下令突厥军队全线撤离。突厥撤军后，隋炀帝命人出城侦察，见山谷之中已空无一人，也不见了突厥人的马匹，遂派出一支两千人的骑兵象征性地向北追去，这支隋军行至马邑（今山西省朔州市），抓获了两千多名突厥老弱残兵，这才“凯旋”。在离开雁门前，隋炀帝下诏曲赦（对特定范围实施的赦令）太原、雁门死罪以下的囚犯。

九月十八日，隋炀帝回到了太原。苏威对隋炀帝说：“如今天下变民蜂拥而起，国家兵马疲惫，希望陛下尽快赶回长安，巩固基础，要为国家的长远利益着想。”起初隋炀帝答应了，但一脸不情愿。宇文述见状，就上奏说：“百官的家眷都在东都，还是顺路先回洛阳，再从洛阳入潼关也行。”隋炀帝答应了。

十月三日，隋炀帝一行回到了东都洛阳。

走在洛阳的大街上，隋炀帝对侍从们说：“洛阳的人还是不少啊！”言外之意是：消灭杨玄感后，株连的人还是太少。回到洛阳后，主管赏赐一事的苏威因赏赐太重，朝廷无力支付那么多的财物，就对隋炀帝说：“赏赐的标准太高了，应当重新加以斟酌。”樊子盖强烈要求按原来承诺的赏赐，不可失信于民，隋炀帝反问一句：“你难道要收买人心吗？”一句话说得樊子盖再也不敢吱声了。

隋炀帝本来就对官位、赏赐非常吝惜。平定杨玄感后，因功而应受赏赐的人太多，隋炀帝就另行制定了专门针对武将的散官品级：最高的是建节尉，才正六品，依次分别为奋武尉（从六品）、宣惠尉（正七品）、绥德尉（从七品）、怀仁尉（正八品）、秉义尉（从八品）、奉诚尉（正九品）、立信尉（从九品）。这个专门用于军功的武官散官制度，对应的级别太低，其实就是在糊弄将士们。即便是糊弄，这次守卫雁门的将士一共是一万七千人（雁门城内十五万人，大部分是当地居民和隋炀帝带的非战斗人员），经过评定该得赏赐的只有一千五百人，全部按照平定杨玄感时确定的办法办理：一次作战立下一等功的，只能晋升一阶，即如果原来是士兵的，只能晋升为从九品的立信尉；经过三次战斗每次都立下一等功的，才能被晋升为从八品的秉义尉；没有立下战功的，需要参加了四次战斗，才能被晋升一阶，又没有赏赐。这已经令将士们非常寒心了，更有甚者，回到洛阳的隋炀帝很快就忘记了在雁门时的恓惶，大头症继续发作，竟然又开始讨论出兵讨伐高句丽了。如果说过去的隋炀帝还是一个不顾民情、好大喜功的暴君，那么，如今的隋炀帝则完全变成了一个昏君，将士们对这个出尔反尔的皇帝已非常恼火。

除了讨论讨伐高句丽之事，回到洛阳的隋炀帝还做了以下几件事。

一是任命老将王仁恭为马邑太守。杨玄感之乱中，因王仁恭的侄儿、虎贲郎将王仲伯加入了杨玄感集团，王仁恭受到牵连而被免官。如今，东突厥不断南下、骚扰隋朝北部边境，隋炀帝又想到了他。王仁恭上任不久，始毕可汗就又率领数万突厥骑兵进攻马邑，并分兵命令两名特勤率军继续南下。当时，马邑城内的隋军不足三千人，王仁恭挑选精锐奋击，突厥人猝不及防，被打得大败。王仁恭乘胜纵兵追击，斩杀了那两名特勤及其手下数千人；后来，突厥人再次攻入定襄（今山西省朔州市平鲁区西北），王仁恭率领四千人马掩杀，斩首一千多级，缴获了突厥人大量牲畜。为加强北部边境的防御，隋炀帝又下诏命令自己的表哥、太原留守李渊率领本部人马与王仁恭一起防御突厥。

二是旧态复萌，继续拒谏饰非。隋炀帝回到洛阳后，再反思在雁门时众人的建议，对个别人就气不打一处来了。他对群臣说："突厥人狂妄无礼，他们能有什么作为？只因一时没有将他们击退，萧瑀就吓得魂不附体，还来吓唬我，绝不能饶恕。"当即把他贬为河池郡守，还命当天就离京赴任。候卫将军杨子崇（隋文帝杨坚的同族弟弟、隋炀帝的族叔）侍从隋炀帝在汾阳宫的时候，就担心突厥会突然南下，屡屡请求隋炀帝早日回到京师，当时，隋炀帝固执己见，未予理睬。等到解围后，隋炀帝不是向人家道歉，并鼓励人家以后多多进言，相反，却说："杨子崇胆小如鼠，惊动人心，不可让此人充当禁军首领。"又把他贬为离石郡守。

三是为逃离东都做好准备。杨玄感之乱中，停留在洛阳的龙舟、水殿全部被叛军焚毁，如今，隋炀帝又下诏命令江都重新建造数千艘，规模比原来的还大，这显然是为自己南下江都做好准备。除此之外，隋炀帝也为没有忘了东都洛阳周边的安全。绛县（今山西省新绛县）的叛军敬盘陀、柴保昌等部拥有数万人马，骚扰河东地区。十二月二十二日，隋炀帝下诏命令民部尚书樊子盖调发关中军队讨伐。樊子盖作战没有多少谋略，但有一点就是稳扎稳打，因此，从未战败过。他对隋炀帝忠心耿耿，也敢于直言，但非常残暴，是个杀人不眨眼的主。他率领来到河东地区以后，不分是良民还是变民，从汾河以北开始，见人杀人，见村庄就烧毁；投降的，全部活埋。当地百姓一片惊慌，纷纷反抗，樊子盖率领数万大军到了第二年也未能剿灭变民，相反，变民越剿越多，隋炀帝遂下诏命李渊接替了他的职务。李渊接任后，改变了策略，以安抚为主、打击为辅，变民归降了数万人，剩余的则逃到了其他地方。

不久，樊子盖就病死了，终年七十二岁。隋炀帝问黄门侍郎裴矩："樊子盖临死前说了什么？"裴矩回答："樊子盖病重期间，深恨雁门之耻。"隋炀帝听后，喟然叹息，命令百官都去吊唁，参加樊子盖葬礼的就有一万多人。

五四 窜身江都

大业十二年（公元616年），整个隋朝的局势已无法收拾。

从地域上划分，隋末民变大致可以分为六大区域。

一是河济地区。长白山（今山东省章丘市、邹平县境内）王薄（屡屡被张须陀击败，后相继投降宇文化及、窦建德、唐朝），平原、清河郡一带活动的刘霸道、窦建德、张金称、孙安祖、高士达（其中，张金称火并了孙安祖，刘霸道下落不明），济北韩进洛、甄宝车（后下落不明），济阴孟海公（后归降窦建德），北海郭方预（曾被张须陀击败，后下落不明），济阴吴海流（后下落不明），东郡吕明星（被费青奴击破），齐郡孟让（转战江淮，被王世充击败，后投奔瓦岗），渤海格谦［自号燕王，后为王世充（一说杨义臣）所杀］、孙宣雅（自号齐王，后曾与王薄、郝孝德、张金称、高士达等部联合进攻章丘、黎阳仓，后不详），邯郸杨公卿（后下落不明），汲郡王德仁（后归顺瓦岗），齐郡左孝友（投降张须陀）。

二是江淮地区。东海彭孝才（为董纯所杀），淮南杜伏威、辅公祏（杜后降唐，辅为唐军所杀），彭城张大虎，琅邪郡宋世谟（后下落不明），东海李子通（自称楚王，后为唐军所杀），淮南张起绪（后下落不明），余杭刘元进，吴郡朱燮，晋陵管崇（后三人为王世充所杀），东阳李三儿、向但子。

三是荆襄地区。涿郡卢明月（南下劫掠山东、南阳，后被王世充消灭），朱粲，萧铣（次年起兵巴陵）。

四是山西地区。离石胡刘苗，河东毌端儿，绛县敬盘陀，上谷王须拔、魏刀儿，长平郡司马长安，其后，又有刘武周、梁师都等人。

五是关西地区。灵武白瑜娑，扶风唐弼、李弘芝（称帝）、向海明，延安刘迦伦（称皇王），此后，又有河西李轨、金城薛举。

六是岭南地区。信安郡（今广东省肇庆市高要区）陈瑱，苍梧郡（今广东省封开县）梁慧尚。

大业十二年的一月一日，各附属国似乎也没有再派来使者，即便是国内该来进贡的各地朝集使也有二十余郡的因变民阻隔而未能来到洛阳，隋炀帝这才开始研究向全国派出十二道使者，调派军队进行镇压。与此同时，他也开始考虑自己的后路了，是西回长安，还是南下江南？思来想去，他更倾向于南下江都，真不行，就把大乱中的中原扔掉，自己南渡长江，当一个陈后主，于是，他下令毗陵（今江苏省常州市）通守路道德调集周边十余郡数万士兵，在郡的东南修建宫殿，方圆十二里，里面建了十六座行宫，大抵同东都洛阳西苑的样式，但又华丽得多。隋炀帝还打算在会稽修筑行宫，这都是在为自己南逃做准备。

一月七日，雁门人翟松柏在灵丘（今山西省代县）起兵，众至数万，转攻附近各县。二月六日，东海卢公暹率众一万多人，固守苍山。三月三日，清河张金称率军攻克平恩（今河北省曲周县东南），一天之内屠杀了一万多百姓；又攻陷了武安、巨鹿、清河各县。张金称为人非常残暴，变民所到之处，鸡犬不留。四月七日，魏刀儿部将甄翟儿也号称历山飞，拥有十万人马，进攻太原，隋军将领潘长文战败被杀。

四月一日，东都洛阳大业殿西院发生火灾，隋炀帝以为是变民冲进来了，吓得仓皇逃出皇宫，逃进西苑，藏在草丛之中，直到大火被扑灭后，才敢回宫。自从大业八年王薄起义以后，隋炀帝每天晚上睡觉都会做噩梦，常常从梦中被惊醒，惊慌失措地大喊："有贼！"只有躺在好几个妇女的怀里轻摇，才能睡去。

但此时隋炀帝的内心已经扭曲了：他害怕变民，但又像鸵鸟一样不愿听到变民，总想麻痹自己的神经。左翊卫大将军宇文述对隋炀帝的心态把握得非常准确，当隋炀帝询问侍臣们变民军的情况时，宇文述就回答："逐渐少了。"隋炀帝又问："比过去少了多少？"宇文述回答："剩下的不足原来的十分之一。"纳言苏威不愿被问及此事，就躲在殿柱后面，可是，隋炀帝还是没放过他。苏威只好回答："臣不主管此事，不清楚是多是少，只是感到变民距离我们越来越近了。"隋炀帝问："为什么如此说？"苏威回答："过去，变民远在长白山，如今近在汜水。况且，过去的税赋劳役，现在都到哪里去了？岂不是这些人都成了变民？近来，我见有关部门上报的情况都不真实，致使朝廷判断失误，未能及时剿灭叛乱。另外，前不久在雁门时，陛下曾亲口许诺不再东征高句丽了，如今却又征调东征的部队，如此一来，叛乱岂能平息！”隋炀帝听了，顿时满脸不悦。

不久，就到了五月五日端午节，朝廷群臣大多给隋炀帝送上奇珍异宝，表示祝贺，唯独苏威献上了一本《尚书》。有人从中进谗言说：“《尚书》中有五子之歌，苏威不怀好意！”隋炀帝更是恼火。又过几天，隋炀帝就东征高句丽一事征询苏威的意见，苏威想让隋炀帝知道全国的民变已到了何等严重的程度，就回答：“此次东征，我建议还是不要发兵了，只用赦免天下的变民，自然能得到数十万军队，将他们派往辽东即可。他们因被免去了死罪而高兴，一定会奋勇杀敌，则高句丽可灭。”隋炀帝听了，很不高兴。等到苏威出去后，御史大夫裴蕴就在背后说起了苏威的坏话：“这可太无礼了！天底下哪有那么多变民？”隋炀帝说道：“这老家伙太狡猾了！想拿变民多来要挟我！我早就想扇他耳光了，暂且再忍一忍！”裴蕴知道了隋炀帝的心思，就命一个名叫张行本的洛阳平民上奏道：“苏威过去在高阳负责选拔官员，随意给人官职；他还惧怕突厥，建议皇上返回长安。”于是，隋炀帝将苏威打入大牢，削职为民。不久，就又有人告发苏威与突厥人暗中勾结，图谋不轨，隋炀帝命裴蕴审理，裴蕴拟定的初步意见是将苏威斩首。苏威无法证明自己的清白，只好跪在隋炀帝跟前，不停地叩头、谢罪。隋炀帝顿生怜悯之情，说道：“我还是不忍心就这样把他杀了。”遂将苏威及其子孙三代都除名了。

五月九日晚上，隋炀帝到景华宫游玩，怪没有萤火，就下令捉点拿来，结果，有关部门下令数千人四处捉萤火虫，竟然捉了五百多箱。隋炀帝游玩时，把这些萤火虫放出来，顿时漫山遍野都是点点萤火，煞是好看。

七月，江都新建的龙舟完工，送到了洛阳，宇文述劝隋炀帝南下江都，隋炀帝答应了。右候卫大将军赵才劝谏道：“如今百姓疲惫，府库空虚，变民四起，禁令不行，希望陛下能回到京师，安定百姓。”隋炀帝听后大怒，将赵才打入大牢，过了十几天，才把他放了。群臣虽然都不愿南行，但隋炀帝的态度非常坚决，因此，大家都不敢劝谏。建节尉任宗上书劝谏，隋炀帝当即下令在朝堂上将其用棍棒打死。

七月十日，隋炀帝留下孙子越王杨侗、光禄大夫段达、太府卿元文都、检校民部尚书韦津、右武卫将军皇甫无逸、右司郎卢楚等人在洛阳，“总留后事”，他自己则率领大队人马开始了他第三次也是最后一次南巡江都。《教坊记》称：隋炀帝将南行，乐师王令言因年老不从，其子将一起南下。其子在家中弹琵琶，王令言听后，大吃一惊，问道："这首曲子是什么名？"其子回答："宫内新创作的曲子，名字叫《安公子》。"王令言流下眼泪，哭着对儿子说道："你就不要一起去了，皇上一定回不来了。"其子询问原委，王令言说："此曲全是宫声，去而不返。宫代表君主，我因此知道。"在这一次南巡江都时，很多宫女无法一同南下，隋炀帝还题诗一首赠别："我梦江南好，征辽亦偶然。但存颜色在，离别只今年。"

奉信郎崔民象以盗匪充斥，路途不便，在建国门上书劝谏。隋炀帝大怒，命人将其斩首。

七月十四日，冯翊（今陕西省大荔县）孙华起兵造反。虞世基以"盗贼充斥"请求发兵保卫洛口仓，隋炀帝没有答应，只是答复他道："你是书生，自然担心怕事。"但不久，隋炀帝还是命在洛口仓筑城，以备不测。行至汜水（虎牢关）时，奉信郎王爱仁又劝谏隋炀帝返回长安，隋炀帝下令将其斩杀，继续前进。到梁郡（今河南省商丘市），当地有人上书劝谏，称："陛下如果一意孤行，非要南下江都，则天下就再也不会是陛下的了！"隋炀帝又将那人杀了。当时在江淮地区其实也不安全，李子通占据了海陵（今江苏省泰州市），左才相在淮河以北打游击，杜伏威盘踞在六合（今江苏省南京市六合区），三人各自都拥有数万人马；隋炀帝命令光禄大夫陈棱率领八千宿卫精兵前去讨伐，连连击败敌人。

五五 瓦岗英雄

就在各地农民起义风起云涌之际，在东郡（今河南省滑县）就引出了一位奇人，此人姓黄，双字君汉。

由于黄君汉史书无传，这更给他的生平增添了一份神秘。据唐李百药所撰《夔州都督黄君汉碑铭》记载，黄君汉，字景云，为东郡胙城县（今河南省延津县北三十五里）人。南北朝时期，刘宋元嘉二十七年（公元450年），黄君汉六世祖黄琚率军随宁朔将军王玄谟北伐，在滑台被北魏击败，黄琚从此身陷北魏，后来，黄家一直住在滑台附近，世代为当地豪强。黄君汉之父黄罗刹在北齐末年为当地民团头领，北周时在杨坚平定尉迟迥叛乱中，被任命为行军总管。黄君汉生性耿介，有胆有识，隋炀帝征高句丽时，黄君汉因功为晋升为立信尉（从九品），后来，本州设置军府，黄君汉又被选入，担任越骑校尉，晋升为司马。

黄君汉的同僚韦城（今河南省滑县东南）人翟让，时任东郡法曹，因犯法当斩。黄君汉见翟让骁勇，深夜偷偷来到狱中，对翟让说："翟法司，天心民意，已非常清楚，你岂能白白死在狱中？"翟让惊喜，说道："翟让我只不过是牢笼里的猪，死生全在大人之手！"黄君汉当即打开了翟让的枷锁，就要放翟让离去。翟让叩头拜谢，说道："翟让我蒙您再生之恩，幸运是幸运，但是，我走之后，您该如何是好啊！"说完，遂流下了眼泪。黄君汉回答："我本来以为你是一位大丈夫，应以拯救万民性命为己任，所以，才不顾死活将你放掉，为何要像小女子一般哭哭啼啼向我道谢呢！你只需小心逃命，不用替我担心！"于是，翟让就逃往瓦岗山（今河南省滑县南）当了强盗。黄君汉也在柏崖（今河南省孟津县西五十里黄河南岸，《大清一统志》则称柏崖县在河南省济源市西南）聚众起义。

单雄信，曹州（今山东省曹县，《资治通鉴》则说与翟让为同郡人，即滑州）人，与翟让是好朋友。单雄信非常骁勇，尤其善于在马上使用长矛，率领一群少年追随了翟让，在军中号称“飞将”。据《酉阳杂俎》前集一二记载，单雄信年少时，在学堂前种了一棵枣树，等到他十八岁时，将那棵枣树砍下制成一把长一丈七尺的长枪，枪尖重达七十斤，号称寒骨白。在此期间追随翟让的还有徐世勣。徐世勣，字茂公，曹州离狐（今山东省东明县东南）人，隋朝末年举家移居到滑州的卫南县。徐世勣家非常富裕，家里很多奴仆，经常囤积数千钟（一钟约为270斤）粮食。徐世勣和他的父亲徐盖为人都非常仗义，不分亲疏，经常施舍，赈济穷困。《隋唐嘉话》称，后来，徐世勣（后被赐名李世勣，又因避李世民的讳，而称为李勣）在回顾自己的一生时曾经说过：“我年纪十二三岁时是个无赖强盗，逢人便杀；到十四五岁时，就变成了难当强贼，见谁不顺眼，无不杀掉；再到十七八岁，就成了一个好强盗，只有两军阵前才杀人；年龄二十岁时，就成为一名天下大将，用兵征讨是为了救人的性命。”翟让在瓦岗山聚众时，时年十七岁的徐世勣前往投奔。他向翟让建议：“大人和在下都是东郡人，大家都是乡里乡亲的，相互之间很多都认识，不宜在家乡抢掠。汴水流经荥阳郡（今河南省郑州市）、梁郡（今河南省商丘市）二地，我们前去劫掠商船，就足以为生。”翟让深以为然，遂率领部众离开瓦岗山南下，来到这两个郡境内，劫掠公私商船，从此，翟让所部非常富有，很多百姓纷纷归附，部众人数很快就增至一万多人。

而恰恰这时，四处躲藏的李密就在这一带活动。当时，在这一带的强盗还有外黄（今河南省杞县东）的王当仁、济阳（今河南省兰考县东北）的王伯当、韦城（今河南省滑县东南）的周文举、雍丘（今河南省杞县）的李公逸等几股。李密就穿梭于几位头领中间，提出夺取天下的方略，起初没人相信李密的话，不过，功夫不负有心人，时间长了，这些原本毫无大志的强盗们开始觉得李密说的不是没有一点道理，就相互说道：“这家伙是公卿子弟，志向远大啊。如今人人都说杨氏将要灭亡，李氏将要兴起。我听说王者会大难不死，这人再三脱离险境，谶言所指的帝王莫非就是他？”从此开始对李密逐渐敬重起来了。

李密见当地最强的力量是瓦岗军的翟让部，就通过王伯当的介绍，请求拜见翟让。翟让就让李密说服附近其他小股强盗，这些强盗都表示归顺，翟让这才非常高兴，对李密稍稍亲近起来。李密给翟让献计道：“刘邦和项羽都是出身百姓而成为帝王的。如今，主上昏庸，百姓怨恨，国家的精锐部队都在辽东损失殆尽了，又与突厥之间反目为仇，在这种情况下，主上还南巡江都，把两京置于空虚之地，这正是项羽、刘邦崛起之时啊。你雄才大略，又有群雄的支持，士马精强，高举义旗，为天下作出表率，席卷两京，扫除暴政，一定能消灭杨氏政权。”翟让听了，道歉说：“我们这些人不过是一群强盗而已，在草莽之间苟且偷生，你说的话，不是我能担当得起的。”而恰恰在这时，有个名叫李玄英的人从东都洛阳逃到此地，在各股强盗之间寻找李密，称：“此人将取代隋朝。”有人询问缘由，李玄英说：“近来，民间歌谣有《桃李章》，歌词是：‘桃李子，得天下；皇后绕扬州，宛转花园里。勿浪语，谁道许？’桃李子，是指逃亡中的李姓子孙；皇与后，都是指皇帝；宛转花园里，是指天子在江都回不来了，将要死在沟壑之中；勿浪语，谁道许，就是指不要说话，是一个密字。”等李玄英找到李密以后，就死心塌地地追随李密了。前宋城（今河南省商丘市）尉房彦藻（生平不详，似与房玄龄之父房彦谦为一辈人），自恃才高，却得不到重用，也与李密一样参与了杨玄感的叛乱；失败后，他改名换姓，与李密在梁宋（今河南省东北部一带）相遇，二人一起又南下汉沔（汉水流域），说服各路豪杰，回来后，李密与房彦藻身边带回了数百人。

翟让的军师贾雄，通晓阴阳占卜，翟让对他言听计从。李密先结好贾雄，而后，让他假借占卜之术去劝说翟让，贾雄同意了。贾雄想好了该怎么说，但还没有找到一个合适的机会说出来，正巧翟让召见贾雄，把李密的“席卷两京，夺取天下”建议告诉了贾雄，征询贾雄的意见，贾雄回答：“吉不可言。”又说：“您自立为王恐怕未必能成功，要是拥立此人，事情就没有办不成的。”翟让说：“像你说的那样，蒲山公应当自立为王，为什么他又来投奔我呢？”贾雄回答：“事情都是有因有果的，李密之所以来投奔你，是将军您姓翟，翟是泽的意思。蒲草非泽则不生，所以，他需要将军您的支持。”翟让认为贾雄的话很对，他与李密的关系日益密切。

李密遂趁机劝说翟让道：“如今四海鼎沸，百姓无法进行农业生产，您兵马虽多，但没有粮食储备，全靠外出抢掠，常常苦于供给不足。长此以往，再加上大敌临头，部众必然会离散。不如先夺取荥阳，休整兵马，储备军粮，待兵强马壮之后，再与他人争斗。”翟让听从了，遂率军攻破了金堤关（在今河南省荥阳市广武镇霸王城村北黄河道中），又攻占了荥阳下属很多县。

瓦岗军西进荥阳，立即引起了隋炀帝的重视。当时，驻守荥阳的是隋炀帝的族弟郇王杨庆（其父河间王杨弘为隋文帝从祖弟），无力抵敌，隋炀帝遂任命张须陀为荥阳通守，率军进剿翟让。隋末大乱后，张须陀曾在齐郡、鲁郡、章丘、北海、祝阿、济北等地屡屡击败王薄、孙宣雅、石秖阇、郝孝德、裴长才、石子河、秦君弘、郭方预、左孝友、解象、王良、郑大彪、庐明月、吕明星、帅仁泰、霍小汉等变民军，因功被晋升为齐郡通守，领河南道十二郡黜陟讨捕大使。接着，他又奉命率军西进，讨伐翟让，与翟让军前后交手三十余次，连战连捷。

十月二十七日，张须陀率军进攻翟让。翟让听说张须陀的军队前来，不敢应战，打算率军撤离荥阳地面。李密说："张须陀有勇无谋，又连连取胜，骄傲凶狠，可以一战将其击败。你只用列阵等待，我保证能替你消灭了他！"翟让不得已，遂集结军队，准备一战；李密则率领常何等二十名猛将为游击骑兵，并提前将一千多人埋伏在大海寺以北的丛林之中。

张须陀素来轻视翟让，他指挥隋军结成方阵，朝翟让的瓦岗军压来。两军一战下来，瓦岗军战败，隋军乘胜追击，追杀了十余里。就在隋军穷追猛打之际，李密突然下令伏兵从大海寺后面丛林中杀了出来，隋军毫无防备，遂被打败，李密、翟让与徐世勣、王伯当等人将隋军团团包围起来。张须陀奋起神威，从重围中杀出一条血路，等他自己杀出瓦岗军的包围后，却发现身边有亲信还陷在包围圈内，张须陀又掉转马头，再次杀进包围圈内，解救下属。就这样，勇猛的张须陀一连杀进杀出四次，他身边的随从全部战死或逃散，他自知无力回天，仰天长叹道："败到这步田地，我还有什么脸面再见天子！"遂从战马上跳下，与瓦岗军苦战而死。死时，年仅五十二岁。张须陀勇猛刚烈，爱兵如子，深得人心，听到他战死的消息，他的旧部整夜哭号，数日不止。黄河以南郡县的隋军士气大跌。张须陀的副将、鹰扬郎将贾务本率领五千残兵逃往梁郡，不久，贾务本也死掉了。隋炀帝下诏任命光禄大夫裴仁基为河南道讨捕大使，接替贾务本接管了张须陀的旧部，移防虎牢关。隋炀帝曾命令张须陀的儿子张元备来接管其父的部队，但当时张元备在齐郡，道路阻隔，竟然无法成行，因此，张须陀部将秦琼也就成了裴仁基的部下。

裴仁基，字德本。祖父裴伯凤，为北周汾州刺史；其父裴定，为上仪同。裴仁基年少时就非常勇猛，弓马娴熟；灭陈之战中，因战功而被拜为仪同，成为汉王杨谅府中的一名亲信。隋炀帝即位后，杨谅发动叛乱，裴仁基苦苦劝谏，杨谅大怒，将其打入大牢。等到杨谅失败后，隋炀帝对裴仁基的举动非常赞赏，将他破格提拔为护军。数年后，又改任为虎贲郎将，因随从李景讨伐叛乱的山蛮而被晋升银青光禄大夫，此后，在进攻吐谷浑之战、打击入侵的靺鞨战斗以及东征高句丽中，均因战功而分别进位金紫光禄大夫、左光禄大夫、光禄大夫。

五六 大乱天下（一）

在瓦岗军取得大海寺之战的胜利前后，全国各地的变民也正与隋军展开着你死我活的战斗。

河济地区：

张金称、郝孝德、孙宣雅、高士达、杨公卿等人一起率部劫掠河北地区，攻克郡县，屠杀百姓。隋朝将帅相继败亡，唯独虎贲中郎将王辩、清河郡丞杨善会屡立战功，尤其是杨善会，他前前后后与变民军交战七百余次，未尝战败过。杨善会，字敬仁，弘农华阴人。大业中，杨善会担任鄃（今山东省夏津县）令，非常清正。杨善会先是率领本地军队抵御了张金称的数万变民军，后又协助段达将张金称赶出了本县；不久，张金称又与孙宣雅、高士达等人率领数十万大军西破黎阳，得胜而还，军威甚盛。杨善会率领一千多精锐部队截击变民军，一举将其击破。张金称恢复了元气后，率领轻装部队袭击冠氏县（今山东省冠县），杨善会又与平原通守杨元弘率领数万步骑，偷袭张金称的大本营，恰在此时，王辩也率军而至。张金称回军救援，正与王辩军遭遇，王辩失利。杨善会挑选五百名壮士杀入敌阵，所向披靡，王辩军遂转败为胜。

隋炀帝又派遣太仆杨义臣率军前来讨伐张金称。张金称在平恩（今河北省邱县）东北扎营，杨义臣率领隋军直抵临清（今山东省临清市）以西地区，依托永济渠安营扎寨，距张金称大营四十里，深沟高垒，不与作战。张金称天天率军来到杨义臣军营西边，杨义臣也总是整顿军队，约定会战的时间，可是，届时，杨义臣总是按兵不动，就是闭门不战。张金称在营外一直等到天黑，只好退去，第二天一早又率军前来，就这样持续了一个多月，杨义臣就是不出击。张金称以为杨义臣胆怯，屡屡逼近隋军大营，百般辱骂。杨义臣对张金称说："你明天再来，这回我一定出战。"张金称根本不把杨义臣放在眼里，遂不再戒备。当晚，杨义臣挑选两千精锐骑兵从馆陶（今河北省馆陶县）附近渡过了清河，埋伏在张金称大营的附近。第二天一早，等张金称率军离开大营后，这支奇兵就杀入张金称的大营，张金称听到后方有变，赶忙掉头回救，而杨义臣则率军从后追杀上来，张金称军大败，其本人与数百名亲信狼狈逃到清河以东。一个多月后，张金称又回到漳南（今山东省平原县西），召集被打散的部众，结果被杨善会逮捕，杀掉。临刑前，隋朝官吏们在闹市上竖下一根大木，将张金称的头悬在木桩上，展开手足，令受过他迫害的人家一块一块割下他的肉吃掉；张金称也的确是位好汉，咽气之前，他一直高歌不止。因剿灭张金称之功，隋炀帝下诏赏赐杨善会尚方甲槊弓剑，晋升其为清河通守。

在杨义臣进攻张金称的同时，涿郡通守郭绚率领一万多兵马正在讨伐高士达。高士达自以为才能不及窦建德，遂晋升窦建德为军司马，将部队都交给他指挥。窦建德刚取得军队的指挥权，想立下大功以服众，遂请求高士达守住辎重，他亲自挑选了七千精兵，前来抵御郭绚。来到前线后，窦建德谎称自己与高士达之间产生了矛盾，派人向郭绚投降，并表示愿意将功补过，甘愿充当政府军的先锋，进攻高士达。高士达也对外宣称窦建德背叛了，取来俘获的妇女假扮是窦建德的妻子，在军中将其杀掉。郭绚信以为真，遂率军跟随窦建德的部队一直挺进到了长河（今山东省德州市东），双方发誓，约定一起消灭了高士达。郭绚逐渐放松了警惕，不再设防，结果，窦建德突然发起袭击，杀死隋军数千人，缴获战马一千多匹，郭绚与数十名骑兵狼狈而逃。窦建德派人在平原追上了郭绚，将其斩杀，把人头送给了高士达。张金称的残余部众也都归顺了窦建德，窦建德的力量更强了。

隋军刚刚灭掉张金称，窦建德就全歼了郭绚，在隋军与河北变民军的交锋中，双方打成了平手。杨义臣乘胜推进到平原（今山东省陵县），打算深入高鸡泊（今河北省故城县）中，将高士达、窦建德一举消灭。窦建德对高士达说："遍观隋将，善于用兵的，只有杨义臣一人而已。此人刚刚击破张金称，长途跋涉前来袭击我们，其锋芒不可抵挡。建议率军撤离，令其欲战不能，白白浪费时日，将士疲倦，我们再瞅准时机进行袭击，可以立下大功。如今，如果与其交锋，恐怕难以抵敌啊！"高士达不从，遂把窦建德留在后方，亲率精兵迎击杨义臣。双方刚一交手，高士达取得了一次小胜，就得意忘形，设宴款待众将，轻视起杨义臣来了。窦建德得知后，说道："东海公还未击破敌人就妄自尊大起来，大祸就要临头了。隋军乘胜，一定能攻到此地，人心慌乱，我恐怕也无法自全。”于是，他留下一部分人守卫大本营，亲自率领一百多名精锐士兵扼守险要，以防高士达战败。五天之后，杨义臣果然大破高士达，临阵将其斩杀，并乘胜追击，直扑变民军的大营。变民军大营守军全部溃散，窦建德率领一百多名骑兵也仓皇逃去。行至饶阳（今河北省饶阳县），窦建德发现城内没有防备，遂一举将其攻占，安抚百姓，招募了三千多人。

杨义臣斩杀高士达后，感到窦建德已构不成太大威胁，遂率领隋军继续向东，讨伐盘踞在豆子航（今山东省惠民县西）的河间人格谦。格谦拥有十余万部众，自称燕王，杨义臣率军来到后，一举将格谦擒杀，不久，王世充又接替了杨义臣，将格谦在豆子航的余党全部消灭，只有格谦的部将高开道与一百余人逃到了海边避难。高开道，是沧州阳信县人。世代以煮盐为生，非常骁勇，能赶上奔马。高开道刚投靠格谦时，并没引起重视，直到有一次，格谦被隋军包围，亲信均四散而逃，唯独高开道一人挺身搏斗，斩杀了数十人，才把格谦救了下来，由此高开道也被晋升为将军。高开道躲避一段时间后，又出来劫掠沧州，后又北上抢掠临榆关以至怀远等地。

当时内史侍郎虞世基因隋炀帝不愿听到变民的消息，各地的告急文书，虞世基总是擅自截留，不让隋炀帝知道实情，只是说：“都是些鸡鸣狗盗之徒，州郡正在围剿，很快就平定了，陛下不用担忧。”隋炀帝信以为真，甚至还杖责郡县派来的使者，因此，天下已经大乱的实情，隋炀帝并不知晓。等到杨义臣击破张金称、高士达、格谦河北数十万义军后，列出作战经过，隋炀帝看着奏表，叹息道：“我从未听说过出来这么多变民，杨义臣招降的竟然这么多啊！”虞世基回答：“小贼虽然不少，但不足为虑。杨义臣击破变民，收编了不少人马，长期放在外面，这恐怕不合适吧。”隋炀帝说：“你说的对。”遂下诏将杨义臣召回江都，晋升为光禄大夫，又拜为礼部尚书。但不久，杨义臣就去世了。

由于杨义臣被召回了江都，王世充在消灭格谦以后，又奉命率部南下南阳，窦建德又回到了平原，替高士达发丧，收编旧部，又得到数千人，声势再度转盛，遂自称将军。过去，变民们抓获隋朝官吏和山东的知识分子们，往往不分青红皂白一律杀害，唯独窦建德得到知识分子，必加以礼遇。窦建德在袭占饶阳县后，抓获了县长宋正本，遂将其引为上客，此后，隋朝官吏逐渐举城投降，窦建德的实力也开始增强，军队增至十余万人。到大业十三年（公元617年）一月五日，窦建德在乐寿（今河北省献县）筑坛称王，号长乐王，设置百官，改元为丁丑。与此同时，鲁郡（今山东省济宁市兖州区）的变民头领徐圆朗攻下了东平（今山东省郓城县），又分兵夺占土地，从琅邪（今山东省临沂市）以西、北到东平的大片地盘，拥有两万多兵力。

幽州地区：

隋炀帝原本要再度讨伐高句丽，因此在涿郡（今北京市）囤积了大量军需物资，并在那里驻扎了数万兵马。由于临朔宫（今河北省卢龙县）内藏有大量珍宝，变民们竞相前来劫掠。留守临朔宫的虎贲郎将赵什住（虞庆则妻弟）、贺兰谊、晋文衍等人不能抵抗，唯独虎贲郎将罗艺独自出战，杀伤很多敌人，威名大振。

罗艺，《旧唐书》称字子延，《新唐书》称，字子廷，本为襄阳人，客居在云阳（今陕西省泾阳县北三十里）。罗艺个性狡猾残暴，刚愎自用，作战勇敢，精于射箭，武艺高强。因功被晋升为虎贲郎将，成为右武卫大将军李景的部下。罗艺自恃有本事，经常看不起李景，惹得李景非常恼火，也多次当众羞辱罗艺，罗艺一直怀恨在心。

赵什住等人暗地里嫉妒罗艺，罗艺也知道赵什住等人的心思，遂打算发动叛乱，就对自己的部下说："我们出城讨伐乱党，立下大功，城内仓库财物堆积如山，全在留守官员的掌握之中，他们哪有半点怜悯之心！"想以此激怒众人。等罗艺率军回城时，郡丞出城迎接，罗艺趁机将其逮捕，赵什住等人害怕了，全出来听命于罗艺。罗艺遂下令大开仓库，犒赏将士，赈济百姓，境内军民都很高兴，接着，罗艺又诛杀了渤海太守唐祎等不归附自己的人，柳城、怀远也都听命于罗艺。罗艺将柳城太守杨林甫免官，改郡为营州，以襄平太守邓暠为总管，罗艺自称幽州总管。

罗艺又污蔑涿郡的右武卫大将军李景谋反，隋炀帝派李景的儿子前往涿郡，安抚李景说："即便是有人说你要谋反，我也不会怀疑你的。"后来，高开道率军包围了涿郡，李景自忖无力守住城池，邓暠发兵前来接应，李景遂弃城逃往柳城。后来，李景将要返回涿郡，途中遇害。李景善于安抚少数民族，很得契丹、靺鞨人的人心，听说这一消息，不少人都流下了眼泪。

五七 大乱天下（二）

江淮地区：

这里主要有杜伏威、辅公祏、李子通等人。杜伏威、辅公祏自从兼并了下邳的苗海潮、海陵的赵破阵等人后，实力增强。杜伏威经常从军中精选出五千名敢死队员，号称“上募”，对他们非常关心，与之同甘共苦；每次作战，总是命令“上募”军打头阵，战后，他亲自查验每个人的伤情，如果发现有人伤口在背上，就说明此人临阵退缩，是在逃跑时受的伤，遂立即拉出去杀掉；抢来的财物，杜伏威全部拿来赏赐给将士们；将士们战死的，就把他们的妻妾活埋，一起殉葬，因此，他的军队都人自为战，所向无敌。

大业十三年（公元617年）一月，隋炀帝命令右御卫将军陈棱率领八千精兵讨伐杜伏威、辅公祏，杜伏威率众抵御。陈棱坚壁不战，杜伏威派人给陈棱送去一套女装，称其为陈姥姥。陈棱大怒，将全军全部带出，决心与杜伏威决一死战。杜伏威早已做好准备，他亲自来到阵前挑战，陈棱部将一箭射中杜伏威的额头。杜伏威大怒，指着陈棱的部将说道：“杀不死你，我就不拔下此箭！”遂跨马挺枪直取那人。陈棱的部将慌忙拨马而回，杜伏威紧追不舍，趁机杀入隋军阵中，只见他一路狂呼，左右砍杀，所向无敌，最终抓住了射箭那人，命其拔下那支箭，然后，一刀将那人人头砍下，接着，杜伏威又提着人头，再次杀入隋军阵中，又杀了数十人。隋军大败，陈棱侥幸逃出一命。杜伏威又乘胜攻克了高邮县（今江苏省高邮市），又率军占领了历阳（今安徽省和县），在此，杜伏威自称总管，以辅公祏为长史，以此为据点，分兵夺取附近各县，所到之处，各地纷纷投降，一些小股强盗也都归附了杜伏威。

在江都的附近，还有一位李子通。李子通是沂州（今山东省临沂市）承（山东省枣庄市峄城区）人，原来是个渔夫，为人行侠仗义。天下大乱后，李子通曾投奔长白山的左才相（自称博山公），因李子通比较仁爱，手下部众很快就增至一万多人，引起了左才相的猜忌，李子通遂率领本部人马脱离了左才相，南下渡过淮河，与杜伏威联络。后来，被来护儿的儿子来整击败，逃奔海陵，拥有部众两万人，自称楚王。

陕北、晋北地区：

大业十三年二月一日，朔方（今陕西省榆林市横山区西）鹰扬郎将梁师都为本地豪强，大业末年被免职，他见天下大乱，就暗中联络了数千人，杀害了郡丞唐世宗，占据郡城造反。造反后，梁师都自称大丞相，又北连突厥。隋将张世隆率兵讨伐，反被梁师都击败。梁师都乘胜派兵又夺占了雕阴（今陕西省绥德县）、弘化（今甘肃省庆阳市）、延安（今陕西省延安市）等郡，于是，自立为帝，号称梁国，建元永隆。东突厥始毕可汗授予他绣有狼头的大旗，封其为大度毗伽可汗。投桃报李，梁师都引导东突厥人入住黄河以南，又攻破了盐川郡（今宁夏回族自治区盐池县北）。

左翊卫的士兵郭子和因犯法被流放到了榆林（今内蒙古自治区鄂尔多斯市东胜区、准格尔旗、达拉特旗一带）。当时，郡中发生严重的饥荒，郭子和暗中联络了十八名壮士，攻入郡内，逮捕了郡丞王才，斥责他毫不体恤百姓，将其杀掉，而后，打开了粮仓，赈济百姓，自称永乐王，改元丑平。尊其父为太公，以其弟郭子政为尚书令，郭子端、郭子升为左右仆射。郭子和实力较弱，仅有两千骑兵，他南连梁师都，北面向东突厥称臣，向两方都送去子弟当人质。始毕可汗以其为平杨可汗，但郭子和不敢当，遂改任其为屋利设（约为将军之义）。

一河之隔的晋北也出了乱子。

王仁恭虽然是位老将，也是位名将，但自从他当上马邑（今山西省朔州市）太守以后，品行大变，大肆收受贿赂；当时天下大乱，百姓饥馑，但由于道路隔绝，王仁恭得不到朝廷的诏书，又不敢擅自开仓放粮，赈济饥民。

刘武周就是马邑本地人，骁勇善射，喜欢结交豪侠。他哥哥刘山伯经常骂他："你总是结交这些人，终归会令我家灭族的！"刘武周一气之下就离家来到了洛阳，投靠在太仆杨义臣的手下当兵了。隋炀帝东征高句丽时，刘武周因功被晋升为建节校尉，回到家乡后，被任命鹰扬府校尉。王仁恭觉得刘武周是本地的豪强，对他非常看重，常命其率领亲兵驻防内宅，谁知，刘武周却趁机与王仁恭的一个婢女勾搭成奸了。刘武周害怕事情败露，就阴谋作乱，他总在马邑军民中间说："我们的父老乡亲们又冻又饿，尸体填满了沟渠，而王大人却拒不开仓赈济百姓，这是什么道理啊！"以此来激怒众人。

刘武周见众人已有作乱之心，就称病在家，本地的豪强很多都来探视。刘武周宰牛设宴款待众人，席间，他对大家说："天下盗贼如此之多，壮士如果固守气节，将会活活饿死。如今，仓库内的粮食全都烂掉了，谁能与我一起夺取？"众人都同意了。

二月八日，王仁恭在公堂之上处理公务，刘武周前来晋见，同党张万岁等十几个人也随之进来，张万岁一刀砍下王仁恭的人头，而后，手持人头，在全城展示，一城之中无人敢动，于是，刘武周下令打开粮仓赈济饥民，向所属各县发布公文，各县均表示服从，招募了一万人马。刘武周自称太守，也派人出使东突厥，表示愿意归附。

雁门（今山西省代县）郡丞陈孝意与虎贲郎将王智辩一起进攻刘武周，包围了刘武周的桑乾镇（今山西省朔州市东南）。这时，东突厥始毕可汗派出大部队帮助刘武周，二月二十一日，刘武周与东突厥合兵一处，反攻隋军，结果，王智辩被杀，陈孝意败回雁门。

三月十七日，刘武周袭占了楼烦郡（今山西省静乐县），并夺取了汾阳宫（今山西省宁武县管涔山上），将汾阳宫内的宫女送给始毕可汗，始毕可汗回赠给刘武周很多马匹，刘武周的兵势更盛，又攻克了定襄（今山西省朔州市平鲁区西北）。始毕可汗也送给刘武周一面狼头大旗，立其为定杨可汗，刘武周遂自立为皇帝，立其妻子沮氏为皇后，改元天兴。以卫士杨伏念为左仆射，妹夫苑君璋为内史令。

刘武周率军进攻雁门，陈孝意全力防守，还时不时地出城偷袭刘武周的军队，屡屡将敌人击败，却没有外援。陈孝意发誓以死报国，每天早晚总是对着存放诏书的房间拜伏流泪，悲痛之情令身边的人都非常感动。刘武周将雁门包围了一百多天，城内粮食吃尽，最终，校尉张伦杀害了陈孝意，举城投降。

西北：

大业十三年年初，整个隋帝国的大乱由过去的下层百姓逐渐演变成了中下级官吏的背叛，马邑的刘武周、朔方的梁师都以及榆林的郭子和都是如此，这说明了隋朝统治集团进一步分化，其控制力更趋于弱小，而西北的金城（今甘肃省兰州市）也出现了此类叛乱。

薛举，原籍河东汾阴（今山西省万荣县西南），其父薛汪迁居金城。薛举容貌雄毅，身材魁伟，性情凶悍，武艺高强，家产上万，结交豪强，一直在边地称雄，担任金城府校尉。天下大乱后，陇西也出现了很多强盗，百姓在饥饿困顿中挣扎。金城县令郝瑗招募了数千人，命薛举率领出城讨伐。

四月三日，在出征仪式上，郝瑗在大堂之上向部队发放铠甲、兵器，大摆筵席，犒赏将士们。就在宴席中间，薛举及其儿子薛仁杲与十三名同党当场拔刀，劫持了郝瑗，谎称搜捕谋反之人，调派军队，囚禁了郡县官吏，开仓放粮。薛举自称西秦霸王，改元秦兴，封薛仁杲为齐公，幼子薛仁越为晋公。一个叫宗罗睺的强盗也率众归顺了薛举，被封为义兴公，其余小股强盗也都纷纷归附。薛举派兵劫掠牧马场的马匹，招抚各地强盗，夺取周边土地。隋将皇甫绾率领一万军队驻扎在枹罕（今甘肃省临夏市），薛举挑选两千精锐长途奔袭，与隋军在赤岸（确址不详）遭遇，双方列阵还没有交手，突然狂风大作，雷雨交加。一开始，风朝着薛举的军队刮来，但皇甫绾没有把握住时机、发起攻击，不一会儿，风向就转了，转而刮向隋军。这风直刮得天昏地暗，隋军顿时陷入一片混乱。薛举见状，第一个跨马发起突击，部队随之朝隋军杀来，隋军大败，薛举乘胜攻克了枹罕。

当时，羌族头领钟利俗拥兵两万驻扎在岷山（今甘肃省临洮县）一带，也投降了薛举，薛举的实力更强了。遂晋封薛仁杲为齐王、东道行军元帅；薛仁越为晋王，兼任河州刺史；宗罗睺为义兴王，担任薛仁杲的副将。又攻克了鄯（西平郡，在今青海省海东市乐都区）、廓（浇河城，今青海省贵德县）二州，数日之间，薛举完全占领了陇西，拥有部众十三万。

薛举在金城崛起，又引起了邻近武威（今甘肃省武威市）的不安。武威鹰扬府司马李轨，字处则，武威姑臧（今甘肃省武威市）人。头脑灵活，家境富裕，又喜欢行侠仗义，在百姓中间口碑很好。金城薛举起事以后，李轨与本郡的曹珍、关谨、梁硕、李赟、安修仁等人商议道：“薛举凶残暴虐，一定会来侵犯本郡，郡官平庸无能，没本事抵御薛举。如今，我们应该同心协力，保护河右这片土地，以观天下局势，岂能将身家性命都交给他人！”遂决定举兵。商议谁当主公时，大家都相互推让，不愿当头领。曹珍说道：“我经常听说图谶上说过：‘李氏当王’。如今李轨就在其间，这难道不是上天的旨意吗？”于是，众人一齐推举李轨为主。

八月八日，李轨命令安修仁召集匈奴人趁夜进入内苑城，高声大喊，制造混乱，李轨亲自召来民间豪强，一齐举兵，逮捕了虎贲郎将谢统师、郡丞韦士政。李轨自称河西大凉王，建元安乐，设置百官，完全仿效隋文帝开皇年间的官职设置。关谨等人请求将隋朝官员全部杀死，分其家财，李轨反对道："你们大家既然逼迫我当主，就该听从我的号令。我们原本是发起义军，将救民于水火之中，如今却想杀人越货，这种做法是强盗所为，将如何能够成功！"遂以谢统师为太仆卿，韦士政为太府卿。当初，西突厥曷娑那可汗内附以后，其弟弟阙达度阙设率领西突厥部众驻扎在会宁（今甘肃省靖远县东北）山谷之中，有两千多骑兵，至此，也自称阙可汗，归顺了李轨。

江西：

鄱阳变民头领操师乞自称元兴王，建元始兴，攻克了豫章郡（今江西省南昌市），以其同乡林士弘为大将军。隋炀帝命令治书侍御史刘子翊率军讨伐，在交战中，操师乞中箭而死，林士弘接替他担任首领，率军在彭蠡湖（今鄱阳湖）与隋军激战，将刘子翊斩杀。林士弘的军队人数很快就增至十余万人。大业十二年十二月十日，林士弘自立为帝，国号楚，建元太平，并夺取了九江（今江西省九江市）、临川（今江西省抚州市临川区）、南康（今江西省赣州市）、宜春（今江西省宜春市）等郡，当地豪强纷纷杀死隋朝官吏响应。林士弘的楚国北起九江，南到番禺（今广东省广州市）。

荆州：

主要有两股变民，一个是叫朱粲的，另一个是从涿郡南下的卢明月。卢明月是典型的流寇，他们从河北逃到河南，拥有四十万人，卢明月也自称无上王。隋炀帝派遣江都通守王世充前来讨伐，双方在南阳（今河南省南阳市）激战，隋军大破卢明月，卢明月被杀，余众全部星散。

五八 夺占洛口

此时的隋帝国已是遍地狼烟，按下葫芦浮起瓢，各股起义军虽然并没有统一的领导，相互之间甚至还时不时发生火并，但由于各股之间行动方向不同，从客观上起到了相互支持的作用，把隋军忙得团团转。比如，在杨义臣、王世充等人刚刚扑灭山东一带的起义军，王世充又马不停蹄地追击南下的卢明月部，而当隋军主力离开山东以后，徐圆朗又趁机而起，占据了鲁西南大片土地，与此同时，河北的窦建德也是死灰复燃，很快就恢复了元气。而此时的隋军又无力回头去对付窦建德和徐圆朗，这是因为，在大海寺之战后的瓦岗军，又直接威胁到了东都洛阳！

大海寺之战后，翟让就让李密单独统领了一支军队，这支军队号称蒲山公营。李密的军队纪律严明，一旦接到李密的命令，即使在盛夏，将士们也好像是身处冰天雪地的严冬一般战战兢兢；李密个人非常俭朴，军队缴获的金银财宝，李密全都赏赐给部下，因此，将士们都乐于给其卖命。李密手下的士兵大多受到翟让士兵的欺辱，但因李密军纪森严，始终不敢私下报仇。翟让对李密说："如今我们已经缴获了充足的粮食，我打算率军返回瓦岗山，你如果不想一起回去，也随你的便，从此以后，我们分道扬镳吧！"翟让率领本部人马，带上辎重转回东去，而李密则率领本部人马西进到康城（今河南省禹州市西北三十里），在这里，李密派人又说服了数座城池，缴获了大量物资装备。不久，翟让又后悔了，率军赶来，再次与李密合兵一处。

翟让和李密的瓦岗军就像一头卧虎盘踞在东都洛阳的东南，时刻准备猛咬洛阳一口，但从哪里下嘴呢？在洛阳的周边地区，有以下几个标志性地理坐标：一是东都洛阳以东十八里，位于汉魏洛阳西北角的金墉城。二是邙山。位于洛阳以北，从孟津一直绵延至今河南省巩义市，邙山附近有回洛仓和河阳仓。三是洛口仓（又称兴洛仓）。位于今巩义市东南，仓城方圆二十多里，三千多窟地窖，每一窟地窖储存八千石粮食。四是阳城（在今河南省登封市东南）、康城。为翟让、李密的根据地。五是虎牢关。今河南省荥阳市汜水镇。隋朝河南捕讨大使裴仁基驻扎在此地。

大业十三年二月，李密对翟让说："昏主远逃江都，天下大乱，群雄并起，海内饥荒。大人以英雄之才，统领骁勇之军，理当扫清天下，诛灭群凶，岂能在草莽之间求食，永做小小的强盗呢！如今东都空虚，守军缺乏训练，越王杨侗年幼，留守官员政令不一，百姓离心离德。段达、元文都昏庸无能，以我判断，他们都不是将军您的对手。如果将军能采纳我的建议，很快就能平定天下。"于是，派遣裴叔方去侦察东都的虚实，留守官吏觉察出翟让、李密企图偷袭洛阳的阴谋，遂开始加强了对洛阳的防备，并派人火速前往江都向隋炀帝告急。

李密又对翟让说："事情到了如今这步田地，我们就不能不尽快发动攻击了。兵法上说：'先行动，就能控制别人；后行动，就会被人控制。'如今，百姓饥馑，洛口仓囤积了大量粮食，距离东都洛阳有一百多里地，将军如果亲自率领大军，倍道兼行，东都路远，肯定未能相救，又提前没有防备，我们夺取洛口仓如探囊取物一般容易！等到他们听说后，我们已经得手了，再开仓赈济百姓，远近百姓谁不归附！百万之众，一朝即可凑够，而后，养精蓄锐，以逸待劳，即便他敢于前来，我们也已做好了准备。然后，向天下发出檄文，招徕各地豪杰，搜罗良策，挑选骁勇之士，授予兵权，除去隋王朝的苛政，实施将军的政令，这岂不是一件盛事！"翟让说道："我出身陇亩之间，志向还到不了这个程度。这是英雄之略，不是我所能担当的，一定要这么做的话，我会尽力做好我该做的事，请您先出发，我率领各军随后进发。等得到了仓城，再商议下一步的计划。"

二月九日，李密、翟让率领七千精兵从阳城以北出发，翻越方山（今河南省荥阳市西北汜水镇南），进入罗口（今河南省巩义市西南），很快就击破了洛口仓。瓦岗军打开粮仓，让百姓们随意取粮，前来运粮的百姓，扶老携幼，在道路上接连不断。朝散大夫时德叡以尉氏（今河南省尉氏县）归顺了李密；前宿城（今山东省东平县）令祖君彦从昌平（今北京市昌平区）前来投奔。祖君彦是北齐侍中祖珽的儿子，他博闻强记，辞采华丽，名闻天下，隋文帝时，吏部侍郎薛道衡曾将他推荐给隋文帝，隋文帝说："他是不是陷害斛律金的那个人的儿子？朕不需要这种人！"等到隋炀帝即位后，更是猜忌天下名人，祖君彦也一直郁郁不得志，仅当上东平的文书员，兼任宿城县令，世人常称其为祖宿城。祖君彦自恃才高，一直闷闷不乐，希望天下大乱。李密久闻他的大名，见他前来，不禁喜出望外，引为上客，由其负责军中的所有文书。

得知瓦岗军袭占了洛口仓，东都越王杨侗次日即派遣虎贲郎将刘长恭、光禄少卿房崱率领步骑两万五千人讨伐瓦岗军。但当时的洛阳上下对瓦岗军的实力估计不足，在他们看来，瓦岗军不过是一群四处寻找粮食、毫无战斗力的饥民，完全是一群乌合之众，极易被朝廷军队击败，因此，洛阳城内的居民纷纷应征入伍，国子学堂的学生以及皇亲国戚的子弟们也都加入这一行列。这一支临时招募的军队武器精良，人人衣服鲜艳，旌旗遮天蔽日，战鼓惊天动地，可惜，唯独缺乏的是战斗力。显然，造成洛阳市民这一错觉的，可能与洛阳留守官员们的误导有着直接的关系。洛阳城内的留守官吏们对瓦岗军并非一点都不了解，之所以把瓦岗军描绘成一群乌合之众，似乎是想鼓舞己方的士气，但出人意料地造成了对对手的盲目的轻视。

根据洛阳方面的计划，由刘长恭等人从洛阳出发，由西向东向洛口仓方向杀来（姑且称之为西路军），待洛阳隋军将瓦岗军从洛口仓引出之后，再由驻扎在虎牢关的裴仁基率军渡过汜水（姑且称之为东路军），由东向西掩杀瓦岗军的背后，双方约定二月十一日在洛口仓城以南会师，夹击瓦岗军。然而，东都城内有李密的奸细，李密、翟让完全掌握了洛阳方面的计划。

二月十一日，刘长恭率领的洛阳军队两万五千人先期抵达，士兵们早饭还没吃，刘长恭等人就命令部队渡过了洛水，在石子河（今河南省巩义市东南）以西排列阵势，南北十几里。李密、翟让挑选精锐部队，分成十队，命四队埋伏在横岭（嵩山北麓）下面，等待着裴仁基的到来，而命六队人马在石子河东岸列下阵势。

刘长恭发现瓦岗军人数很少，更产生了轻敌之心，遂率军渡过石子河与瓦岗军交战。翟让率部先与隋军交手，但不利，李密见状，率领自己的亲信骑兵横冲隋军。隋军又饿又累，遂大败，刘长恭等人丢盔卸甲，狼狈逃窜，辗转逃归洛阳，士卒被杀有十之五六。越王杨侗赦免了刘长恭等人罪过，一一予以安抚。李密、翟让缴获了隋军全部辎重，威名大振。而裴仁基率领的东路军却没有及时赶到战场，当他听说西路军已经战败后，就不敢继续前进了，而是停留在百花谷（在今河南省巩义市东南），构筑工事转入防御。这次战役在历史上被称为仓城之战或者叫洛口仓城之战。

战后，翟让等瓦岗军众将就推举李密为主，上李密位号为魏公。二月十九日，修筑高台，即位，称元年，大赦。李密发布的命令自称行军元帅府；魏公府设置三司、六卫，以翟让为上柱国、司徒、东郡公，也可以设置长史以下官员，但人数比李密的少一半。李密以单雄信为左武候大将军，徐世勣为右武候大将军，各自率领本部人马；以房彦藻为元帅左长史，邴元真为右长史，杨德方为左司马，郑德韬为右司马，祖君彦为记室，其余均一一封拜。当时，赵魏（河北地区）以南，江淮以北的各股变民都纷纷响应李密的瓦岗军，孟让、郝孝德、王德仁、济阴的房献伯、上谷的王君廓、长平的李士才、淮阳的魏六儿、李德谦、谯郡的张迁、魏郡的李文相、谯郡的黑社、白社、济北的张青特、上洛的周北洮、胡驴贼等变民集团都归顺了李密。王君廓，是并州石艾（今山西省平定县东南）人，家境非常贫困，曾当一名牲口经纪人，毫无道德底线，经常偷盗。他曾经背着一个竹笱（大口、大肚、细颈，颈部有倒刺，鱼能进不能出），见一个卖丝绸的，突然把竹笱套到人家头上，把人家的丝绸一把抢走，被抢的人头被套住，也认不清谁是劫匪。大业末年，王君廓打算与叔父一起落草，但叔父不同意，他就污蔑邻居与叔父的母亲私通，遂与叔父一起杀害了那名无辜的邻居，而后一起逃亡。后来，王君廓逐渐召集了一千多人，劫掠夏县（今山西省夏县）、长平（今山西省晋城市）。河东郡丞丁荣率军进剿，王君廓谎称打算自首，丁荣放松了警惕，遂被王君廓击败。此后，王君廓又与另外两位变民头领韦宝、邓豹等人劫掠虞乡（今山西省永济市），与隋将宋老生交战，失利。李渊起兵后，曾派人招徕王君廓，但王君廓没有答应，而是向东投奔了李密。至于其他人等的生平不详。

李密给这些从四面八方前来投靠的强盗们都一一加官晋爵，仍旧让他们统领各自的部下，设置百营花名册，遥遥统领。前来归降的人络绎不绝，李密的瓦岗军总人数很快就达到了数十万。于是，李密命令护军田茂广修筑洛口城，城墙周围四十里，作为行军元帅大本营。李密又派房彦藻率军向东夺取土地，相继攻下了安陆（今湖北省安陆市）、汝南（今河南省汝南县）、淮安（今河南省泌阳县）、济阳（今河南省兰考县）等地，黄河以南的郡县大都归顺了李密。

五九 袭取回洛

洛口仓城之战后，隋朝河南捕讨大使裴仁基面临了巨大的压力。

裴仁基担任捕讨大使以来，虽然将瓦岗军赶到康城、阳城一带，但瓦岗军不仅没有远离洛阳，相反，还采取长途奔袭的办法，一举拿下了洛口仓城，致使瓦岗军的声势更盛；在接下来的仓城之战中，裴仁基又未能及时赶到战场，虽然仓城战败因素很多，主要原因还在于刘长恭等人轻敌冒进、东都洛阳军队训练不足等，但毕竟裴仁基没有及时赶到战场也是一件不大不小的罪过。更要命的还在于裴仁基与监军御史萧怀静素来不和。当时天下已经大乱，隋军将士们在前线作战，即使立下了战功，朝廷方面也没有办法及时论功行赏，这种状况长期持续下来，就会极大地挫伤军心士气，削弱部队的战斗力，在这种情况下，裴仁基为了鼓舞士气，就不得不将每次战胜缴获的物资赏赐给将士们，这原本是一个权宜之计，但监军御史萧怀静（《隋炀帝开河记》本注称他是萧皇后的弟弟，史书无传）循规蹈矩，认为这是违反朝廷制度的，与四处劫掠的变民军有什么两样？这让隋军将士们都心怀怨恨，不仅如此，萧怀静还暗中搜罗裴仁基的短处，想要上书弹劾。

李密得知裴仁基已陷入左右为难的困境，遂派人前去说服他，许诺给予其高官厚禄。贾务本（原张须陀的副将）的儿子贾闰甫当时在裴仁基的军中，也劝裴仁基投降李密，裴仁基说道："那该如何处置萧御史呢？"贾闰甫说道："姓萧的就像在树枝上昏睡的母鸡，如果再看不清形势，那只需大人一刀杀了。"裴仁基听从了，遂派使者贾闰甫前往李密那里请降。李密大喜，以贾闰甫为元帅府司兵参军，兼任记室参军，命其回去复命；李密还给裴仁基写了一封亲笔信，对其百般安抚，让他还回到虎牢关。萧怀静偷偷向隋炀帝写下奏表，告发了裴仁基与瓦岗军勾结一事，于是，裴仁基就诛杀了萧怀静，率领本部人马献出虎牢关，投降了瓦岗军。李密任命裴仁基为上柱国、河东公；裴仁基的儿子裴行俨骁勇异常，被称为万人敌，李密也以其为上柱国、绛郡公。裴行俨就是《说唐》中隋唐第三条好汉裴元庆的原型，而《说唐》中的隋唐第一条好汉李元霸和第二条好汉宇文成都，则完全是虚构的，勉强说李世民的三弟李玄霸是李元霸的原型，但李玄霸在大业十年十六岁的时候就已经死了，根本没有什么武功，而宇文成都此人则完全是虚构的。

裴仁基所部隋军的加入，给瓦岗军带来了巨大的变化：一是给瓦岗军带来了数位名将：裴行俨、秦琼、罗士信、赵仁基等。二是促进了瓦岗军的正规化建设。李密在军中挑选了八千名特别骁勇的士兵组成内军，分别隶属于四位骠骑将军，这四位内军骠骑，有明确记载的是秦琼和程咬金二人，其余二人失载，但据推测可能是裴行俨和罗士信。程咬金，济州东阿（今山东省阳谷县东北）人。从小就很骁勇，善用马槊，大业末年，聚集了数百人，保护家乡，后来，归顺了李密，被任命为内军骠骑。后来，程咬金改名为程知节。李密曾说："这八千人可以抵挡一百万人。"三是随着自身实力的壮大，李密对于原来瓦岗军的态度发生了微妙的变化。李密原本不满隋炀帝的暴政而加入杨玄感的叛乱，失败后四处逃亡，恰遇隋末天下大乱，他在变民中间到处游说，终于取得了翟让的尊重，此后，李密又凭借着自己在大海寺一战中的突出表现而拥有了自己的军队。由于翟让、李密及其下属们的出身不同，彼此之间有着天然的隔阂，在李密刚去见翟让时，翟让的手下得知李密曾是杨玄感的部下，就曾建议翟让杀掉李密，这就是一个明显的例子，而李密对翟让等人未尝不是这样？据《新唐书·王君廓传》称：（王君廓）"归李密，密不甚礼，乃归国"。像王君廓这种奸猾的强盗，李密自然是看不上眼的，他对变民出身的强盗们的态度由此可见一斑。在李密等人看来，翟让等人不过是些杀人越货的强盗，而随着裴仁基的归降，李密建立内军，所重用的内军四骠骑几乎全部是"规矩人"，而不是"强盗"。裴行俨、秦琼、罗士信是正规军将领，程咬金则是保卫家乡、抵御强盗的"民团头领"。李密创设内军固然有巩固自己地位的因素，但这自然会让瓦岗军旧部十分失落。

李密在命令房彦藻向东夺取土地的同时，也没有忘记西面的洛阳。

四月，他以孟让为总管、齐郡公，四月九日夜，孟让率领两千人攻进洛阳外城，焚烧、劫掠了丰都市，一直到天明才离去。于是，东都百姓全都迁到宫城以内，各衙门都住满了人。李密又攻下了巩县（今河南省巩义市），县长柴孝和、监察御史郑颋投降，李密以柴孝和为护军，以郑颋为右长史。

四月十三日，李密又下令裴仁基和孟让率领两万多人奔袭回洛仓，很快又将回洛东仓（在洛阳城北六里、孟津县东）攻下，并趁势烧毁了天津桥（洛水之上的桥梁，在洛阳城南），纵兵大掠。就在瓦岗军大肆劫掠之时，洛阳城内的隋军突然冲出城外，瓦岗军大败，几乎是全军覆没，裴仁基等人仅仅捡回一命。得知裴仁基等人的败报后，李密亲自率军赶到了回洛仓。

当时，东都洛阳的军队人数尚有二十余万，洛阳宫城全面戒严，士兵们登上城墙，昼夜不解铠甲，相互敲击木梆，互通讯息。李密遂率军进攻偃师、金墉两座城池，全没有攻下。

四月十五日，李密率军又返回了大本营——洛口仓城。

从四月九日到十五日，瓦岗军在回洛仓、洛阳外城以及偃师、金墉等地的作战，史料上称之为瓦岗军第一次进攻东都之战。这次战斗持续的时间很短，是在李密招抚裴仁基之后不久发起的一次战役，从战役的结果来看，瓦岗军对攻城的准备不足，虽然在前期也夺取了回洛仓，但也是凭借着突袭才得手的，等到隋军加强戒备之后，瓦岗军在坚城面前就无能为力了，由此可见，这次突袭，李密的战役设想大约是：一是想以裴仁基之众可能会产生的示范效应瓦解东都洛阳的军心，寄希望于洛阳内部忙中出错，也许能袭占洛阳；二是夺取回洛仓以及洛阳外围据点，为长期围困洛阳打下基础（这是此次战役的主要目的）；三是以长白山变民首领孟让与降将裴仁基二人共同承担这一突袭任务，就是为了锻炼刚刚整合起来的队伍，可以看作李密试图消除队伍内部的派系问题的一次小小的尝试。

李密撤回洛口仓之后，洛阳隋军重新夺回了回洛仓。当时，洛阳城内粮食稀缺，而布帛却堆积如山，甚至于有人用丝绸当绳子打水，把粗布当作木柴烧水做饭，因此，在李密退去后，越王杨侗立即命令洛阳守军出城把回洛仓的粮食运进城内，另外，又派遣五千人马驻扎在丰都市，五千人守卫上春门（东三门最北一门），五千人驻扎在北邙山，一共分为九座大营，相互之间遥相呼应，以备李密再来。

第一次进攻东都之战仅持续了六天。

为什么李密要匆匆撤回？一旦李密撤回，洛阳守军就会重新夺回回洛仓，并把其中的粮食运回城内，他的原计划不就落空了吗？难道李密对此不清楚吗？

当然不是。

虽然史料没有记载，但我们认为，李密之所以没有离开洛口仓大本营，而是派裴仁基、孟让二人前来，一定是有内顾之忧，不容他放心而来，但在十三日裴仁基等人大败后，李密不得不亲自率军赶来，可能也是出于不得已。在接下来的一天里，他试图攻克偃师或者金墉城，以期与回洛仓互为犄角，但由于准备不足，未能实现，只好撤回。

李密在战役发动之初就已经盯上了洛阳守军的口粮所在——回洛仓，并一举袭占了该地，因此，此次他的意图十分明显，那就是切断洛阳城内的粮食供应，促成洛阳守军不战自溃，但是，李密撤回以后，其袭取回洛仓的企图已经暴露，洛阳守军赶忙组织人力运回回洛仓的粮食，从这一点来说，这次李密对东都的突袭战役目的实际上是落空了。

我们纳闷的是：李密在自己得不到的时候，为何没有将回洛仓的粮食付之一炬呢？就像官渡之战中曹操做的那样？这也许就是够狠与不够狠的区别吧：看清楚的就做绝，做得更狠，你才能成功，而这也许也是曹操最终战胜了袁绍，成了魏武帝，而李密却自始至终也没有打下洛阳的原因吧……

六〇 二战东都

仅仅三天之后，到了四月十九日，李密就亲自率领三万精兵卷土重来，也拉开了第二次东都战役的序幕。

在这三天之内，洛阳守军究竟能运回多少粮食，实在是不好衡量，也许当初李密撤离时，就已经算计好了隋军不可能带走多少粮食，而自己再回到洛阳城下，还需要吃这里的粮食，因此，才没有放火烧掉吧。

四月二十一日，隋军段达、虎贲郎将高毗、刘长林等人率领七万隋军出城迎战，两军在汉魏旧都附近（《资治通鉴》称在回洛仓以北地区）交手，结果，隋军大败，李密也乘胜再度夺回了回洛仓。这一次李密来到洛阳附近，做好了长期围困洛阳的打算，他下令在洛阳周围大肆开挖壕沟，构筑工事，逐渐朝洛阳城内逼近。

四月二十七日，李密命令祖君彦写下一篇洋洋洒洒三千字的檄文，送往全国各地，历数隋炀帝的罪恶。祖君彦在檄文中指出隋炀帝有十大罪恶：一是“先皇大渐，侍疾禁中，遂为枭獍，便行鸩毒”。说隋炀帝弑父。二是“兰陵公主逼幸告终……逮于先皇嫔御，并进银环；诸王子女，咸贮金屋”。是说隋炀帝奸污了妹妹兰陵公主（无史料佐证），并隋文帝的其他嫔妃。三是“荒湎于酒，俾昼作夜……广召良家，充选宫掖”，是说隋炀帝沉溺酒色。四是“广立池台，多营宫观，穷生人之筋力，罄天下之资财”，是说隋炀帝的大兴土木。五是“科税繁猥，不知纪极”，是说隋炀帝的苛捐杂税。六是“年年历览，处处登临，从臣疲弊，供顿辛苦……追踪秦代，板筑更兴”，是说隋炀帝巡幸劳民，修筑长城害民。七是“夫差丧国，实为黄池之盟；苻坚灭身，良由寿春之役”。说的是隋炀帝的三次辽东之役。八是“愎谏违卜，蠹贤嫉能，直士正人，皆由屠害”。说的是隋炀帝的拒谏饰非，嫉贤妒能。九是“政以贿成，君子在野，小人在位”。说的是隋王朝官场的黑暗。十是“匹夫蕞尔，宿诺不亏，既在乘舆，二三其德”。说的是隋炀帝轻诺寡信。

说出了隋炀帝的这十大罪过之后，祖君彦继续写了一句一直流传千古的话：“罄南山之竹，书罪未穷；决东海之波，流恶难尽。”指出隋王朝必将灭亡的命运，而后，他又提出魏公李密应运而生；上柱国、司徒、东郡公翟让就像“伊尹之佐成汤，萧何之辅高帝”。上柱国、总管、齐国公孟让，柱国、历城公孟畅，柱国、绛郡公裴行俨，大将军、左长史邴元真等，“运筹千里，勇冠三军”；又指出：“房彦藻略地东南，徐圆朗已平鲁郡，孟海公又破济阳，海内英雄，咸来响应。封民赡取平原之境，郝孝德据黎阳之仓，李士雄虎视于长平，王德仁鹰扬于上党。滑公李景、考功郎中房山基发自临渝，刘兴祖起于白朔，崔白驹在颍川起，方献伯以谯郡来，各拥数万之兵，俱期牧野之会。”即将发起对隋王朝的最后决战。他还在檄文中要求隋朝各级官吏要认清形势，弃暗投明，站在造反者的一边，共同推翻隋王朝的统治。

祖君彦的这篇檄文文辞优美，气吞山河，极大地鼓舞了各地群众的斗志，引起了隋朝统治者的一片恐慌。

越王杨侗派遣太常丞元善达辗转穿过变民统治区，好不容易才来到了江都，向隋炀帝奏报：“李密拥有百万军队，包围了洛阳，占领了洛口仓，洛阳城内断粮。如果陛下速速返回，李密等不过是一群乌合之众，一定会自行溃散；如若不然，东都一定会陷落！”说完，元善达呜咽流泪，痛哭失声，隋炀帝也为之动容。

然而，隋炀帝自从决策南下江都以后，就根本不会再返回洛阳了，只是这话是不能明说的——如果这样说出来，家在北方、随自己来到江都的数万骁果会怎么想？还在苦苦抵抗的全国各地隋朝官吏们又该怎么办呢？虞世基早已洞悉隋炀帝的内心，他见元善达如此，就说道：“越王年少，全是受了元善达这些人的蒙蔽。如果真的像他说的局势坏到这种地步，那么元善达他自己又是怎么来到此地的！”虞世基的话给隋炀帝一个台阶，隋炀帝顿时勃然大怒，说道：“元善达这个小人，竟然胆敢当众羞辱我！”遂命其穿越变民控制的地区，前往东阳（今浙江省金华市）督促粮运，元善达遂为变民所杀。从此以后，江都人人闭口不言，再也不敢提到各地的变民了。

隋炀帝自己是不可能再回来的，但看着岌岌可危的洛阳，他还是命令监门将军庞玉、虎贲郎将霍世举率领关中军队东援洛阳。护军柴孝和对李密说：“关中山川险要，秦朝、汉朝以此而建立了大业。如今，不如命司徒翟让留守洛口仓，上柱国裴仁基守住回洛仓，大人亲自挑选精锐部队西进奔袭长安。等到攻克京城以后，根据地巩固了，部队也强大了，然后，再东进平定洛阳，只需向天下发出一道檄文即可平定了。如今，隋王朝已经失去了权力，天下豪杰纷纷而起，不趁早去抢占关中，肯定会有先我而去的，届时后悔都来不及了！”

早在四年前杨玄感叛乱时，李密自己就给杨玄感提出了夺取关中这一中策，当时他提的下策才是围攻洛阳，而杨玄感却认为围攻洛阳才是上策，理由是：一、百官家眷都在洛阳城内，如果不攻下洛阳，如何能让人听命于己？二、遇城不攻，不足以展示威风。而如今，李密自己也面临当年杨玄感遇到的问题：是尽快拿下眼前的坚城洛阳？还是把洛阳留在脑后，尽快夺取关中呢？

李密对柴孝和说道：“你说的的确是上策，我也对此思考很久了。但是，如今隋炀帝还活着，从驾的军队还很多，我们的士兵们大多是山东人，见洛阳还未拿下，谁肯跟我西入关中！众将都出身强盗，一旦我率领大军西去，留下他们在这里，一定会各自称雄，如此一来，就大事去矣！”

实际上，李密自己的决心还是发生了动摇，以当时他的声望，如果打定了西进的主意，部下还是会追随他的。

柴孝和听李密这样说，只好又说道：“既然大军暂时不能西上，那么，我请求先西去查看一下情况。”

李密答应了，柴孝和遂率领数十名骑兵一路西进，来到陕县（今河南省陕县），当地有上万名强盗都归附了柴孝和。

此时，李密大军如果西进，条件已经成熟。然而，当时瓦岗军兵力很强，攻势很凌厉，李密也产生了迅速夺下洛阳的想法，于是，瓦岗军多次进入西苑，与隋军激战，但是，关中隋军的到来也极大地提高了洛阳守军的战斗力，在战斗中，李密竟然被流箭射中，躺在大营中休养。

五月二十八日，越王杨侗命令段达与庞玉等将趁夜出城，在回洛仓西北列下大阵。李密与裴仁基等人率军迎战，结果被段达等人打得大败，瓦岗军被隋军斩杀一多半，李密的左司马杨德方和右司马郑德韬双双战死。

李密只好第二次丢掉回洛仓，逃回了洛口仓；又任命郑颋担任左司马，郑乾象担任右司马。

战后，庞玉、霍世举率军进驻偃师，柴孝和刚刚得到了一万多部众，在听说瓦岗军暂时失利后，又都四散而去，柴孝和西入关中，给李密打前站的计划也就此搁浅，他本人则单人匹马又回到了洛口仓。

从大业十三年二月九日李密、翟让夺取洛口仓，到二月十一日洛口仓城之战，再到二月十九日李密即魏王位，再到四月十三日第一次袭占回洛仓，四月十五日撤回，再到四月十九日发动第二次东都之战，五月二十八日撤离，在这短短的三个多月里，发生了一连串惊天动地的大事，令人目不暇接。在这么短的时间里，面对如此复杂多变的一个局面，要确保每一个决策都是正确的，那几乎是不可能的事情。不过，作为后人的我们，如果非要检讨一下李密发动的这两次东都之战的话，可以说，第一次东都之战的失败，主要是因为瓦岗军的军纪问题，而第二次东都之战的失利则应归咎于李密。这是因为，既然两次都是冲着掐断敌手粮食来源来的，那么，在已经夺取了回洛仓以后，完全可以以逸待劳，采取长期围困敌人的办法，把敌人拖死，可是，李密由于急于夺下洛阳，西进长安，所以才命令部队主动寻战，这其实已经与原计划相悖了。鱼和熊掌不可兼得。你要想拿下洛阳，就得耗费时日，还要冒着一旦有人先你一步占领关中的风险，届时，即便是你得到了一个四战之地洛阳，又能怎样呢？更何况，如果旷日持久，顿兵坚城之下，就是最终拿下洛阳，也已经是两败俱伤、筋疲力尽了，也是得不偿失的。作为决策者，很多时候该暂时丢掉的，还是要敢于丢弃，唯其如此，才能得到更大的利益。

通盘考虑下来，如果李密当时眼光放远一点，思路更缜密一点，还是要果断入关，建立起自己一个稳固的根据地才是。

六一 蓄势待发（一）

觊觎长安的不止李密一人，还有西秦霸王薛举以及崛起于陕北的梁师都，他们也要称霸关中，而除了薛举、刘武周之外，仍有一个蠢蠢欲动、已布局很久的人——李渊。

如前所述，李渊，字叔德，他是隋炀帝的姨表兄，比隋炀帝大三岁，时年五十二岁。李渊就是李唐的开国皇帝，后来在他死后被追谥为高祖神尧大圣大光孝皇帝。但据《尚书故实》记载："高祖太武皇帝（指李渊），本名与文皇帝（指李世民）同上一字，后乃删去。尝有碑版，凿处具在……"如果所说属实的话，千百年来我们自以为人人皆知的李渊，其实生前叫李世渊。

李渊七岁袭爵唐国公，成年后，洒脱豁达，宽厚仁和，身上长了三个乳头。隋朝建立后，他历任千牛奋身、谯州（今安徽省亳州市）刺史、陇州（今陕西省陇县）刺史、岐州（今陕西省凤翔县）刺史；隋炀帝即位后，他又先后担任荥阳（今河南省荥阳市）太守、楼烦（今山西省静乐县）太守、卫尉少卿。大业九年杨玄感之乱时，他被任命为弘化郡（今甘肃省庆阳市）留守，统领关中军队，以防杨玄感西进。

据《芝田录》《唐语林》《隋唐嘉话》等书的记载，由于隋炀帝与唐高祖二人是表兄弟关系，年龄相差不远，因此，二人经常相互戏弄，等到隋炀帝即位后，这种戏弄就变成了隋炀帝对唐高祖单方面的羞辱了。李渊的脸上皱纹较多，后来，在一次宴会上，隋炀帝当众叫唤李渊为"阿婆面"（老婆脸），其间，肯定引得群臣哄堂大笑。李渊听了，顿时感到莫大的耻辱，一直无地自容，回到家里，仍然闷闷不乐，唉声叹气，见到妻子窦氏后，是泪流满面，气得竟然说不出一句话来。过了很久，李渊才对窦氏说："我身世太可怜了啊！今天，竟然又被皇上当众嘲弄我是老婆脸，要真是这样的话，我的儿孙们免不了要忍饥挨饿了。”窦氏听后却眉开眼笑，说道：“这话值得咱们全家庆贺啊！”李渊一时没有理解，还以为是妻子故意宽慰自己。窦氏接着说：“大人封地在唐，阿婆就是堂主，堂就是唐。”李渊听后顿时高兴了起来。

虽说李渊是隋炀帝的表兄，但他的妻子窦氏对杨氏并不感冒。窦氏的妈妈是北周武帝宇文邕的姐姐、襄阳长公主，窦氏也就是宇文邕的外甥女、北周宣帝宇文赟的姑表姐，而隋文帝杨坚则是宇文赟的岳父，是北周静帝宇文阐名义上的（不是杨坚之女杨丽华亲生）的外祖父，因此，杨坚篡夺宇文阐的皇位，对于窦氏来说等于夺取了自己舅舅、宇文家的江山。据《新唐书·太穆窦皇后传》记载，当年幼的窦氏听说这一消息，悲伤地从床上掉到地上，说道：“可恨我不是一个男儿，不能解救舅舅家的这场灾难！”等到窦氏嫁给李渊后，自然产生让自己的丈夫和儿子们替自己完成未竟的心愿的想法，窦氏给李渊所说的话，显然是在暗示他将当上皇帝，于是，在窦氏的撺掇下，中国历史上难得一见的一幕就要上演了：窦氏鼓动丈夫夺取他姨家杨氏的江山，为的是替自己舅家宇文氏报仇！

窦氏与李渊一共生下四男一女，分别为李建成、李世民、李玄霸、李元吉，一女（李渊第三女，后被封为平阳公主），嫁给了太子千牛奋身临汾人柴绍为妻。李建成，是李渊的长子，小字昆沙门，生于隋文帝开皇九年（公元589年），此时李渊已二十四岁了。李建成个性随便，没有架子，嗜酒好色，游猎无度，交往的都是一些赌徒侠客。李世民，生于隋文帝开皇十八年（公元598年）十二月戊午日（如果按阳历计算的话，应为公元599年1月），四岁时，有个书生见到李渊说：“此儿是龙凤之相，天日之表，待到他成年之时，必能济世安民。”李渊遂给其取名世民。《感定录》称，这件事发生在李世民出生三天后。李建成与李世民之间相差近十岁，到本年，李建成二十九岁，李世民勉强算二十岁。《清异录》称，李世民长大之后，“虬须”（两腮长满弯曲的胡须），人称“髭圣”。李玄霸，字大德，生于隋文帝开皇十九年（公元599年），年幼聪慧，到隋大业十年（公元614年）、在他十六岁时就去世了。李元吉，小字三胡，生于隋文帝仁寿四年（公元604年），比李世民小五六岁，本年十四岁。《新唐书》称，李元吉刚生下时，窦氏见其相貌可恶，就没有要，一位叫陈善意的老婢女私下抱养了李元吉；等李元吉长大以后，性格刚强凶狠，经常让数百名奴婢身披铠甲，练习作战，后来，李元吉不小心受伤了，陈善意好言相劝，李元吉大怒，命壮士将乳母弄死。这段记载读起来无论如何都让人觉得非常虚假。

李渊一生生下了二十二个儿子、十九个女儿，除了窦氏生的这五个孩子之外，其他妻妾生下的男孩还有：李智云、李元景、李元昌、李元亨、李元方、李元礼、李元嘉、李元则、李元懿、李元轨、李凤、李元庆、李元裕、李元名、李灵夔、李元祥、李元晓、李元婴。李渊的正妻窦氏大约于隋炀帝大业九年（公元613年）去世，李渊的这些庶子绝大部分都出生于李唐建立以后，只有第五子李智云，史书明确记载时年十四岁，其母为李渊的妾万氏。在李渊起兵前，至少已有了五个女儿，分别是：长沙公主、襄阳公主、平阳昭公主、高密公主、长广公主（封号当然是后来封的），因为，据《新唐书》记载，李渊的第五女长广公主的丈夫是赵慈景，在李渊起兵后，有人曾劝赵慈景避难，但赵慈景因为有老母在家，就没有答应，结果被逮捕下狱。

实际上，早在大业五年隋炀帝西征时，隋朝统治阶层内部就已经出现了分裂的迹象，在随后的几年里，隋炀帝不仅没有收敛，反而变本加厉，发动了几次东征，社会矛盾更趋于激化，一直怀有取杨氏政权而代之的李渊也在密切地关注着事态的发展。大约就在大业九年杨玄感叛乱前后，担任督运军粮任务的李渊就曾与自己的密友宇文士及提及此事。大业初年李渊曾任殿内少监（从四品上），而宇文士及则任尚辇局的奉御（正五品下）。殿内省主要掌管皇帝饮食起居事务，设殿内监一人，殿内少监两人，下设尚食局、尚药局、尚辇局等六局，局里两名奉御为正职，两名直长为副职，宇文士及的尚辇奉御是管理皇帝出行车马局的局长，而李渊则是他的顶头上司，因此，宇文士及主动巴结李渊，二人结下了很深的私交。后来，在武德二年（公元619年）宇文士及降唐后，曾向李渊谢罪道："臣虽然罪不容诛，但臣很早就侍奉陛下，过去在涿郡时，我们曾深夜秘密谈论时事，后来，在汾阳宫时，我又披肝沥胆……"当时，李渊笑着对裴寂说道："此人与我谈论天下大事，距今已六七年了，你们都还在他之后。"由此逆推，李渊与宇文士及二人谈及世事，当在大业八九年间，而那时也正是长白山王薄首义以及杨玄感叛乱之时，那时的李渊就已经有了要夺取隋朝政权的野心，而在他被派往弘化郡节制关中各军时，他的内心似乎已经有点按捺不住了。

《旧唐书·后妃上》称："大业中，高祖为扶风太守（李渊未曾担任过扶风太守，应为弘化郡留守），有骏马数匹。常言于高祖曰：'上好鹰爱马，公之所知，此堪进御，不可久留，人或言者，必为身累，愿熟思之。'高祖未决，竟以此获谴。未几，后崩于涿郡，时年四十五。高祖追思后言，方为自安之计，数求鹰犬以进之，俄而擢拜将军，因流涕谓诸子曰：‘我早从汝母之言，居此官久矣。’”《旧唐书·高祖纪》称：“时炀帝多所猜忌，人怀疑惧。会有诏征高祖诣行在所，遇疾未谒。时甥王氏在后宫，帝问曰：‘汝舅何迟？’王氏以疾对，帝曰：‘可得死否？’高祖闻之益惧，因纵酒沉湎，纳贿以混其迹焉。”《新唐书》的记载与之大同小异。这两处记载所发生的事情可能是相互连贯的：先是得知杨玄感之乱后，隋炀帝派李渊入关，很快，隋炀帝又感到不妥，要召回李渊，李渊却称病拒绝返回，实际上是在观察局势，窦氏的从兄窦抗就曾在此时建议李渊：“杨玄感不过是开了头罢了！李氏当兴，这图谶上写得明明白白，可趁此时机发动，这是上天给的机会啊！”但老谋深算的李渊说：“不要第一个作乱，看你尽说些诳话！”而后，在涿郡被扣为人质的李渊之妻窦氏就死了，再后来，杨玄感之乱很快就被平定了，李渊虽然因没有谋反的明证而躲过了一劫，但隋炀帝对其开始猜忌起来，李渊也极有可能在此期间被免职了，再后来，李渊采取沉湎酒色、讨好巴结等办法，来韬光养晦，极力避免受到隋炀帝的猜忌。果然不久就起到了效果：大业十一年，隋炀帝诛杀了李浑、李敏一家后、又北巡汾阳宫，来压压此地的天子气，而他却任命李渊为山西、河东安抚大使。显然，隋炀帝已暂时消除了对李渊的猜忌，而这时，李渊却哭着对孩子们说：“我要是听你母亲的话，也早当上这官了！”这里有个疑问：窦氏会不会是隋炀帝冲动之下所杀？李渊在谈及窦氏时为何如此悲痛？李渊父子后来表现出来的反隋的决心是否与此有关？

六二 蓄势待发（二）

一个人的政治野心往往与他的自信密切相关。

《大唐创业起居注》称：“帝（指李渊）素怀济世之略，有经纶天下之心。接待人伦，不限贵贱，一面相遇，十数年不忘。山川冲要，一览便忆。远近承风，咸思托附。”《酉阳杂俎·忠志》称:“高祖少神勇，隋末，尝以十二人破草贼号无端儿（毋端儿）数万。又龙门战，尽一房箭，中八十人。”《旧唐书·高祖纪》记载：“师次龙门，贼帅毋端儿帅众数千薄于城下。高祖从十余骑击之，所射七十发，皆应弦而倒，贼乃大溃。”第二年，李渊即因功而被晋升为右骁卫将军。

李浑一家的死让李渊脊背冒汗。李渊与夏侯端是好友，他受命担任河东安抚大使后，就请求以夏侯端为副将。夏侯端是南梁开国功臣夏侯详的孙子，时任大理司直，通晓术数，他偷偷对李渊说：“金玉床摇动，此帝座不安。参墟得岁，必有真人起于实沉之次（术语）。天下大乱，能平定天下的就是大人您啊！但是，皇上苛察，又非常猜忌，忌讳姓李之人，强者会先被处死，李浑已死，下一个岂不是要轮到您了吗？如果早做打算，就上应天心了；不然的话，就大祸临头了！”李渊非常赞同。

李渊的爵位是唐国公，唐国的范围在今山西省翼城县和襄汾县一带，即河东地区，据《邵氏闻见后录》记载，李渊的老宅在芮城县（今山西省芮城县）一处村落。受命担任河东安抚大使以后，李渊觉得这是应了让自己当堂（唐）主的预言，因此，暗地里非常高兴，《大唐创业起居注》也说，在他被晋升为右骁卫将军，并担任太原道安抚大使后，他认为太原的百姓都是唐国的旧民，虽说从河东到了太原，但也不算离开了自己领地。

隋炀帝雁门脱险、南下江都以后，觉得李渊毕竟是自己的表哥，以他率领太原军队与马邑太守王仁恭一起防御东突厥。李渊不得已只好率军北上，他偷偷对心腹说道："匈奴为害边地，自古就有，周朝、秦朝以及汉朝、曹魏，历代都难以清除，是中原王朝的大敌啊。皇上内心其实是非常害怕突厥的，这才远至海边躲避起来，如今造反的人又多如牛毛，各地强盗纷纷而起，就靠这点军队来讨伐突厥，岂能成功？这也许是上天要让突厥来帮助我吧，我将用计策来驾驭他们，与其和亲来利用他们，令其不仅害怕我的威力，同时还感激我的恩惠，要想达到这一目的，全在此一举！"

那时（大业十二年时）的李渊就已经不仅仅表露出自己反隋的意愿，而且开始暗中采取行动了，虽然这些行动进行得非常隐秘。推进到马邑以后，李渊和王仁恭的军队加起来也不过五千多人，王仁恭因兵少非常害怕。李渊知道王仁恭的心思，就对他说道："突厥擅长的不过是骑射而已：见到好处就蜂拥而上，遇到困难掉头就走，风驰电掣，不设固定的军阵；他们把弓箭当作主要武器，铠甲就是日常服装；没有整齐的队伍，也没有固定的营垒；随着有水草的地方而修筑简单的住所，把羊和马当成军粮；战胜了，只知道夺取钱财；战败了，也毫无羞耻之色。不需要昼夜巡视，也不用从后方输送粮食。中原军队的做法却正与之相反，因此，在与其作战时，很少能够取胜。如今，我们只要与他们的做法一致，学习他们的特长，他们知道前来没有什么好处，自然就不会再来。如今陛下远离此地，我们困守孤城，如果不与敌人决一死战，生存下来的希望就很渺茫。"王仁恭因为李渊是隋王室近亲，也不敢提出异议，遂从军中挑选了擅长骑射的两千多人，饮食行止完全模仿突厥，每次遇到突厥侦察骑兵，这支隋军旁若无人，照样驰骋射猎，耀武扬威；而突厥人见到后，也总是误以为是自己人。部将们多次劝说出击，但李渊总是引军退去，如此两三次，众人士气高昂，都决心与突厥好好打一仗，于是，等到再次与突厥人遭遇后，李渊即下令向突厥人发起猛攻，大破敌人，斩首上千级。从此以后，突厥闻风丧胆，约束本部，不敢擅自南下了。

暂时解除了突厥的威胁之后，太原周边的变民又猖獗起来了。上谷（今山西省广灵县西）王须拔的部下魏刀儿自称历山飞，拥有数万人马，在大业十二年就接连击败隋军，在太原以南的上党（今山西省长治市）、西河（此处当指北魏时设立的西河郡，即在今山西省临汾市一带）郡所向无敌，太原、马邑的隋军宛如汪洋中的孤岛。为了守住山西，大业十三年，隋炀帝任命李渊为太原留守，郡丞王威、武牙郎将高君雅为副留守，李渊也率军离开马邑南下，回到了太原。

接到任命后，李渊私下非常高兴，他对次子李世民等人说道："唐国原本就是我的封国，太原就是其地。如今，我又被派到此地，这是上天交给我的。天与不取，反受其咎。然而，如果打不败历山飞、又不能与突厥人和好的话，就无法济世安民。"此时的李渊已确定了南面消灭变民军、北面结好突厥人的策略，于是，李渊率领王威等人凑集了五六千人南下前去讨伐魏刀儿。

两军在河西的雀鼠谷（今山西省介休市南）口遭遇，当时变民军有两万人马，隋军上下都非常害怕，李渊却从容淡定，他笑着对王威等人说道："这些家伙们不过是一群鼠目寸光的强盗而已，只想劫财，他们自恃连连取胜，自以为会再次全胜。如果我们与其死拼，可能难以取胜，如果运用计谋，则没有不成功的。我担忧的是敌人不来寻战，如果他胆敢前来，一定能够将其击破，你们就不用担心了！"

不一会儿，敌人果然一齐压上来了，队伍绵延了十几里，首尾相连。李渊见敌人逐渐接近，命令将部队一分为二，让老弱之兵居中，打起很多旗帜，又把辎重全放到后面，作为大阵，正面与敌人接战；又将手下数百名精锐骑兵也分成左右两队，分处大阵两翼。临战时，李渊命令王威假扮主帅，率领大阵挡在前面。变民军见帅旗所在，集中全力向大阵杀来，大阵中的老弱残兵不敌，很快就败退了。王威也吓得掉下马来，被随从保护着才得以逃脱。变民军冲破隋军大阵以后，很快就发现了大阵后面的辎重，纷纷下马争夺。在大阵侧后方的李渊见状，立即率领左右精锐骑兵大呼向前，左右夹击，顿时箭如雨下，变民军陷入一片混乱，数万变民军一时归降。

但很快突厥人就得知了李渊已经南下、马邑太守王仁恭孤立无援的消息，遂多次南下侵扰马邑，李渊又派副留守高君雅率军北上增援，但王仁恭等人接连战败。不久，在江都的隋炀帝听到后，认为李渊、王仁恭贻误战机，致使突厥带来边患，下令将李渊逮捕押往江都、将王仁恭斩首。李渊因为自己的姓名见于图谶之上，深恐受到隋炀帝的猜忌，十分担忧。当时，长子李建成在河东的老家，唯独次子李世民在李渊身边，李渊对李世民说："隋朝气数已尽，我家上应图谶，之所以没有趁早起兵，是顾及你们兄弟都还未脱离险境啊！今天，我身陷囹圄，像周文王那样遭遇羑里之灾，（一旦我有个三长两短）你们兄弟也要像周武王那样发起孟津之师，不要父子一起受死，弄得家破人亡，令天下英雄耻笑！"李世民哭着对父亲说："芒砀山（刘邦曾经落草之处）中，处处可以藏身，请求父亲能像汉高祖刘邦那样，暂且落草，以观事变。”李渊回答：“如今我们的时机已经到来，我却偏偏被打入了大牢，虽然能洞悉事态的变化，又能有什么作为！然而，如果上天已经确定我将昌盛，这次灾难未必不是上天来启发我的，如今，我将更加谨慎勤勉，以此来预测上天的真意。如果上天真的要护佑我，他岂能害我？如果上天要让我去死，我又能到哪里躲避呢？”数日后，果然隋炀帝又派人前来，赦免了李渊、王仁恭二人，令其官复原职。

隋炀帝自从大业十二年南巡江都以后，太原与江都之间的联络就中断了，而这一次使者竟然一路顺畅，按时到达了太原。使者来到太原城下时，正值深夜，温彦将在城西门楼上最先望见，向大哥温彦弘禀报，由温彦弘向李渊报告。温大雅，字彦弘，他的次弟是温彦博，字大临；温大有是他的三弟，字彦将。温氏三兄弟与颜氏三兄弟（写下《颜氏家训》的颜之推的三个儿子颜思鲁、颜愍楚、颜游秦）在当时就以博学而闻名于世。《大唐创业起居注》就是温大雅所写。

李渊当时正在睡觉，他从床上惊起，紧紧握住温彦弘的双手，笑着说：“我以后的生命，实在是上天赏赐的啊！”他对李世民说：“我听说只有神人才能如此神速，这是上天在激励我啊，我当见机而作！”就这样，李渊下定了起兵的决心，于是，他命令长子李建成在河东老家联络豪杰，次子李世民在晋阳（山西省太原市）也暗中招徕英雄。《大唐创业起居注》称：“太子（指李建成）及王（指李世民）俱禀圣略，倾财赈施，卑身下士。逮乎鬻缯博徒，监门厮养，一技可称，一艺可取，与之抗礼，未尝云倦。故得士庶之心，无不至者。”

六三 太原起兵（一）

然而，在我们的印象里，李唐开国皇帝李渊似乎并不英武，他的光彩完全被他的儿子、后来的唐太宗李世民掩盖了——这究竟又是怎么回事呢？这主要在于唐太宗即位后干预史书写作，故意拔高了自己在太原起兵时的作用，因此，唐史臣竟然把李渊描写成了一个胸无大志的人，实际上，在众目睽睽之下，李渊是不可能去联络豪杰，过多地抛头露面的，而李世民的所作所为不过都是在李渊的授意下完成的。

不过，毋庸讳言，年少的李世民也确实是聪明勇敢，见识过人。由于其父李渊就是一名神射手，李世民十七岁时与右骁卫将军长孙晟的女儿结婚，岳父长孙晟也精通骑射，能一箭射下双雕，李世民自然也对射箭抱有浓厚的兴趣，后来，他自称：“朕少好弓矢，自谓能尽其妙。”（《贞观政要》）又说：“朕少尚威武，不精学业，先王之道，茫若涉海。”（《大唐新语》）由此可见，李世民与他的两个兄弟李建成和李元吉其实并没有什么两样，三人均重武轻文，任侠仗义，这是李渊一家的将门之风，也并不奇怪。

李世民在太原举兵时起没起作用？当然起了。他与哥哥李建成一个在晋阳，一个在河东，“倾财赈施，卑身下士”，尽力罗致英雄豪杰：右勋卫长孙顺德，是李世民岳父长孙晟的同族弟弟，史书称：他是“避辽东之役，逃匿于太原”的，但当时已不再提辽东之役的事了，长孙顺德即便是逃避兵役，也是以前的事了。可能的情况是：长孙顺德逃避兵役，就躲在了李渊的军中，一起来到了晋阳；而刘弘基也是李世民网罗的逃犯，刘弘基，是池阳县人。大业末年，因从征辽东，家境贫困，没钱走到辽东，行至汾阴，想到耽误日期一定会被斩杀，思来想去无计可施，情急之下想到与同行的人一起偷别人家的牛，而后又故意走漏风声，令当地官吏抓住了自己，投入大牢，一年后，被改判缴纳赎金。释放后，刘弘基与同伙以偷盗马匹为生，遂来到了太原。刘弘基主动结好李渊、李世民父子，很快就成了二人的心腹。左亲卫窦琮也因犯法，逃到太原，依附于李渊。说到窦氏，稍稍提及一下这一家族：北周、隋朝太傅窦炽，有窦茂、窦恭、窦威等十三个儿子，窦恭的儿子窦轨、窦琮；窦炽的哥哥窦善，为西魏卫尉卿，有子窦荣定，窦荣定生子窦抗、窦琎等，窦抗生子窦衍、窦静、窦诞，窦静生子窦逵，窦诞生子窦孝慈；窦炽的另一个哥哥生子窦毅，窦毅就是李渊的岳父，据此，窦轨、窦琮、窦抗、窦琎与李渊是一辈，李渊是他们的堂姐夫或者堂妹夫。李世民素来与窦琮他这位堂舅关系恶劣，为了办成大事，李世民主动与窦琮和解，出入窦琮的内室，逐渐打消了他的疑虑。

据《新唐书·高祖本纪》记载，到大业十三年，“刘武周起马邑，林士弘起豫章，刘元进起晋安，皆称皇帝；朱粲起南阳，号楚帝；李子通起海陵，号楚王；邵江海据岐州，号新平王；薛举起金城，号西秦霸王；郭子和起榆林，号永乐王；窦建德起河间，号长乐王；王须拔起恒、定，号漫天王；汪华起新安，杜伏威起淮南，皆号吴王；李密起巩，号魏公；王德仁起邺，号太公；左才相起齐郡，号博山公；罗艺据幽州，左难当据泾，冯盎据高、罗，皆号总管；梁师都据朔方，号大丞相；孟海公据曹州，号录事；周文举据淮阳，号柳叶军；高开道据北平，张长逊据五原，周洮据上洛，杨士林据山南，徐圆朗据兖州，杨仲达据豫州，张善相据伊、汝，王要汉据汴州，时德睿据尉氏，李义满据平陵，綦公顺据青、莱，淳于难据文登，徐师顺据任城，蒋弘度据东海，王薄据齐郡，蒋善合据郓州，田留安据章丘，张青特据济北，臧君相据海州，殷恭邃据舒州，周法明据永安，苗海潮据永嘉，梅知岩据宣城，邓文进据广州，俚酋杨世略据循、潮，冉安昌据巴东，宁长真据郁林，其别号诸盗往往屯聚山泽”。

国家已到了这步田地，不能不让人感到忧虑。在晋阳的隋朝官吏中，就有一个对前途感到迷茫的人，此人便是晋阳宫副监裴寂。裴寂，字玄真，蒲州桑泉（今山西省临猗县）人，他眉清目秀，容貌俊美。开皇中，为左亲卫，因家境贫寒，只好徒步从家里走到长安，途经华山庙时，他祷告道：“我如此贫困，如果以后能够富贵的话，请神灵托梦告诉我一下。”当晚，裴寂果然梦见一位白发老翁对自己说：“你三十年以后才会富贵，将位极人臣。”后裴寂历任齐州司户、侍御史、驾部承务郎、晋阳宫副监。裴寂与晋阳令刘文静结为好友，一天，二人住在一起，望见城上烽火连天，裴寂叹息道：“如此贫贱，又遭逢乱世，将怎么活下去啊！”刘文静却笑着说道：“世事如此，只要你我二人相知，又何必担心一直贫贱下去呢？”刘文静见到李世民后，就觉得李世民不是寻常之人，二人遂结下深厚的友谊。刘文静还对裴寂说：“此人非同寻常，他像汉高祖刘邦那样胸襟开阔，又如同魏武帝曹操一般英明威武，年龄虽小，但绝对是一个真命天子。”裴寂起初不以为然。

刘文静，字肇仁，自称彭城人，祖上一直住在武功。刘文静长得也是仪表堂堂，风流倜傥，足智多谋。后来，刘文静因与李密是姻亲关系而被捕入狱，李世民觉得刘文静是个人物，遂来到狱中探视。刘文静大喜说道：“如今，天下大乱，没有汤、武、高、光之才，不能平定啊。”李世民说：“你怎么知道没有？只是常人看不出来罢了。今天我来探监，不是给你诉诉私情，世事如此，特意前来与你商量大事的，你看该怎么办？”刘文静回答：“如今李密围住了洛阳，主上流落到了淮南，强盗铺天盖地，有上万股之多。在这种情况下，就需要一位真正的天下之主来统领他们。如果真能顺应潮流，高举义旗，振臂一呼，则天下很快就能平定。如今，太原百姓躲避强盗的，都逃进城内了。我刘文静担任了数年晋阳县令，知道这里的豪杰，一旦召集起来，能凑够十万人，您父亲的军队又将近数万，一言出口，谁敢不从？率领这股军队乘虚入关，号令天下，不出半年，将立下帝王之业。”李世民笑道：“你说的正合我意。”于是，李世民开始暗中部署宾客，准备起义，但担心李渊不从，犹豫了很久。

李渊与裴寂是老朋友，二人常常一起喝酒叙话，间或赌博，有时通宵达旦，忘记疲倦。刘文静想通过裴寂说服李渊，就把裴寂介绍给了李世民。李世民拿出私房钱数百万，让龙山县令高斌廉与裴寂一起赌博，故意把钱输给裴寂，裴寂大喜，从此以后，与李世民的关系升温。李世民就把自己的计划告诉给了裴寂，让裴寂在合适的时候说服李渊，裴寂答应了——这段记载不合情理，刘文静把裴寂介绍给李世民一事应该是真的，但李世民要通过裴寂劝李渊，即使有此事，那也是做给别人看的。

李渊被放出来以后，李世民又派刘文静和裴寂一起劝李渊，二人对李渊说：“《易》称‘知几其神乎’，如今，天下已经大乱了，大人却处在嫌疑之地，又立下了不赏之功，将如何自全？部将们战败了，也会把罪过推到你的身上。事情已经非常紧迫了，应当赶紧作出决断。晋阳之地，兵强马壮，晋阳宫中，仓库充盈，以此举事，可以立下大功。关中乃天府之国，代王杨侑年幼，豪杰并起，无人统领。希望大人兴兵西进，以图大事。岂能再因来了一介使者就遭受囚禁？”李渊也表示同意了。原本李世民已经暗中联络好了壮士，准备劫狱，也定下了起兵的日期，正巧李渊被释放了，这才停止了行动。

《资治通鉴》称，李世民趁机偷偷对李渊说：“如今主上无道，百姓穷困，晋阳城外就成战场了，大人如果要固守小节，下有强盗，上有严刑，很快就会大祸临头。不如顺应民心，兴起义兵，就可以转祸为福。”李渊大惊，说道：“你岂能口出此言？我要把你送交官府！”遂索取纸笔，准备写奏表。李世民慢慢说道：“我观察天时人事，确实如此，才这么说的。大人真要告发，我也情愿一死。”李渊说：“我怎忍心告发你？你还是要谨慎，不可乱说！”第二天，李世民又劝说李渊：“如今天下强盗越来越多，大人受命清剿强盗，强盗能消灭完吗？总之，仍不能免罪。况且，世人都传说李氏将得天下，因此，李浑一家才被灭门，大人就是能消灭了强盗，会惹得功高不赏，处境就更危险了！只有我昨天说的话才能救命，请大人不要再迟疑了。”李渊这才叹息道：“我一夜也在思量你的话，也很有道理。今日，家破人亡也是因为你，化家为国也是因为你！”过去，裴寂曾偷偷安排晋阳宫的宫女给李渊侍寝，李渊到裴寂那里喝酒。二人喝得酒酣耳热之际，裴寂说道：“二郎暗中招募兵马，要举大事，正是因为我让宫女来陪侍大人，担心事情败露，大家一起被杀，所以才出此救急之计。如今，大家的思想都已经统一了，你的意思如何？”李渊说：“我儿确实有这个计划，事已至此，又能怎么样呢？只好听从他吧！”——这段记载把李渊这次蓄谋已久的举兵描绘成一桩为了救急的权宜之计，既不合情理，也不符合事实，令人难以相信，其目的无非是要突出李世民在太原起兵时的作用。

六四 太原起兵（二）

除了裴寂、刘文静、夏侯端之外，还有几个人也在积极劝说李渊起兵。

晋阳鹰扬府司马许世绪见隋王朝就要灭亡了，他对李渊说：“上天帮助有德行的人，人事则垂爱于有能力的人，机会到来而不抓住，一定会后悔莫及。如今，隋朝无道，天下沸腾，大人姓氏见于图谶，名字应在歌谣，手握五个郡的重兵，盘踞四战之地。若无其他打算，很快就会落得个失败的下场。不如树立义旗，给天下人指明方向，这是帝王之业啊！”听了许世绪的话，李渊立即对他刮目相看。许世绪，并州人，其弟许洛仁，也是李唐的佐命功臣。

行军司铠参军武士蒦、楼烦司户书佐崔善为、前太子左勋卫唐宪以及唐宪的哥哥唐俭（《资治通鉴》称唐俭是唐宪的弟弟，今从《新唐书》）等人都劝李渊起兵。武士蒦，字信，文水县人。他是当地的一位商人，家境非常富裕，喜欢与人交朋友。李渊领兵在河东作战时，就住在他家，二人成为好友，等李渊担任太原留守后，武士蒦也被召到太原，担任行军司铠参军。武士蒦曾偷偷劝李渊举兵，并把兵书和符瑞书送给李渊。李渊说道：“千万别多说，兵书是违禁之物，如果真有那一天，我会牢记你的深情厚谊，大家一起富贵。”武士蒦就是女皇武则天的父亲。唐俭，字茂约，并州晋阳人，北齐尚书左仆射唐邕的孙子。唐俭兄弟二人都洒脱不羁，唐俭曾与李渊同在禁卫军中，是老相识。在太原期间，唐俭与李世民过从甚密，曾从容谈及天下大乱，可以夺取政权之事。李世民把唐俭的话转告给了李渊，李渊遂将唐俭召入，询问良策。唐俭说道：“大人天庭饱满，李家又名在图谶，天下归心，这已不是一天两天的事了。如果打开仓库，南面招引豪杰，北面联络突厥，东方安抚燕赵，长驱西进，渡过黄河，占领关中之地，则很快就能平定天下，建立商汤、周武王一般功业。”李渊说道：“商汤、周武王的功业，恐怕难以取得。如今，天下已经乱了，论私是为了自己保命，论公也是为了救民。你也要保重，我会考虑你的话的。”唐宪，字茂彝，原为东宫左勋卫。太子杨勇被废后，被解职在家闲居。史称，他“不治细行，好驰猎，藏亡命，所交皆博徒轻侠。高祖领太原，颇亲遇之，参与大议”。崔善为，贝州武城（今河北省清河县西）人。隋文帝仁寿中，担任楼烦司户书佐，李渊为太守，对他非常礼遇。史称，他“见隋政日紊，密劝高祖图天下”。从李渊对上述几个人的态度来看，李渊对出身商人的武士彟并不亲近，虽然没有明确拒绝他，但明显与他保持了一定的距离，而与唐俭等人则谈及起兵以后的用兵方向等实质性问题了。据《太原事迹》记载，武士彟没有发达时，与同乡许文宝一起靠贩卖木材为生，经常囤积数万根木头。这数万根木头一天之内竟然变为一片丛林，二人因此大富。

在众人的劝说下，李渊已开始着手为起兵创造条件了。他命令刘文静伪造了一份隋炀帝的诏书，下令将太原、西河、雁门、马邑四郡年龄在二十岁到五十岁的百姓全部征召入伍，约定年底之前抵达涿郡，将要讨伐辽东。由于有了这道命令，四郡百姓人心不稳，想要作乱的人越来越多了。然而，由于李建成、李元吉等人还在河东，李氏其他亲戚也还没有脱离险境，李渊迟迟没有发动。

刘文静对裴寂说道：“先发制人，后发制于人。为何不早早劝说唐公举兵，却一直往后拖！况且，你身为晋阳宫监却把宫女找来侍奉外人，你自己死也就罢了，为何要唐公与你一起去死！”裴寂听了，非常担心，遂屡屡劝说李渊赶紧下决心起兵。等刘武周占领了汾阳宫，李世民对李渊说：“大人身为留守，而盗贼却占领了离宫，不早建大计，大祸就要临头了！”于是，李渊就召集全体将佐开会，在会上，他对大家说：“刘武周夺占了汾阳宫，你我却无力相救，论罪当被灭族，你们说该如何是好？”又说：“部队要戒严，城池要守备，粮食要调发，三者缺一不可，需要提前作出安排，你们各位决定吧！”王威等人都非常害怕，连连向李渊问计。李渊说道：“我朝用兵，一举一动都要服从朝廷的命令。如今，敌人就在数百里之遥，而江都却远在三千里之外，加上道路险阻，又有其他强盗挡道，以手脚捆得死死的部队去对付狼奔豕突的凶残敌人，你们各位都是国家的爪牙，却要听命于文人，这肯定是难以取胜的，我如今也是进退两难，你们说该怎么办呢？”王威等人都说：“大人是皇亲国戚，与国家休戚与共，如果事事必须等到朝廷的同意，如何能把握住战机？我们的目的就是消灭敌人，独断专行也是可以的。”李渊佯装不得已才接受了，他说：“那首先要征召、集结军队。”由于王威兼任太原郡丞，又为人清廉、仁爱，李渊就让他与裴寂一起负责军粮事宜；高君雅曾驻守过高阳，圆满完成了任务，李渊就令其负责巡视城池，至于兵马武器、军中赏罚、军民征调、作战时机等全由李渊亲自决断，他还命令李世民、刘文静、长孙顺德、刘弘基等人各自前去招募军队，太原远近的百姓纷纷加入，十天左右就招募了近万人（这个数字显然与当初刘文静与李世民交谈时所说的十万之众相差甚远）。有关官员询问把军营设在何处，李渊指着兴国寺说道：“就安置在这里。”与此同时，李渊又暗中派人回河东老家，召来李建成、李元吉，从长安召来女婿柴绍。

据《洛中记异录》记载，在决定起兵之后，神经紧张的李渊夜里做了一个非常奇怪的梦，梦见自己死于床下，被一群蛆虫吞食，醒来心里十分厌恶，就找到智满禅师询问，智满禅师听后，道贺说：“大人夺得天下了！”李渊大惊，追问原因。智满禅师回答：“身死是毙的意思，坠于床下，是下的意思，合称陛下；被一群蛆虫吞食，是亿万百姓归附之意，这很吉利！”随后，又替李渊占了一卦，得到乾卦，说道：“飞龙在天，也是帝王之兆。”当时李世民也在身边，智满禅师又指着李世民说：“此公子福德无量，何忧天下？”李渊父子均非常高兴。

李渊原来让王威与自己一起对付历山飞，以王威带领羸弱之兵抵挡变民大军，又让高君雅北上马邑，协助王仁恭，其实二者有异曲同工之妙，都是想借刀杀人，趁机除掉二人，但是，事与愿违，二人竟然都是死里逃生，致使李渊的奸计落空。二人当然对李渊也是疑虑重重，此时，当他们见招募的军队迅速增加，又开始怀疑李渊怀有异心，遂对武士彟说道：“长孙顺德、刘弘基等人都是躲避东征的逃兵，罪当处死，岂能让他们领兵？我将派人将其逮捕审判！”武士彟连忙劝阻道：“他们都是唐公的客人，如果这样的话，一定会惹来大麻烦！”王威等人这才作罢。留守司兵田德平想劝王威调查招募军队的详情，武士彟劝阻道：“讨捕兵全部隶属于唐公，王威、高君雅管不着，只是陪坐一旁而已，又能有什么作为？”田德平也就打消了原意。

高君雅在马邑失利后，李渊当时就想以军法处置他，但因此人是隋炀帝的亲信，李渊担心受到隋炀帝的猜忌，所以一直隐忍未发，而高君雅性格刚愎自用，对李渊也不服气，常与王威暗中搜罗李渊的把柄。

王威和高君雅见李渊可能要举兵造反，遂暗中策划在太原城南的晋祠举行祈雨大会，在会上，将李渊拿下。晋阳乡长刘世龙与高君雅关系挺好，后裴寂把他又引荐给了李渊，刘世龙就将高君雅等人密谋告诉给了李渊。李渊说道："这些人愚昧无知，看不清世事，一定会自取灭亡。千万不要多言，我自会处理他们。"于是，李渊决定将二人除掉、举兵。

五月十四日夜，李渊派遣长孙顺德、赵文恪等人率领五百名兴国寺的兵，交由李世民指挥，提前埋伏在晋阳宫城东门左边。第二天清晨，李渊与王威、高君雅一起坐在大堂上办公，这时，刘文静禀报说开阳府司马刘政会有机密事务请求晋见，李渊命刘文静将其带了进来，刘政会站在院内。李渊示意让王威等人下去取来状子，刘政会却不肯交出，大声说道："所告之事涉及副留守，只有唐公才可以看！"李渊故意装出一副非常吃惊的样子，说道："怎么会有这等事！"遂拿来状子阅读，并自言自语地念道："王威、高君雅暗地里引突厥人前来！"高君雅卷起袖子，高声大骂道："这是要谋反的人想要杀我！"此时，李世民率领的军队已经塞满街道，刘文静与刘弘基、长孙顺德等人一起把王威、高君雅拿下，投入了大牢。

就在二人被投入大牢的第三天，即五月十七日，在晋阳郊外突然出现了数万突厥骑兵，突厥轻装骑兵已突入晋阳外城的北门，又从东门出了晋阳。李渊下令裴寂、刘文静等人整顿军队，做好防御，而命令大开各个城门，城上也不插旗帜，突厥人不知就里，始终不敢冲进内城来。李渊又派部将王康达率领一千多人与志节府鹰扬郎将杨毛等人偷偷前往北门埋伏，告诫道："等突厥人过完，劫掠他们的马群，以充军用。"但突厥人很多，李渊登上晋阳宫城东南城楼眺望，从清晨一直到中午，突厥骑兵扬起的烟尘一直不止。王康达等部将士都非常骁勇，等到中午时分，他们觉得突厥大队人马已经过完，遂出来抄掠马匹，结果，被突厥人前后夹击，将隋军逼到汾河，大部落水淹死，只有杨毛等一二百人游泳得以生还。晋阳城内军队本来就不多，这一下子又损失了一千人，城内一片恐惧。晋阳军民都认为是王威和高君雅召来的突厥人，对二人更加痛恨，于是，李渊下令把二人斩首示众。

见大家一片惶恐，李渊神色自若，他对众人说："当今天下盗贼充斥，我深受文皇帝厚恩，打算与各位建立大功，刚想起兵，就遇上王威、高君雅阴谋作乱，我怀疑他们私通外国，谁料想刚把他俩逮捕两天，突厥果然深入太原。这是上天要替我来惩罚罪人，如果不是这样，突厥何从而来？既然上天替我派突厥来了，也会为我把他们送走，他们如果不走，我将与诸军一起把他们赶走，大家就不要多虑了！”

李渊见众寡不敌，就趁夜从城内派出军队，命令他们在城外占据险要，白天则大张旗鼓从另一个方向再进入城内；他还告诫将士们，一旦远远见到突厥人，就要赶紧占据险要，不得与敌人交战，如果发现敌人退去，也千万不得追赶，以给突厥人造成隋军援军到来的假象。突厥人在城外停留两日，最终不敢强攻晋阳，撤离北去。李渊这次空城计堪比演义中诸葛亮的那次。

这次突厥入寇，来得这么及时，不能不令人怀疑他们是不是李渊召来的？对此，史无明文，但从接下来发生的李渊与突厥人之间的合作推测，不排除有这种可能性，但由于这事太不地道了，有损李唐王室的形象，即使有，史书也是会删掉的。

李建成和李元吉丢下他们的同父异母弟弟李智云，独自从河东赶往太原，李智云被官吏逮捕送到了长安，被阴世师杀害，年仅十四岁。其实，李元吉与李智云年龄相同，说李智云年少只是一个借口罢了。李建成和李元吉在途中遇到了柴绍，李建成说：“官府追捕很急，不如依附强盗，能更安全一些。”柴绍说：“不可。强盗们知道你是唐公的公子，一定会将您抓起来邀功请赏，不如火速赶往太原。”六月初，三人一起赶到了晋阳。

在太原起义中，李渊、李世民父子，一个镇定自若，一个奋发有为，相得益彰，尤其是李渊在整个过程中一直起着主导作用，正与旧史记载的相反，正如王夫之在《读通鉴论》中说的那样：“人谓唐之有天下也，秦王之勇略，志大而功成，不知高祖慎重之心，持之固，养之深，为能顺天之理，契人之情，放道以行，有以折群雄之躁妄，绥民志于未苏，故能折棰以御枭尤，而系国于苞桑之固，非秦王之所可及也。”

六五 太原起兵（三）

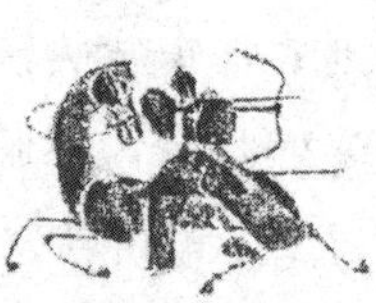

突厥退去后，晋阳文武官员都来向李渊道贺，李渊却说：“你们暂时还不要道贺，我将为你们把突厥人召来并利用他们。”

李渊当即亲自给突厥人写了一封书信，信的内容是：“你们听到了什么而到来，又看到了什么而离去，你们来而又去，这岂不是天意？我知道是天意，所以才没有发兵追击，你们知道是天意的话，就该与我心意相同。如今，隋国大乱，百姓困苦，如不救济，终当为上天所责罚。我如今将兴起义军，平定天下，迎回主上，与突厥恢复和亲，与开皇时一样，这岂不是一件好事？况且，当今皇帝虽然令可汗不满，但可汗岂能忘记高祖皇帝（隋文帝杨坚）的恩德？如果能答应我，不侵扰百姓，征伐所得，子女玉帛全部归可汗所有。中原路远，突厥难以深入，现在我们和好，可汗坐享珍宝，不用劳动兵马，个中得失，请可汗斟酌。”写完，李渊让人在信封上写道李渊启。根据《新唐书·百官志》记载，下对上的文书，有六种称谓：一是表，二是状，三是笺，四是启，五是辞，六是牒。当时有人说：“突厥人不识字，只贪图钱财，只要给其丰厚的礼物就行，还是把‘启’字改为‘书’字。”李渊笑着说道：“你怎么如此糊涂啊。自从大乱以来，逃到突厥的汉民很多，书生也不少，他们也懂得了中国的礼仪。我们就是尊敬他，他也许还会不信我们呢，更何况有所慢待，就更增添了猜忌和疑虑。古人说过：‘屈于一人之下，伸于万人之上。’况且，一个启字又不值千金，千金尚且要送给他，还吝惜一个字呢？”于是，派使者飞马把书信送给了突厥人。

东突厥始毕可汗接到李渊的书信后，大喜，他对突厥贵族们说：“我就知道唐公不是寻常之人，果然做下非常之事。但唐公打算奉迎隋主，与我和好，这一点不行，我不能听从。隋主的为人我是知道的，如果把他迎接回来，肯定会猜忌唐公，再加上与我有旧怨，一定会干戈再起。唐公以此要我帮忙，我不会去。

唐公自己当天子，我会不顾炎热，发兵相助。”当即命人给李渊写了回信，并对使者说：“唐公如果接受我的意见，应立即回复，我当派遣大官前去沟通。”使者七天后就从突厥那里返回到了晋阳，晋阳众将都很高兴，请求李渊答应下来。李渊看了书信，叹息很久，说道：“如果不是有天命，此胡人岂能这样？然而，我身为人臣，理当为国尽忠。主忧臣辱，还未举义兵，就目无尊上，自立为帝，这不行。我原本是担心我军南下后，突厥会南侵，因此才屈节联合，为的是安定晋阳之民。殊不知今日突厥的回信，竟然如此相逼，只能与其绝交，绝不能接受。”李渊拒绝称帝，绝非他说的那样是为了向隋王朝尽忠，但当突厥人让他称帝，岂不是正中下怀，他为何不顺水推舟笑纳呢？这就是人家李渊的高明之处。始毕可汗奉劝李渊称帝，当然是别有用心的，其目的就是让李渊成为像刘武周、梁师都、郭子和等人一样臣服于突厥的“儿皇帝”，而李渊当然想当皇帝，但他要当的是真正的皇帝，而不是向突厥人称臣的皇帝，他是要按照自己的意愿对突厥进行拉拢、利用，而不会把突厥可汗奉为至尊，对突厥唯命是从。

然而，如果断然拒绝突厥的要求，势必引起不利后果，但由于李渊说得决绝，大家都不敢劝谏。兴国寺的兵士们听说李渊没有接受突厥人的要求，不少人私下说：“大人如果不听从突厥，我们也不能再听从大人了。”裴寂和刘文静等人知道后，就把士兵们的转告给了李渊，李渊脸色一沉，说道：“你们都是隋臣，大家一起共事，却以此劝我，你们的臣节都跑哪里了？”裴寂等人回答：“假如让伊尹、吕尚尽忠于夏桀和商纣的话，二人也当不成商汤和周武王的臣子了。裴寂等人转而侍奉大人您，就不敢拘于小节。况且，如今部队已经集合起来了，缺乏的是马匹。突厥人倒是并不急需，急需的是马，如果再耽误，恐怕他们会后悔的。”李渊说道：“事情如果不仿效过去，就很难成功，你们还是要三思，再想想其他的对策。”

等到六月初李建成和李元吉等人来到晋阳后，李渊高兴极了。裴寂等人在与李建成、李世民等人充分协商后，终于作出了一项决定，即依照伊尹放逐太甲、霍光废黜昌邑王的旧例，废黜隋炀帝而拥立代王杨侑，以此向各地发布檄文，改变旗帜的颜色，改用白色旗帜。这一提法与始毕可汗让李渊称帝的本质区别就在于：这一提法是反隋炀帝而不反隋朝。其好处不言自明：一是避免了向突厥人称臣的问题，相反，突厥人原本还是隋朝的臣子，现在我李渊只反隋炀帝这个暴君而不反隋朝，那我与你始毕可汗至少是平起平坐的，都是隋朝的臣子，我们之间就不存在臣属关系了；二是反隋炀帝顺应天下人的意愿，更能团结社会各阶层的人士，尤其是那些对隋朝还心存幻想的人；三是循序渐进的做法，在中国历史上由来已久，以权臣的姿态最终夺取政权，不仅不显得突兀，而且还水到渠成，可以进退裕如。

李渊听了大家的建议，说道："这也是掩耳盗铃啊，然而，时局如此，也不得不这样了。虽说是得罪了后主，但毕竟没有辜负先帝，大家的意见既然一致了，我又岂能反对？"说完，不禁唏嘘不已。裴寂等人劝道："文皇帝传位给后主，让杨素专权，亡国破家，这由来已久。人神共怒，降下大祸，招致天罚，也是咎由自取。"李渊遂批准了这一建议，派人前往突厥告诉了始毕可汗。李渊又说："讨伐商纣所用之旗，是在牧野战前临时使用的，应该兼用绛色，一半对一半。"各军军旗红白相间，宛如花园。开皇初年，童谣称："法律存，道德在，白旗天子出东海。"民间还流传一句"白衣天子"的话，因此，隋炀帝经常身穿白衣，三下江都；如前所述，又有《桃李子歌》："桃李子，莫浪语，黄鹄绕山飞，宛转花园里。"如今，当地百姓看到红白相间的军旗迎风招展，就像在花园里一般，个个欢呼雀跃，从此以后，每天都有上千人前来参军，二十多天，又招募了数万人马。李渊每次看到飘扬的战旗，总是笑道："花园已不错了，但不知黄鹄是否应验。我将一举千里，以应谶言！"

李渊起兵后，辽山（今山西省左权县）县令高斌廉和西河（今山西省汾阳市）郡丞高德儒不从，其中，高斌廉向江都的隋炀帝禀报了李渊起兵的消息，隋炀帝当即下令洛阳和长安地区的驻军加强了戒备。由于辽山在太原东南，而西河正处于入关的通道之上，因此，李渊说道："辽山不过是个自守之敌，不足为虑。西河郡当我通道，不可不攻。"遂命令李建成和李世民率军拔掉西河这颗钉子。

六月五日，李建成、李世民率军南下，带上三天的粮食，打响了太原起兵后的第一仗。临行前，李渊对两个儿子说："你们年少，没有经历多少世事。先让你们进攻此郡，就是看看你们的作为，大家都注视着你们，你们要努力啊！"二人跪下回答："儿等早蒙教诲，又追随大人，不敢懈怠。家国之事，忠孝在此，接受了将令，即当圆满完成使命，如若不能，甘愿受到军法惩处。"李渊又派温大有（温彦将）同行，他说道："我儿子年轻，以你参谋军事，大事成败，当以此行来占卜。"李渊对前途也没有把握，如果一切顺利，才敢入关，如果不行，就只能固守晋阳，当个草头王了。当时，军队都是新招募的，李建成、李世民与士兵们同甘共苦，身先士卒；路边的蔬菜水果，不是买的不吃，士兵们有偷窃的，总要千方百计找到卖主，自己拿出钱来补偿卖主，也不惩处士兵；路边遇到老人送上食物、果蔬的，害怕伤害了老人们的好意，只得接受下来，但与见到的将士们一起分了，未曾独自享用，因此，不论是百姓还是士兵都非常感激、喜悦。义军来到西河城下，有想入城避难的百姓，也一律放行。李建成和李世民身穿便装，来到城下劝降，但高德儒不听。六月十日，义军向西河郡发起进攻，郡司法书佐朱知瑾等人从城墙上引导义军攻入城内，遂生擒了高德儒。李建成和李世民等人斥责高德儒道："过去，你曾经遇见一只野鸟，谎称见到了凤凰。欺瞒人主，与赵高的指鹿为马是多么相似！义兵如今要辅佐王室，不能不诛杀你这种奸佞之辈！"即斩杀了高德儒一人，其余秋毫无犯，各令恢复旧业，远近百姓听说后，都非常高兴。李建成等率军返回晋阳，往返仅用了九天。李渊大喜，说道："就这样用兵，即使横行天下，也能做到！"当天，即定下了入关之决策。

六六 太原起兵（四）

李渊下令开城放粮，赈济贫民，在这一措施的激励下，应征入伍的人越来越多。李渊将部队分为三军，每一军又分左右两翼，统称为义士，特设了宣惠、绥德二尉官，按先来后到都给予这两种官职。裴寂等人推举李渊号称为大将军。史称，“及义兵起，（裴）寂进宫女五百人，并上米九万斛、杂彩五万段、甲四十万领，以供军用。”

六月十四日，李渊建立大将军府，以裴寂为大将军长史（并赐爵闻喜县公），刘文静为司马，唐俭及前长安尉温大雅为记室参军，温大雅与弟弟温大有一起掌握军中机密；又以武士彟为铠曹，刘政会、崔善为、张道源为户曹，姜谟为司功参军，殷开山为府掾，长孙顺德、刘弘基、窦琮、王长谐、姜宝谊、阳屯为六个左右统军；又以李建成为陇西公，左领军大都督，统领左翼三个统军，以李世民为敦煌公，右领军大都督，统领右翼三个统军，各自设置官属。以柴绍为右领军府长史，刘赡为西河通守。

张道源，并州祁（今山西省祁县）人；姜谟，秦州上邽（今甘肃省天水市）人，隋大业末为晋阳长；殷开山，即殷峤，雍州鄠县（今陕西省西安市鄠邑区）人，陈司农卿殷不害的孙子，任太谷（今山西省太谷县）长，以文书写作而闻名。姜宝谊，秦州上邽（今甘肃省天水市）人，为左翊卫，后被晋升为鹰扬郎将，领府兵，随李渊征战，李渊起兵后，被任命为左统军。王长谐、阳屯、刘赡三人生平不详。

李唐建立后，确定十七名太原首义的功臣，他们分别是：尚书令、秦王李世民，尚书左仆射裴寂、纳言刘文静，特恕二死；左骁卫大将军长孙顺德、右骁卫大将军刘弘基、右屯卫大将军窦琮、左翊卫大将军柴绍、内史侍郎唐俭、吏部侍郎殷开山、鸿胪卿刘世龙、卫尉少卿刘政会、都水监赵文恪、库部郎中武士彟、骠骑将军张平高、李思行、李高迁，左屯卫府长史许世绪，约免一死。赵文恪，“并州人，为隋鹰扬府司马。义兵起，授右三统军”。张平高，“绥州人，为隋鹰扬府校尉，戍太原，遂预谋议”。李思行，“赵州人，避仇太原……以赞大议授左三统军”。李高迁，“岐州人，客太原，唐公引致左右。执高君雅等有功，以右三统军”。

与此同时，始毕可汗也接到了李渊的书信，他即派柱国康鞘利、级失、热寒、特勤、达官等人前来。六月十七日，康鞘利等人来到太原，他们送来一千匹马交易，并答应派兵送李渊入关，多少随意。第二天，李渊在晋阳宫东门侧室接见了康鞘利一行，对他们非常恭敬，赏赐给他们很多礼物。康鞘利等人大喜，退下后说道：“唐公见到我们这些少数民族尚且这么懂礼节，对待汉人就可想而知了。尊敬别人的，别人也会尊重他；受到天下人的敬爱，就一定能当人主。我等见到唐公，也不知不觉地肃然起敬。”对他们带来的一千匹马，李渊下令只挑选其中上好的买下一半。义士们纷纷请求情愿拿出自己的家财把突厥这一千匹马全买下，李渊老谋深算，说道：“他们那里的马就像羊一样平常，还将源源不断地送来，我唯恐你们没那么多钱买呢。胡人贪得无厌，我们这次少买一点，既显示我们贫穷，又表现出我们并不特别需要马。我将与之再进行交易，不要着急，也不需浪费你们自己的钱。”

六月二十六日，高阳郡灵寿（今河北省灵寿县）变民头领郗士陵，率领数千人归附，李渊即任命其为镇东将军，封燕郡公，仍置镇东府，具补僚属，命其招抚山东郡县。不久，康鞘利等人北还，李渊也命司马刘文静回复，并命其借来突厥军队。在刘文静临别时，李渊告诫他道：“突厥兵来的多，百姓将遭遇一场大灾。数百名就够了，不需多要。我之所以向突厥借兵，是担心刘武周引来他们，制造边患罢了。况且，胡人马匹放牧，又不需要供应粮草，只不过用用他们壮一壮声势罢了，你要领会我的用意，不需带回太多的突厥军队。”李渊向突厥借兵是假，其真实目的就是借此加深与突厥之间的“友谊”，进而让一直对太原虎视眈眈的刘武周失去了南下的条件。刘文静领命而去。

刘文静北去之后，李渊即部署发兵入关了。

七月四日，李渊以四子李元吉为齐国公、太原太守，授予十五郡诸军事、镇北大将军，留镇太原，允许他“便宜行事”。

七月五日，李渊率领三万甲士从晋阳出发，在大营门口誓师，并向下辖郡县发布檄文，告知即将尊立代王之意；西突厥小可汗阿史那大奈（阿史那大奈在五年前被安置在楼烦郡）也率领本部人马随军一起进发。

七月六日，李渊命令通议大夫张纶率军镇抚稽胡部落，经略离石（今山西省吕梁市离石区）、龙泉（今山西省隰县）、文成（今地不详）等郡，掩护南下大军的侧翼。

七月八日，李渊来到西河郡，慰劳军民，赈济百姓。年龄在七十岁以上的老人都被授予通议、朝请、朝散三大夫等散官，其余当地豪强也都随才录用。李渊亲自询问每个人的才能，亲笔填写授予的官职，一日之内封了一千多人的官；委任状也制作不出来，这些人就拿着李渊写的白条上任去了。史称：“帝特善书，工而且疾，真草自如，不拘常体，而草迹韶媚可爱。”

而后，李渊就率军进入了雀鼠谷（北起介休、中经灵石、南至霍州，长约70公里）。

七月十四日，李渊的大军走出雀鼠谷，来到了贾胡堡（今山西省汾西县北），南距霍邑（今山西省霍州市）五十多里。霍邑西北有汾水流过，东面依靠霍太山，地理位置非常重要，当时，代王杨侑派遣虎牙郎将宋老生率领两万精兵驻扎在霍邑，左武候大将军屈突通率领数万骁果驻扎在河东（今山西省永济市），与宋老生相互声援；代王杨侑还命令临汾以东各郡军民全部固守城池，并接受宋老生和屈突通的指挥。

当李渊来到贾胡堡之后，正遇上天降暴雨，部队只好停了下来。李渊听说宋老生和屈突通挡在前面，不禁笑道：“宋老生乳臭味干，屈突通胆小如鼠，且屈突通曾经击破过杨玄感，宋老生也曾多次击败群盗，人人都认为他们二人会打仗。无知之徒又竞相阿谀奉承，认为他俩肯定能搞定我，不会再派援军。我再迟迟不出战，他们一定会觉得我胆怯了，而后，我们再出其不意，不过一两个月，定能击败他们。”李渊又派府佐沈叔安、崔善为等人率领老弱残兵返回太原，又运来一个月的军粮，以待天晴。

七月十六日，一个身穿白衣的老人自称是霍太山的神仙派来的，请求面见李渊。李渊对神鬼、佛道都不太相信，侍卫不敢通报，老人就一直在外等到李渊出来后，拜伏在路边。李渊开玩笑说：“神仙原本是凡人看不见的，却能看见你，你不是神仙，为何要说些神神道道的话？”老人回答：“我在山神庙里做事，听到山中有个声音说：‘给大唐皇帝捎去话：如果要去霍邑，应向东南沿着山脚而去，八月初雨就停了，我将替皇帝击破敌人，可为我修个寺庙。'从山脚前行，虽然道路崎岖，但城内看不到；如果从大路走，距离霍邑县城十里城内就发现了。”李渊说道：“路遇下雨，人们疲惫，武器也不精良，岂能让敌人提前发现？况且，敌人提前发现了我们，就难以施展谋略了。山神给我指出了这条道路，可谓是指点了迷津，既然指出天气放晴的日子，我就听从神仙的话！”突然冒出一个“神仙”，肯定是李渊变出来的，目的是打消军中急躁冒进的情绪。

七月十七日，张纶攻克了离石（今山西省吕梁市离石区），斩杀了太守杨子崇。消灭了杨子崇，就保证了李渊南下大军侧后方的安全，他也可能放心大胆地打击迎面之敌了。

刘文静见到始毕可汗以后，始毕可汗问：“唐公起事，目的是什么？”刘文静回答：“隋文帝废黜太子，传位给当今皇上，才导致天下大乱。唐公是国家的皇亲国戚，不忍坐观成败，因此才组建义军，打算废黜不该立为皇帝者（指隋炀帝）。唐公希望与可汗的兵马一起进入京师长安，百姓土地属于唐公，金银财帛全归突厥。”始毕可汗大喜，七月十八日，始毕可汗派遣大臣级失特勤先期来到李渊军中，告诉李渊突厥军队已经出发。李渊说道：“地名叫贾胡，知道胡人将要来了，是上天借这些胡人要帮助我建立大业啊！”

六七　霍邑之战（一）

除了联络突厥之外，李渊还想利用李密之力，帮助自己夺取关中。

五月十五日李渊起兵，五月二十八日，李密就从洛阳再次撤回洛口仓，结束了他第二次东都战役，再到六月十七日，即突厥康鞘利等人第一次来到太原时，李密卷土重来，率领瓦岗军与洛阳隋军在平乐园（洛阳市东北）再次会战，揭开了他第三次进攻东都洛阳的帷幕。李密将阵形左面部署骑兵、中间是强弩、右翼是步兵，还在阵中安排了上千面战鼓，一场激战下来，隋军被打得大败，李密第三次夺回了回洛仓，又回到洛阳的近郊。

由于洛阳李密的瓦岗军气势咄咄逼人，到了七月，隋炀帝命令江都通守王世充率领江淮精锐部队，将军王隆率领邛黄蛮族，河北大使太常少卿韦霁（隋朝名臣韦世康之子）、河南大使虎牙郎将王辩等人各自率领本部人马一起赶赴东都，联合讨伐李密。半年来，瓦岗军一直在洛阳近郊与隋军拼消耗，从战略上已显得有些笨拙了。

而就在这时，李密接到了李渊的书信。李密自恃兵强马壮，想当盟主，七月二十一日，李密让祖君彦给李渊写回信，说道："与老兄虽然是不同的支派，但还是一家。我自知能力不行，但碍于被各路豪杰推举而担任了盟主，希望你能积极予以协助，同心协力，像刘邦那样在咸阳捉住了子婴、像周武王那样在牧野杀死了商纣王（指推翻隋王朝的统治），这岂不是一件盛事？"显然，与低调而又老谋深算的李渊相比，李密还是锋芒毕露了点。李密还想让李渊率领数千步骑亲自来到河内，两人面对面结下盟誓。

李渊接到李密的回信后，又笑了起来，他对李建成和李世民二人说道："我最担心的就是此人，如今也一并归心；主上一心想过江，京师岌岌可危，天下可传檄而定，真是太高兴了啊！"又对心腹们说道："李密妄自尊大，不达天命，难以靠一封信就能将其召来。我正要夺取关中，如果马上与其决裂，岂不是又树立了一个敌人？不如用卑微的言辞推崇此人，好令其骄傲起来，放松警惕，正好可以令其替我抵挡东都之兵，守卫成皋险要，即便是再另觅一个充当牵制任务的韩信、彭越，都不如用这个李密。等我进入关中以后，占据蒲津，驻守永丰仓，扼守崤山、函谷关，以临洛阳。东看一群强盗你争我抢，然后，我得以坐收渔翁之利了！”根据李渊这一指导思想，温大雅替李渊写了一封回信，在信中，他写道：“我虽然平庸，但以祖先的余荫而位居高官，国家倾覆而不能拯救，将会受到大家的一致谴责。因此，我才举起义旗，与突厥和好，匡扶天下，目的仍是尊奉隋朝。兄弟你见机而作，兵临东都，占据敖仓，仿佛当年的汉高祖，前不久，我写信给您，委屈您与我结为唇齿，今天接到您的书信，您没有答应。上天生养万民，必定要有人来管理，当今的管理者除了您之外，还能有谁？老夫我已经年过五十，没有什么奢望，我甘心情愿地拥戴老弟！只要我能攀龙附凤即可，只希望老弟能早早实现梦想，以安定万民！只要能允许把我继续划归宗室，还封到唐国，我就已经倍感荣耀了。至于要夺取隋朝政权的事，我是不敢去做的。汾河、晋州等地还需要安抚，孟津之会还无暇再约定时日。”

李渊用一番空话把李密夸得飘飘欲仙，实际上，既没有同意与李密共同推翻隋王朝，又没有答应与其相会。然而，就是这些空话让李密喜出望外，他把李渊的书信交给手下看，说道：“唐公如此，我不需要费多大劲就能平定天下了。”从此双方书信往来不断，而李密也把注意力全部集中在东都一点，无心经营其他方向了。

霍邑前线。

淫雨连绵，一直没有停下的迹象，李渊军中粮食逐渐短缺，而刘文静还没有回来，又有人传说突厥与刘武周乘虚南下，偷袭晋阳，这令李渊坐卧不安——一旦晋阳失陷，前有强敌，后无归巢，很快就会覆亡。想到这里，李渊召集众人商议率军暂时返回晋阳。李渊先说：“以天道协助我来看，应该没有这事，但以人事见机而作上判断，则什么情况都会发生。”裴寂等人的意见也是这样，裴寂说：“宋老生、屈突通南北联络，扼守险要，一时难以攻下。李密嘴上虽说与我联合，但内心奸诈，不可相信。突厥贪婪，不讲信用，唯利是图。刘武周对突厥人又是唯命是从。太原乃一方都会，将士家属都在那里，不如回师解救根据地，以后再说。”

李渊对李建成、李世民说："你们的意见呢？"

二人回答道："刘武周志得意满，突厥贪婪寡信，他们之间表面上虽然是同盟，但貌合神离，内心实际上相互猜疑。就算突厥贪图太原，岂肯置眼前的马邑于不顾！刘武周对此也是心知肚明，一定不会与之一心。另外，朝廷听说我们举兵以后，自顾不暇，京师留守一般人都非常害怕我们，因此，精兵猛将都派到了这里。如今如果回师，各军不明就里，相互惊扰，必然生出意外，而军营内外全是劲敌，如此一来，突厥、刘武周会一齐前来，宋老生和屈突通也会尾随而至。勇往直前，将胜利在望；畏敌退缩，就会一败涂地。如今遍野都是庄稼，不用担心乏粮，一直前进，就会不断壮大我们的军队。李密顾恋他夺得的粮仓，无暇进取关中。宋老生轻率急躁，一战即可将其生擒。奠定大业，在此一举。起兵原本是为了大义，奋不顾身以救苍生，当先攻进长安，号令天下，如今刚遇到一个小小的敌人，就立马班师，我恐怕从义之士会立马解体，返回太原一城之地，不过是当个强盗而已，将如何善后！众人贪生怕死，眷恋家属，就是所谓的说空话的人；儿等舍命苦战，就是所谓的身体力行的人。耕田织布自有其人，不用去问别人的意见。等到雨停之后，如果杀不死宋老生、夺下霍邑城，儿等请求以死谢罪！"

但李渊不从，当即下令各军动身北返。

等到李世民又想劝谏，但天色已晚，李渊已经睡下了。李世民进不去大帐，就在外面号啕大哭，哭声传到李渊的帐中。李渊听到后，就派人把李世民召入大帐内，李世民说道："如今部队是举义而来的，一往直前则胜券在握，一旦后退就会人心涣散，人心一散，敌人在后面追杀，很快就要灭亡了，岂能不悲哭啊！"李渊顿时醒悟，说道："部队已经出发了，该怎么办呢？"李世民回答："我的右军虽然戒严了，但还没有出发，左军出发了，但也没有走远，我请求亲自前去追回。"李渊笑道："我的成败全在于你，不用多说了，你就看着办吧！"当晚，李世民遂与李建成一起分道把已经出发的左军又追了回来。

七月二十八日，粮食也从太原运来了。

八月一日，天气放晴。李渊指着霍太山说道："这山神的话还挺灵验。"遂命人前去拜祭。

八月二日，李渊下令全军暴晒铠甲、行装。

八月三日清晨，李渊的军队沿着东南山麓的小路直取霍邑。出发时，大雾弥漫，不一会儿，天气就变得非常澄净。李渊对李建成和李世民说："今日之举，全在你们二人。景色如此，上天似乎在帮助我们。我唯恐宋老生会胆怯不战，闭门固守，那该如何是好呢？"

李建成和李世民说道："宋老生出身寒微，勇而无谋，只是凭借着讨捕小盗，才赢得一些名声。如今，他被派到此地，一定受到了朝廷方面大量的赏赐，如果不出战的话，一定会被朝廷处死，我以轻骑前去挑战，不怕他不出战。如果他真的固守不战的话，我们便可以污蔑他与我们暗中交结，此人没有什么见识，他的手下也都是些凡夫俗子，他们之间必然相互猜忌，也一定会向长安密报，甚至会把宋老生的人头砍下。没有见识的人想到这里，肯定想以积极出战来表白自己，以此判断，他肯定是会出城与我交战的。"

李渊说道："宋老生未能前来贾胡堡迎击我军，我就知道他没什么作为了。你们二人要认真筹划，务求周密。"他先派柴绍来到霍邑城下侦察，柴绍复命道："宋老生不过是一介匹夫，我军到达后，他必然出战，一举可以将其生擒。"

六八 霍邑之战（二）

当天未时（下午1~3点），李渊率领手下数百名亲信骑兵率先来到霍邑城东。

他们在距离城池五六里的地方停了下来，等待后面的步兵。李渊一面命令李建成、李世民二人各自率领数十名骑兵，径直来到霍邑城下，巡视战场，一面将身边的骑兵分成十几队，从霍邑城的东南一直向西南而来，每到一处，总要扬鞭指来指去，似乎是在划定营垒所在，安排进攻方位。与此同时，李渊又命令殷开山向后面飞马而去，召唤大队人马火速赶来。

李渊父子仅仅带着数百骑兵就在霍邑城下耀武扬威，指手画脚，完全一副旁若无人的样子，有些士兵还朝城上诟骂，这让城内的宋老生再也坐不住了。宋老生在城楼上远远望见李渊的后军行将赶到，认为他们真想直逼城池安营扎寨，遂下令隋军从城南门和东门分两路倾巢而出，人数约有三万人。

李渊担心隋军背靠城池，不肯远离，就命令所部骑兵一分为二，左军由李建成统领，应对从东门出来的隋军；右军由李世民统领，对付从南门出来的隋军。在两军尚未交手时，李渊又下令二人各自率军掉头就撤，做出要避开隋军的样子。宋老生看到唐军退缩，以为是害怕自己，果然率军向前，在离城一里多地的地方列下了阵势。

李渊后军赶到后，全部结成方阵抵挡宋老生的中军，后军相继而至。双方尚未交战，李渊就命令李建成和李世民按照预定方案，不顾宋老生的大阵，而是率领各自所带的骑兵冲向了城门。此时，唐军齐声呐喊，向前冲去，战鼓还未敲动，双方就已经打了起来，顿时，喊杀声四起，声震城楼。

两军激战正酣之际，李渊又传言已经斩杀了宋老生，唐军一听更是精神抖擞，而隋军听到后，军心大乱，纷纷丢掉武器，掉头就往城内跑去，隋军大败。而李建成和李世民早已等在城门旁边，因此，悬门不敢提起。宋老生来到城下，城上人垂下绳索拉他上去，离地已一丈多高，唐军军头卢君谔所部的士兵跳着将其斩杀，将人头送交李渊。

兵败如山倒。

唐军杀红了眼，根本制止不住，数里之内，血流成河，尸体一个接一个。一直杀到将近日落，李渊见唐军将士个个斗志昂扬，遂下令趁势攻城。当时唐军并无攻城器具，全军将士全是徒手攀缘城墙，从申时（下午3~5时）到酉时（下午5~7时），终于攻克了霍邑。

这主要是据《大唐创业起居注》的记载，而《资治通鉴》的记载，又稍有不同之处：一、《资治通鉴》称，当唐军后军赶到战场上以后，李渊曾打算先让将士们吃过早饭再会战，但李世民反对说："机不可失。"于是，李渊即与李建成率军在霍邑城东列阵，而命李世民在城南列阵。二、战斗打响以后，李渊、李建成在城东的部队被隋军打得稍稍后撤，李世民与军头段志玄见状，从南面高地上率军飞驰而下，直冲隋军阵后，李世民亲手斩杀数十人，双刀都砍得有了缺口，鲜血沾满衣袖，李世民甩去袖子上的鲜血，继续战斗。三、宋老生是被刘弘基斩杀的。

不难看出，《资治通鉴》在描写这场战斗时，突出表现了李世民的个人作用，但由于《资治通鉴》依据的主要是经过唐太宗时期修改润色以后的史料编写的，因此，可信度并不高。李世民是在经过了玄武门之变、杀害了兄弟二人之后才登上帝位的，此后其父李渊实际上处于一种被软禁的状态，李世民唯恐别人说自己：一是不孝；二是不该登上帝位，因此，经过篡改以后的史料主要呈现几个特点：一是不仅是太原起兵或是霍邑之战等，几乎全是李世民的功劳；二是抹杀太子李建成的功劳；三是在对李渊的描写上，其目的可能是想渲染李渊对隋王朝的忠诚，却弄巧成拙，把李渊描写成了一个碌碌无为之辈。由于《大唐创业起居注》的作者温大雅是唐初太原起兵、霍邑之战等重大事件的亲历者，且该书是在李世民登基之前完成的，虽然对李渊有很多虚美，也有不少地方有迷信色彩，但总体上来说，该书的可信度要更高一些。除了两书成书背景方面的因素之外，《资治通鉴》关于霍邑之战的记载也不太符合常理：一、李渊父子率领数百骑兵前期抵达战场，这两本书的记载是一致的，他们的任务是为了激怒宋老生出城野战，这与《大唐创业起居注》上记载的途中李渊最担心宋老生会固守不战也是相互呼应的，应该是可信的。当宋老生被激怒率军出城后，进逼到霍邑城下的李建成和李世民又向后撤离了，而这种撤离也是可信的，这是因为，李渊引诱敌人出战的目的已经达到，且要将隋军引得更远离城门一些，以便予以全歼。那么，当隋军步步紧逼上来、大战一触即发之时，李渊怎么可能想下令让士兵们先吃过早饭再战呢？敌人就在眼前，哪有条件允许唐军埋锅造饭？二、《资治通鉴》的记载还露出一个破绽：它说后军来到以后，李渊称想先让部队吃了饭再说，这时李世民说："机不可失。"战斗才打响了。这说明，李世民与哥哥李建成各自率领骑兵一个进抵霍邑城南、一个进抵城东，在引诱隋军出城之后，二人又回到了李渊的身边，即战斗打响前，李世民包括所部人马是在李渊身边的，而不是一直在霍邑城南。《资治通鉴》接着说，李渊、李建成率部在霍邑城东列阵，而让李世民率军在霍邑城南列阵。这一表述当然是为了下一段李世民从城南横扫隋军侧后方做一个铺垫，但问题是：当霍邑之战打响以后，由于山路狭窄，唐军后续部队并没有完全抵达战场，而是还在源源不断地到来，且在当时的情况下，李世民也不可能先率军到了城南，在引出隋军后，他又跑回城东，在李渊决定开战后，又让李世民单独率领一支军队再跑到城南？显然，《资治通鉴》以及《资治通鉴》所依据的原始史料，将李世民、李建成在战前分别到城南、城东诱敌与后来交战中二人分别率军包抄隋军侧后方混为一谈了，进而制造了李世民单独率军从城南侧击隋军主力的这一假象。三、战斗打响以后，李世民所部如果提前就在城南，那么，城南一定有隋军（从城南门出来的隋军），在眼前有敌人的情况下，李世民就算看到城东隋军露出侧翼，他又怎能置当面之敌于不顾、脱身去打城东的隋军呢？难道城南的隋军是木偶，在他去打城东之敌时，城南之敌不会再反包围他吗？因此，《资治通鉴》的记载是不可信的，也是不符合常理的，根据《资治通鉴》的记载，《中国军事史》第二卷兵略（下）在论及该战时所作的示意图等也是受到误导的产物。

完全复原当时的战况是十分困难的，但基于错误的记载，会影响我们对该战役李渊一方谋略的发掘，甚至会误导我们对战略战术的研判，因此，有必要尽最大可能去伪存真，恢复历史的原貌。综合史书的记载，霍邑之战的大致战况应当是：由于山路狭窄，唐军行动虽然隐秘但不畅，李渊最大的担心是宋老生固守不战，一旦隋军打持久战，唐军一是粮食补给很成问题，二是缺乏攻城器具，难以确保获胜，因此，李渊父子遂决定以少数骑兵引诱隋军出城野战，这也是唐军将大部分步兵隐蔽前进的一个原因，就是为了麻痹对手。当李渊父子率领数百骑兵先期抵达霍邑城下后，宋老生发现唐军人数并不多，又见唐军如此张狂，遂决定出战，分别从东门和南门各出一支军队迎击对面之敌。但李渊见隋军出来之后，即命令李建成和李世民又返回城东，并通知后面的步兵火速赶往战场，战斗就此打响。唐军主力以步兵方阵在城东迎击隋军，在激战中，李渊命令李建成和李世民各率一支骑兵从左右两翼包抄隋军背后，隋军顿时大乱，最后大败。虽然隋军是从城东、城南分别出城的，但两支军队并不是出来之后就静止下来了，城南隋军一定与城东隋军在城东会合了。

这应该是霍邑之战的合理战况。

战后，李渊巡视战场，他悲怆地对侍从们说道："自从我来到河东以后，百姓们见到义旗就纷纷归附，如今却受到宋老生的逼迫，以至于此。乱兵之下，善恶不分，火烧昆山，谁辨玉石。战死之人中难保有很多忠于我的人，想来投奔，却没能如愿，遂战死沙场，活着时忠心未为我所知，就此死去尚有余恨，冷静地想到此事，的确令人痛惜啊！从今往后，我将以文德招徕百姓，不再使用兵戈了。攻破霍邑的有功将士，一律依次受赏。"当天，就将该赏的赏了。唯独军吏觉得参军的奴仆立功的，赏赐似乎不该与平民的一样，李渊说道："招募的义兵，来自五湖四海，就连奴仆也一一接受，等到论功行赏时，有关部门却心存疑虑了，看到他们请示的问题，不禁喟然叹息。岂有箭雨飞石之间，不辨贵贱，而论功行赏之际却要分个三六九等的道理？用这种办法来赏赐，怎么能起到激励大家的作用？即便是受过黥刑而因功被升为王爷，这又有何妨？赏赐，就要从重，一切由我做主！所有人一律平等，该怎么赏赐就怎么赏！"

八月四日，李渊接见霍邑城内宋老生的文武官员，安抚他们道："宋老生之外，我一概不予追究。即便是你对我不忠，我也会用一片真心对待你们的。"李渊下令按照他们的品级一一授予官职，家在关中愿意回去的，即授予五品散官放回。对于宋老生营中那些壮丁全部编入左右领军内，仍让他们原有长官统领，此举让隋军将士们都非常高兴。李渊还下令以本官之礼安葬了宋老生，从此以后，那些尚未归附的乡村坞堡，只要唐军写信招抚，均纷纷归降，归降后，李渊也都对他们给予重赏，一一任命为官。有人认为李渊授予的官职太高、太滥，李渊却说："正是由于不吝惜赏赐官爵，西汉才得以兴起。天下之利，按道理来讲也不该由主上独享，而且，隋朝败坏，也正是因为吝惜赏赐啊。雁门之围，主上在危难之时承诺授予有功将士大夫之职，可是，等到脱离灾难后，只授予大家一个小小的尉官，因此，将士们斗志全无，以致今日四海分崩离析的境地。殷鉴不远，谁还想重蹈覆辙？而且，我这么做了，我的那些潜在对手也不可能给这些人更高的官爵，还有，用给人加官晋爵的办法安抚他们，总比用兵杀戮要好得多，用这种办法我很快就能平定天下，这不是短视的你们所能理解的。”

六九 兵临河东

在霍邑停留五天之后，到八月八日，李渊率领的唐军继续南下，不战而进入了临汾（今山西省临汾市）。进入临汾之后，李渊像对待霍邑那样，一一安抚、任用郡内的官民。

八月十二日，李渊进抵绛郡（今山西省新绛县）西北的鼓山，绛郡通守陈叔达拒不投降。陈叔达，字子聪，他是南陈宣帝陈顼四十二儿子中间第十六子，是南陈后主陈叔宝的十六弟。他容貌俊美，颇有才学。南陈时被封为义阳王，十几岁的时候，曾与皇帝一起饮宴，赋诗十韵，挥笔即成，深受南陈尚书仆射徐陵的赏识，后历任侍中、丹阳尹、都官尚书；入隋后，一直无官无职，直到隋炀帝即位后，才被晋升为绛郡通守。鼓山距离绛郡十余里，李渊担任河东捕讨大使时曾经驻扎过此山。当天一早，鼓山西北腾起一大片五彩祥云，不一会儿，天上刮起一阵大风，把这片祥云吹到李渊大营上面。李渊指着远处的绛城说道："风云就如此相从，对面之人为何如此不通世事呢？"于是，下令军中厨师等明天攻克城池之后，再做早饭。第二天，李渊率军来到城下，将士们争先恐后地攀上城墙，从卯时（早晨5~7点）到巳时（上午9~11点），终于攻下了绛郡。与陈叔达一起守城的还有正平县（新绛县）令李安远，李安远是隋朝云州刺史李彻的儿子，与王珪是挚友，又与李渊是老相识，城破之后，李渊径直来到李安远的家里，引其与自己一起吃早饭，又拜李安远为右翊卫统军，封正平县公。通守陈叔达以下都自我捆绑着请罪，李渊下令全部予以赦免，按照在临汾郡那样，该升官的升官，该赐爵的赐爵，李渊深知，这都是空头支票，反正都是他隋朝的官爵，乐得慷他人之慨，等到建立自己的王朝以后，现在封的官爵还两说呢。陈叔达也被授予丞相府主簿，封汉东郡公。与记室温大雅同掌机密，从此以后，李渊的文书、敕令及禅代文诰，大多数是陈叔达起草的。

八月十五日，李渊来到了龙门（今山西省河津市）。这时，刘文静和康鞘利等人从突厥来到军中，突厥人来了五百人，带来了两千匹战马。见到突厥来的人少、马多，还来得晚，李渊非常高兴，对刘文静说道："我已经进抵黄河岸边，突厥这才到来，马多人少，这完全符合我的本意！"如前所述，李渊想让突厥来人少、带马多，是担心突厥人蹂躏百姓，而太原周边地区在李渊看来这是自己的根据地，如果在刚刚进兵之时突厥人就来了，势必在这些地区烧杀抢掠，这会直接影响到李渊在根据地内的人心，而此时的长安，对于李渊来说，只是一个要去摘取的桃子，首要完成的任务是如何摘下来，暂时还顾不上考虑人心向背的问题——而以后该如何争取回来人心，此时，老谋深算的李渊似乎已胸有成竹了。

这里是汾河注入黄河之处，在此附近，黄河出峡谷由北而南直泻而下，两岸仅距四十米，据说是大禹治水开凿的地方，又称为禹门，鲤鱼跳龙门就是说的这个地方。从这里亦可以跨入关中，继而南下，把黄河东岸蒲津的屈突通部甩在脑后。因此，当李渊所部来到此地之后，汾阴（今山西省万荣县西）薛大鼎就从家乡来到这里，劝说李渊道："希望您别进攻河东了，从龙门直接西渡黄河，沿着黄河西岸一直南下，占领永丰仓（今陕西省华阴市境内），向各地发布檄文，这样一来就足食足兵了，关中可以坐定。"永丰仓是长安附近的重要粮仓，它位于华阴县东北渭水南岸广通渠口，原名广通仓，大业初年改为永丰仓。后来渭河南移，永丰仓仓址被隔在渭河北岸，在今陕西省大荔县境内。薛大鼎的父亲薛粹，为隋介州长史。汉王杨谅谋反后任命其为绛州刺史，杨谅失败，薛粹也随之被杀。薛大鼎因年幼免死，流放到辰州（今湖南省沅陵县），后得以回到家乡。李渊觉得薛大鼎说得很有道理，将要听从，众将却都建议先攻下河东，李渊表示听从大家的意见，又任命薛大鼎为大将军府察非掾。不过，河东县户曹任瑰［南陈领军将军任忠（任蛮奴）的侄儿］也劝说李渊道："关中豪杰都眼巴巴地盼望着义军，任瑰在冯翊（今陕西省大荔县）多年，知道其地的豪杰，请求前去劝说他们，肯定会望风归降。义军从梁山（今陕西省韩城市以北）渡河，直指韩城（今陕西省韩城市），进逼郃阳（今陕西省合阳县）。郃阳守将萧造（南梁武帝萧衍的弟弟萧恢的孙子）不过是一介文士，一定会望风投降。变民头领孙华等人也会前来奉迎，而后，再大张旗鼓一路南下，径直占领永丰仓，即使尚未夺取长安，关中地区也已在掌握之中了。"李渊听后非常高兴，即任命任瑰为银青光禄大夫。任瑰的建议与薛大鼎的一模一样，只是比薛大鼎的更具体，也更具可操作性。

说到任瑰，还有一段趣事。据《朝野佥载》和《御史台记》的记载，任瑰是个出了名的怕老婆，唐太宗时，任瑰被任命为兵部尚书，唐太宗将两个宫女赏赐给了他，但其妻柳氏嫉妒异常，竟将这两个女子头发全部拔掉了。唐太宗知道后非常生气，把柳氏召入宫中，当面斥责道：“女人妒忌，在七出之条。如果以后能改过自新，不再妒忌了，就不用喝这毒酒了；如果还要妒忌，就喝下此酒。”柳氏回答：“我改不了，请求喝下毒酒。”遂一饮而尽。酒醉归家，与家人诀别，但其实不是毒酒。唐太宗也拿她没办法，只好对任瑰说：“真算你倒霉，她就是这脾气，要是朕遇到这老婆也会怕的！”另一位大臣杜正伦见到任瑰后就拿这事嘲笑他，任瑰却有自己怕老婆的道理，他振振有词地对杜正伦说：“有三个时候是不得不怕老婆的：一个是新婚之时，那时新娘子端坐在那里，宛如菩萨一般端庄艳丽，岂有人不害怕菩萨的？等到婚后生男育女以后，老婆就像养育小老虎的母老虎一般，哪有人不怕老虎的？因此这时候也得怕老婆。再到老婆年老色衰、满面皱纹时，就像一个面目狰狞的女鬼，有谁不怕鬼的？因此，一辈子都得怕老婆，因此而怕老婆，又有什么可奇怪的呢？”唐中宗时的御史大夫裴谈怕老婆的情况与任瑰的相似（见《本事诗·嘲戏》）。

关中各部变民武装，孙华所部最强，有数千人马。他们以郃阳为据点，劫掠多年，非常富有，周边地区无人能抗。八月十八日，李渊率军来到了汾阴，写信招徕孙华。八月二十一日，李渊率部进抵壶口。壶口一般是指今山西省吉县西南七十里处龙门之地，在今山西省黎城县也有壶口关等，但此处当指汾河入黄河河口一带。因为，从李渊的行程来看，他是沿着汾河一路南下的，此时到了汾阴之后，不可能再掉头北上去壶口。在此，黄河沿岸百姓每天送来上百条船只，帮助唐军渡河，李渊遂下令建立了水军。

八月二十四日，孙华从郃阳率领数十名轻装骑兵渡河来拜见李渊。李渊见孙华年纪很轻，顿时对其非常轻视，但仍然佯装诚恳，双手握住孙华，请他坐下，热情洋溢地安抚他说：“你能渡河而来，我将令你尊贵起来，不会比光武帝刘秀的云台第一大将邓禹差；关中群雄名望都比你小，你能率先归顺我，其他也都将相继而来。”并任命他为左光禄大夫、武乡县公，兼任冯翊太守；孙华所部人员，也全权委托孙华依次任命官职，赏赐很优厚。孙华的到来令薛大鼎和任瑰的建议成为可能，李渊遂派孙华先渡河西去，为西路军安排食宿，而后，又以左右统军王长谐、刘弘基以及左领军长史陈演寿、金紫光禄大夫史大奈（阿史那大奈）率领六千步骑组建了西路军，命他们从梁山（今陕西省韩城市北）渡过黄河，在黄河西岸安营扎寨，为大军西渡黄河做好准备。李渊对王长谐等人嘱咐道："屈突通精兵不少，但我们与他相距仅五十里，他不敢来战，足以说明他的部下不为他所用。然而，屈突通担心被朝廷追究责任，最终会不得不出战。如果他发兵渡河西去进攻你们，那么，我就在黄河东岸进攻河东（今山西省永济市）他的根据地，河东一定难以守住；如果他全军固守城池不敢出战，你们就拆除蒲津桥，切断屈突通与关中地区之间的联系，这就是所谓的前面掐住他的咽喉，后面按住他的脊背，他如果不逃走的话，就一定会被生擒了。"蒲津桥是连接今山西省与陕西省之间浮桥，在今陕西省大荔县东大庆关与山西省永济市西蒲州镇之间的黄河上，为《唐六典》所称的天下三大河桥之一；在战国时期秦昭襄王五十年（公元前257年），秦国为了夺取河东地区，就开始在这里建造了蒲津桥，以后历代都有增修，唐玄宗时期，将蒲津桥由竹索桥改为铁索桥，此后，随着关中地区的逐渐没落，蒲津桥也失去了昔日的辉煌。

李渊又任命任瑰为招慰大使，派其前去韩城劝降，结果韩城投降。

七〇 西入关中

九月七日，通议大夫张纶也率军攻克了龙泉（今山西省隰县）、文成（今山西省吉县）等郡，生擒文成太守郑元璹。

郑元璹，字德芳，是郑译的儿子，他为人机敏，历任骠骑将军、武贲郎将、右光禄大夫、右候卫将军。自此，汾水以西之地也都归顺了李渊。

果然不出李渊所料，屈突通派遣虎牙郎将桑显和率领数千骁果渡河，趁夜偷袭王长谐的大营。王长谐等人初战不利，幸亏孙华、史大奈率领游击骑兵从背后突击桑显和之军，隋军这才大败。义军一直追赶到饮马泉（今地不详），杀伤上千隋军，桑显和逃回河东城内，并自己下令切断了蒲津桥。李渊听说捷报后，对大家说："屈突通此举没有成功，如今我们如果包围住他，他一定不敢再出战了。我将命令刘弘基、孙华等挺进到关门，切断他的通路，然后，我们再从壶口从容渡河，'利涉大川'，说的就是这。"

九月八日，隋冯翊太守萧造投降了李渊。九月十日，李渊率军包围了河东城（今山西省永济市），命令李建成、李世民、长史裴寂各守一面。李渊登上城东的高地之上，眺望城内行动，屈突通登城固守，不敢出战。河东城高池深，易守难攻，李渊见士气高昂，就让士兵们尝试着发起了一轮进攻。当时，天上突降大雨，李渊见状又下令停止攻城。他说道："屈突通是禁卫军的老将，知道用兵之法，虽然野战他不占优势，但防守起来也游刃有余。我军连连取胜，肯定会产生轻敌之心，最先发起冲锋的将士们恐怕难以回来了。如今不是强攻城池的时机，暂且向其示威一下算了。就算是攻下了城池，但损失惨重，那又有什么用处呢！"于是，李渊下令停止了进攻。

众将又推举李渊担任太尉，增加下属官员的名额，李渊同意了。当时，河东尚未攻下，而长安近郊前来投奔的豪杰每天都有上千人，在这段时间里，华阴县令李孝常（李圆通的儿子）据永丰仓，派遣妹夫窦轨等人表示效忠，另外，京兆万年（今陕西省西安市临潼区东北）、醴泉（今陕西省礼泉县）等各县，也都派人表示投降。

李渊打算率军直取长安，但又顾及眼前的屈突通，所以一直犹豫未决。裴寂说道："屈突通率领大队人马，依托坚城，我军如果弃之不顾，一旦攻不下长安，后路又被屈突通切断，势必腹背受敌，这非常危险。不如先攻克河东，然后西进。长安仗恃屈突通为援，打败了屈突通，长安自然不攻自破了。"但李世民反对说："兵贵神速，我军挟战胜之威，安抚归顺之众，擂起战鼓，一路向西，长安军民必定望风惊恐，来不及施展计谋，夺取长安城如同摇落枯叶一般。如果耽误时日，令自己陷于窘境，而敌人则得以利用这段时间整修战备，严阵以待，如此一来，我军必将人心离散，则大事去矣。况且，关中蜂拥而起的变民军没有归属，不可不早日招抚。屈突通不过是个自守之贼，不足多虑。"

李渊对两人的意见均予以采纳：命众将率军继续包围河东，他自己则率军西渡黄河。朝邑（今陕西省大荔县东朝邑镇）县法曹靳孝谟献出蒲津、中潬（二城均在黄河对岸）二城，投降了李渊。

九月十二日，李渊率军西渡黄河，十六日，他驾临朝邑的长春宫，三秦子弟、郡县长老纷纷前来拜见，李渊亲自接见大家，并一一授予官位。前冠氏（今山东省冠县）长于志宁、前安养（今湖北省襄阳市北）尉颜师古以及李世民的妻兄长孙无忌也赶到了此地。于志宁是西魏、北周名臣于谨的曾孙；颜师古是《颜氏家训》作者颜之推的孙子，他的三弟颜勤礼是颜真卿的曾祖；长孙无忌是右骁卫将军长孙晟的儿子，三人都很有才华，李渊任命于志宁为记室参军、颜师古为朝散大夫、长孙无忌为渭北行军典签官。十八日，李渊派遣李建成、司马刘文静、王长谐、姜宝谊等人率领数万人马进占永丰仓，又分兵把守潼关，防备东方之军，慰抚使窦轨等人接受李建成的指挥；以李世民、刘弘基、长孙顺德、杨毛等人率领数万人马沿渭河北岸西进，夺取土地，平定泾阳（今陕西省泾阳县东南）、云阳（今陕西省泾阳县北三十里）、武功（今陕西省武功县）、盩厔（今陕西省周至县）、鄠（今陕西省西安市鄠邑区）各县，先期过河的慰抚使殷开山等人接受他的指挥。

屈突通听说李渊渡河西进之后，即任命鹰扬郎将尧君素为河东通守，命其驻守蒲坂，他则亲自率领数万人马回救长安，但被刘文静的军队挡住了去路。驻守潼关的隋将刘纲驻扎在潼关的都尉南城，屈突通打算前去，而王长谐则提前率军偷袭刘纲，将其斩杀，占领了都尉南城，屈突通只好退守潼关的北城。李渊派遣部将吕绍宗等人进攻河东，却难以攻克。

柴绍和李氏原本住在长安，三个月前，当柴绍从长安逃往太原时，对其妻李氏（后封为平阳公主）说："你的父亲起兵了，如今一起前去肯定不行，留在家中又要大祸临头，你看如何是好？"李氏回答："你只管速速离城，我一个妇道人家，容易藏匿，我自有办法。"柴绍逃出长安以后，李氏也逃归鄠县李氏的庄园，散去家产，招募了数百名部众。李渊的堂弟李神通也逃到鄠县山中，与长安侠客史万宝等人起兵响应李渊，拥有一万人马。西域商人何潘仁在司竹园（在今陕西省周至县境内）集结部众，自称总管，拥有数万之众。柴绍的家僮马三宝，非常聪明，李氏派他前去司竹园，对何潘仁晓以利害，何潘仁竟被说动，来见李氏。李氏命其与堂叔李神通合兵一处，一举攻陷了鄠县。马三宝又说降了群盗李仲文（李密的堂叔）、向善志、丘师利（丘和之子）等人，他们各自率领数千人前来加入，在李渊渡河之前，李氏的军队已达七万。代王杨侑多次派兵讨伐李氏，但都被马三宝、何潘仁击败。李氏命令部队又接连打下了盩厔、武功、始平（今陕西省兴平市），李氏严格军纪，秋毫无犯，李渊听说后，非常高兴。等到李渊渡河以后，即命令柴绍率领数百骑兵沿南山（指秦岭）向西迎接李氏。李氏正率领一万多精兵与弟弟李世民的军队在渭河北岸会师，柴绍夫妻二人各自都有幕府和属官，军中号称娘子军。李渊的第四女，即平阳公主的妹妹，先嫁长孙孝政，后又改嫁给了隋兵部尚书段文振的儿子段纶，后被封为高密公主。段纶也喜欢行侠仗义，听说岳父李渊举兵以后，也在蓝田聚集了一万多人，起兵响应。

此时，李神通、平阳公主、段纶也都派人前往朝邑，拜见李渊。李渊以李神通为光禄大夫，以李神通的儿子李道彦为朝请大夫，以段纶为金紫光禄大夫。何潘仁、李仲文、向善志以及关中其他变民军也都投降了李渊，李渊一一给他们加官晋爵，命其统一受李世民的指挥。

留守长安城内的刑部尚书、兼任京兆内史卫文升年事已高，听说李渊的大军正朝长安开来，又是害怕又是担心，一病不起，不问事务，只有左翊卫将军阴世师和京兆郡丞骨仪保护着代王杨侑固守长安。

九月二十一日，李渊前往蒲津视察。二十二日，又从临晋南渡渭河，来到永丰仓犒赏军队，开仓赈济饥民。二十三日，他回到了长春宫。二十四日，又率领大军移驻冯翊（今陕西省大荔县）。

李世民所到之处，百姓和变民军纷纷归降，人数很快就增至九万，在泾阳立下大营。当初，平凉郡（今宁夏回族自治区固原市）的数万奴贼包围了扶风（今陕西省凤翔县）太守窦琎（窦琮的堂兄弟，《资治通鉴》说是窦琮的堂侄，错误），数月没有攻下，奴贼军粮吃尽。当时，丘师利与弟弟丘行恭有一万部众，盘踞在郿城（今陕西省眉县），奴贼找不到吃的，部众离散，有一千多骑兵前来投靠丘师利、丘行恭兄弟。丘师利命丘行恭率领五百人携带米面、酒肉前去奴贼的大营，奴贼头领白瑜娑亲自拜谢，丘行恭手起刀落，将其人头砍下，对众人说道："你们都是好人，为何要侍奉奴才、让天下说你们是奴贼？"众人全都跪在地上，说道："情愿改投大人门下。"丘行恭遂率领这些人与哥哥丘师利一起归顺了李世民，李世民任命丘行恭为光禄大夫。丘行恭武艺绝伦，精于骑射，自此成为李世民手下的一员猛将。隰城（今山西省汾阳市）尉房玄龄，名乔，字玄龄，是房彦谦的儿子；他长了一双与众不同的细眼睛，年幼之时，有人就曾对其父说，这个细眼奴如果不立下忠诚之志，就必定会当一个乱贼；如果辅佐帝王，就会成为儒家宗师（见《龙城录》）。李世民在渭北时，房玄龄也来拜见李世民，温彦博也向李世民推荐了他。李世民与他一见如故，任命为记室参军，把他当作自己的心腹谋士。房玄龄也觉得遇到了知己，竭尽全力辅佐李世民，知无不言，言无不尽；每次消灭敌人，其他人都竞相夺取财物，唯独房玄龄先把人才搜罗到李世民的麾下。

七一　攻克长安

李渊命令刘弘基、殷开山分别率军西进，夺取扶风。

当时，关中还有很多股变民军，殷开山前去招抚，均纷纷归附，刘弘基和殷开山的军队人数很快增至六万，于是，二人率军南渡渭河，进驻长安故城（汉魏时的长安城）。刘弘基、殷开山在金光门（大兴城正西门）前耀武扬威，城内派军出战，二人迎击，将隋军击败，生擒一千多人，缴获数百匹战马。

李世民率军经过司竹园，李仲文、何潘仁、向善志等人均率众归降，而后，李世民又一直挺进到阿城（长安以西）。李世民所部已有十三万大军，军纪严整，秋毫无犯。

九月二十七日，李世民派人来到冯翊，请示李渊赶赴长安的日期。这时，李渊见李世民等人已经扫清了长安外围，再也不用担心会出现被敌前后夹击的危险了，他说道："屈突通既不能东还，亦无力西进，在此观察我的成败，以决定下一步的行动，他已不足为虑了！"于是，命令李建成挑选永丰仓的精兵从新丰（今陕西省西安市临潼区）直出长乐宫（汉魏长安城的东南角），李世民率领新归附的各军进驻长安故城待命。此时，延安（今陕西省延安市）、上郡（今陕西省富县）、雕阴（今陕西省绥德县）也都归顺了李渊。

九月二十八日，李渊率军离开冯翊西进，大军所到之处，将隋朝的离宫、园林全部还给百姓，把宫女送还他们的亲属。李渊自己在渡河以后一直滞留在朝邑、冯翊，并以李建成所部监视屈突通，令其不敢轻举妄动，而令李世民一路西去，收编关中义军，与李世民的策略相比，李渊的这一策略才是更胜一筹的万全之策。

十月四日，李渊抵达了长安，将大本营设在春明门（长安东面中间大门）的西北。此时，长安城近郊的李渊大军人数已高达二十余万。但一开始李渊还寄希望于不战而拿下长安，因此，在他刚刚来到长安时，并没有下令包围长安城，他下令各军依次扎营，不得擅自闯入村落扰民；又屡屡派人来到城下说服卫玄等人，表明自己仍要尊奉隋王朝的态度，但卫玄等人不予答复。众将纷纷请求立即包围长安，但李渊犹豫再三。

十月十四日，李渊下令各军开始包围长安城。长安东面、南面由李建成负责，北面、西面由李世民负责。此时，隋军已经弃守长安外郭城，李渊进攻的主要是长安宫城和皇城。包围长安城后，关中变民军头领们觉得自己没有立功，遂纷纷率领本部人马就要攻城，十七日，李渊得知后从春明门火速迁居安兴门（长安东面最南门）外的安兴坊，以弹压各军。

各军竞相制造攻城器械，但李渊仍然没有下令攻城。李建成、李世民以及文武官员们一起劝谏道："自从太原起兵以来，义军所到之处未曾停留，长驱直入关中，也几乎没有碰到攻不下来的城池。如今我军进抵京师，不早早攻下城池，不仅会招致敌人，而且还挫伤兵锋；另外，我们担心刚归附的人会轻视太原之兵，这非常危险，请速速决断！"在这种情况下，十月二十七日，李渊下令各军开始攻城，约定："不得侵犯隋朝宗庙、代王以及隋朝宗室，违命者灭三族！"孙华在战斗中被流箭射杀（极有可能是因为孙华对李渊的命令不满而被暗害）。各军纷纷制造云梯、吊楼，京师附近的木材被砍伐殆尽。

十一月九日，在经过十几天的猛攻后，军头雷永吉终于在这一天第一个爬上了长安城墙，李渊大军遂攻克了长安城。

代王杨侑躲在东宫，身边的侍从全都四散而逃，唯独侍读姚思廉一人在一旁侍奉。姚思廉，字简之，其父姚察是南陈吏部尚书，也是一位著名大学者，隋文帝平定南陈以后，曾说过："我听说姚察的学识品行当世无双，我平定南陈只得到了这一人。"姚思廉家学渊源，其父曾奉命撰写《南梁书》《南陈书》，但没有完成，姚思廉最大的成就就是在唐太宗时期子继父业，完成了这两部书；他的另一个成就是在隋炀帝大业五年奉命与他人合写了一部历史地理著作《区宇图志》。

冲入东宫的义军士兵们将要登上大殿，姚思廉厉声呵斥道："唐公举义兵，匡扶帝室，你们不得无礼！"众人都吓了一跳，站在台阶下面。李渊随后赶到，将杨侑从东宫迁往大兴殿后面居住，允许姚思廉一直扶着杨侑送至顺阳阁下面，而后，姚思廉哭拜而去。众人都叹息说："仁爱的人才勇敢，说的就是姚思廉啊！”李渊返回后，居住在长乐宫，他与民约法十二条，废除了隋朝的种种苛政。

李渊起兵后，阴世师、骨仪等人挖了李渊家的祖坟，李渊听说后，一直怀恨在心，每当提及此事，总是泪流满面。此时，卫玄已死，十一月十一日，李渊下令逮捕阴世师、骨仪、崔毗伽、李仁政等十几人，命令李建成将这些人全部拉到朱雀街头斩首示众，其余人等均不予追究。马邑郡丞李靖，本名李药师，雍州三原（今陕西省三原县）人。李靖容貌魁伟，有文韬武略，他经常对人说：“大丈夫如果遇到明主，必将立下大功，换取富贵。”他的舅舅韩擒虎每每与之讨论兵法，未尝不对他的见解击节赞叹，抚摸着他的脊梁说道：“能一起讨论孙吴兵法的，唯有此人啊！”历任长安县功曹、驾部员外郎，尚书左仆射杨素和吏部尚书牛弘对他都非常赏识，杨素还曾拍着坐床对李靖说：“你最终会坐到这床上。”大业末年，李靖被任命为马邑郡丞。《隋唐嘉话》称，李靖年少贫贱，一次路过华山庙，向山神祈祷，声色俱厉地询问自己的未来，引得周围的人都是瞠目结舌。等他走出庙门一百多步，突然听见身后有人大喊一声：“李仆射慢走！”回头竟然看不到一人。李靖见天下逐渐乱了，写下《上书西岳文》，言辞非常激烈。据《赤雅》（下）记载，李靖的“笔法遒劲，激昂青云，其波掠处如快剑斫马”。李靖过去与李渊有私仇，在他担任马邑郡丞时亲眼看到李渊的种种作为，遂上书隋炀帝称李渊终归不会老老实实地当一个臣子，请求速速将其除去。不久，他又离开马邑，将亲自赶往江都面见隋炀帝，行至长安，因道路不通才留了下来。李渊攻入长安后，也把李靖抓了起来，将要处斩，李靖大喊道：“大人举义兵，原本是为天下扫除暴乱，却只要报私仇，而诛杀壮士吗？”李世民一再请求，李渊也觉得李靖是个人物，就把他放了。不久，李世民就将他招入自己麾下。李靖的故事很多，但署名杜光庭的《虬髯客传》所描写的李靖与红拂女的故事，因其中很多地方不符合史实，可能只是一个美丽的传说而已。

进入长安后，李渊又面临着一个是自立为帝还是拥立代王的问题。他手下的人都劝说道：“上天已经厌弃了隋朝，眷顾大唐，歌谣四处传唱，远近都知道，义军起于晋阳，一百多天即扫清了关中，如果不是上天的帮助，谁能这样？昔日汉高祖刘邦入关以后没有立即称王，以至于项羽后来，追悔莫及。大人虽然谦虚，但需要您称帝以安定天下。”老谋深算的李渊感到此时尚不是自立的良机，他一副惆怅的模样说道：“举兵之初，原本是为了社稷，社稷有主，我又岂敢当第二个刘邦而不拥立子婴呢？我今日拥立嫡长孙，又有什么可担忧的呢？”

十一月十五日，李渊安排仪仗队，率领百官，奉迎代王杨侑在大兴殿即位，大赦天下，改大业十三年为义宁元年，遥尊隋炀帝为太上皇，杨侑时年十三岁。杨侑下诏天下百姓不需再出今年的赋税，赏赐天下百姓凡是继承父祖爵位的再增加一级爵位。

十七日，李渊从长乐宫进入长安。杨侑任命李渊为假黄钺、使持节、大都督内外诸军事、尚书令、大丞相，进封为唐王，李渊以武德殿为丞相府，改教称令，每天在大兴殿附近的虔化门办公。十八日，榆林（今内蒙古自治区鄂尔多斯市东胜区、准格尔旗、达拉特旗一带）、灵武（今宁夏回族自治区灵武市以南）、五原（今陕西省定边县，一说在今内蒙古自治区五原南）、平凉（今宁夏回族自治区固原市）、安定（今甘肃省泾川县）诸郡，均派人前来投降。李渊派人招徕巴蜀。十九日，杨侑下诏称：“军国事务不论大小，任命文武官员，不论官位高低以及赏罚之事，全部归丞相全权处理，只有祭祀事宜，再向皇帝报告。”于是，李渊的大将军府官员们也都名正言顺地改任为丞相府的官员，裴寂由大将军府长史改为丞相府长史，刘文静由大将军司马改为丞相府司马，以下依次换名。何潘仁命长史李纲前来晋见，李渊大喜，就把他留了下来，任命为丞相府司录，专门管理选人用人。李纲，字文纪，初名瑗，字子玉，因读《后汉书·张纲传》，仰慕张纲的为人而改名。后担任北周齐王宇文宪的参军，北周宣帝将要害死宇文宪时，先指示宇文宪的下属诬陷宇文宪，张纲誓死不从，等宇文宪被害后，李纲又亲自安葬了宇文宪。隋文帝末年，李纲担任太子杨勇的太子洗马，等杨勇被废后，李纲担任尚书右丞，后因不屈从于杨素、苏威而被废黜在家。又任命前考功郎中窦威为司录参军。李渊拿出府库中的财帛用于赏赐将士们，结果用完了布帛，以致无法满足日常开支，右光禄大夫刘世龙献计说：“如今数万义军驻扎在京师附近，木柴昂贵而布帛便宜，请求砍伐长安城内六条主要街道上以及皇家园林内的树木，来换取将士们手中的布帛，能得到一百多万匹。”李渊听从了。

十一月二十二日，李渊以李建成为唐王世子，以李世民为京兆尹、秦公，李元吉为齐公。改太原留守为镇北府，总统山东各郡。

七二 东都缠斗（一）

话分两头。

在五月十五日到年底这多半年里，李渊风生水起，一路顺风，很快就夺取了长安，而此时的李密却仍然滞留在洛阳附近，与刚刚到来的王世充等主力隋军死磕，可以说，正是由于李密牵制了隋军主力，才使得李渊在关中进展异常顺利。

六月十七日，李密第三次占领回洛仓以后，隋炀帝不仅下诏命令江都通守王世充等人率领精兵增援洛阳，而且又命令左御卫大将军、涿郡留守薛世雄率领幽州三万精兵南下，企图一举消灭李密的瓦岗军，而后再相机消灭李渊。隋炀帝命王世充等人都受薛世雄的指挥，大军所到之处，相机消灭当地的强盗。薛世雄率军进抵河间（今河北省河间市），驻扎在七里井（河间南），窦建德的部众大为恐慌，纷纷弃城南逃，声言将逃亡豆子航躲避。薛世雄以为窦建德已成惊弓之鸟，遂不再戒备，而其时，窦建德正密谋整军回来，偷袭薛世雄。

窦建德的驻地距离七里井有一百四十里，他亲率二百八十名敢死队员先行，命令下余部众随后进发，并与部众们约定：“如果我们夜晚到达，即发起攻击；如果走到那里已经天明了，我们就投降。”当他们行至薛世雄大营一里左右的时候，天色已经要亮了，窦建德非常惶恐，遂与部下商议是否就此投降算了，正在他们商议之时，谁知出现了一个意想不到的情况：突然天降大雾，一时间浓雾四塞，咫尺不辨你我，窦建德大喜，说道：“老天帮忙！”遂率领大家冲入隋军大营。薛世雄的士兵们顿时陷入大乱，纷纷翻越栅栏逃离军营，薛世雄也无法制止，只好与数十名骑兵逃回了涿郡，很快，他就又羞又气，染病死掉了。薛世雄的几个儿子薛万述、薛万淑、薛万钧、薛万彻、薛万备均以骁勇而闻名于世。薛世雄败后，窦建德遂包围了河间。

江都通守王世充、河北大使韦霁、河南大使王辩以及河内通守孟善谊、河阳都尉独孤武都各自率领本部人马按期抵达了东都，唯独王隆没有赶到。虽然薛世雄、王隆没有赶到，但加上先期到达的监门将军庞玉和虎贲郎将霍世举率领的关中援军，洛阳周边地区的隋军人数已达十余万，隋军与瓦岗军你来我往，又打了大大小小数十次战斗，各有胜负，谁也吃不掉谁，战事陷入了僵持。（《旧唐书·王世充传》称：“前后百余战，未有胜负。”）

九月，武阳郡（今河北省大名县东）丞元宝藏投降李密。九月六日，李密任命元宝藏为上柱国、武阳公。元宝藏命自己的门客魏徵给李密写信道谢，并请求改武阳为魏州，又请求自己率领本部人马西取魏郡（今河南省安阳市），与瓦岗军一起夺取黎阳仓（在今河南省浚县）。李密大喜，即任命元宝藏为魏州总管；李密每次接到元宝藏的书信，都啧啧称奇，追问之下方知是魏徵所写，赶忙将其征召为元帅府文学参军，负责秘书工作。魏徵，字玄成，巨鹿郡曲城（今河北省晋州市）人。魏徵的父亲魏长贤曾担任过北齐屯留（今山西省屯留县）县令，魏徵很小的时候父亲就去世了，他出家当了一名道士。他喜欢读书，胸怀大志，见天下大乱，特别留意纵横捭阖之术。

当时，黄河以南和山东等地暴发洪灾，饥民遍野，隋炀帝下诏命令当地官员大开黎阳仓赈济灾民，然而，隋炀帝的诏书到了地方上以后，地方官员没有及时开仓，致使每天都饿死上万人。徐世勣对李密建议说：“天下大乱的原因全在于饥荒，如今，我们如果能夺取黎阳仓，则大事可成。”于是，当李渊西渡黄河之际，李密则把目光转向了东面的黎阳，他派遣徐世勣率领本部人马五千人从原阳（今河南省原阳县）北渡黄河，与元宝藏、郝孝德、李文相以及洹水变民头领张升、清河变民头领赵君德合兵一处，一起击破了黎阳仓城。瓦岗军占领黎阳仓后，开仓放粮，让百姓们随意搬回粮食，十几天之内，就集结了二十多万士兵。武安（今河北省邯郸市永年区）、永安（今湖北省黄冈市）、弋阳（今河南省光山县）、义阳（今河南省信阳市）、齐郡（今山东省济南市）相继投降了李密。河北的窦建德和江汉的朱粲也都派人前来表示归顺，李密以朱粲为扬州总管、邓公。当时黄河以南只有荥阳太守郇王杨庆和梁郡太守杨汪还固守不降。

泰山道士徐洪客给李密写信，认为：“大军长期聚集在一处，恐怕时间久了粮食吃尽，部众就会溃散，士气低落、厌战，将难以成功。”他建议李密要“趁着士气高昂之时，顺流东下，直指江都，活捉独夫民贼，号令天下”。李密写信召他前来，徐洪客却躲了起来，避而不见。

隋炀帝派遣代理江都郡丞冯慈明（北齐尚书右仆射冯子琮的儿子）前往东都，行至鄢陵（今河南省鄢陵县），结果被李密的部将崔枢抓获。李密久闻冯慈明的名声，对他非常尊重，遂对他说："隋朝国运已尽，四海沸腾，我亲自率领义军，所向无敌，东都危在旦夕，如今，我正要率领大军南下，直指江都问罪，你看如何？"冯慈明回答："你们家侍奉先朝，享尽荣华富贵，你却不能守住门第，追随杨玄感作乱，侥幸逃脱罗网，你苟活到如今，只想反咬一口，却没有理解人生最大的道理、最高的境界。王莽、董卓、王敦、桓玄当初都非常强盛，到最后还不是落得个身首异处的下场，还让祖先蒙羞。我冯慈明以正直之心侍奉主上，唯有一死而已，不忠不义之言，我不敢对答。"李密听后很不高兴，将其软禁起来。冯慈明买通了看守席务本，让他带上奏表前去江都，又暗中给东都留守官员写信，密报瓦岗军中的情况。冯慈明逃到雍丘（今河南省杞县），又被李密部将李公逸抓获，李密敬佩他的忠义，又把他放了。冯慈明走到营门，遇见了翟让，翟让怒斥道："你身为使者，被我们抓获，魏公对你如此厚爱，却没有丝毫感激之情，难道就不害怕吗？"冯慈明顿时大怒，厉声说道："天子命我前来，就是要清除你们这种人，不曾想被你们抓获，我岂能向你哀求活命？想杀便杀，何必谩骂！"翟让更火了，于是下令乱刀将其砍死，时年六十八岁。

李密打下洛口仓以后，箕山府郎将张季珣固守河阴（今河南省孟津县东）不降，李密因其势单力薄，遂派人前去劝降。谁知，张季珣却破口大骂，誓死不降，李密大怒，派遣李士才率领十二万大军前去攻打，却未能攻克。当时，张季珣统领不过数百人，而城下的瓦岗军却高达十余万，但张季珣宁死不屈，被围时间长了，隋军粮食吃完，水源也被切断，最终城池陷落。张季珣见到李密后，立而不跪，说道："我堂堂天子的爪牙，岂能跪拜贼人！"李密下令将其杀掉了。

九月十一日，越王杨侗命令虎贲郎将刘长恭等人率领东都留守军队，监门将军庞玉等人率领偃师的军队与王世充等人合兵一处，共计十余万人将要进攻洛口仓，与李密的瓦岗军隔着洛水对垒。隋炀帝下诏命令各军均受王世充的指挥。

十月二十五日，王世充率军趁夜渡过洛水，在黑石（今河南省巩义市南）扎下大营。第二天，王世充留下一部分军队守营，他亲自率领精锐部队又回到洛水北岸列阵。王世充这一部署乍看起来非常奇怪：既然已经偷渡过了洛水，又何必再把主力带回北岸呢？为何不一鼓作气，把战场放在洛水东南岸，直接向瓦岗军发起进攻呢？王世充的意图大概是：一、隋军步兵多，瓦岗军骑兵多，洛水西北地区北面是大山，东南临洛水，地带狭长，不利于瓦岗军骑兵作战；二、在洛水东南岸扎下大营，可以分散瓦岗军的兵力。

李密听说后，即率领瓦岗军渡过洛水迎战，结果，被王世充打得大败，护军柴孝和也溺水身亡。李密率领麾下精锐骑兵逃过洛水南岸，瓦岗军剩余部众则退守洛水西北岸的月城（在今河南省巩义市西北），被王世充团团包围。败退途中的李密急中生智，从洛水南岸直接南下，进攻王世充的黑石大营。显然，李密这一招是攻其所必救，企图调动王世充，在运动中消灭隋军，但此时王世充如果采取你打你的，我打我的，李密的算盘就落空了。

黑石隋军非常害怕，接连点燃了六个烽火，王世充不得不放弃月城，掉头南下回救。李密就等着王世充回来，双方在洛水南岸的开阔地带一场厮杀，结果，隋军在瓦岗军精锐骑兵的猛击下大败而逃，被斩杀了三千多人。

黑石之战后，王世充固守不战，越王杨侗派人前来慰问，王世充又羞愧又害怕，决心打一场胜仗，好多少挽回些面子。他主动向瓦岗军请战，李密答应了，双方定下了决战的日子。

十一月九日，两军夹石子河（今河南省巩义市东南）两岸列阵，瓦岗军的大阵南北十余里。翟让先与王世充作战，不利而退，王世充率军追击，王伯当、裴仁基从一旁拦腰杀来，李密又率领中军一齐猛击，王世充大败，向西逃窜。

七三　东都缠斗（二）

李密石子河大捷的同一天，李渊攻克了长安城。进入长安城的李渊在酝酿着拥立代王杨侑，以期最大限度地团结可以团结的人，实力也逐渐增强，而取得了石子河大捷后的李密的威望也更高了，但这种情况引发了瓦岗军内部一场巨大的危机。

翟让的部将王儒信忌惮李密的威望，暗中劝说翟让自己担任大冢宰，全权处理军中事务，以夺取李密的大权，但翟让没有答应。翟让的哥哥、柱国、荥阳公翟弘是个粗鲁人，他对翟让说："应该自己当天子，为何把位子让给他人！你要是不当，我来当！"翟让听了，哈哈大笑，也没有介意，但李密听了此事，心中非常不快。翟让这人很贪婪，总管崔世枢从鄢陵刚刚归附李密时，翟让把人家关押在自己家里，向他索要巨额财物，崔世枢未能凑够，翟让就要严加拷打；翟让召唤元帅府记室参军邢义期一起赌博，邢义期拖着不去，翟让大怒，把邢义期打了八十大棍。

翟让对元帅左长史房彦藻说："你前不久击破汝南，掳掠了大批财宝，都送给了魏公，没给我一点！魏公是我所立，往后还不一定事态往何处发展呢！"房彦藻担心受到翟让的报复，就把这话告诉了李密，并趁机与左司马郑颋一起劝说李密："翟让贪婪、刚愎，毫无仁爱之心，目无君主，应该趁早结果了他！"李密回答："如今，天下尚未平定，我们内部就相互残杀，远近豪杰又将如何看待我们？"郑颋说："毒蛇咬手，壮士断腕，就是舍弃小节、保全大局啊！如果等到他先行动，后悔就来不及了！"于是，李密答应了。

石子河之战后隔一天，即十一月十一日，李密设宴款待翟让等人，翟让与哥哥翟弘，侄儿、司徒府长史翟摩侯以及手下猛将徐世勣、单雄信等人一起前来。李密与翟让、翟弘、裴仁基、郝孝德五人坐着，单雄信等人都站在一旁，房彦藻、郑颋二人来来往往张罗。

李密说道："今日与大官们开怀畅饮，身边不需要那么多人侍卫，只留下几个人服务就行。"李密身边的侍卫都离去了，但翟让的卫士们还站在那里。

房彦藻禀报李密道："大家都在作乐，今天有这么寒冷，也赏赐给司徒身边的侍卫们几杯好酒。"

李密说："你去请示司徒！"

翟让不假思索，随口答道："很好！"

于是，房彦藻把翟让身边的卫士们也都请出屋外，只有李密手下的贴身卫士蔡建德持刀站在李密身边。

此时，还没端上酒菜，李密拿出一把上好的弓，让翟让试射。翟让刚刚拉满弓弦，说时迟那时快，蔡建德从背后抽出佩刀，一刀把翟让砍倒在床前，翟让临死前发出像牛吼叫的声音，于是，又斩杀了翟弘、翟摩侯、王儒信等人。

事发突然。徐世勣从其他屋内仓皇逃出，李密门口的卫士抽刀砍中了他的脖子，王伯当远远望见，赶忙喝止。单雄信则跪到地上，叩头请求饶命，李密下令放了他。翟让的卫士们惊慌失措，不知该如何是好，李密大声说道："我与你们大家一起兴起义军，本来是为了清除暴乱，但是，司徒贪婪残暴，凌辱群下，不分上下，今天只诛杀翟让一家，跟大家毫无关系！"命令部下把徐世勣扶到帐下，亲自替他包扎伤口。翟让的部队打算各自逃散，李密连忙命令单雄信前去安抚，不久，李密也单人匹马来到翟让的军营中，一一解释沟通，令徐世勣、单雄信、王伯当分统翟让的部众，局面这才安定下来。

翟让为人残忍，翟摩侯猜忌，王儒信贪婪，因此，他们被杀后，虽然李密的部将们相互之间开始没了安全感，但对翟让等人没有多少同情。王世充早就料到了瓦岗军会有今日，他寄希望于二人分崩离析以后，自己好趁机各个击破，等听到李密快刀斩乱麻，一举搞定了翟让，王世充不禁大失所望，他叹息道："李密天资聪明，做事果断，此人将来究竟能成龙或是成蛇，确实难以逆料啊！"

李密诛杀翟让，改变了瓦岗军长期以来二元化领导格局，确立了李密为瓦岗军最高统帅的地位，客观上有利于瓦岗军的发展。但是，这一火并也带来一些负面影响，正如《新唐书》说的那样："初，密既杀翟让，心稍骄，不恤士，素无府库财，军战胜，无所赐与，又厚抚新集，人心始离。"

李密在诛杀翟让以后，又给郇王杨庆写信劝降，他在信中写道："大王的祖上原本住在山东，本姓郭氏，并非杨氏。灵芝被焚毁了，野草固然会叹息，但如今之事与此毫无相同之处。”杨庆的祖父杨元孙父亲早死，养在母亲郭氏娘家，后来就冒姓郭，因此，李密才说杨庆原本是郭氏。杨庆接到李密的书信后，就投降了瓦岗军，并改姓了郭氏。

此时，东都城内粮食奇缺，一斗米卖到三千钱，城内军民饿死了十之二三。十二月二十四日，王世充军中的士兵投降了李密，李密问道：“王世充在军中都干了些什么？”那人回答：“近来，一直在扩充军队，大肆犒赏将士，不知道他想干些什么。”李密对裴仁基说道：“我差一点落入这奴才的陷阱中去了，光禄大夫您知道吗？我很久没有出兵了，王世充的军粮即将吃完，他求战不能，因此，才招兵买马，犒赏三军，打算趁着月底来偷袭仓城啊，要速速戒备！”于是，他命令平原公郝孝德、琅邪公王伯当、齐郡公孟让率军驻扎在仓城附近。

当天晚上三更时分，王世充的军队果然朝仓城摸来，王伯当的军队最先与隋军交手，结果战败。王世充乘胜进抵仓城城下，并开始命令士兵们攀爬城墙，瓦岗军总管鲁儒率领守军将其击退。王伯当又重新整顿军队，反身杀来，王世充大败，其手下骁将费青奴也被杀死，隋军战死、淹死的有一千多人。

王世充与李密在东都附近你来我往，又打了几仗，但连战连败，越王杨侗派人前去安抚，王世充称自己的军队人少，又经过多次战斗，将士们伤亡很大，且已疲惫不堪，杨侗又拨给了他七万人。

大业十四年（隋恭帝杨侑义宁二年，公元618年）一月，得到补充的王世充又率军推进到洛水北岸，李密率领一千骑兵前去迎击，却被隋军击败，王世充遂乘胜驻扎在巩北（今河南省巩义市北郊）。

一月十五日，王世充命令各军分别建造浮桥渡过洛水，向瓦岗军发起进攻。隋军各军建造浮桥的速度不一，先建成的就先渡过了河，各军行动也不一致。虎贲郎将王辩领军最先来到瓦岗军的驻地，他不等其他各军到来，当即就发起了进攻。隋军很快就攻破了李密大营最外围的栅栏，李密营内一片恐慌，即将崩溃。但随后渡过河的王世充并不知道前方的情况，也许他担心王辩吃亏，想等各军全部渡过河以后，再统一行动，竟然鬼使神差地下令鸣锣收军了！正一鼓作气朝瓦岗军大营内猛攻的王辩部听到锣声，先是一阵迟疑，继而不得不退了下来，李密见状，立即抓住这一千载难逢的良机，亲自率领数百敢死队员从营内杀出，王世充大败，隋军争先恐后地掉头往回跑，溺水而死的竟有数万人之多，洛水为之不流，河内通守孟善谊、武贲郎将王辩、杨威、刘长恭、梁德、董智通六名隋军大将全部被杀，唯独王世充侥幸逃脱，没有渡过洛水的隋军也望风溃散。当夜，风雪交加，阴风怒号，王世充不敢返回洛阳，率军向河阳（今河南省孟州市）逃去，士兵们因渡河而浑身湿透，又在途中冻死了上万人，逃到河阳的隋军仅余数千人。在河阳，王世充上书请罪，越王杨侗也只能依靠王世充了，他不得不派人前去，赦免了王世充的罪过，将其召回东都，还赏赐给他美女、财物予以安慰。王世充又搜集残兵败将，凑够了上万人，驻扎在含嘉城（在洛阳宫城东北部），再也不敢出战了。

李密率领瓦岗军乘胜进逼洛阳，占领了金墉（在汉魏洛阳城西北、隋唐洛阳城东北），又整修城门、城墙、房屋，把总部迁到了这里；不久，李密率领三十多万瓦岗军，在北邙山麓列阵，向南直逼上春门。一月十九日，隋朝金紫光禄大夫段达、民部尚书韦津出城抵御。段达远远望见瓦岗军声势浩大，吓得掉头就往回跑，李密挥师追击，隋军顿时崩溃，韦津临阵被杀。于是，偃师（今河南省偃师市）、柏谷（今河南省宜阳县）以及河阳（今河南省孟州市）都尉独孤武都、检校河内郡丞柳燮、职方郎柳续等纷纷投降了瓦岗军；河北窦建德、江汉朱粲、曹州孟海公、山东徐圆朗等都派出使者拥护李密称帝，李密的下属裴仁基等人也都上书请求李密称帝，但李密坚决地说：“没有拿下东都，不可谈论这事。”——实际上，此时的李密应该顺应民心称帝，这样一来起码向天下人表明了自己推翻隋王朝的决心，也可以团结其他各股农民起义军。

在东都附近经过了将近一年的缠斗，此时的瓦岗军可谓是如日中天，东都洛阳就像是一颗熟透了的桃子，即将落入李密的囊中，而恰恰就在这时，已稳定了关中的李渊就迫不及待地发兵东进，也来蹚洛阳这潭浑水来了！

七四 稳扎稳打

大业十三年十一月九日李渊打下长安，同日，李密石子河一战大破王世充，十一日，李密诛杀翟让，十五日，李渊拥立代王杨侑登基，显然，瓦岗军的巨大成功也引起了李渊的不安，如果瓦岗军占领了洛阳，就会拥有更大的号召力，也将成为李渊一个更为强劲的对手，因此，到了大业十四年一月二十二日，李渊就急急忙忙地任命李建成为左元帅、李世民为右元帅，都督众将，率领十余万大军东出潼关，声称要救援东都了！

在这短短的两个月里，李渊究竟又做了些什么呢？李渊占领长安以后，环顾长安周边异己势力主要有：西部有金城的薛举、薛仁杲父子，薛举已自立为帝，并发兵东进，势必与之一决雌雄；东部是被刘文静阻挡在潼关地区的屈突通所部以及在河东的尧君素部，他们是杨侑的旧部，按理说可以招降他们；北部是梁师都以及一直觊觎太原的刘武周，但目前来说，李渊还与东突厥关系亲密，梁师都和刘武周尚不至于立即对自己构成大的威胁；南面、东南面就是尚在观望的巴蜀地区以及被朱粲占据的江汉地区。在这种情况下，李渊选择了拥立杨侑这一正确决策，这一决策可以最大限度地把不同阶层的人士拉拢到自己的麾下：一是对于那些效忠隋王朝的，很容易被迷惑而听命于李渊；二是对于那些变民军，把一切罪恶都推到隋炀帝身上，也可以欺骗住一部分人。于是，针对这几股势力，李渊分别采取了镇压、安抚、拉拢、劝诱等办法，一一进行应对。

西面：

大业十三年四月薛举举事以后，很快就占领了陇西之地，七月，薛举称帝，以妻鞠氏为皇后，母为皇太后，当月，薛举率领数万人马前去扫墓，祭奠以后，召开誓师大会，命长子薛仁杲率军东下，包围了秦州（今甘肃省天水市）；以次子薛仁越率军直指剑口（今地不详），进攻河池郡（今陕西省凤县）。薛仁越所部被河池太守萧瑀击退，而薛仁杲则攻克了秦州，与此同时，薛举又命令部将常仲兴率军渡过黄河，进攻黄河以西的李轨，与李轨的部将李赟在昌松（今甘肃省古浪县西）展开了一场大战，结果，常仲兴战败，全军覆灭。

在这种情况下，薛举把中心开始东移，把都城从金城东迁到了秦州，企图集中全力拿下关中地区，再与群雄争夺天下。我们知道，大业十年，扶风（今陕西省凤翔县）变民头领唐弼拥立李弘芝为帝，拥有十余万人马，就盘踞在陇山以东地区，这里是陇西进入关中地区的要道，素有“关陇锁钥”之称，薛举要想翻越陇山，进入关中，首先需要解决的就是唐弼势力。

薛举命令薛仁杲率军直指扶风，此时，唐弼却率众占据汧源（今陕西省陇县），挡住了薛仁杲的去路。薛举派人招降唐弼，唐弼就杀死了李弘芝，率众投降了，可是，薛仁杲趁唐弼没有防备，率军偷袭，将唐弼的军队全部兼并了。唐弼率领数百骑兵逃到扶风太守窦琎那里，窦琎又把他杀了。此时，薛举的兵力已膨胀到三十余万，听说李渊已经捷足先登，占领了长安，薛举命令儿子薛仁杲乘胜包围了扶风，李渊赶忙命令李世民率军迎敌。与此同时，又派遣姜谟、窦轨一起从散关（今陕西省宝鸡市南）西去，安抚陇西各郡县；派遣左光禄大夫李孝恭（李渊的堂侄）安抚山南（秦岭、伏牛山以南地区）；丞相府户曹张道源安抚山东（崤山以东地区）。

义宁元年十二月十七日，李世民率军在扶风大破薛仁杲，斩首数千人，一直追击到陇坻（陇山）才撤回。听说薛仁杲战败的消息，薛举大惊失色，他对群臣说道：“自古以来，有天子投降的先例吗？”黄门侍郎褚亮回答：“赵佗归顺大汉，刘禅投降西晋，近代的萧琮投降隋朝，至今还非常富贵。转祸为福，这种事情自古都有。”卫尉卿郝瑗快步上前，说道：“陛下不该问这话！褚亮的回答也非常荒谬！昔日，汉高祖刘邦屡战屡败，蜀汉先主刘备也是屡屡失去妻子儿女，他们都是百折不挠，最终成就了一番大业，陛下为何因为一时的挫折、一次战败，就陡然生出亡国之举呢？”薛举也后悔起来，说道：“我不过是想试探一下大家的态度罢了。”遂重重赏赐了郝瑗，将他引为智囊。

十二月十九日至二十一日，平凉（今宁夏回族自治区固原市）留守张隆、河池（今陕西省凤县东北）太守萧瑀、扶风郡（今陕西省凤翔县）和汉阳郡（今甘肃省西和县）相继投降了长安政权。姜谟、窦轨来到长道（今甘肃省礼县），被薛举的军队击败，又退回了关中。李渊命通议大夫李世让前往扶风一带安抚唐弼的余党，又与薛举的军队遭遇，再次战败，被俘。

薛举盘踞在秦州（今甘肃省天水市），李渊就不可能跨越陇山，招徕陇西，但此时的薛举在被李世民击败后，在短期内也无力向关中发起强有力的攻势，双方暂时处于相持阶段。

南面：

在隋末大乱中，巴蜀地区相对平静了很多，而长安东南一带则活动着变民军朱粲部。朱粲，是亳州城父县（今安徽省亳州市东南）人。原为县佐史，大业末年，从军征讨长白山的变民军，遂聚众哗变，号称“可达寒贼”，自称迦楼罗王，众至十余万。他们渡过淮河，接连攻陷竟陵（今湖北省钟祥市）、沔阳（今陕西省勉县东南），所到之处，杀人如麻，寸草不留。李孝恭率军南下后，击败了朱粲，消除了长安南面的威胁。众将请求将俘虏全部杀掉，李孝恭回答：“不行，如果这样的话，从此以后谁还会投降呢？”遂将俘虏全部释放了，于是，从金川（今陕西省安康市）南下巴蜀，长安政权的文书所到之处，归降的就有三十多州。十二月二十八日，李渊又派遣云阳（今陕西省泾阳县）令詹俊、武功（今陕西省武功县）县正李仲衮前去招抚巴蜀，巴蜀全部归降了长安政权。

李孝恭只是把朱粲赶出了山南，到大业十四年二月，李渊又派遣太常卿郑元璹率军从商洛东下，夺取南阳；左领军府司马马元规率军夺取安陆（今湖北省安陆市）、荆州（今湖北省荆州市）、襄阳（今湖北省襄阳市）等地。

东面：

屈突通与刘文静相持一个多月，屈突通派遣桑显和夜袭刘文静的大营，刘文静与左光禄大夫段志玄拼死苦战，桑显和败退下来，隋军将士全部被俘，屈突通的力量更加单薄。有人劝说屈突通投降，屈突通哭着说：“我侍奉隋朝两位君主，深受主上的厚恩。拿别人的俸禄却不给人家排忧解难，我不会这么做！”他每次出营安抚将士，都是泪流满面，将士们因此也都非常感动，愿意替他卖命。

李渊派屈突通的家僮前去劝降，屈突通立即将家僮斩首。等到听说长安陷落后，家眷全被李渊抓获，屈突通遂留下桑显和镇守潼关，他自己率军东去，打算投奔洛阳，可是，屈突通前脚走，桑显和就把潼关献给了刘文静。刘文静不费吹灰之力占领潼关以后，即派遣窦琮等将率领轻装骑兵与桑显和一起追击屈突通，很快，窦琮等人就在稠桑（今河南省灵宝市北）赶上了屈突通的部队。

窦琮派屈突通的儿子屈突寿前去说服，屈突通呵斥道：“你这个贼人来这干什么！昔日，你我是父子，今天和你就是仇敌！”命令身边的亲信向屈突寿射箭。桑显和对屈突通的部众大喊：“如今，京师已经陷落，你们都是关中人，往东去干什么呢！”隋军将士听后，纷纷放下武器投降。屈突通自知无力回天，他翻身下马，朝东南跪下叩头，哭喊道：“臣力量已经用尽，不敢背叛国家，天地神灵可以替我做证！”军人们把屈突通送往长安，李渊任命其为兵部尚书，赐爵蒋公，兼任秦公元帅府长史。刘文静等人继续向东夺取土地，占领了弘农郡，一直夺取了新安（今河南省新安县）以西地区。

李渊派屈突通前往河东城下劝降尧君素。尧君素见到屈突通后，唏嘘不已，悲不自胜，屈突通也泪下沾襟，他说道：“我军已经战败了，义军所向，无不响应，事已至此，你也早早投降吧。”尧君素回答：“大人身为国家大臣，主上将关中交付给您，代王也把身家性命托付给您，为何您要背叛国家投降？还厚着脸皮替人充当说客呢？大人您骑的马还是代王赏赐的，你又有什么脸面再骑这匹马啊！”屈突通说：“哎呀！君素啊！我是力尽才投降的啊！”尧君素回答：“如今，我还没有力尽，何须多言！”屈突通一脸羞愧，狼狈告辞而去。

大业十四年一月一日，隋恭帝杨侑下诏允许唐王李渊带剑上殿，赞拜不名。此时，长安政权控制的地方已东自商洛，南到巴蜀，北至太原，西及扶风。

七五 炀帝之死（一）

就在李建成和李世民率军东下、争夺东都之际，遥远的江都又发生了一件大事——隋炀帝被杀了！

时至今天，认真反思隋炀帝这些年走过的路，我们更多的是发自内心的一声叹息。隋炀帝在位的十三四年时间里，他虽然是一个好大喜功、不惜民力的暴君，但在前期也是一个精力旺盛、志向远大、勤政的统治者：仁寿四年十一月在平定了汉王杨谅叛乱后，隋炀帝来到了洛阳，到大业元年八月南下江都。大业二年四月回到洛阳，其间隋炀帝进行了包括服饰、法律等一系列的改革。到大业三年三月，隋炀帝又回到长安，四月即开始北巡，九月回到洛阳。大业四年修永济渠，瓦解西突厥，三月，再次北巡。大业五年一月从洛阳开始回长安，由长安西巡，消灭吐谷浑，十一月回到洛阳。大业六年三月第二次南巡江都。大业七年二月下诏讨伐高句丽，四月来到涿郡，大业八年七月第一次东征失败撤军，九月回到洛阳。大业九年三月，隋炀帝又来到辽东，发起第二次讨伐高句丽战争，因杨玄感之乱，六月撤回国内，此后几个月，他一直在上谷、博陵等地，到大业十年三月，隋炀帝再次来到涿郡，发动第三次东征，后高句丽请降，八月班师，十月回到洛阳，又马不停蹄回到长安，杀了斛斯政后，十二月，隋炀帝又回到洛阳。大业十一年三月，隋炀帝又开始北巡，八月被包围在雁门，十月回到洛阳。大业十二年七月第三次南下江都。

从隋炀帝的一系列活动中，我们可以看出，他似乎一直都在路途上奔波，一会儿是南下，一会儿是北巡，一会儿是西伐，一会儿是东征，忙得不亦乐乎，也让天下人都跟着他一起忙来忙去，要说过去隋炀帝荒淫，还真不好说，这样一个忙东忙西，满脑子宏伟计划的人再怎么荒淫似乎也荒淫不到哪去，总比一个整天泡在宫中无所事事、只知道醇酒美色的皇帝（比如陈后主之类的）要规矩些吧？

正史只在大业八年七月记载了，隋炀帝用密诏的形式命令江淮地区挑选民间童女，配入后宫。这条记载既然是密诏，其实本身就无从考证了，而一些野史、笔记、小说之类上的记载，如《隋炀帝艳史》，把隋炀帝描写成一个只知肉欲的登徒子，这是毫无根据的。实际上，虽然隋炀帝没有像其父隋文帝那样一生只生下同父同母的儿子，但他一生也仅有五个子女，一般说来，在没有避孕措施的情况下，一位皇帝（除非不育）的子女数量是与他的好色程度成正比的，以享年五十的隋炀帝与享年五十二的唐太宗相比，后者仅儿子就达十四人之多，与李渊相比，李渊在登基之后，在短短的六七年里就生下一二十个小王、十几个公主，由此可见，隋炀帝并非一个只顾一天到晚与女人们厮混的皇帝。

但是，据史书记载，隋炀帝在大业十二年七月第三次南下江都以后，也许是受了雁门之围的惊吓，也许是对全国形势感到无望和无奈，也许已预感到了末日即将到来，也许兼而有之，感到幻灭的他似乎想要用美色来补偿自己曾经付出的辛苦，开始真的变成了一个昏庸之君了。来到江都以后，江淮地区的地方官前来觐见的，隋炀帝只问他们带来的礼物多寡，多的就越级提拔为丞、守，不足的则一律停职，比如，《资治通鉴》就说，江都郡丞王世充就因为奉献了铜镜屏风而被提拔为通守、历阳郡丞赵元楷也因进贡美味而被升为江都郡丞。实际上，一位帝王提拔一个人，不仅要看此人的能力，而且还要看这个人是否忠诚，即便是王世充被晋升为通守有他进贡铜镜屏风的因素，那也是因为他的这一举动显示了他对皇帝的忠诚，而不仅仅是因为那件微不足道的东西，更何况，据《旧唐书·王世充传》记载，王世充被晋升为江都通守，是因为在前一年隋炀帝雁门被围时王世充忠诚的表现。不过，隋炀帝的到来，的确给江淮百姓带来了一场灾难。当地官员为了取媚于上，加重了对百姓的盘剥，江淮百姓一方面受到变民集团的劫掠，另一方面又受到隋朝政府的盘剥，再加上遇到灾荒，开始的时候，他们还能采摘树叶树皮，或者把观音土蒸煮吃掉充饥，到最后实在没有吃的，就发生了人吃人的惨剧，而政府仓库内却粮食充裕，官吏们害怕受到追究而不敢擅自开仓赈济灾民。

隋炀帝把江都宫中分出一百多间房子，每间房屋都装饰一新，住着他的嫔妃们。他命令每间房屋的嫔妃轮流坐庄，由江都郡丞赵元楷负责酒食，他和萧皇后以及其他嫔妃依次前去做客，整日酒杯不离口，一起前来的上千嫔妃们也都整天喝得昏醉。然而，酒醉只能暂时麻痹隋炀帝的神经，等到他清醒的时候，也意识到大祸即将临头，心中总是非常不安，退朝以后往往穿上便装，手持拐杖，步行在亭台楼阁之间流连忘返，不到天完全黑下来就一直不停，贪婪地欣赏着身边的美景，仿佛下一刻自己就再也看不到了一样。

跟随隋炀帝来到江都的骁果离家时间久了，不免思乡，纷纷逃亡。隋炀帝为此十分懊恼，就问裴矩应对之策，裴矩回答："如果长期没有妻室，人们自然难以在此久留，这也是人之常情，请求允许士兵们在此地娶妻成家。"隋炀帝同意了。大业十三年九月，隋炀帝下令把江都境内的寡妇、处女全部集中到江都宫前面，任由将士们随意挑选；如果原先有奸情的，可以自首，允许婚配。

隋炀帝人并不笨，眼见天下大乱，他也知道无力回天，意志逐渐沉沦下来。隋炀帝自己还对天文占卜略知一二，经常夜深人静时，摆下宴席，仰观天象，对萧皇后说道："外面有很多人想要杀掉侬（吴地方言，我的意思），然而，侬至少也会像陈后主那样被封个长城公，你也不失像沈皇后那样，你我只需快活一天是一天，一起饮酒作乐吧！"遂喝得酩酊大醉。还有一次，隋炀帝自己照镜子，他看着镜中的自己对萧皇后说道："这么好一个头颅，谁将来砍下它呢？"萧皇后听后，惊恐地询问原因，隋炀帝笑道："尊贵与贫贱，痛苦与快乐，将永远循环往复，又何必忧伤呢？"

隋炀帝见中原已经乱得一塌糊涂，也无心北归，打算定都丹阳（今江苏省南京市），保据江东，下令群臣在朝堂上公开讨论。内史侍郎虞世基等人都表示同意，但右候卫大将军李才极力反对，请求隋炀帝大驾返回长安，与虞世基发生激烈争吵，愤愤而去。门下录事李桐客说："江东地势低洼，气候潮湿，土地狭窄，既要供给皇上，又要养活三军，百姓无法负担，恐怕又将发生叛乱了。"御史弹劾李桐客诽谤朝政。当时朝廷群臣都顺着隋炀帝的意思，纷纷建议："江东百姓很久以前就盼望陛下临幸了，陛下南渡长江，安抚江东父老，这是大禹曾经做过的事啊！"于是，隋炀帝下令整修丹阳皇宫，将要迁都到那里。

隋炀帝打算南渡长江的消息在骁果们中间引起了强烈的不满。即便是在江都成了家，但这些骁果们大都是关中人，他们长期客居他乡，都想回到老家，见隋炀帝没有西返之心，大都都想叛逃，郎将窦贤率领本部人马集体叛逃，隋炀帝派遣骑兵追上杀掉，但骁果叛逃事件还是屡禁不止，成了隋炀帝的一个心病。

虎贲郎将司马德戡，是扶风雍（今陕西省凤翔县南）人。其父司马元谦在北周时担任都督，早死，司马德戡从小就成了孤儿，以杀猪为生。一个叫作释粲的和尚与司马德戡的母亲私通，遂照顾司马德戡，并教他识字。开皇年间，司马德戡担任皇帝的侍从，逐渐被晋升为大都督，司马德戡非常会讨好上司，因此，仕途一路畅达。隋炀帝时期，他又历任鹰扬郎将、虎贲郎将，一直深受隋炀帝的宠信。隋炀帝来到江都以后，命其率领一万多名骁果驻扎在江都东城，他风闻骁果们都有反叛之心，为了了解实情，遂派心腹校尉元武达暗中了解，落实以后，他又与自己的好友虎贲郎将元礼、直阁将军裴虔通商议道："如果骁果们阴谋叛逃，我想向陛下汇报，担心先被骁果们杀掉；不提前汇报，又害怕事发以后被皇上灭族，这该如何是好呢？我还听说关中已经沦陷了，李孝常献出华阴背叛了朝廷，陛下逮捕了他的两个弟弟，打算杀掉。我们的家属都在关中，一旦他们中间有谁背叛了，我们能不担心大祸也会降临到自己头上吗？"裴虔通，是河东人，隋炀帝为晋王时，他是隋炀帝的亲信，担任监门校尉，隋炀帝即位后，被提拔为监门直阁将军、通议大夫。

二人听后都非常害怕，连忙问道："那你说该怎么办呢？"

司马德戡接着说："骁果们逃亡，我们不如与他们一起逃去。"

二人都点头表示同意。

于是，由他们三人最先起意，又联络了大批隋朝中下级文武官员，他们主要有：内史舍人元敏（左翊卫将军元寿之子），虎牙郎将赵行枢（原为太常乐户，家财过亿，与宇文化及兄弟私交很好，贿赂宇文述而被提拔为虎牙郎将），鹰扬郎将孟秉，符玺郎李覆、牛方裕（吏部尚书牛弘次子），直长许弘仁、薛世良，城门郎唐奉义，医正张恺，勋士杨士览（宇文智及的外甥）等人，他们日夜聚集在一起商量叛逃事宜，即便是在大庭广众之下，也公然谈论，不避讳。有一名宫女听见后向萧皇后报告说："外面人人都想造反。"萧皇后回答："任你向皇上禀报。"谁知宫女向隋炀帝禀报后，隋炀帝竟认为这名宫女不该多管闲事，勃然大怒，命人将其斩杀。从此以后，再有宫女告诉萧皇后，萧皇后这才说出其中的原委："天下之事弄到今天这个地步，已经是无从挽救了，何须再提？只能平添皇帝的忧愁啊！"从此以后，人人似乎都在等待着那个石破天惊的一天到来，再也不提外面的事情了。昔日的隋炀帝站着说话不腰疼，曾那么鄙视亡国的陈叔宝，如今，当他已洞悉了灭亡的必然命运，又何尝不是借酒浇愁，不愿正视即将到来的厄运呢？他也像鸵鸟一般把脑袋深埋在沙中，对外界不管不问，与当年的陈后主又有多少区别呢？

七六　炀帝之死（二）

赵行枢与将作少监宇文智及是好友，而杨士览又是宇文智及的外甥，二人就把打算告诉给了宇文智及，宇文智及听后大喜。

司马德戡等人定于大业十四年三月十五日劫掠十二卫的战马，再洗劫江都百姓的财物，而后一起结队西逃，但宇文智及素来狂妄，他却说："主上虽然无道，但余威尚存，你们这样西逃，就像窦贤那样是自己找死。如今，上天已抛弃了大隋，天下英雄四起，这里一心想要西逃的已有数万人之多，借此干一番大事（指杀掉隋炀帝），这是帝王之业啊！"司马德戡等人都表示赞成。大业十二年九月，隋炀帝来到江都不久，宇文述就病死了，隋炀帝念及宇文述的功劳，又将免官在家的宇文化及兄弟一一加官晋爵，晋升宇文化及为右屯卫将军，其弟宇文智及为将作少监。赵行枢与薛世良请求推举宇文化及为主，议定之后，才告诉了宇文化及。宇文化及素来蠢笨、胆怯，乍听之下，不禁脸色大变，满脸流汗，过了很久才接受了。

三月一日，司马德戡打算向众人说出政变计划，但又担心人心不齐，遂对许弘仁、张恺说："你们是御医，给陛下治病，你们说出的话众人都会相信。你们可以去备身府（十六禁军的第七、第九军军府），对熟人说：'皇上听说骁果们都想叛逃，准备了很多毒酒，想趁宴会把大家全部毒死，只留下南方人。'这样一来，大家必然惊慌失措，趁机举事，就一定能够成功。"

三月五日，许弘仁、张恺到备身府散布这种流言，果然，骁果们听后都非常害怕，相互转告，谋反的愿望更加迫切了。

见时机成熟，三月十日，司马德戡将全体骁果军官们都召集在一起开会，正式告诉大家下一步的行动计划，众人齐声说道："听从将军您的号令！"当天，突然狂风大作，阴霾四塞，天空昏暗。黄昏时分，司马德戡等人偷出皇家马厩里的战马，暗地里准备好了武器，决定在当天晚上发动政变。当天晚上，轮到元礼和裴虔通二人在内殿值班，专门负责内殿的安全保卫工作；唐奉义负责关闭城门，他也与裴虔通约定好了，当晚城门只虚掩着，而不上锁。

当晚三更，司马德戡在东城集结了数万军队，并高举火把，与宫城城外的军队相互呼应。隋炀帝在宫中看到火光，又听说外面一片喧哗，询问发生了什么事。裴虔通回答："草料房失火了，外面的人们正在救火。"当时，宫内与外界的联系已被司马德戡的人切断了，隋炀帝身边再无一个亲信，他听了，也信以为真。宫城城外，宇文智及与孟秉也凑集了上千人，劫持候卫虎贲郎将冯普乐派军把守各个街道。燕王杨倓，是在长安被立为隋恭帝的代王杨侑的二弟，又是在洛阳的越王杨侗的二哥，他长相俊美，又非常聪慧，隋炀帝在几个孙子们中间最喜爱的就是他，经常把他带在身边，时年十六岁。当晚，他察觉情况有变，想入宫面奏爷爷，又担心被叛军抓住，就与萧钜、宇文皛等人从芳林苑门旁的水沟进入宫内。行至玄武门，他谎称："我突然得了中风病，命悬一线，希望能让我当面辞别，就是死了，也心甘情愿。"裴虔通等人当然不会答应，不仅没有向隋炀帝通报，而且还把杨倓抓了起来。

三月十一日凌晨，司马德戡将东城的军队调来，交给裴虔通指挥，换下了原来的宫门卫士。宫门卫士换下后，但内宫各殿还有卫士，裴虔通率领数百骑兵进入宫内，来到成象殿外，殿上卫士大声喝道："有贼人！"裴虔通听到后，赶忙掉头就往回跑，回到宫门后，他下令关闭皇宫的各门，唯独留下东门，驱赶殿内的卫士从东门出来。殿内卫士们见情况不妙，纷纷放下武器，从东门退了出来。

右屯卫将军独孤盛（益州总管、并州总管独孤楷的弟弟）对裴虔通说道："这是哪里来的军队？行动如此奇怪！"裴虔通回答："事已至此，与将军无干，将军千万别动！"独孤盛破口大骂道："老贼！你这是说的啥话！"说完，他来不及穿上铠甲，就率领身边十余名亲信上前搏斗，结果为乱军所杀。千牛独孤开远（独孤信的孙子、独孤伽罗的侄儿）率领殿内兵数百人来到玄武门，敲门高喊："武器齐全，尚能击破贼人。陛下如果出来亲自督战，人心自然就安定下来了，不然，大祸即将临头了！"但门内竟然没有一人回应。政变军逮捕了独孤开远，又敬佩他的忠义，把他放了。过去，隋炀帝挑选了数百名特别骁勇的官府奴仆负责把守玄武门，称之为"给使"，以防万一，对他们待遇非常优厚，甚至把宫女许配给他们。司宫魏氏深为隋炀帝所信任，宇文化及等人已经与她勾结起来，魏氏也答应充当内线，当天晚上，魏氏假传圣旨，把给使们全部放假，因此，政变时，竟然没有一名给使在场。

司马德戡等人率领军队从玄武门进入皇宫内殿，隋炀帝听到消息，急忙换身衣服，逃到西阁躲避。裴虔通与元礼率军试图打开东阁，魏氏把阁门打开，军队顺利进入永巷，他们边走边问："皇上在哪里？"有一名宫女用手指了指西阁。校尉令狐达抽刀径直进入西阁，隋炀帝隔着窗户说道："你是想杀我吗？"令狐达回答："臣不敢，只是想侍奉您一起西返罢了！"于是，搀扶着隋炀帝走下了阁楼。

走出阁楼，隋炀帝见到裴虔通，说道："你难道不是我的老部下吗？有什么怨恨一定要谋反呢？"

裴虔通回答："臣不敢谋反，只是将士们思乡心切，想请陛下回到长安而已。"

隋炀帝说道："朕也正要启程，只是长江上的运粮船还没有来到，所以才一直没动身，现在就与你一起出发！"

裴虔通派部队看住了隋炀帝。

到了清晨，孟秉率领全副武装的骑兵前来迎接宇文化及。宇文化及还不知结果，浑身打战，口不能言，有人前来拜见，他只会扶着桌子，低头回答："罪过！罪过！"宇文智及年幼时非常顽劣，经常打架斗殴，放纵淫乱，无恶不作，其妻长孙氏告诉其父宇文述，宇文述虽然觉得家丑不可外扬，但从此对他非常严厉，动不动就命人痛打他一顿，而他的弟弟宇文士及又仗恃着娶了隋炀帝的女儿南阳公主，也瞧不起他，因此，宇文智及对他这个弟弟是恨之入骨。政变后，宇文士及还在妻子南阳公主的宅邸，宇文智及派家僮庄桃树前去，要杀死宇文士及，但庄桃树不忍，就把他带到了宇文智及那里，很久，才被释放。

宇文化及来到城门，司马德戡亲自迎上前来，引入朝堂，推举宇文化及为丞相。裴虔通对隋炀帝说："百官都在朝堂，请陛下亲自出来进行安抚。"牵来侍从的马匹让隋炀帝骑乘，隋炀帝还嫌弃马鞍破旧，又换来一副新马鞍以后，才骑上马。裴虔通一手牵马，一手持刀，走出了宫门，叛军见状，齐声欢呼，声震天地。

宇文化及担心隋炀帝出来后会出现意外，他赶忙喝道："把这个老东西弄出来有什么用？赶快带回去下手！"隋炀帝问道："虞世基在哪里？"叛党马文举回答："已被砍头了！"于是，叛党又把隋炀帝带回寝宫，裴虔通、司马德戡等人抽刀站在一旁。

隋炀帝叹息说："我犯了什么罪，你们这样对我？"

马文举回答："陛下背弃宗庙，巡游不止，对外不停征伐，对内穷奢极欲，致使壮丁们都死在战场，妇女儿童的尸体填满山谷，百姓们失业，强盗四起，你还只信任奸佞之人，拒谏饰非，岂能说你没有犯罪！"

隋炀帝又说："我确实对不起百姓，但像你们这些人，享尽荣华富贵，为何干出这等事来？你们谁是主谋？"

司马德戡回答："普天之下人人都怨恨你，主谋怎会只有一人？"

宇文化及又命封伦前来历数隋炀帝的罪恶，还没等封伦开口，隋炀帝就说道："你还是位读书人，为何也做出这事？"封伦一脸羞愧，赶忙退下。

隋炀帝最小的儿子赵王杨杲，年仅十二岁，他站在隋炀帝的身边，一直哭号不止。裴虔通大怒，挥刀将其砍死，鲜血溅到隋炀帝的御衣上。

最后的时刻就要来临了。

叛党们还要杀死隋炀帝，隋炀帝说道："天子自有天子的死法，岂能死于兵刃？把毒酒拿来！"

隋炀帝自知总会有这一天，经常携带一瓶毒药，对宠爱的嫔妃们说："如果强盗们来了，你们先喝下，然后我再喝下。"可是，等到叛乱真的到来时，侍从们都四散而逃，再找那瓶毒药，怎么也找不到了。

叛党们想赶快了事，根本不同意再去找毒药，命令狐行达把隋炀帝按在座上，就要行刺。隋炀帝见状，只得解下丝巾，交给令狐行达，令狐行达就拿着这条丝巾，把隋炀帝勒死了，时年五十岁。

萧皇后与宫女们拆下床板，做了一口棺材，把隋炀帝的尸体与赵王杨杲的一起入殓，放在西院的流珠堂内。直到五个月后，宇文化及留下的江都留守陈棱才找到隋炀帝的灵柩，把江都城内残留的一些御用仪仗取来，以天子之礼将隋炀帝安葬在江都宫以西的吴王台下面，死难的王公大臣们也陪葬在王陵两侧。

七七 炀帝之死（三）

隋炀帝每次巡游，总把四弟蜀王杨秀带在身边，软禁在骁果营内。

宇文化及杀害隋炀帝以后，打算拥立杨秀为帝，但众人都不同意，遂杀害了杨秀以及他的七个男孩；隋炀帝的次子齐王杨暕早已失宠，叛乱发生后，隋炀帝对萧皇后说："难道是阿孩（杨暕的乳名）干的？"而当宇文化及派人来到杨暕的住处时，杨暕也误以为是隋炀帝派人来杀他，说道："钦差大臣切莫动手，孩儿没有对不起父皇啊！"但叛党并不搭话，将他拖到街上，一刀杀掉，杨暕至死也不知道是谁杀的自己，隋炀帝父子二人之间的误会至死也没能解开，死时三十四岁。叛党又杀死了杨暕的两个儿子以及文昭太子的次子燕王杨倓。隋朝宗室、外戚，不论老少全部被处死，只有隋炀帝的三弟秦王杨俊的儿子杨浩素来与宇文智及有来往，才得以暂时逃过一劫。

叛党们又诛杀了内史侍郎虞世基、御史大夫裴蕴、左翊卫大将军来护儿、秘书监袁充、右翊卫将军宇文协、千牛宇文皛、梁公萧钜等人以及他们的儿子共计几十人。政变将要发生时，江阳长张惠绍飞奔向裴蕴告密，二人商议谎称圣旨命令江都城内的军队逮捕宇文化及等人，并前往宫城，解救隋炀帝。决定后，裴蕴又派人去告诉虞世基，但虞世基怀疑张惠绍得到的情报不实，就没有答应。不一会儿的工夫，政变就发生了，裴蕴叹息道："与虞世基这种人商议大事，果然坏事！"虞世基的同族虞伋对虞世基的儿子符玺郎虞熙说："世事如此，我带你南逃，一起死掉又有什么益处？"虞熙回答："抛下父亲、背弃君主，又能到哪里求生呢？感谢您对我的关怀，从此永别了！"虞世基死时，弟弟虞世南抱住哥哥哭号，请求代替哥哥一死，但宇文化及没有答应。百官都到朝堂上向宇文化及道贺，唯独给事郎许善心不到。许弘仁飞马前去催促："天子已死，宇文将军摄政，朝堂全体官员都前去道贺，万事都会循环，这与叔父您又有什么关系？叔父又何必郁郁不乐呢？”许善心勃然大怒，执意不去。许弘仁转身上马，流泪而别。宇文化及派人来到许善心家中，把他押到朝堂，不一会儿又放了他，但许善心掉头就走，也不叩头谢恩，表现出对宇文化及的极度轻蔑。宇文化及大怒，说道：“这人太可气了！”又命人将他拉回，斩杀，死时六十一岁。许善心的老母亲已九十二岁了，她抚摸着儿子的灵柩，没有落下一滴眼泪，说道：“能为国难而死，真不愧是我的儿子！”遂卧床绝食，十几天后也死掉了。被李密杀掉的箕山府郎将张季珣，还有两个弟弟，一个叫张仲琰，另一个叫张琮。唐王李渊入关时，张仲琰担任上洛令，率领军民据守，结果为部下所杀；张琮担任隋炀帝的千牛左右，此时也为宇文化及所杀。来护儿的长子、朝散大夫来楷，次子果毅郎将、金紫光禄大夫来弘，六子虎贲郎将、右光禄大夫来整全部遇害，其中，来整非常骁勇，在讨伐变民时，因作战勇敢，而被变民传唱：“长白山头百战场，十十五五把长枪，不畏官军十万众，只畏荣公第六郎。”来护儿的小儿子来恒、来济因年少而得以幸免。后来，来济在唐太宗时与令狐德棻一起写作了《晋书》，二兄弟在唐高宗时相继当上了宰相。

宇文化及政变后，苏威主动前去参拜。苏威素来名气很大，又已年迈，宇文化及故意在大庭广众之下接见了苏威，对他非常尊重；黄门侍郎裴矩早就知道会有这一天，所以，对人处事姿态很低，即便是对仆人也都非常谦和，他还建议给骁果们娶妻，因此，等到政变发生时，乱兵把他抓到孟景那里，骁果们一见都说：“这不是裴黄门的罪过！”不久，宇文化及兄弟率领数百骑兵路过，裴矩连忙跪在宇文化及的马前，宇文化及安慰了裴矩一番，就放了他。右候卫大将军赵才因劝谏隋炀帝而被疏远，政变发生时，他在北苑领兵，宇文化及派席德方谎称圣旨将他骗出，囚禁在宇文化及那里，宇文化及对他解释说：“今天之事，确实是出于无奈。”赵才默然不语。宇文化及非常恼火，想杀掉他，但又考虑到赵才在士兵们中间的威望，只好强忍下来，也没再追究。

政变后，宇文化及自称大丞相，总百揆。以萧皇后的命令拥立秦王杨浩为帝，住在别宫，由宇文化及派兵看守，只在诏命上签字画押，完全是一个受制于宇文化及的傀儡皇帝——与身在长安的受制于李渊的傀儡皇帝、他的堂侄杨侑毫无二致。宇文化及任命弟弟宇文智及为尚书左仆射，宇文士及为内史令，以裴矩为尚书右仆射。

宇文化及以左武卫将军陈棱为江都太守，负责江都留守事宜。三月二十七日，宇文化及下令戒严，开始准备西返长安。皇后六宫还按照过去的那样作为御营，御营前面又设置了一座大帐，宇文化及在大帐内处理事务，仪仗、警卫与皇帝的一样。搜刮江都人的船只，计划取道彭城（今江苏省徐州市）水路西返。宇文化及认为折冲郎将沈光骁勇善战，命其率领给使负责御营的安全。行至显福宫（《嘉庆一统志》："显福宫在甘泉县东北，隋城外离宫……江都宫在甘泉县西七里，故广陵城内。"据此，显福宫应为江都城东北的离宫），虎贲郎将麦孟才、虎牙郎钱杰与沈光商议："我等受先帝（指隋炀帝）的厚恩，却不能以死守卫社稷，这是古人最感羞耻的。如今却又甘心听命于仇敌，受其驱使，我们还有什么脸面继续活在世上呢？我一定要杀掉此人，就是死了也没有什么遗憾的！大人是位义士，肯与我等一起起事吗？""肉飞仙"沈光同样深受隋炀帝的厚爱，听了二人的话，他哭着说道："这正是我期望将军做的！我率领数百名给使，也都深受先帝厚恩，如今都在宇文化及的内营。以此复仇，如同苍鹰驱赶鸟雀一般容易。万世之功，在此一举，希望将军努力！"麦孟才，字智棱，是奇人兼名将麦铁杖的儿子，像他的父亲一样刚烈。隋炀帝因麦铁杖战死在辽东战场，对麦孟才非常眷顾，破格提拔为虎贲郎将。

于是，三人决定第二天凌晨率领数千人在显福宫截杀宇文化及，然而，就在发动的前一刻，一个叫陈谦的人得知了这一消息，向宇文化及告了密。宇文化及一听，大惊失色，说道："此人乃麦铁杖之子啊，还有沈光这家伙，都是骁勇异常的猛将，难以抵挡，得赶紧躲避一下。"当天晚上，宇文化及与手下的心腹一起偷偷逃离了大营，并派人告诉司马德戡等人调遣兵马，去逮捕麦孟才。沈光听到营中一片喧哗，知道事情败露了，来不及穿上铠甲，就率军冲入宇文化及的大营，结果已空无一人。正遇上舍人元敏，沈光痛斥他一番后，将其斩杀。就在这时，司马德戡已率领大军将沈光等人团团围住，沈光大声呼喊，率领给使们拼死搏斗，斩杀了数十名敌人，敌人纷纷退下。司马德戡又派来了骑兵，从四面八方朝沈光的部队射箭，顿时箭如雨下，沈光身上没穿铠甲，遂被射杀，时年二十八岁。他手下的数百名给使们全部战死，无人投降，麦孟才也战死了。

武康郡（今浙江省德清县）沈法兴，担任吴兴（今浙江省湖州市）太守，沈家世代都是本郡的大姓，宗族有数千家。当时，沈法兴奉隋炀帝之命与太仆丞元祐一起率军讨伐东阳（今浙江省金华市）的变民娄世干所部。听说宇文化及杀害了隋炀帝后，即以讨伐宇文化及为名，与元祐的部将孙士汉、陈果仁将元祐逮捕，而后起兵。他们从东阳北上，一路上边走边招募军队，将赶往江都，攻下了余杭郡（今浙江省杭州市），等到行至乌程（今浙江省湖州市），已拥有六万精锐部队。毗陵郡（今江苏省常州市）通守路道德率兵抵挡，沈法兴请求与之联合，却趁二人会盟之际，袭杀了路道德，占领了郡城。齐郡变民头领乐伯通盘踞在丹阳（今江苏省南京市），听从宇文化及的号令，沈法兴命令陈果仁攻克了丹阳，于是，沈法兴就占据了江东十几个郡，自称江南道总管。不久，沈法兴又听说东都洛阳的越王杨侗自立为帝，又上书杨侗，自称大司马、录尚书事、天门公，并代行皇帝职权任命陈果仁为司徒，孙士汉为司空，蒋元超为尚书左仆射，殷芊为尚书左丞，徐令言为尚书右丞，刘子翼为选部侍郎，李百药为府掾。

七八 化及北归

在隋炀帝被杀之前，李建成和李世民已经率军东进了，而此时，在洛阳近郊的李密也在极力扩大自己的地盘。

李密派遣房彦藻和郑颋等人率军从黎阳分道东进，去招抚各地，显然，李渊占领关中让李密意识到自己先攻下洛阳、然后再西进关中的原计划已经破产了，虽然他仍然顿兵于洛阳近郊，但也开始寻找新的根据地，以增加自己的战略纵深了——但东方无险可守，这些新归附的土地并无多少战略上的价值。李密还任命梁郡（今河南省商丘市）太守杨汪为上柱国、宋州总管，又亲自给杨汪写信，称："昔日在雍丘时，虽然你曾派人追捕过我，但我会像齐桓公对待管仲、晋文公对待勃鞮那样，不计前嫌的。"杨汪也派人回复，李密极力进行笼络。但李密对窦建德的拉拢失败了。虽然窦建德在回信当中姿态很低，又向李密送来了大量财物，他却借口幽州的罗艺南下骚扰，提出自己必须留在河北，保卫北方。房彦藻从窦建德那里返回时，行至卫州（今河南省卫辉市），却被占据在林虑山的变民头领王德仁截杀。李密派徐世勣前去讨伐，王德仁战败，五月十日，王德仁与武安（今河北省武安县）通守袁子干投降了长安政权，王德仁被任命为邺郡太守。

大业十四年三月十日，长安朝廷改秦公李世民为赵公。二十三日，隋恭帝杨侑又下诏拨出十个郡增加唐国的地盘，以唐王李渊为相国、总百揆，唐国设置丞相以下各级官吏，又加九锡之礼。此时的天下已有两个总百揆：一个是长安的李渊，另一个则是北返途中的宇文化及。

四月，稽胡骚扰富平（今陕西省富平县），长安政权王师仁将其击破；又有五万多人进攻宜君（今陕西省宜君县西），相国府咨议参军窦轨率军抵御，双方在黄钦山（今陕西省铜川市耀州区西北）展开大战。稽胡人登高纵火，长安军队退却，窦轨斩杀了手下十四名部将，破格提拔了一批中下级军官代替，重整军队，再次决战。窦轨亲自率领数百骑兵在阵后督战，他下令："听到鼓声，如果不前进的，一律从背后斩杀！"于是，将士们争先恐后冲入敌人阵中，稽胡人即使射箭也阻止不住，遂大破敌人，俘虏两万多人。

李建成、李世民率领大军来到东都之后，驻扎在芳林苑。东都隋军闭门不出，李建成等人派人前去解释，但城内毫不理会。数月前，李渊还与李密称兄道弟，而此时，李渊的军队就打着帮助越王杨侗的旗号，想要骗得洛阳了。李密率军与李渊的军队在城外进行了零星的战斗，就各自撤离了。史称，李世民说："我们刚刚平定关中，根据地还不稳固，即使得到了东都，也未必能够守住。"

四月四日，李建成和李世民率领军队开始西撤。李世民说："城内之人见我军西撤，必定会来追击。"于是，在洛阳西南的三王陵一带设下了三层埋伏。果然，城内的段达率领一万多人前来追击，刚好进入了李世民设下的埋伏圈，结果大败。李建成、李世民趁势杀了个回马枪，一直追杀到洛阳城下，斩杀四千多人，而后，命令行军总管史万宝、盛彦师镇守宜阳（今河南省宜阳县），吕绍宗、任瑰镇守新安（今河南省新安县），大军这才西撤回了关中。

李建成和李世民从大业十四年一月二十二日开始东征，到四月四日就匆匆西返，其间的原委绝非如李世民说的那样简单。此时，隋军刚刚被李密打得一败涂地，东都局势已岌岌可危，李渊正是抓住了这一时机，想抢在李密之前拿下东都这块肥肉，然而，事与愿违，当李建成和李世民率军来到东都城下时，越王杨侗并没有听信李渊的花言巧语，也早已看出了哥哥代王杨侑不过是一个傀儡皇帝而已，岂能把东都拱手相让？如此一来，在东都城下李渊的军队就面临来自瓦岗军和隋军的双重威胁，以当时的力量，李渊尚不足以一方面强攻下洛阳，另一方面击败如日中天的瓦岗军，这是李渊下令撤军的一个根本原因，而另一个直接原因则是在他的后方出现了重大情况。

当初，五原（今内蒙古自治区五原县）通守张长逊因中原大乱，遂依附于突厥，被突厥人任命为割利特勤。薛举的智囊郝瑗看到，要想打败李渊，占领长安，单靠薛举之力是难以奏效的，因此，他建议薛举北连梁师都，互为犄角，再给突厥送去重金，购买突厥的战马，合击长安，薛举答应了。当时，启民可汗的儿子、始毕可汗的弟弟阿史那咄苾时任莫贺咄设，牙帐设在五原以北，薛举派人与咄苾联络，咄苾答应出兵，一起夺下长安。而这一计划却很快传到了李渊的耳中，他赶忙派都水监宇文歆出使突厥，给咄苾送去丰厚的礼物，又给他分析了利弊，终于促使咄苾又改变了主意。趁热打铁，宇文歆又说服咄苾让张长逊入朝，把五原之地还给中国，咄苾又答应了。四月五日，五原以及长安西南的武都（今甘肃省陇南市武都区）、宕渠（今甘肃省宕昌县）等地也都归顺了长安政权，李渊任命张长逊为五原太守。张长逊又伪造朝廷诏书送给了咄苾，显示长安朝政洞悉联军南下的阴谋，咄苾遂拒绝了薛举、梁师都等人的请求。

在整个事件中，张长逊立下了大功，当薛举联络突厥、梁师都时，是他及时向李渊报信，让长安方面提前做好了准备工作，破坏了薛举联络突厥偷袭长安的阴谋。张长逊与李渊并无多少渊源，他之所以会帮助李渊，也从反面说明了李渊推出代王杨侑这面旗帜对隋朝旧官僚们还是有相当大的吸引力的。李渊在得到张长逊的密报后，一方面命宇文歆迅速来到莫贺咄设那里游说；另一方面则急命东征之军西撤。这当是东征军队西撤的直接原因，虽然李世民是右元帅（《旧唐书·高祖》称："世子建成为抚宁大将军、东讨元帅，太宗为副，总兵七万，徇地东都。"），但他也是没有权力决定大军是否西撤这一重大问题的。

四月二十日，李建成、李世民等人回到了长安。

李建成、李世民率领的长安军队前脚走，宇文化及后脚就来到洛阳附近。

当时，瓦岗军已经占领了金墉城、偃师、回洛仓等东都周围的据点，东都留守政府只能龟缩在城内，号令不出四门，人心不稳。朝议郎段世弘等人暗中计划投降长安军队，正巧长安军队西撤了，遂派人投奔李密，约定在四月二十日夜晚打开城门，迎接瓦岗军入城。但段世弘等人还没发动，阴谋就败露了，越王杨侗命王世充将段世弘等人全部斩杀，李密听说后，也只好作罢。

宇文化及率领十余万大军，浩浩荡荡一路北上。自从扑灭了麦孟才、沈光的兵变后，宇文化及占据六宫，宛如皇帝一般。每天面南端坐在御帐之内，遇到有人前来请示，宇文化及总是一声不吭，一直等到下班后，才把送来的各种请示材料拿出来，与亲信唐奉义、牛方裕、薛世良、张恺等人一起研究讨论，作出决断。宇文化及把他拥立的小皇帝杨浩安置在尚书省内，由十余名卫士看管，只派一名秘书传递文书，令其画押，其余百官不得朝见。

当他们行至彭城（今江苏省徐州市）时，因运河不通，又抢来两千辆百姓的牛车，用于装载宫女、珍宝，至于武器、铠甲，全部让士兵们自行携带，路途遥远，将士们身心俱疲，开始牢骚起来。因司马德戡掌握着全部的骁果，宇文化及掌握大权之后，就对他心存猜忌，对司马德戡明升暗降，晋升其为礼部尚书，赐爵温国公，加光禄大夫，却把骁果分配给诸将统领，把司马德戡弄得很不高兴。司马德戡把得到的赏赐全部又转送给了宇文智及，在宇文智及的劝说下，宇文化及这才同意把后军的一万多人交给司马德戡带领。此时，司马德戡偷偷对赵行枢说："你算是害苦我了！如今的天下需要的是一个能够拨乱反正的英雄，而宇文化及却愚蠢昏聩，身边又围绕一群小人，眼看我们将面临失败，你看该如何是好？"赵行枢回答："废掉他又有什么困难的？这全取决于我们！"于是，司马德戡、赵行枢与众将李本、尹正卿、宇文导师等人阴谋率领后军袭杀宇文化及，另立司马德戡为主，又派人前去联络在曹州（今山东省曹县）的变民头领孟海公，结为外援。因需要等待孟海公的答复，所以，司马德戡等人没有立即发动。

没有不透风的墙。

许弘仁和张恺不知通过什么渠道得到了这一消息，二人密报给了宇文化及，宇文化及派宇文士及假装打猎，偶然来到后军。司马德戡不知事情已经败露，出营迎接，宇文士及当场下令将其逮捕，押到了中军。宇文化及对司马德戡说道："我与你同心协力，一起平定海内，可谓九死一生。如今，刚刚完成大事，正要一起享受荣华富贵，你又为何要谋反呢？"司马德戡回答："我们杀死昏君，是因为忍受不了他的荒淫残暴；拥立你，可是你比隋炀帝还过分，我也是被逼无奈，才这么做的。"宇文化及下令将司马德戡勒死，并杀死了他的十余名同党。

孟海公畏惧宇文化及的强大，率领部众拿出酒肉款待宇文化及。李密率军固守巩县（今河南省巩义市），不让宇文化及西进。宇文化及遂率军折向东北，东郡（今河南省滑县）通守王轨献出城池，投降了宇文化及。

七九　建立唐朝

宇文化及北还，也带来了隋炀帝已死的消息，而隋炀帝的死也让三方纷纷称帝：江汉的萧铣、洛阳的杨侗和长安的李渊。

先补叙一下萧铣。

萧铣，是后梁宣帝萧詧的曾孙，其祖父是萧詧的第五子、安平王萧岩。后梁灭亡后，萧岩背弃隋朝，投降了陈国，等到陈国灭亡后，隋文帝下令把萧岩杀了。萧铣从小家境贫寒，靠租书为生。从辈分上讲，隋炀帝的萧皇后是萧铣的堂姑，因此，在隋炀帝即位后，提拔萧氏后人，萧铣也因外戚身份而被破格提拔为罗川县令（今湖南省汨罗市）。

大业十三年下半年，当李渊夺占关中前后，岳州（今湖南省岳阳市）校尉董景珍、雷世猛，旅帅（下级军官）郑文秀、许玄彻、万瓒、徐德基、郭华，沔州（今湖北省汉川市）人张绣等人也阴谋造反。他们打算推举董景珍为头领，董景珍却说："我出身寒微，即便称王称帝，众人也不会服从。如今，我们如果推举主子，就该顺应人心。罗川县令萧铣是后梁宗室，宽厚仁爱，胸怀坦荡，有梁武帝之风。我又听说过帝王上应天命，而隋朝衣冠均称'起梁'，这就是萧氏中兴的预兆。如今我们推举他为主公，难道不是顺应天命、人心吗？"于是，董景珍等人派人告诉萧铣，萧铣大喜，当即表示同意，并纠集了数千人，对外宣称是要讨伐叛军，而实际上则是想与之呼应。

当时，颍川（今河南省许昌市）变民头领沈柳生率军南下，进攻罗川县，萧铣与之交手失利，遂对部下说道："如今，天下各地纷纷起义，脱离隋朝统治，岳州的豪杰们也起兵了，打算推举我为头领。况且，我的祖上曾在此地建都，如果接受他们的邀请，一定能中兴我大梁，然后再招抚沈柳生，他也是会服从我的。"众人都很高兴，表示服从。当天，萧铣自称梁公，把隋朝的服饰、旗帜都改回南梁的旧制。沈柳生也率众归附，被拜为车骑大将军。萧铣起兵五日之内，远近百姓有数万人前来归顺，遂率众北上，赶往巴陵（岳州、今湖南省岳阳市）。

董景珍派徐德基、郭华率领数百岳州首领出城迎候，还未见到萧铣，先拜见先锋官沈柳生。沈柳生对部下说道："我最先推举梁公，功劳第一。如今，巴陵众将人多势众，我一旦进入城内，必定居于他们之下。不如就此杀掉徐德基，以这数百人为人质，挟持梁公进入城内，这样一来，就无人在我之上了。"于是，就与亲信杀死了徐德基，而后前往中军告诉了萧铣。

乍听之下，萧铣大惊失色，说道："如今正要拨乱反正，你却突然大开杀戒，我是不能当你的主子了。"遂走出军门。沈柳生这才害怕起来，趴在地上请罪，萧铣将其斥责一番，又把他赦免了，这才列队入城。董景珍对萧铣说道："徐德基是最早起义的功臣，却无端被沈柳生诛杀。对这种人如果不杀，将怎么严肃纪律？况且沈柳生长期做贼，如今虽然归顺，但他凶残的本性没有丝毫改变，与之共处一城，时间长了，势必发动叛乱，如果不早早除掉，以后后悔都来不及了！"萧铣又听从了。董景珍逮捕了沈柳生，将其斩杀，沈柳生的部众遂脱离了萧铣。

大业十二年十二月二十九日，方与（今江苏省徐州市铜山区）变民头领张善安率众南下，攻克了庐江郡（今安徽省合肥市），并就势渡过长江，投靠了已在豫章（今江西省南昌市）称帝的林士弘。林士弘对张善安心存猜忌，将张善安的军队安置在南塘（今南昌市城南）。张善安非常不满，率军对林士弘发起突然袭击，将其击破，并焚烧了豫章的外城，而后逃去。林士弘只好又率众南迁到了南康（今江西省赣州市）。萧铣又派遣部将苏胡儿击破了豫章。[《旧唐书》称："士弘逃于安成（今山西省安福县）之山洞，其郡亦降于铣。"]

大业十三年十月十九日，当李渊还在长安城下准备攻城之时，萧铣已自称梁王，改元为鸣凤了。到大业十四年年初，萧铣即登基即皇帝位，完全按照南梁的旧制设置百官，追谥堂叔、后梁末帝萧琮为靖皇帝，祖父萧岩为河间忠烈王，父亲萧璇为文宪王。封董景珍为晋王，雷世猛为秦王，郑文秀为楚王，许玄彻为燕王，万瓒为鲁王，张绣为齐王，杨道生为宋王。

萧铣称帝后，即派遣杨道生率军西进，攻下了南郡（江陵，今湖北省荆州市），而后，萧铣迁都到江陵，修复南梁皇家陵墓。以岑文本为中书侍郎，负责文书机密。萧铣又命令齐王张绣南下夺取土地，隋将张镇周、王仁寿等人领兵抵御，但不久，就传来了隋炀帝被杀的消息，二人全部归降。钦州（今广西壮族自治区钦州市东北）刺史宁长真也献出郁林（今广西壮族自治区贵港市）、始安（今广西壮族自治区桂林市）等地归顺了萧铣。汉阳太守冯盎（冼夫人的孙子）以苍梧（今广西壮族自治区梧州市）、高凉（今广东省阳江市西）、珠崖（今海南省海口市琼山区）、番禺（今广东省广州市）之地归附已称楚帝的林士弘（都城已迁至虔州，今江西省赣州市）。

萧铣和林士弘都派人前去招抚交趾（今越南国河内市）太守丘和，但丘和都没接受。萧铣遂派遣宁长真率领岭南军队从水路前去进攻丘和，丘和打算出城投降，但司法书佐高士廉劝阻道："宁长真的军队人数虽多，却是长途跋涉而来，难以持久，城中军队足以抵挡，为何要望风归降呢？"高士廉，本名叫高俭，以字行，是北齐宗室。他的祖父高岳，为北齐侍中、尚书左仆射、太尉、清河王，是北齐高祖高欢的堂弟，其父高劢为北齐乐安王、尚书左仆射，入隋后，任洮州刺史。高士廉的妹妹高氏嫁给了长孙晟，生下一双儿女，一个是长孙无忌，另一个是嫁给李世民的长孙氏，因此，高士廉是长孙氏的舅舅，且因长孙晟死后，高士廉把妹妹以及外甥长孙无忌和外甥女长孙氏接回自己家中，对他们照顾很周到，还是高士廉见李世民不是寻常之人，替妹妹做主，把长孙氏嫁给了李世民。隋炀帝伐高句丽时，因高士廉与斛斯政私交很深，受到牵连而被贬为珠崖主簿，后被丘和任命为司法书佐。

听了高士廉的话，丘和即以其为行军司马，率领军队，水陆并进，前去迎战，一战下来，将宁长真击败，宁长真侥幸逃脱，剩余部众全部投降。不久，隋炀帝被杀的消息传来，丘和也献出城池，投降了萧铣。

始安（今广西壮族自治区桂林市）郡丞李袭志，是北周大将军李迁哲的孙子。隋朝末年，李袭志散去家财，招募了三千人，盘踞在郡城。萧铣、林士弘、曹武彻（湖南郴州的变民头领，不久为萧铣所灭）等轮番前来争夺，但都被他击退。等到隋炀帝的死讯传来后，李袭志率领城内军民哀悼了三天。有人劝说他道："大人乃中原贵族，长期管理此地，当地百姓对大人心服口服。如今，四海无主，海内大乱，大人如果号令岭南，可以建立起尉佗一般事业。"李袭志不从，后来，始安被萧铣攻破，李袭志被俘。萧铣任命他为工部尚书，检校桂州总管。

自此，萧铣占领了东起九江（今江西省九江市），西到三峡，北抵汉川（今汉江以南地区），南达交趾（今越南河内市）的广大地区，拥有雄兵四十多万，成为南方很大的一个军事集团。

再说说杨侗。

祖父隋炀帝杨广被杀的消息传到东都洛阳，大业十四年五月二十四日，东都留守官员们一致推举越王杨侗登基即皇帝位，大赦，改元为皇泰元年。追尊隋炀帝为明皇帝，庙号世祖；追尊其父、元德太子为成皇帝，庙号世宗。尊其母刘良娣为皇太后。以段达为纳言、陈国公；王世充为纳言、郑国公；元文都为内史令、鲁国公；皇甫无逸为兵部尚书、杞国公；后又以卢楚为内史令，郭文懿为内史侍郎，赵长文为黄门侍郎，一起掌管朝政，号称“七贵”。因杨侗的年号为皇泰，因此，史称皇泰主。皇泰主容貌清秀，眉目如画，宽厚仁慈，仪态庄严。

最后说说长安的李渊。

听说隋炀帝这个表弟被杀，唐王李渊哭得很痛心，他边哭边说：“我身为人家的臣子，却因道路遥远无法救难，岂敢忘掉哀悼啊！”五月，长安朝廷派遣的山南抚慰使马元规在冠军（今河南省南阳市邓州市张村镇冠军村）击败了朱粲，但不久，朱粲又搜罗起残兵败将，很快就恢复了元气，在冠军称楚帝（两个楚帝），建元昌达，继而又攻克了邓州，拥有二十万部众。朱粲是一位典型的流寇，他的军队迁徙无常，不组织农业生产，全靠劫掠为生，每到一地先开仓放粮，等离开时，又纵火烧掉余粮。时间长了，百姓无粮可吃，饿死了很多，人人相互残杀吞食；朱粲军中也断粮了，四处也无粮可劫，就抢来百姓们的婴儿蒸熟吃掉，还下令军中：“世界上的美味有什么能超过人肉的？只要别的地方有人，我还有什么可担心的呢？”遂传令各部，只要劫掠来妇女、小孩的，全部煮熟，分给士兵们吃掉，并要求占领区内的各个城堡送来弱小的男女充当军粮。隋朝著作佐郎陆从典、通事舍人颜愍楚因贬官而流落在南阳，朱粲将二人都引为宾客，后来，两人的全家都被变民军吃掉了。

五月十四日，在长安即位整整六个月的隋恭帝杨侑将皇位让给了唐王李渊，回到代王王府。

五月二十日，唐王李渊在太极殿（由大兴殿改）登基即皇帝位，派遣刑部尚书萧造在南郊告诉上天，大赦，改隋恭帝义宁二年元为唐武德元年。撤销郡一级，改为州，改太守为刺史。根据五行相生相克关系，推出唐朝为土德，以黄色为尊贵的颜色。

五月二十七日，东突厥始毕可汗派遣骨咄禄特勤前来祝贺。唐高祖李渊在太极殿设宴款待，演奏九部音乐。当时的突厥是东亚地区最为强盛的集团，拥有百万精锐骑兵，东自契丹、室韦，西到吐谷浑、高昌，各国都向东突厥称臣。唐高祖起兵之初靠的是突厥的支持，突厥人送来的战马、人员、物资、装备，多得数不胜数，因此，每次突厥使者来到长安都是非常骄横、傲慢，唐高祖委曲求全，一直隐忍不发。

八〇 消灭薛秦（一）

武德元年（公元618年，这一年又是隋炀帝大业十四年、隋恭帝义宁二年、皇泰主皇泰元年）五月二十八日，就在唐高祖李渊建立唐朝的第八天，他就下令裴寂、刘文静等人修订法律，很快就废除了大业法律，颁布了新的法律；设置国子学、太学、四门学，招收三百多名学生，各地学校也恢复招生。

六月一日，李渊任命赵公李世民为尚书令，黄台公李瑗为刑部侍郎，相国府长史裴寂为尚书右仆射、知政事，司马刘文静为纳言，司录窦威为内史令，李纲为礼部尚书、参掌选事，掾殷开山为吏部侍郎，属赵慈景为兵部侍郎，主簿陈叔达、崔民干为黄门侍郎，唐俭为内史侍郎，录事参军裴晞为尚书右丞，隋民部尚书萧瑀为内史令，礼部尚书窦琎为户部尚书，蒋公屈突通为兵部尚书，长安令独孤怀恩为工部尚书。李瑗，是李渊堂兄李哲的儿子；赵慈景是李渊的五女婿；独孤怀恩，其父独孤整就是唐高祖李渊之母独孤氏和隋文帝皇后独孤伽罗的兄弟，因此，独孤怀恩与隋唐两家的关系不远不近，既是隋炀帝的舅家表兄弟，也是李渊的舅家表兄弟。

在群臣之中，最受李渊宠信的还是尚书右仆射裴寂和内史令萧瑀二人。李渊尤其信任裴寂，赏赐给他的财宝数不胜数，又命令尚食奉御每天把自己吃的御膳另送一份给裴寂吃。李渊出席朝会时，总会把裴寂拉到自己的坐床上并座，退朝后，又把他带入卧室谈话，对裴寂是言无不从，只称裴监而不称呼他的名字。李渊把朝廷的日常事务交给了萧瑀，事无大小，都由萧瑀全权处理。萧瑀也是勤勤恳恳，一心为公，正身立朝，纠察检举错误，毫不容情，群臣都很害怕他，很多人也都在李渊面前说他的坏话，但萧瑀从不辩解。李渊曾经打算颁布一道诏书，可是内史省没有立即执行，李渊责备内史省行动迟缓，萧瑀回答："大业年间，内史省颁布的诏书，有时会出现前后矛盾的情况，有关部门不知该执行哪一个，颁布时容易，但等到执行的时候就会遇到困难。臣过去在内史省时间长了，见到的这种情况太多了。如今，帝业刚刚建立，一举一动都关乎帝国的安危，远方人士一旦有所怀疑，恐怕会失去时机。因此，臣每次接到陛下的一道命令，一定要反复研究，好让过去的诏命一致，才敢执行。延误的过失，全在于此。”李渊说道：“你如此用心，我还有什么可忧虑的呢！”

李渊每次视朝，总是自称名字，还邀请裴寂等贵臣坐在一个坐床上。刘文静劝谏道：“昔日，东晋宰相王导曾经说过：‘如果太阳与地下的万物一样的话，万民还如何仰望？’如今，贵贱没有分别，这不正常。”李渊却反驳道：“过去，光武帝与严子陵同床共寝，熟睡中，严子陵还把自己的双脚放到光武帝的肚子上。如今，诸位王公大臣都是德高望重的老臣，又是我过去的密友，昔日的友情怎好忘记？你就不必在意了！”

六月六日，李渊下令把皇家前四代祖先的牌位放入皇家宗庙中，并追尊高祖李熙为宣简公；曾祖李天赐为懿王；祖父李虎为景皇帝，庙号太祖，祖母为景烈皇后；父亲李昞为元皇帝，庙号世祖，母亲独孤氏为元贞皇后；追谥亡妻窦氏为穆皇后。每年祭祀昊天上帝、土地神、神州神，用李虎配享；祭祀感生帝（帝王在天上的父亲）和明堂祭祀，用李昞配享。

六月七日，李渊立世子李建成为皇太子，赵公李世民为秦王，齐公李元吉为齐王，宗室黄瓜公李白驹为平原王，蜀公李孝基为永安王，柱国李道玄为淮阳王，长平公李叔良为长平王，郑公李神通为永康王，安吉公李神符为襄邑王，柱国李德良为新兴王，上柱国李博乂（又作李博叉）为陇西王，上柱国李奉慈为渤海王。李白驹生平不详；李孝基、李叔良、李神符、李德良，是李渊的堂弟；李博叉、李奉慈是李渊的侄儿；李道玄是李渊的堂侄。

按：李渊的祖父李虎有八个儿子：李延伯、李真、李昞、李璋、李绘、李祎、李蔚、李亮。

李延伯早死，无后。

李真，跟随其父李虎作战，战死，无后。

李昞就是李渊的父亲，生下四子：李澄、李湛、李洪、李渊。李渊的三个哥哥都早死，只有李湛生下有两个儿子李博叉和李奉慈。李博叉只知道享乐，李渊非常看不起他这两个亲侄儿，一直未予重用。

李渊的四叔李璋，在北周时任梁州刺史，曾与赵王宇文招谋杀杨坚未果而被处死，有两个儿子李韶、李孝基，其中，李韶死于隋朝，生子李道宗、李道兴、李道立（后过继给李孝基为子）。

李渊五叔李绘为隋朝夏州总管，生子李贽，死于唐朝建立之前，李贽生子李道玄、李道明。

李渊六叔李祎生子李叔良、李德良、李幼良，李叔良生子李孝协、李孝斌，李孝斌生子李思训、李思诲，李思诲生子李林甫。

李渊七叔李蔚生子李安、李哲，李安生子李琛、李孝恭、李瑊、李环。李哲生子李瑗。

李渊八叔李亮生子李神通、李神符。李神通有十一个儿子，其中后来被封王的有七人：李彦、李孝誓、李孝同、李孝慈、李孝友、孝李节、李孝义；李神符有七个儿子，知名的有李德懋、李文暕二人。

李唐开国之后面临的最大威胁就是陇上的薛举集团。

李唐丰州（今内蒙古自治区五原县，但此时张长逊似已南迁）总管张长逊出兵进攻薛举的部将宗罗睺，六月十日，薛举率军救援宗罗睺，进驻折墌（今甘肃省泾川县东北二十五里）城。李渊命令秦王李世民为元帅，率领八名总管前去迎战。六月二十四日，万年县法曹孙伏伽上书，称："隋朝就是因为皇帝不喜欢听到自己的过错而丢掉天下的，陛下从晋阳起兵，远近响应，不到一年就登上了帝位，大家都知道陛下得之这么容易，却不知隋朝丢掉天下也并不难。臣认为，陛下应该改弦易辙，务必能令下情上达。皇帝的一举一动都需要谨慎才行。臣见陛下刚刚登基，就有人献上小鹞的，这都是少年们的玩意，岂是圣明的皇帝该要的？各类舞蹈杂耍，这都是亡国之事，近来，我听说太常从民间借来五百多件妇女穿的长裙、短袄，说是让伎女们穿，好在五月五日在玄武门外演出，这也不是令子孙们效法的好规矩。诸如此类的，都应该予以废止。习惯的好坏都是耳濡目染、逐渐形成的，最终会改变一个人的本质。皇太子、诸王身边的幕僚，都要经过精心挑选，那些家庭内部不和、并无好名声、喜爱奢靡之事、迷恋声色犬马的人，都不能让他们亲近太子、诸王。从古至今，骨肉隔阂以致败家亡国，全都是身边的亲信在挑拨离间造成的，希望陛下要防备这一点。"李渊看到奏表大喜，下诏予以表彰，并提拔孙伏伽为治书侍御史，赏赐布帛三百匹。

秦王李世民率军驻守高墌城（今陕西省长武县北），薛举的军队逼近高墌，侦察骑兵已经前突到豳州（今陕西省彬县）、岐州（今陕西省凤翔县）一带。当时，李世民患了疟疾，卧病在床，遂下令唐军坚壁不战，并把军务托付给了长史、纳言刘文静和司马殷开山二人，他告诫二人说："薛举悬军深入，粮食短缺，部队疲惫，如果他们前来挑战，千万不要迎敌，等我病好之后，再替你们击败他们。"退下后，殷开山对刘文静说道："大王身体欠佳，担心大人打不过薛举，这才说出这话。应该抓住战机，击败敌人，岂能把大敌留给大王呢？"又过几天，殷开山再次对刘文静说道："大王生病了，我担心敌人会轻视我军，请求整军出战，吓唬吓唬他们。"于是，刘文静下令唐军出城，在高墌城西南列下阵势，又自恃人多势众，放松了警惕。李世民听说后，知道凶多吉少，赶忙给刘文静写信，然而，已经来不及了。

七月七日，薛举偷偷调动军队，绕到唐军的背后，向唐军发起了突然袭击。两军在浅水原（今陕西省长武县北）展开一场激战，猝不及防的唐军被薛举军打得大败，有一多半的唐军被杀，大将军慕容罗睺、李安远、刘弘基均被俘（如《新唐书·刘弘基传》称："讨薛举，战浅水原，八总管军皆没，唯弘基一军战力，矢尽，为贼拘。"）。李世民率军狼狈逃回长安，薛举乘胜占领了高墌，将唐军的尸体堆积起来，筑成了一座高台。刘文静、殷开山等人均受到除名处分。

史书称李世民在此期间生病了，因而把唐军第一次浅水原惨败归咎于刘文静和殷开山，其间有很多可疑之处：一是李世民身为元帅，如果刘文静等人率军倾巢出动，不会不禀报李世民的；二是李世民得的只是疟疾，并非非常严重的疾病，不可能对军事行动一概不理；三是李世民当时就在高墌城内，而唐军大部分兵力大约也都驻扎在城内固守，刘文静等人率军出城岂能不经李世民的同意？还需要李世民给其写信劝阻？因此，很多人认为，这是经过了李世民修改的史书故意编出来的谎言，其目的是掩盖李世民的败绩，而真实的情况可能是：唐军的这次惨败与李世民轻敌有着直接的关系。

八一 消灭薛秦（二）

薛举拿下陇上重镇高墌后，已打开了通往长安的大门。

八月，他又派遣儿子薛仁杲率军乘胜包围了宁州（今甘肃省宁县），宁州刺史胡演将其击退。郝瑗对薛举建议道："如今唐军刚刚遭受惨败，关中一片震动，应当丢下宁州等地，乘胜直取长安。"薛举觉得有理，但还未等薛举发兵，突然得了重病，这一计划就此中止。薛举为人残暴，每次交战，将被俘的士兵全部以割去舌头、鼻子或者用大碓捣死等残忍手段虐杀；其妻也非常残暴，酷爱鞭打下属，见人在皮鞭之下翻滚，觉得打得不过瘾，就把被打之人的双脚埋在地下，只露出上半身打个痛快。

八月九日，薛举暴病身亡，太子薛仁杲继位，以折墌城为都城，追谥薛举为武帝。

为了应对咄咄逼人的薛仁杲、扭转长安面临的不利态势，唐高祖李渊想到了远交近攻之策，利用凉州的李轨东西夹击，消灭薛仁杲。事不宜迟，李渊赶忙修书一封，命人偷偷前往凉州，带给了李轨。在信中，李渊像过去对待李密那样故技重演，对李轨极尽拉拢之能事，称其为堂弟。李轨见信后，不禁喜出望外，当即就派弟弟李懋入朝纳贡。李渊拜李懋为大将军，又将其放回，并下令鸿胪少卿张俟德持节册拜李轨为凉王、凉州总管，给羽葆鼓吹一部。

八月十七日，李渊又任命李世民为元帅，领军西击薛仁杲。

九月十二日，李唐秦州（今甘肃省秦安县东，此时当属遥领）总管窦轨与薛仁杲交战，又被打败；骠骑将军刘感（死于颍川城下的东魏大将刘丰生的孙子）镇守泾州，薛仁杲率军将其团团围住。城内粮食吃尽，刘感杀掉坐骑分给将士们吃掉，而他自己却吃不下一口，只把马骨头熬成的汤汁用碎木屑搅拌搅拌吃下。泾川万分危急，有很多次都差一点陷落，正巧，李渊派长平王李叔良率军赶来，薛仁杲这才扬言军粮吃尽，率军南去。

第二天，薛仁杲又命高墌守军向唐军诈降，李叔良信以为真，派刘感率军赶来。

九月十七日，刘感来到高墌城下，城内守军却说："敌人已经远去，你们可以翻墙进城。"刘感命人焚烧城门，但城内守军从城上浇水将火扑灭。刘感觉得其中有诈，赶忙命步兵先撤，他自己则率领骑兵断后。不一会儿，只见城内点燃三堆烽火，薛仁杲的军队突然出现在南原之上，将唐军堵在了百里细川（今甘肃省灵台县境内）一带，唐军大败，刘感也被薛仁杲军生擒。

得胜之后，薛仁杲掉头西进，包围了泾州。他命刘感对城内唐军说："援军已经战败，不如趁早投降。"刘感假装答应下来，但等到他被押到城下，向城内大喊："叛贼已饥饿困顿，很快就要灭亡了！秦王率领数十万大军，从四面八方赶到这里，城内的将士们！你们不要担心，努力啊！"薛仁杲大怒，命人把刘感绑到城下，膝盖以下都埋在土中，而后，骑马将其射杀。李叔良大为惊恐，拿出钱财犒赏将士们，固守不战，泾川仅能自保。

九月十八日，李唐陇州（今陕西省陇县）刺史常达在宜禄川（陕甘交界的小河，在陕西省长武县一带）进攻薛仁杲的军队，斩杀了一千多敌人。薛仁杲转兵进攻常达，却无法攻克陇州，他又想到了诈降之计，派将军仵士政率领数百人向常达投降，常达信以为真，对仵士政等人非常优待。二十三日，仵士政找到一个机会，突然率众劫持了常达，裹挟着城内两千唐军投降了薛仁杲。常达见到薛仁杲后，毫不屈服，薛仁杲认为他是个壮士，就把他释放了。据《大唐新语》记载，薛举（应为薛仁杲）指着自己的老婆对常达说："你认识一下皇后，行不？"常达回答："不过是个驼背的老乞婆，有什么值得看的？"奴贼张贵说："你认识我吗？"常达瞪着双眼回答："你不过是个逃亡的奴隶罢了！"张贵大怒，要杀掉常达，被人解劝下来。

薛仁杲当太子的时候，与薛举手下诸将关系并不融洽，等到他即位以后，众人都心怀疑虑，影响了西秦军队的战斗力，再加上智囊郝瑗因薛举之死悲痛过度，竟然一病不起，很快就撒手人寰，西秦逐渐走向了没落。

秦王李世民率领唐军再度来到高墌后，薛仁杲命令大将宗罗睺领军前来迎战。宗罗睺屡屡挑战，但李世民始终坚守不出，唐军众将请求出战，李世民却说："我军刚刚战败，士气低落，敌人自恃取得了大胜，轻视我军，应当固守堡垒，等待时机。等到敌人更加骄傲而我军士气高昂时，可一举将其击败。”于是，李世民下令：“再敢请求出战的，斩！”从九月一直到十一月，整整六十多天里，唐军一直与秦军相持着，直到把秦军的粮食全都耗尽了，秦军将领梁胡郎等人各自率部投降了唐军。

李世民见时机成熟，遂命令行军总管梁实率领本部人马在浅水原安营扎寨，引诱秦军前来。宗罗睺见状果然上当，率领精锐部队朝梁实发起了猛烈的进攻，梁实率部固守险要，就不出战；唐军被秦军切断了水源，营内断水，唐军接连数天都没有喝到一滴水，但他们仍然在坚持着。眼看梁实就要守不住了，李世民对大家说：“可以出战了！”等到黎明时分，他命令右武候大将军庞玉率领本部人马在浅水原列下阵势。宗罗睺看到唐军出战了，赶忙撤下进攻梁实的部队，集中兵力，回过头来全力向庞玉发起了猛攻，庞玉的唐军眼看就要被秦军击败，李世民率领主力突然绕到宗罗睺的背后，出现在浅水原以北，宗罗睺发现后，赶忙又掉转头来迎战。李世民率领数十名精锐骑兵率先冲入秦军，唐军内外夹击，喊杀声震天动地，宗罗睺的军队大败，被斩杀了数千人。

李世民率领两千多骑兵追击溃败的秦军。窦轨拉住李世民的马缰绳劝谏道：“薛仁杲仍然驻守在折墌城，虽然击破了宗罗睺，但不可轻举冒进，希望暂且休兵，观察一段再说。”李世民回答：“我考虑很久了，如今已呈现出破竹之势，机不可失啊，舅舅就不要再劝了！”薛仁杲在折墌城下列阵，李世民依托泾水与之相持，薛仁杲的猛将浑干等人临阵来降。薛仁杲害怕了，只好躲入城内固守。天色将晚时，唐军大部队陆续赶到，李世民遂下令将折墌城包围起来。此时，秦军士气全无，到半夜时，城内守军争相从城墙上下来投降。

十一月八日，在第一次浅水原之战后整整四个月，薛仁杲已黔驴技穷，只好出城投降，唐军俘获了一万多秦军精锐部队，五万多家眷。取胜之后，众将询问原因：“大王一战取胜，却丢下步兵，又不带攻城器械，只率领轻装骑兵直抵敌人城下，我们都觉得难以成功，最终却神奇般取胜了，这是什么原因？”李世民回答：“宗罗睺率领的将士们都是陇西之人，素来骁勇善战，我出其不意才将其击败，并没有斩杀俘虏多少敌人。如果我们进军稍稍迟缓，这些败兵就会纷纷撤回折墌城内，薛仁杲再予以安抚，我们就难以攻克了；我们乘胜进攻，这些败兵就来不及逃回折墌城内，而四散逃归了陇西，折墌城内就空虚了，薛仁杲失魂落魄，来不及思考应对之策，这就是我能够迅速消灭他的原因。”众人这才心悦诚服。

李世民把薛仁杲的降卒又交给薛仁杲兄弟及其手下大将宗罗睺、翟长孙等人统领，还与他们一起打猎，表现出一副毫无隔阂的样子，这令薛仁杲等人非常感动，打心眼里愿意替李唐卖命。李世民听说薛举的黄门侍郎褚亮曾劝说过薛举归唐，找到褚亮后，对他非常礼遇，引为秦王府文学。李世民虽然对薛仁杲及其手下众将恩遇有加，但唐高祖李渊一直对薛举父子耿耿于怀，尤其是对他们残杀了大批唐军将士难以释怀，他派人对李世民传话说：“薛举父子残杀了我军大批将士，一定要将其同党全部斩杀，方能告慰我阵亡将士的在天之灵！”李密劝谏道：“薛举残杀无辜，这是他之灭亡的原因，陛下又有什么可怨恨的呢？对于已经归降的军民，不能不予以安抚。”唐高祖李渊命李密前去豳州迎接得胜还朝的李世民，李密自恃智略过人，兼有大名，他在李渊面前尚且面露倨傲之色，但等见到李世民后，竟然禁不住惊呆了，私下对殷开山说道：“真是位英雄之主啊！假如没有他，岂能扫平大乱呢？”

十一月二十二日，秦王李世民回到了长安。

李渊下令将薛仁杲及其已经归降的众将宗罗睺等几十人。赏赐常达三百段布帛，他对常达说：“你的忠节只能在古人中找到！”追赠刘感为平原郡公，谥为忠壮，他还对令狐德棻说道：“要把常达和刘感的事迹记载在史书之中。”在大殿之上棒杀了仵士政；腰斩了特别残暴的薛仁杲部将张贵。李渊犒赏将士们，并对群臣说道：“你们大家一起拥戴我登上帝位，如果天下太平，你我君臣可以一起享受荣华富贵，但是，假如东都的王世充成功了，你们大家就会像薛仁杲君臣们那样，岂能留下子孙？他们可是前车之鉴啊！”

十一月二十八日，李渊以刘文静为户部尚书，领陕东道行台左仆射，又恢复了殷开山的爵位。

李渊杀降令人不齿，除了报复心作祟外，主要还在于：一是担心尾大不掉。薛举父子手下猛将如云，在陇西地区拥有很大的影响力，很难驾驭，一旦有个风吹草动，极有可能成为刚刚建立起来的李唐政权的心腹之患，这与曹操诛杀吕布相似。二是安抚唐军阵亡将士家属。薛举父子残杀了很多唐军将士，与李唐基层军民结下了深仇大恨，李渊觉得留下他们十分棘手。三是猜忌心作怪。李渊太原起兵之初力量并不强，一路走来，全靠忽悠，招抚了关中大量变民集团，又借助隋恭帝的影响力，说降了一大批效忠于隋朝的地方官员，其间，李渊使出了浑身解数，一直在平衡太原功臣、关中变民头领、宗室贵族、旧隋地方官吏之间的利益，而重点则是要努力扩大宗室、外戚的权力，打压其他各派势力，以期巩固李唐政权。薛仁杲集团整体归降，让原本就已经感到基础脆弱的李渊更感到了巨大的压力，与其煞费苦心解决矛盾，倒不如快刀斩乱麻，一杀了之。

八二 李密归唐（一）

当我们看到李密前往豳州迎接李世民，不禁令人顿生疑窦：上半年李密还好好待在东都近郊，到了下半年，他怎么又来到长安了呢？

这世界变化快，就在李世民与薛举父子在陇上缠斗的四五个月里，东都皇泰主、瓦岗军李密、宇文化及、幽州罗艺、河北窦建德以及关东地区其他大大小小的变民头领也发生了巨大的变化，尤其是盛极一时的瓦岗军也走到了它命运的尽头。

武德元年三月十一日，隋炀帝被杀；四月四日，李建成和李世民率军撤离东都，应付东进的薛举；五月二十日，李渊称帝；二十四日，杨侑在洛阳称帝；六月十日，李世民奉命率军西上，迎击薛举；此后，分别进行了两次浅水原之战，唐军先败后胜，最终在十一月消灭了薛秦政权，稳定了关中。与此同时，杀死隋炀帝的宇文化及率领江都十余万精锐隋军北上，当李建成和李世民撤回关中之时，宇文化及率领隋军最后一支成建制的、也是最精锐的部队也来到了洛阳以东地区，令中原局势变得更加复杂起来。虽然李渊命令长安军队撤回关中完全是为了应付薛举，但从客观上，长安军队撤离洛阳地区，也意味着李渊试图通过军事冒险在短时间内夺占洛阳的计划宣告了破产，也使得他更加脚踏实地，采取更为稳健的策略，先稳定关中，再东向争夺天下，而这也把关东纷乱的局势和沉重的包袱扔给了皇泰主、李密、宇文化及等人，让他们自相残杀了起来。

洛阳周边地区各个势力各有优劣。

皇泰主的优势是占领着坚固的东都洛阳，身边还有一群效忠他的旧隋臣子们，另外，当隋炀帝被杀、李渊称帝以后，皇泰主成了隋朝唯一的合法君主，也成了不少怀念旧隋政权的人的一棵救命稻草，成了他们的精神支柱，江淮的杜伏威、江南的沈法兴等人都表示归顺皇泰主政权，但皇泰主也有明显的劣势：困守孤城、粮食短缺、兵力不足、向外发展的空间不大。

李密的优势是：军队人数较多，占据回洛仓、洛口仓、黎阳仓等粮仓，但劣势也非常明显：长期在洛阳近郊与东都军队死磕，顿兵于坚城之下，人心士气都难以持久，终当盛极而衰，亢龙有悔，发生转变；自从诛杀翟让以后，众将有自疑之心，像王君廓等人脱离了瓦岗军，投靠了李唐政权；无险可守，没有战略纵深，一旦遭遇一次失败，就会有灭顶之灾。

宇文化及的优势是：将士们怀有归乡之心，又装备精良，战斗力非常强，但劣势是：冒天下之大不韪，有弑君恶名，为千夫所指；没有根据地，没有粮食，必须通过拼死搏杀才有出路，才能打出一片天地。

由于李密、皇泰主堵住了宇文化及的西还之路，他只好率众折向东北，朝东郡（今河南省滑县）而来，隋东郡通守王轨自知不敌，只好献出城池投降。宇文化及把辎重留在滑台，以王轨为刑部尚书留守城池，他亲自率领大军北上，直扑黎阳（今河南省浚县）。李密的部将徐世勣镇守黎阳，众寡不敌，徐世勣只好放弃黎阳县城，而退守在县城西面的黎阳仓城。宇文化及领兵渡过黄河，顺利占领了黎阳，而后，又分兵包围了徐世勣。

原本在洛阳城下占有绝对优势的瓦岗军，经过长安军队以及宇文化及之军前来搅局，顿感捉襟见肘，穷于应付，李密亲率两万步骑，驻扎在清淇（今河南省淇县），深沟高垒，不与宇文化及交锋，只与黎阳仓城的徐世勣部高举烽火遥相呼应。每当宇文化及指挥军队进攻黎阳仓城时，李密总是出战，骚扰他的后方。宇文化及制造了很多攻城器械向黎阳仓发起猛攻，徐世勣在城外挖掘深沟固守，宇文化及的军队无法进逼城下。徐世勣又在壕沟里再向纵深开挖地道，出兵偷袭宇文化及，宇文化及猝不及防，被打得大败，攻城器械全被徐世勣焚毁。

李密与宇文化及隔河交谈，他斥责宇文化及道："你们家不过是出身于匈奴族的下等奴隶，原姓破野头，根本不是北周皇族，父子兄弟都受大隋厚恩，享尽了荣华富贵，宠冠群臣。主上无道，你等却不能以死劝谏，反而心生忤逆，弑杀君王，阴谋篡位。你没有像诸葛瞻那样忠心耿耿，却像霍光之子霍禹那样阴谋作乱，为天地所不容，又能前去何方？如果速速归顺于我，尚可保全你的后嗣。"宇文化及根本听不太懂李密这番文绉绉的话，他低头想了半天，一言不发，等到良久，突然圆睁双眼，大声说道："我与你说的是厮杀的事，你为何尽说些书本上面的话？"李密对身边的人说道："宇文化及如此愚蠢，竟然想当帝王，看我折下一根木棍把他赶跑！”

当时，东都城内听说宇文化及西来，担心宇文化及与李密合兵一处，顿时是一片惊恐。一名叫盖琮的人上书皇泰主，自告奋勇请求出城说服李密与东都联合，共同抗击宇文化及。东都元文都对卢楚等人说：“如今大仇未报，又兵力不足，假如赦免李密的罪过而令其进攻宇文化及的话，令两个叛贼相斗，我则渔翁得利。宇文化及被击败之后，李密的瓦岗军也已筋疲力尽了，再加上他手下的将士们贪图我们的官位和赏赐，容易被离间，如此一来，连李密也可被擒。”卢楚等人也都认为有理，遂任命盖琮为通直散骑常侍，携带诏书前去游说李密。李密与东都隋军打了一年多，双方你来我往，谁也吃不掉谁，李密也没有讨得多少便宜，如今，宇文化及又企图在李密地盘的东部安家，而这个时候，东都方面再从西面抄了自己的后路，那可就麻烦了，因此，当盖琮来到李密营内，说出了皇泰主的意思后，李密不禁大喜，遂上书请降，为了将功补过，李密还请求率领瓦岗军消灭宇文化及，并派元帅府记室参军李俭、上开府徐师誉等人带上俘获的宇文化及部将、雄武郎将于洪建（《隋书》记作于宏达），一起前往东都觐见。皇泰主下令在左掖门外将于洪建处以千刀万剐酷刑，像当年隋炀帝处死斛斯政那样，即令百官亲自斩杀或者射杀，而后，又将他的肉煮熟吃掉，再把骨头焚毁，扔掉。

元文都等人认为李密是真心实意归降的，遂隆重接待李密的使者，将宣仁门外的国宾馆布置一新，安排李俭等人住下。皇泰主还亲自接见李俭等人，破格提拔李俭为司农卿，徐师誉为尚书右丞；二人出入皇宫，东都朝廷都安排仪仗队和乐队伴随，回到宾馆，又是美酒佳肴伺候。临行，皇泰主下诏称赞李密的忠诚，还命令东都隋军也听命于李密，还拜李密为太尉、尚书令、东南道大行台行军元帅、魏国公，命其先平定宇文化及，而后入朝辅政，又晋升徐世勣为右武候大将军。

元文都等人不费吹灰之力一下子就摆平了两位劲敌，当然是喜出望外，但只有在战场上与李密结下深仇大恨的王世充很不乐意。元文都等人自以为天下指日可定，遂在上东门上饮酒作乐，东都百官自段达以下都起身，随着音乐起舞，唯独王世充一脸阴沉，对起居侍郎崔长文说道：“他们竟然把朝廷的官爵拱手送给叛贼！不知道这些人究竟想干什么！”王世充的话传到元文都等人耳中，元文都等人反过来又怀疑王世充会把东都献给宇文化及，自此，东都文武群臣之间遂产生了裂痕，虽然双方在表面上假装一团和气，背地里却相互提防，矛盾加深。

七月，皇泰主派大理卿张权、鸿胪卿崔善福给李密下书，称："今天之前的事情，一笔勾销，使者到后，双方之间要推心置腹。中央繁重的政务，等待你来全权负责；军中征伐之事，全部由大人统一指挥。"张权等人来到瓦岗军中以后，李密面北跪拜，接受了诏书，自此，代表着李密领导的瓦岗军正式被东都皇泰主招安了。

没有了后顾之忧，李密得以抽调东都方面的精锐部队东进，准备一举消灭宇文化及。李密侦察得知宇文化及的军粮行将吃完，遂假装与其联合，并承诺将送给宇文化及军粮；宇文化及大喜，遂放开手脚，大吃大喝起来。正巧这时，有一名在李密军中犯罪潜逃到宇文化及军中的人，将实情和盘托出，宇文化及听后勃然大怒，再加上军粮已经吃完，于是，他决定倾巢出动，与李密拼个鱼死网破，遂率军渡过了永济渠，与李密的瓦岗军在童山（今河南省卫辉市境内）之下展开了一场激烈的战斗。

童山大战是一场非常惨烈的战斗，双方从辰时（上午7~9点）一直苦战到酉时（下午5~7点），整整打了一天。在战斗中，瓦岗军主帅李密竟然被流箭射中，翻身落马，昏死过去，敌军冲上前来，李密的侍从顿时逃散。敌兵眼看就要追上，只有帐内骠骑秦琼一人手持长枪左冲右突，拼命保护着李密，李密这才侥幸逃出一命。秦琼又整顿军队，反身杀来，才把宇文化及击退。

宇文化及放手一搏也没吃掉李密，只好转兵来到汲郡（今河南省卫辉市），到处搜刮军粮，又派人赶往东郡，催缴粮食。王轨等人穷于应付，不堪其扰，遂派通事舍人许敬宗（许善心之子）前往李密那里请降，李密大喜，当即任命王轨为滑州总管，以许敬宗为元帅府记室参军，与魏徵一起负责军中文书。房公苏威已七八十岁了，在长期的俯仰沉浮中早已练就了一副圆滑的本领，他见到李密后，根本不提国家遭遇的灾难，只是一味地三拜九叩，嘴里连连说道："没有想到能在今日又见到如此英明之主！"当时的人们都打心眼里对他的卑鄙行径感到厌恶。

宇文化及听说王轨背叛了自己，自己再无可以依靠的后方根据地，不禁大为恐惧，遂决定从汲郡率军北进，前去河北落脚，重新开辟一片根据地来，但此时，宇文化及军中悲观情绪已经蔓延，部将陈智略率领一万多岭南的骁果，樊文超（樊子盖之子）率领江淮地区征召的短矛壮士，张童儿率领数千名江东骁果，纷纷投降了李密。

宇文化及手上还有两万多人，他率部北上，逃往魏县（今河北省大名县西南四十里）。李密知道宇文化及已无能为力，遂留下徐世勣，自己则率军西返，迫不及待地准备进入他梦寐以求的洛阳了。

此时正值李世民与薛举之间发生第一次浅水原之战前后。

八三 李密归唐（二）

就在李密的瓦岗军与宇文化及在东线苦斗之时，东都洛阳内部却发生了一场意想不到的内讧。

李密在与宇文化及的交战中，每次取得胜利都要向皇泰主报捷，东都城内的隋朝群臣都是喜出望外，但唯独王世充闷闷不乐，对手下人说："元文都这群人都只是一些舞文弄墨之辈罢了，据我观察，终归将为李密所制，况且，我军将士们多次与李密交手，前前后后杀死他们的父兄子弟也够多的了，一旦成为他们的手下，我们将死无葬身之地了！"想借此激怒部下，好发动政变。

元文都等人听说后，非常担心，遂与卢楚等人密谋，决定先下手为强，趁王世充入朝之际，埋下伏兵，将其杀死。谁知，纳言段达胆小如鼠，他唯恐事情失败，就派女婿张志偷偷把卢楚等人的计划告诉给了王世充。

七月十五日午夜三更，王世充突然率军袭占了含嘉门。元文都听到有变，急忙进入皇宫，侍奉皇泰主驾临乾阳殿，命令禁卫军把守皇宫各门固守。将军跋野纲率军出城，遇到王世充的军队后，立即倒戈投降；将军费曜、田阇与王世充的军队在皇宫门外交战，却无法取胜。元文都亲自率领禁卫军打算从玄武门出战，偷袭王世充的背后，但长秋监段瑜谎称匆忙中没有找到大门钥匙，时间一直耽误了下来。眼看天色将明，元文都只好率军从玄武门又折返回来，打算直接从太阳门出城，与王世充的叛军接战，当他们经过乾阳殿时，王世充的军队已经攻入了太阳门。

皇甫无逸丢下老母、妻子，砍开右掖门，逃往长安；卢楚藏在太官署内，被人搜出，送到王世充跟前，王世充下令乱刀砍死；王世充又指挥叛军向紫微门发起了进攻。皇泰主登上紫微观，问王世充道："你率军前来意欲何为？"王世充下马谢罪说："元文都、卢楚等人无缘无故就要加害于我，请求诛杀元文都，我心甘情愿接受惩处。”于是，在皇泰主身边的段达矫诏命令将军黄桃树把元文都拿下。元文都扭头看着皇泰主，说道：“臣今天早晨被杀，晚上就有可能轮到陛下了！”皇泰主哭着挥挥手，让人把元文都带下，送出兴教门，交给了王世充。王世充立即下令像对待卢楚那样乱刀又处死了元文都，又将元文都和卢楚的儿子们也都全部杀死。

段达又以皇泰主之命下令打开了皇宫大门，让王世充入宫。王世充入宫后，就把皇宫卫士全部撤换下来，代之以自己的军队，而后，才进入乾阳殿拜见皇泰主。皇泰主对王世充说：“你们擅自相互诛杀，一点也不令我知晓，这岂是为臣之道？你一味动用蛮力，难道还想杀我吗？”王世充跪在地上，泪流满面，连连谢罪道：“臣蒙先帝选拔，即使粉身碎骨也难以报答先帝的厚恩。元文都等人包藏祸心，阴谋招来李渊，危害社稷，痛恨我不肯与他们合作，一直对臣心存猜忌。臣因情势紧迫，为了救命，才没有来得及向陛下禀报。如果我胆敢心怀不轨，辜负陛下，苍天大地与太阳月亮做证，让我全家灭门，断子绝孙！”说完，声泪俱下。皇泰主竟然被王世充的言辞打动，觉得他还是非常忠诚的，下令把他引上殿来，交谈了很长时间，接着，又带王世充一起进入内殿，拜见太后。在太后面前，王世充更是使出浑身解数，他披头散发，指天发誓，称自己绝不敢怀有二心，皇泰主遂任命其为尚书左仆射、总督内外诸军事。等到当天中午，又抓获了赵长文、郭文懿二人，又把二人处死了，而后，王世充又在全城巡视，告诉百官和东都军民诛杀元文都、卢楚的缘由。王世充从含嘉城移居尚书省，逐渐拉帮结派，独断专行，又以他的哥哥王世恽为内史令，入居皇宫，王氏子弟全部掌握军权，把政务分为十类，也全由他的党羽们把持。王世充权倾内外，皇泰主成了名副其实的傀儡皇帝。

李密行至温（今河南省温县），听说了元文都等人为王世充所杀的消息，就不敢再回洛阳了，而回到了金墉城。徐文远是南北朝时期南齐宰相徐孝嗣的玄孙，李密过去曾拜他为师，徐文远担任皇泰主的国子祭酒，当时，东都城内物价飞涨，粮食匮乏，徐文远亲自出城砍柴，结果被李密的士兵抓获了。李密见到徐文远后，对他非常尊重，让他面南而坐，以弟子之礼参拜。徐文远说道：“老夫既然受到将军如此敬重，岂敢不进忠言？只是我不知将军究竟是打算做出伊伊、霍光那样兴亡继绝之事呢？还是另有所图？如果是这样的话，老夫自然愿意替将军效力；如果将军想做出王莽、董卓曾经干出的忤逆之事，您就用不上我了！”

李密回答："我刚刚接到朝廷的命令，任命我为上公，我自然愿意尽心竭力，匡扶社稷，这也是李密我的本意。"徐文远又说："将军是名臣之子，误入歧途，以致今天这个地步，假如你能迷途知返，亦不失为忠义之臣啊！"等到王世充火并了元文都等人后，李密又征询徐文远的意见，徐文远回答："王世充也是我的学生，此人性格残忍偏执，心胸狭窄，既然已经走了这一步，肯定会心生异志，将军原来的打算就泡汤了。如果打不败王世充，就不能再入朝了。"李密说道："过去我觉得先生只是位儒生，不识时务，今日作出的决策竟然如此英明啊！"因此，当关中的李世民奉命率军西进、准备发起第二次浅水原之战时，东都附近的李密和王世充却处于一种不战不和的暧昧状态中。

李密自从诛杀翟让、大权独揽之后，逐渐产生了骄傲自满情绪，对部下很不关心；瓦岗军控制的粮食虽多，但没有钱财、布帛，因而将士们立下战功，李密却拿不出什么东西来犒赏，另外，李密对于新近归附的隋朝官吏们非常优待，凡此种种，都令瓦岗军的基干力量非常不满。徐世勣就曾经在宴会上当面讽刺李密的缺点，惹得李密很不高兴，把徐世勣派往黎阳，表面上看是让他当了一方大员，但实际上是李密嫌弃他。

李密大开洛口仓放粮，既没有负责的官员，也没有布置警卫，也不需要文书，谁想来搬运粮食，能搬多少，都行。有人把粮食搬出仓库后，又无力搬回家，就随意扔到路边，以致从仓城到外城城门之间的道路上竟然堆积了数寸厚的大米，车马随意践踏；全国各地前来谋生的流民高达百万之众，人们没有瓦罐木盆，就把荆条编织成箩筐淘米，大量稻米遗弃在水中，以致洛水两岸十里之内，远远望去宛如一片白色沙滩。李密见状，反而高兴地对贾闰甫说道："这真可谓是粮食充裕了！"贾闰甫回答道："国家以民为本，民以食为天。如今，百姓之所以扶老携幼纷纷前来，是天在这里啊！然而，有关部门对粮食毫无吝惜，如此糟蹋浪费，我只恐一旦粮食吃光、百姓四散，大人将与何人共成大业呢！"李密向贾闰甫表示歉意，遂任命其为判司仓参军事。

身为瓦岗军主帅的李密与东都隋军主帅的王世充对局势有着截然不同的判断：在李密看来，瓦岗军曾多次击败过东都隋军，如今，城内的隋朝文武之间又发生了火并，东都城内的粮食又极端匮乏，在他看来，拿下东都是迟早的事，因此，产生了盲目乐观情绪；与李密相比，王世充对局势有着更为清醒的认识，他深知东都隋军与瓦岗军之间实力悬殊，要想一举击败瓦岗军，就必须剑走偏锋，出其不意，攻其不备，所以，在王世充大权独揽后，就重重犒赏将士，争取人心，修缮武器，积极备战，但在表面上维持着一团和气。当时，东都城内粮食匮乏，而李密军中缺少布帛，王世充派人请求互通有无，李密开始时并不情愿，但李密的长史邴元真等人想趁机谋取私利，遂劝李密答应了王世充的请求。在此之前，东都城内的隋军将士每天都有上百人出城投降，等到城内得到粮食以后，投降的人就越来越少了，李密这才后悔了，终止了交易。

李密终止交易以后，东都隋军立即重新面临被困死的老问题。瓦岗军自从大破宇文化及之后，元气大伤，精兵猛将死伤很多，剩下的将士伤病、疲惫，部队战斗力大大减弱，王世充侦察到这一情况后，就决定奋起一搏，拼死一战。他担心人心不齐，就谎称左军卫士张永通三次梦见了周公，在梦中，周公命其转告王世充，让王世充率军出战，届时，周公将出动天兵天将相助，于是，王世充在城内给周公修建了一座庙宇，每次出战，事先总要入庙祈祷一番。王世充又命巫师向将士们宣称周公指示仆射要速速讨伐李密，会立下大功，不然的话，将士们将会暴病而死。王世充军中的士兵们大多是南方人，笃信鬼神，听了巫师的话，都纷纷请战，于是，王世充挑选了两万多精兵，两千多匹战马，九月十日，王世充率领这支隋军从洛阳城出动，前去讨伐李密，旌旗之上都写着永通字样，军容严整，声势浩大。

八四 李密归唐（三）

九月十一日，王世充的这支隋军进抵偃师，在通济渠以南安营扎寨，并在渠上修建了三座浮桥。李密留下王伯当驻守金墉城，自己则率领精锐部队进驻偃师以北地区，依托邙山严阵以待。

李密召开战前会议，商议破敌之策。

裴仁基说道：“王世充倾巢出动，洛阳必然空虚，应该分出一部分军队切断交通要道，令其不得东进，而后，再挑选出三万精兵，沿着洛水向西挺进，逼近东都。如果王世充西还的话，我军就按兵不动；如果他再次出城，我们就再逼近，如此一来，我军以逸待劳，敌人则疲于奔命，一定能将其击破。”

李密说道：“你说得非常正确。如今东都军队有三点难以抵挡：一是武器精良，士兵精锐；二是孤注一掷，决心一战；三是粮食吃尽，前来寻战。我们只需登城固守，养精蓄锐，敌人求战不得，又无路可退，不出十日，王世充的人头可送至我们的军旗之下。”

但陈智略、樊文超和单雄信等人纷纷请战，他们说道：“王世充的军队人数非常少，又屡屡战败，全都成了惊弓之鸟，《兵法》上说：‘人数超过敌人一倍，就该迎战。’况且，我军现在何止超过他一倍！另外，新近归降的江淮军队都渴望在这一次战斗中立下战功，趁着他们士气高昂，一定能够取胜。”

于是，众将七嘴八舌，十分之七八的人都主张出战，最终，李密服从了大多数人的意见，决定与王世充决一死战。

裴仁基苦苦劝谏，却没有说服李密，他猛击地面，叹息道：“大人以后一定会后悔的啊！”

魏徵对长史郑颋说道：“魏公虽然屡战屡胜，但精兵猛将大多已经战死了，将士们心生倦怠，这都是致命的弱点。况且，王世充军中粮食短缺，一心想着决一死战，这的确难以争锋，不如深沟高垒以待，不出十天半月，王世充军粮吃完，必然会撤退，届时再发兵追击，没有不胜的道理。”

郑颋回答：“这都是些老生常谈！”

魏徵说道：“这是破敌的妙计，怎么是老生常谈呢！”说完，气得拂袖而去。

李密的主力部队与程知节的内马军驻扎在北邙山上，而以单雄信率领外马军驻扎在偃师城北。当天，王世充即派遣数百骑兵渡过通济渠，进攻单雄信的大营，李密派遣裴行俨与程知节率军赶来增援。裴行俨率部先杀入敌阵，激战中，被流箭射中，落下马来。眼看隋军就要冲上，程知节快马赶到，亲手杀死数名隋军，将隋军击退，抱起裴行俨，共骑一匹马后撤。隋军竞相追赶，一名骑兵手持长矛，洞穿程知节的铠甲，程知节反身扭断长矛，一刀砍死那名追兵，与裴行俨二人均逃出一命。正巧天色已晚，双方这才各自收兵回营，孙长乐等瓦岗军的十几名猛将也都身负重伤。

李密因刚刚击破宇文化及，对王世充非常轻视，因此，军营四周并没有构筑防御工事。王世充趁夜派遣二百名骑兵潜伏到邙山山谷之中，而后，命令全军将士当天饱餐战饭，厉兵秣马，决定九月十二日一早开战。

十二日黎明，战前，王世充对全军将士们盟誓道：“今日之战不只是争个胜负，而是关乎我们的生死存亡，如果取胜，自然享受荣华富贵，一旦失败，必然无人能够幸免。此战我们抗争的是必死的命运，而不仅仅是为了国家，希望大家各自努力！”

天亮之后，王世充率领这支士气高昂的隋军径直渡过通济渠，向瓦岗军杀来。李密率军出战，还未列好阵势，王世充即下令向瓦岗军发起了进攻。王世充率领的隋军将士大多是江淮勇士，非常骁勇，在阵前行走如飞。王世充提前找到一名长相与李密非常相似的人，捆绑起来藏匿在一个隐秘之处，等到两军激战正酣之际，王世充下令将那人拖出阵前，命士兵们大喊：“已经抓获李密了！”顿时，隋军将士高呼万岁，士气大涨，而瓦岗军将士则一阵迟疑，与此同时，王世充提前埋伏的伏兵又从山中突然杀出，居高临下，直扑李密的大营，纵火焚烧了李密的营舍。瓦岗军大败，李密部将张童仁、陈智略等人均临阵投降，李密带着一万多人仓皇向东逃往洛口。

邙山大胜之后，王世充又乘胜包围了偃师。郑颋驻守偃师，其部下翻越城墙，投降了王世充，接应隋军进入城内。当初，王世充的家属都在江都，随宇文化及来到滑台，又随王轨落入李密之手，李密把他们安置在偃师，打算招徕王世充。偃师城破后，王世充得到了自己的哥哥王世伟、侄儿王玄应、王虔恕和王琼等人，又俘获了裴仁基、郑颋、祖君彦等数十名瓦岗军文臣武将。在偃师稍事休整后，王世充又整军朝洛口杀来，途中俘获了邴元真的妻子、郑虔象的母亲以及李密众将的子弟们，王世充均一一安抚，命他们暗中招降各自的亲眷们。

邴元真虽然是李密的长史，但并不是李密的心腹。邴元真出身县吏，因贪污而投奔翟让，因其粗通文墨，翟让就命他负责军中文书；等到李密掌握了瓦岗军大权之后，翟让推荐邴元真为长史，李密虽然内心非常不情愿，但碍于翟让的面子，不得已而用之，但邴元真的长史是徒有虚名，军中机密事务，李密一概不令其参与。邴元真本性贪婪，战前，李密命其留守洛口仓，宇文温就曾对李密说道："不杀邴元真，一定会后患无穷。"但李密没有给予充分的重视。邴元真听说后，就开始密谋背叛李密，杨庆得到密报，又把这一情况告诉给了李密。

邙山战败后，李密在东撤途中，又听说了邴元真暗中勾结王世充、派人招引隋军的绝密情报。此时的李密却异想天开，故意没有揭露邴元真的阴谋，而是想将计就计，不打草惊蛇，让邴元真引诱王世充直扑洛口仓，打算趁隋军在一半渡过洛水时，向隋军发起进攻，一举扭转败局。

按理说，李密的计划虽然冒险，但不是没有一点可行性，然而，要命的是：就在隋军东渡洛水时，李密的侦察骑兵竟然鬼使神差地没有发现！等到李密的侦察骑兵发现隋军、报知李密后，隋军已经渡过了洛水，李密的计划遂泡汤了，而此时，翟让的旧部单雄信等人又拒绝接受李密的指挥。李密知道无力抵敌，遂率领手下亲信骑兵逃奔虎牢关，邴元真遂献出洛口仓，投降了王世充。单雄信骁勇敏捷，善于使用长矛，在瓦岗军中号称"飞将"，但房彦藻认为单雄信此人没有什么立场，随时会背叛主子，曾劝李密除掉他，但李密爱惜他的才能，不忍痛下杀手，至此，单雄信果然率领本部人马投降了王世充。

李密逃到虎牢关以后，将要前去黎阳，投奔徐世勣。有人对李密说道："当初诛杀翟让之际，徐世勣差一点被杀，如今大人打了败仗，谁敢保证他不会产生异心？"当时王伯当丢掉金墉城，退守河阳（今河南省孟州市），李密听了这话，就率众从虎牢关北渡黄河，前去投靠。

来到河阳后，李密召集众将商议下一步的打算。李密打算以河内为根据地，南面以黄河为依托，背靠太行山，东面与黎阳的徐世勣联合，再图发展。众将都说：

“如今部队刚刚遭到惨败，人心惶恐，如果再停留此地，恐怕很快就会逃亡殆尽，另外，人心已去，不愿再战了，此举恐怕难以成功。”李密说道：“孤所依靠的就是你们大家，既然大家都不愿意，孤已走投无路了啊！”他又对王伯当说道：“兵败了！让各位受苦太久了！如今，我将自杀，以此向你们大家谢罪吧！”

王伯当抱住李密，号啕大哭，昏死过去，众人也都纷纷落下眼泪，不能仰视。李密又对大家说道：“各位将军幸而不背弃我，我们就一起归降关中吧，我李密虽然不会有什么功劳，但我保证各位能享受富贵。”府掾柳奭回答：“大人与唐公是同族，过去的关系又很好，虽然没有与之一起起兵，但大人驻兵东都，切断了宇文化及的隋军西归之路，令唐公顺利夺取了关中，这也是大人的功劳啊！”众人都连连称是。李密又对王伯当说道：“将军家族很大，岂能与我一起西入关中？”王伯当回答：“昔日汉高祖刘邦与项羽相争，萧何率领一族子弟追随刘邦，王伯当只恨没有把自己全族子弟都带上，追随大人，因此深感羞愧！岂能因大人今日失利就轻率离去？纵使身首异处、暴尸原野，我王伯当也甘心情愿！”说得身边的人们都非常感动，追随李密入关的有两万多人。

八五　李密之死（一）

随着李密的入关，显赫一时的瓦岗军就此成了明日黄花。

成也萧何败也萧何，瓦岗军之所以能够发展壮大，与李密密不可分。还是在两年前的大业十二年（公元616年），不名一文的李密结交了群盗王伯当、周公逸、王当仁、周文举等人，又因王伯当的介绍认识了翟让，说服翟让，并夺取了荥阳一带，而后在大海寺之战中阵斩了隋朝名将张须陀，打出了瓦岗军的声威，次年，李密又建议翟让一举袭占了洛口仓，进一步壮大了瓦岗军的力量，也由此令瓦岗军走向顶峰，成为全国义军的中心。

对于那些并无称帝野心的大多数变民军将领来说，这丝毫不是一个问题，因为，他们之所以打家劫舍，就是为了能更轻松地活下来，至于谁来当皇帝，甚至于谁当他们的大头领，并不是他们关心的事情，谁力量强，就投靠谁，在谁那里都能混来吃喝。然而，对于像李密这种有称帝野心的人来说，这时就必须考虑和解决一个战略问题，即选择何处作为根据地的问题。

从地理形势来说，东都洛阳与关中长安相比，可谓是天壤之别，洛阳四面既无险可守，又无战略纵深，易攻难守，且又驻有重兵，唯一有利之处是洛口仓、回洛仓储存有大量的粮食，可以解决部队的粮食问题，而关中四塞之地，又是隋朝京师所在，南接巴蜀，占尽地利。李密对关中的重要性心知肚明，也曾规划过西入关中、东向以争天下的计划，却在关键时刻动摇不定，“顾恋仓粟”，没有下决心西入关中，而是过分高估了瓦岗军的实力，幻想能够迅速占领洛阳，然后再西入关中，结果，战略上的失误导致了大方向的错误，瓦岗军主力一直顿兵洛阳坚城之下，虽然相继取得夺占黎阳仓、黑石大捷、洛水大捷、夺占洛阳周边据点等一系列重大胜利，但是，这些战役层面的胜利无法弥补战略层面的失误所带来的损失。

趁着瓦岗军与东都隋军打得不可开交之际，李渊乘虚扫清了关中，几乎是兵不血刃就拿下了长安，并很快招抚了关中各股势力，稳定了关中以及巴蜀等地，相反，打得筋疲力尽的瓦岗军却又迎来了北返的宇文化及的隋军。为了保卫胜利果实，李密不得不与东都隋军联合，以集中兵力东向与宇文化及的精锐部队决战，童山一战，瓦岗军虽然击败了宇文化及，却中了隋东都政权的“两贼相斗”之计，大伤元气。但即便如此，假如东都集团亲李密势力得势的话，瓦岗军也不至于就此灭亡，谁知以王世充为首的仇李密势力却突然发动政变，消灭了元文都等人，并很快又组织起向瓦岗军的总攻，此时，一直顺风顺水的李密却突然失误连连，最终走向了灭亡。

李密入关意义重大。

一方面，李密入关后，留在关东的原瓦岗军将领、部众、城池大多投降了东都的皇泰主，活动于今河南省西南部、东南部一带的朱粲也派人向皇泰主表示投降，皇泰主任命其为楚王。东都政权的影响力得到了增强，但另一方面，在李密的影响下，原瓦岗军以及受瓦岗军影响的其他变民军也有很多人投降了唐朝。

李密的到来也让唐高祖李渊把目光投向了关东。李密是十月八日来到长安的，李渊在十月九日就任命右翊卫大将军、淮安王李神通为山东道安抚大使，以黄门侍郎崔民干为李神通的副手，统领关东各路唐军，开始经营关东地区。很快地，李密的总管李育德就献出武陟（今河南省武陟县），投降了唐朝，被拜为陟州刺史，李密的其他将领刘德威、贾闰甫、高季辅、北海变民帅綦公顺、刘兰成等人要么率领部众，要么献出城池，也都相继投降了唐朝。

当时，徐世勣屯兵黎阳，未有所属。魏徵跟随李密来到长安后，一直没有受到朝廷的重用，他就自告奋勇，请求出使关东，招徕瓦岗军的旧将。李渊任命他为秘书丞，乘坐驿马车来到黎阳，劝说徐世勣降唐。魏徵在临行前写下了著名的《述怀》，在诗中，他写道：“中原初逐鹿，投笔事戎轩。纵横计不就，慷慨志犹存。 杖策谒天子，驱马出关门。请缨系南越，凭轼下东藩。郁纡陟高岫，出没望平原。古木鸣寒鸟，空山啼夜猿。既伤千里目，还惊九逝魂。岂不惮艰险?深怀国士恩。季布无二诺，侯嬴重一言。人生感意气，功名谁复论。”徐世勣看了魏徵写给他的劝降信后，即决定降唐，他对自己的长史郭孝恪说道：“这里的百姓和土地都属于魏公所有，我如果上书献上，这是在利用旧主的失败而谋取个人私利，将其作为自己的功劳来换取荣华富贵，这样做，我实在是感到非常羞址。如今，应该把辖区郡县户口、军队数量全部造册，禀报魏公，让魏公自己献上。”于是，他就派郭孝恪前往长安，表示投降，又向淮南王李神通的军队运去了粮食。李渊听说徐世勣的使者到了，却不见奏表，只听说给李密送了一封书信，感到非常奇怪。郭孝恪见到李渊后，将徐世勣的本意说了一遍，李渊叹息道：“徐世勣不忘旧德，不追逐功劳，这才是真正的忠臣啊！”遂将其赐姓李，从此以后，徐世勣就改为李世勣。唐高祖李渊以郭孝恪为宋州刺史，命其与李世勣一起经营虎牢关以东地区，夺取的州县由他们自行任命官吏。其年，李世勣年仅二十五岁。

李世勣这一表面上不忘旧主的行为其实把李密置于了险境，这是李世勣无心之举还是有意为之？已不得而知了。原本李密投唐以后，处境就已十分尴尬了。李密将到长安前，李唐朝廷对他表现出极大的尊重，唐高祖李渊派来慰问的使者一个接着一个。李密大喜过望，曾对部下们说：“我拥有百万之众，一旦归降唐朝，这也是命啊！幸而蒙受皇上的厚遇，自当尽心尽力报答！关东数百城池，知道我在此地，派遣使者前去招抚，自然随我而来。与归降东汉光武帝刘秀的窦融相比，我的功劳也不算小了，岂能不给我一个宰相一级的高位？”然而，等到十月八日李密来到长安以后，他才发现，唐高祖李渊昔日的殷勤原来都是假的，唐朝朝廷对他突然变得非常冷淡，他带来的瓦岗军将士甚至连日吃不上饭，大家都是牢骚满腹。不久，李渊仅仅任命李密为一个闲散的光禄卿、上柱国，赐爵为邢国公。李密大失所望，唐朝公卿大臣们又对他非常轻视，还经常向其索取贿赂，这让李密非常恼火，只有李渊还假模假式地装作对他很亲密，经常称呼他为老弟，还把舅家表妹独孤氏嫁给他为妻。

其实，李密降唐，对于唐高祖李渊来说是喜忧参半的。李密的到来，消除了瓦岗军这一支李唐王朝的对手，由于李密在瓦岗军中享有很高的威望，李唐王朝可以借助他的威望收复关东不少原瓦岗军的占领区，这自然是好事，但李唐王朝自从它建立之日起，宗室力量并不强大，内部派系林立，有太原起兵时的嫡系部队，有关中变民军集团，有收编的隋朝官吏等等，在李密到来之前，刚刚建立起来的李唐王朝内部就已矛盾重重了，如今，李密又带领瓦岗军这一支两万多人的残余部队归降，李渊当然不愿看到李密在自己的眼皮底下建立一个国中之国，因此，对他心存疑忌也是在所难免的。

李密素来尊贵，降唐之后却仅仅被任命一个毫无实权的光禄卿，这让他一直是闷闷不乐。一次，唐高祖李渊设宴款待群臣，身为光禄卿的李密负责上菜进酒的工作，他深感羞耻，宴会结束后，李密把自己的感受告诉给了左武卫大将军王伯当。自从降唐以后，王伯当也一直郁郁寡欢，遂对李密说道："天下之事全在大人掌握之中！东海公李世勣就在黎阳，襄阳公张善相在罗口（今河南省巩义市西南），黄河以南的兵马屈指可数，岂能长久待在此地！"李密听后大喜，就向唐高祖李渊献计说："臣无功受禄，闲居京师，没有一点报效。关东各地的变民军都曾经是臣的部下，我请求前去招抚，而后凭借着陛下的威望，消灭王世充如同从地上捡起一颗草芥一般！"李渊也听说李密的旧部很多虽然暂时投降了王世充，但对王世充并非真心臣服，也想令李密前去。李唐群臣纷纷劝谏说："李密狡猾多端，喜欢叛乱，如今派他东去，就好像是把鱼儿扔回泉水之中，放虎归山，一定不会再回来了！"但李渊更加老谋深算，他说道："帝王自有天命，不是随便一个小孩子就能得到的。即便是他真的叛逃而去，也不过是值钱的蒿箭又变回了不值钱的蒿草罢了！如今，让两个贼人之间互斗，我可以坐收渔利。"

八六 李密之死（二）

武德元年（公元618年）十二月一日，在来到关中仅仅一个多月，李密就又奉命东返了。

临行前，李密请求把贾闰甫带上，李渊同意，他还特意让二人坐在自己的身边，赏赐给他们酒食，给二人敬酒说："我们三人同饮这杯酒，向神灵表明我们同心，你们要好好建功立业，不要让我失望。大丈夫一言出口，千金难换。确实有人不愿让老弟你离去，朕对老弟你推心置腹，任何人都无法挑拨你我之间的关系！"李密、贾闰甫叩头，接受了李渊的命令。李渊又让王伯当担任李密的副手一起东去。

然而，就在李密一行人离开长安不久，李密就接到了李渊的命令，让其将一半人马留在华州，只命其率领另外一半出关，李密只好从命。李密的长史张宝德也被安排在此行中，他担心李密会叛逃自己受到牵连，在队伍出了潼关之后，张宝德上书唐高祖李渊，断言李密一定会背叛。接到张宝德的奏表，李渊又很快改变了主意，不想放李密东去了，可是，他又担心打草惊蛇，激出事变，就下诏将李密安慰了一番后，命令他留下部队缓缓前行，自己单枪匹马返回长安一趟，接受进一步的指示。

这时，李密的军队已抵达稠桑（今河南省灵宝市境内），看过诏书，李密对贾闰甫说道："皇上命我东去，如今又无故召我返回，皇上曾说过：'朝中确实有人不愿你们东去'，这说明如今皇上已听信了谗言。我返回长安，必定难逃一死，我们不如攻破桃林县（今河南省灵宝市以北），搜罗军粮，北渡黄河。等消息传到熊州（今河南省宜阳县），我们已经走远了。只要我们逃回黎阳，大事可成。你看如何？"贾闰甫说道："皇上对大人情深义重，况且陛下的姓名在图谶书上又写得明明白白，天下终归要重新统一。大人既然已经归降，岂可再生异心？任瑰和史万宝分别率军驻扎在熊州和穀州（今河南省新安县），此事早上发动，唐军晚上就会赶到，即使我们攻克了桃林，在短时间内也无法招募来足够的军队，一旦被称为叛逆，谁还会追随大人？我替大人着想，不如接受诏命，以示没有异心，如此一来，谗言自然就消失了，至于想去关东，再等良机吧。”李密听后大怒道：“李唐朝廷把我视作与西汉初年的绛侯周勃、灌婴之类的列将，我岂能忍受！况且，谶言书上李氏应王的说法，我与他李渊都有可能应验。如今，他李渊不杀掉我，反而令我东去，这足以应验王者不死这一句话，即使李唐全取了关中，关东也终归会属我李密所有的。‘天予不取，反受其咎’，我岂能束手再入他人之手！你是我的心腹旧人，我真没想到你竟然说出这话！如果对我怀有二心，我将先杀掉你，而后再发动！”贾闰甫哭着说道：“大人虽说也上应谶言，但从近段时间事态发展的情况来看，形势已发生了变化。如今，四海分崩离析，人人都想称王，实力强的才能称雄，大人刚从关中逃出来，谁肯听你的？况且，自从翟让被杀以后，人人都认为大人忘恩负义，现在，谁又肯把自己的军队拱手交给大人呢！如果不是身负厚恩的人，谁肯说出这番推心置腹的话啊！希望大人深思熟虑！我只恐大福不会再次到来。如果大人真能找到一个安身立命之所，我贾闰甫又岂能在乎一死！”李密大怒，拔出佩刀就要砍死贾闰甫，王伯当等人苦苦求情，李密才饶了贾闰甫一命。事后，贾闰甫就潜逃到了熊州。王伯当也劝阻李密，以为不是举事的良机，但李密不从。王伯当这才说道：“忠义之士不会因生死存亡而改变立场，大人真不听从的话，我王伯当也会与大人一起去死的，只恐我们白白死掉，毫无益处啊！”李密遂下令逮捕了唐使，将其诛杀。

十二月三十日，李密欺骗桃林县的县官说：“我接到诏书，命我暂时返回京师，请求暂借县里的宿舍安顿我的家眷。”于是，他挑选数十名壮士，身穿女装，头戴面纱，把利刃藏在裙子下面，谎称是自己的妻妾，然后，亲自率领这数十名壮士进入县城内的招待所，不一会儿，李密等人就从招待所内换好衣服冲了出来，并很快就占领了县城。而后，他们裹胁着部众，直奔南山（熊耳山），沿着山间小路一路向东，又派人飞马通知伊州（今河南省汝州市）刺史张善相，令其出兵接应。

当时，唐右翊卫将军史万宝镇守着熊州，他对行军总管盛彦师说道：“李密可是个不好对付的强盗啊，又有王伯当辅佐，如今此人决心背叛，他手下的将士们都怀有东归之心，如果没有想出万全之策，是不会轻易发动的，李密之众身陷死地，恐怕难以抵挡啊！”盛彦师笑着说：“请求您给我数千兵马拦截，我必定能砍下他的人头。”史万宝问道：“你有什么良策？”盛彦师回答：“军事行动讲究诡诈，不可提前说给大人。”史万宝也没再追问，就给了他数千人。

盛彦师率领这数千人翻越熊耳山，来到山南，埋伏在交通要道之上。他把弓箭手布防在道路两旁的高地，刀斧手则埋伏在山谷下面，命令道：“等到敌人走过一半之后，同时出击！弓箭手从高处向下射箭，刀斧手蜂拥而出，冲上前去砍杀。”有人问道：“我听说李密要逃往洛州，您却带着我们进山了，这是什么道理？”盛彦师回答：“李密谎称要逃往洛州，实际上是想出其不意，逃往襄城（今河南省汝州市），投奔张善相。一旦他们进入了山谷，我们从后面追击，山路狭隘，有劲使不上，只需一人断后，我们就抓不到他了。如今，我们已提前进入山谷，一定能将其手到擒来。”

李密率众穿越陕（今河南省陕县）之后，就以为前面的路就不用多虑了，遂放慢了脚步，缓缓前行。不出盛彦师所料，李密果真翻越熊耳山，打算向东南投奔张善相，一下子就掉进了盛彦师的伏击圈。盛彦师率众进攻，把李密部众拦腰切断，临阵斩杀了李密和王伯当，将他们的人头送至长安，李密死时年仅三十七岁。盛彦师也因此功而被赐爵为葛国公，被拜为武卫将军，依然驻守在熊州。盛彦师在大业末年担任澄城（今陕西省澄城县）长，李渊起兵行至汾阴（今山西省万荣县）时，盛彦师率领一千多名宾客前来投靠，被拜为银青光禄大夫、行军总管。

李密被杀后，唐高祖李渊命人把李密的人头送到黎阳，交给李世勣，并向他通报了李密谋反的情况。李世勣面北叩拜，哭得死去活来，又上书请求将李密安葬起来。李渊下诏将李密的尸体也送给了李世勣。李世勣仍用君臣之礼为李密办起丧事，他亲自穿上孝服，安排盛大的仪仗队，全军也都身穿白衣，将李密安葬在黎阳山南麓五里的地方。李密素来爱护将士们，很多将士们在丧礼中因悲伤过度而口吐鲜血。邴元真投降王世充之后，被王世充任命为行台仆射，镇守滑州。李密的旧将杜才干痛恨邴元真背叛了李密，谎称与其相会，埋下伏兵将其斩杀，把他的人头放在李密的坟前祭奠。

李密在隋末唐初的大乱中占据着一个无人能够替代的地位，曾几何时，他是整个中国变民各势力的核心，团结和领导着整个中国的变民力量，他领导瓦岗军给予隋朝军队致命的打击，对东都洛阳构成了严重的威胁，极大地促进了隋王朝的最终瓦解。然而，兴也勃焉，亡也忽焉，最终，在一战而败后，李密遂失去了必胜的信心和勇气，选择了投靠唐朝。投唐之后，他又不甘屈居下僚，企图东山再起，结果被杀，其下场令人扼腕叹息，这难道是天命吗？

从李密的身上，不同的人有着不同的感悟，有人认为李密与项羽相同，但有人则持反对意见，而在我看来，李密就是李密，他有着与众不同的际遇，在他的身上起码能让我们感悟到以下三点：一是知易行难。李密在杨玄感叛乱时就已洞察关中的重要性，在他举义之初也对此心知肚明，但在打下洛口仓之后，又贪恋粮食，幻想能够很快拿下洛阳，而后再进兵关中。这都是因眼前的小利搅乱了内心的判断，人言道，旁观者清，当局者迷，又说说起来容易，做起来难，大约就是这个道理。二是战略大于战术。战略是关乎全局的，战术仅限于局部，局部要服从全局，而不是相反。三是百折不挠的重要性。李密在与东都隋军交手中一直是有胜有败，但总能崛起，并最终赢得对东都隋军的优势，可是，在李密战胜宇文化及、东都内讧之后，瓦岗军遭到王世充意想不到又是鱼死网破性的攻击，一战而败，败后，李密竟然一蹶不振，脑子短暂短路，失去了信心和勇气，选择了降唐。不是不可以暂时投靠他人以期东山再起，但那是实在走投无路才不得已而为之，以当时李密的处境与一生颠沛流离、兵微将寡的刘备相比，与屡败屡战、永不服输的刘邦相比，还远不及此，这也说明李密还不具备一个领导人应该具备的素质。

八七 建德坐大

李密死了，而隋末的大乱却远远没有停息。

还是在去年（大业十三年，公元617年）七月，李渊刚刚在太原起兵时，隋炀帝命令涿郡留守薛世雄率领三万幽州精兵南下救援洛阳，在河间七里井一战中，窦建德鬼使神差地取得了一场大捷，薛世雄逃归涿郡，不久就忧愤而死了。七里井大捷之后，窦建德率军趁势包围了河间，然而，就在河间，窦建德遇到了麻烦。

河间郡丞王琮率领军民固守郡城，当洛阳、长安、江都等方面都发生了巨大的变化时，这里还在一直苦苦坚守着，而窦建德也一直围攻着这里，竟然达一年之久。等到武德元年七月，隋炀帝被杀的消息传来之后，王琮又率领全体军民给隋炀帝发丧，将士们再也没有了继续坚守下去的精神寄托，全都失声痛哭起来。窦建德也派人前来吊唁，王琮这才通过使者向窦建德传去了请降的意愿，窦建德命令军队撤离河间三十里，安排酒食等待王琮。王琮到来后，谈及隋朝灭亡，悲从中来，他趴在地上，泪如雨下，窦建德也深受感动，为之潸然泪下。众将都说：“王琮长期与我军对抗，杀伤我大量将士，走投无路才肯投降，请求将其煮熟杀掉。”窦建德断然拒绝说：“王琮是一位忠臣啊，我正要好好赏赐他，以之来给世人树立一个侍奉君主的榜样，为何要杀掉！过去，我们住在高鸡泊内当强盗，自然可以随便杀人，如今，我将要安抚百姓，平定天下，岂能再残害忠良！”于是，他任命王琮为瀛州（河间郡）刺史，并传令全军说：“过去与王琮有私仇的，谁敢乱动，诛灭他三族！”窦建德打下河间之后，河北各地郡县也都纷纷归顺了他，于是，他就定都乐寿（今河北省献县），以居住的宫殿为金城宫，设置百官，任命前景城户曹张玄素为黄门侍郎，前饶阳令宋正本为谋主。不久，又改元为五凤，改国号为夏，以宋正本为纳言，前景城丞孔德绍为内史侍郎。

还是在大业十一年二月的时候，漫天王王须拔起兵，率众数万进攻幽州，王须拔中箭被杀，此后，其副将魏刀儿号称历山飞，率众盘踞在深泽（今河北省深泽县），纵横冀州（今河北省衡水市冀州区）、定州（今河北省定州市）之间，拥有十万之众，自称魏帝。窦建德假装与其联合，魏刀儿因而放松了警惕，窦建德趁机发动偷袭，将其击败，并包围了深泽。魏刀儿的部下活捉了魏刀儿投降，窦建德将其斩杀后，兼并了他的部众。

窦建德消灭魏刀儿之后，易州（今河北省易县）、定州（今河北省定州市）等地也都纷纷投降了他，唯独已经归降唐朝的冀州（今河北省衡水市冀州区）刺史麴稜不降。麴稜的女婿崔履行，是北齐重臣崔暹的孙子，自称身怀异术，能令进攻者不战自败。崔履行说得天花乱坠，麴稜竟然信以为真。崔履行命令守城将士们都坐在地上，不得乱动，更不能擅自战斗，还说："敌人即使登上了城墙，你们也不用害怕，我能让他们一个个自行捆绑起来。"于是，一场滑稽戏就在冀州城内上演了，主角就是麴稜这位奇葩女婿崔履行：他命令在城内修了一座高台，入夜后，在台上焚烧了上奏上帝的奏章，然后，只见崔履行身穿孝服，手持竹杖，登上城北门楼上是号啕大哭。

是想把窦建德哭死？还是把窦建德的军队哭退？

这还不过瘾，崔履行还命城内的妇女们全都上到自家房顶上，像蝴蝶一般，朝四面八方掀动长裙！

窦建德的军队在城外发起了猛烈的进攻，而冀州城内的崔履行在大哭、守城士兵们闷坐在城墙上、全城的妇女在房顶上模拟飞翔！

麴稜眼看着这样下去不行啊，他心里一着急，就要下令应战，但崔履行苦苦劝阻。劝阻下麴稜后，崔履行又恢复了大哭工作，不一会儿，冀州就城破了，可那位奇葩崔履行还在哭个不停。

窦建德见到麴稜后，说道："你是位忠臣啊！"对他非常礼遇，任命他为内史令。

窦建德集团逐渐成为黄河以北的一股举足轻重的力量，如今，在他的北面有盘踞在幽州（今北京市）、自称幽州总管的罗艺，以渔阳（今天津市蓟州区）为据点、自称燕王的高开道以及由罗艺任命的营州（今辽宁省朝阳市）总管邓暠；在窦建德的南面则是被李密击败、逃往魏县的宇文化及。

宇文化及曾派人招抚罗艺，但罗艺说："我是隋朝旧臣，受到隋朝的厚恩，先帝被杀，实在非常痛心！"遂斩杀了宇文化及的使者，而为隋炀帝发丧，哀悼了三日。不久，窦建德和高开道也分别派人召唤罗艺，罗艺对下属们说道："窦建德和高开道二人都是大土匪，宇文化及弑杀皇帝，他们三人，我们都不能投靠。如今，唐公起兵，顺应民意，已占据关中，大事可成。我将率众归顺，主意已定，有敢异议者定斩不饶！"正巧，李渊派往关东的使者张道源派人前来，罗艺当即就与渔阳、上谷（隋朝改为易州，即河北省易县）等郡一起归顺了唐朝。

武德元年十二月七日，襄平太守邓暠献出柳城（今辽宁省朝阳市）、北平（今河北省卢龙县）二郡投降了唐朝，唐朝以邓暠为营州总管；十二月十三日，唐朝又以罗艺为幽州总管，以薛世雄的儿子薛万均为上柱国、永安郡公，其弟薛万彻为车骑将军、武安县公。

窦建德攻克冀州之后，兵威甚盛，他就将目光转向了北方的罗艺，遂率领十万大军进攻幽州。罗艺将要出战，薛万均劝阻道："敌众我寡，出战必败。不如让羸弱之兵背靠城墙，依托河水列阵，敌人一定会渡河发起进攻。我愿意率领一百精锐骑兵埋伏在城池一旁，等到敌人一半渡过河时发起突然袭击，一定能将敌人击败。"罗艺答应了。窦建德果然率军渡河，薛万均趁机截杀，大破窦建德军。窦建德竟然无法进抵幽州城下，遂分兵劫掠霍堡（今天津市武清区西）、雍奴（今天津市武清区西北）等县，罗艺又率军截击，再次将窦建德击败。双方相持一百多天，窦建德没有捞到一点好处，只好怏怏南返，回到了乐寿。

罗艺得到了隋朝通直谒者温彦博，任命其为司马。罗艺决定降唐，温彦博也很赞成，李渊得知后，就下诏任命其为幽州总管府长史，不久，又将其征召为中书侍郎。当时，温彦博的哥哥温大雅为黄门侍郎，兄弟二人均掌握着朝廷机密，当时的人们都认为这非常荣耀。据《南部新书》称，李渊曾说："我太原起兵，全是为你们温家啊！"后来，温大雅、温彦博的弟弟温大有又被任命为中书侍郎。

显然，要想稳住河北，必先占领幽州。幽州北连突厥，结好突厥之后，可以无后顾之忧，南向以争夺天下，有地利之便，这与关中有异曲同工之妙，但由于唐高祖李渊先行一步，拉拢住了邓暠、罗艺二人，这使得关东的其他异己势力失去了占领幽州这一战略要地的时机，在以后的角逐中，关东集团尤其是窦建德集团就极易受到来自并州（西面）、幽州（北面）居高临下的打击，局面很容易陷于被动。

在北方讨不到便宜，窦建德只得把目光转向了南面的宇文化及。

宇文化及被李密赶到魏县之后，军心士气受到了很大打击，那个曾经是弑杀隋炀帝的功臣、医正张恺等人也看到前途无望，阴谋叛逃，结果事情败露，张恺等人为宇文化及所杀。经过这一番折腾，宇文化及旧日的心腹已丧失殆尽，兵力也大不如前了，他们兄弟也百思不得其计，只是连日相聚喝得大醉，沉溺于酒色之中。一次，宇文化及大醉后，埋怨弟弟宇文智及说："政变之初，我并不知情，全是你出的主意，强行来推举我。如今，一路行来，一无所成，兵马一天天散去，我还背负一个弑君的恶名，全天下的人都不会接纳我。今天我们宇文家如果被灭族了，岂不是全怪你！"说完，抱住自己的两个儿子，哭出声来。宇文智及听了，顿时火冒三丈，说道："事成之时，咋不说出埋怨我的这些话呢！等到快要失败了，却想归罪于我！为何不杀了我，投降窦建德？"他们兄弟之间屡屡斗嘴，言语之间再无长幼之序，酒醒之后，接着再喝，这种情况竟然成了常态，而手下的部众也不断散去。

宇文化及自知必败，叹息道："人生自古必有一死，岂能不当一天皇帝的道理！"于是，他派人毒死了秦王杨浩，在魏县登基称帝，国号许，改元天寿，设置百官，随后就发兵进攻魏州（今河北省大名县）总管元宝藏。

八八 化及之死

宇文化及的军队包围元宝藏四十天，依然没有攻下。

武德二年（公元619年）一月七日，魏徵前去劝降，元宝藏献出城池，投降了唐朝。十八日，唐淮安王李神通率领唐军进攻魏县的宇文化及，宇文化及无力抵抗，向东逃往聊城（今山东省茌平县博平镇）。来到聊城的宇文化及拿出金银财宝，引诱海边的各路变民军，变民头领王薄答应了宇文化及的请求，率军进入聊城，与宇文化及一起抵御唐军。

唐高祖李渊与宇文士及是旧友，宇文化及还在黎阳时，李渊就曾写信劝诱宇文士及，宇文士及也暗地里派家僮前往长安，奉上金环以表心迹。等到宇文化及率部来到魏县以后，宇文士及又趁机劝说宇文化及降唐，但宇文化及没有听从，于是，宇文士及就请求与封德彝一起前往济北（今山东省东阿县）寻找粮食。当宇文化及逃到聊城之后，唐淮安王李神通尾随而来，将聊城围了个水泄不通，宇文化及军粮已经吃尽，派人请求投降，但李神通没有答应，而这时，窦建德听说宇文化及逃到聊城的消息，也对自己的纳言宋正本、内史侍郎孔德绍说："我身为隋朝百姓已数十年了，隋朝国君也是我两代的国君，如今，宇文化及弑杀了君主，就是我的仇敌，不可不前去讨伐！"孔德绍回答："如今四海无主，英雄逐鹿，大王以一介布衣起于漳水之滨，隋朝官吏无不竞相归附，全是因为大王秉持仁义啊！宇文化及与隋朝联姻，父子兄弟受国厚恩，居于皇帝不会怀疑的境地，竟然犯下了弑君大罪，篡夺隋朝自立，此人乃天下之贼啊，不诛杀此贼，岂能当上天下的盟主！"窦建德连连称善，即日也率军朝聊城杀来。

唐安抚副使崔世干劝李神通答应宇文化及的请求，李神通却说："我军将士风餐露宿，出征已久，而敌人也已黔驴技穷，走投无路，不久就将攻克聊城，我将强攻下城池以展示国威，并把敌人的金银财宝拿来犒赏三军，如果接受了他的请降，拿什么来赏赐大家？”崔世干说道：“如今窦建德就要到了，如果我们还未拿下宇文化及，将面临内外受敌的窘境，我军必败。不战而夺取一座城池，功劳来得如此容易，为何要贪图人家的金银财宝而不接受呢！”李神通听后，大怒，当即下令把崔世干抓起来，囚禁在军中。

然而，不久，宇文士及就从济北送来了军粮，宇文化及的军队又重新振作起来，继续抵抗。李神通命令唐军向聊城发起猛攻，贝州刺史赵君德第一个攀上城墙，而李神通却不愿看到赵君德立下首功，竟然鸣锣收兵，把赵君德一人剩在城墙之上。赵君德大怒，他破口大骂，只好又从城墙上下来，唐军再也无法攻克聊城了。李神通又分出数千人前往魏州搬运攻城器具，但这股部队在半路上被土匪击败，而此时，李神通又听到窦建德的军队即将到来的消息，只好率军撤退了。

李神通前脚离去，窦建德跟着就来到了聊城。

宇文化及率部出城迎战，却屡战屡败，只好又退入城内。窦建德下令从四面八方朝聊城发起猛攻，很快，王薄打开了城门，把窦建德的军队引入城内，聊城遂告陷落。李神通离开聊城的第三天，窦建德占领了聊城，生擒宇文化及。

窦建德进入聊城后，先拜谒隋炀帝的萧皇后，自称臣，然后，又身穿白色孝服，哀悼隋炀帝；缴获了隋朝的传国玉玺以及皇帝的各种仪仗，又安抚隋朝百官。接着，窦建德下令逮捕了宇文化及的同党宇文智及、杨士览、元武达、许弘仁、孟景，在隋朝百官面前斩首示众，将他们的人头悬挂在营门之外。用囚车装上宇文化及及其两个儿子宇文承基、宇文承趾，把他们拉到了襄国（今河北省邢台市）斩杀。临死前，宇文化及也说不出其他话来，只是一直喃喃说道：“我没有对不起夏王（指窦建德）啊！”

宇文化及被杀后，宇文士及和封德彝还在济北，济北当地豪强都劝说宇文士及征调山东之兵，进攻窦建德，占领河北，坐观天下之变，但宇文士及不从，遂与封德彝二人率众投降了唐朝。李渊当面数落宇文士及说：“你们兄弟率领思乡之兵，打算西入关中，如果真的如愿了，抓住我父子们，岂肯让我们活着？如今，你又想让我给你个什么位置？”宇文士及谢罪道：“臣的罪过的确该死，然而，臣很早就与陛下相识，一直对陛下忠心耿耿，过去在涿郡时，你我曾在深更半夜谈论天下大事，后来，我又在汾阳宫内向陛下吐露一片赤诚之心。从此陛下登基以来，臣内心一直想归顺朝廷，因此才秘密派人上贡，就是希望能以此来赎罪。”李渊笑着对裴寂说道：“此人与我谈论天下之事，迄今已经有六七年了，你们都在他之后。”当时，宇文士及的妹妹被李渊纳为昭仪，深受李渊的宠爱，由于这一层关系，宇文士及被授予上仪同。李渊因封德彝是隋朝旧臣，却谄媚不忠，把他狠狠地羞辱一番，将其遣返旅舍，准备不予理睬。封德彝特别会钻营，他向李渊献上密计，结果，李渊一见之下，顿时大喜过望，不久，就拜其为内史舍人，很快又晋升为侍郎——至于封德彝所献的秘策究竟是什么，史书没有明言，以李渊的反应来看，会不会是一些房中术方面的东西?

消灭宇文化及之后，窦建德的力量更强了，关东很多小股变民也都纷纷投降了他。李神通的部队渐渐散去，只好又退守黎阳，依附于李世勣，但不久黎阳就被窦建德攻陷了。

窦建德出身变民头领，但他为人与一般的变民头领不同，具备一个干大事者的素质。他生活简朴，每次战胜取得的金银财宝，自己分文不取，全部赏赐给诸将；他吃饭也很简单，不喜欢吃肉，经常只吃一点蔬菜和粗米饭；他的妻子曹氏也只身穿粗布衣服，身边服务的婢女姬妾也只有十几人。等到消灭宇文化及之后，窦建德也俘获了隋朝后宫一千多宫女，他当即下令全部释放，予以遣散，同时还俘获了隋朝文武百官以及近一万的骁果，他也下令全部释放，任他们自行离去。他又任命隋朝黄门侍郎裴矩为尚书左仆射，兵部侍郎崔君肃为侍中，少府令何稠为工部尚书，右司郎中柳调为尚书左丞，虞世南为黄门侍郎，欧阳询为太常卿，其余百官随才录用，委以政事。那些不愿留下、愿意回到关中或者东都的，窦建德也不勉强，送给他们口粮，派兵护送出境。

不久，窦建德又攻克了洺州（今河北省邯郸市永年区），俘虏了唐洺州刺史袁子干，之后，窦建德就迁都洺州，将自己居住的宫殿命名为万春宫。又攻陷了邢州（今河北省邢台市），生擒唐朝邢州总管陈君宾（南陈鄱阳王陈伯山之子）。窦建德不断夺取李唐占领的河北之地，遂与王世充结好，并派人上书皇泰主杨侗，皇泰主封其为夏王。窦建德出身强盗，虽然建立了国家，但没有创设礼仪制度，裴矩替他确定了朝廷礼仪，制定了法律，窦建德非常高兴，经常向他请教礼仪制度方面的问题。

当初，宇文化及以隋朝大理卿郑善果为民部尚书，郑善果也随军来到聊城，替宇文化及督战，被流箭射中。等到窦建德攻克聊城后，王琮抓获了他，斥责道：“你是出身名臣之家，又是忠臣之子（郑善果的父亲郑诚为北周大将军，在讨伐尉迟迥之战中被杀），自己身为隋朝大臣，自从你的母亲去世之后，你的清名顿时消减，如今却替弑君之贼效命、死战受伤到这步田地？”郑善果一脸羞愧，打算自杀，宋正本飞奔前去，将他救了下来。窦建德对郑善果很不以为然，郑善果感到在窦建德那里没有前途，就逃奔了相州（今河南省安阳市），李唐淮安王李神通把他送到了长安。武德二年三月十三日，郑善果来到了长安，出乎他意料的是，唐高祖李渊却对他十分优待，拜其为太子左庶子、检校内史侍郎，封荥阳郡公。郑善果在东宫任职期间，“数进忠言，多所匡谏”。不久，又被任命为检校大理卿，兼民部尚书。他清正廉洁，遵守法律，政绩很好，唐高祖李渊下诏命令与裴寂等十人在奏事或者陪侍时，可以上殿，来到李渊身边。郑善果与他的堂兄郑元琦二人都在这十人之内，当时的人们都觉得这是郑家最大的荣耀。

八九 世充称帝（一）

武德元年十月十二日，战胜李密之后的王世充带着俘获的李密的宫女、金银财宝以及十余万将士回到了东都洛阳，把战利品整齐地排列在皇宫门前。

十四日，皇泰主杨侗下诏宣布大赦。十五日，皇泰主杨侗又晋升王世充为太尉、尚书令、总督内外诸军事，特许原本不开府的太尉开府，设置太尉的下属官员。王世充因裴仁基、裴行俨父子都非常骁勇，对他们非常礼遇。李密的老师徐文远也被弄到了东都，他每次见到王世充，总要望尘而拜。有人问他：“你过去见李密的时候非常傲慢，如今却敬重王大人，这是什么原因？”徐文远回答：“魏公李密是位谦谦君子，能包容贤士，王大人是位小人，对故交旧友也敢痛下杀手，我岂敢不拜！”

当时的洛阳虽然击败了李密，消除了一大劲敌，但仍然面临李唐在西边的巨大压力。李唐原本担心李密打下洛阳，曾想火中取栗，但结果洛阳方面并没有轻信唐军，而李密也不允许自己辛辛苦苦打了一年多，即将到手的果子被李唐抢去，开始与唐军交手，在洛阳城下讨不到便宜的唐军，再加上后方薛举与突厥联络试图大举东进，李渊不得不命令李建成、李世民率军西撤，唐军主力虽然西撤了，却趁洛阳隋军与李密的瓦岗军缠斗、无暇顾及之际，轻松占领了洛阳西部的穀州和熊州，不仅占据了潼关天险，而且又东占了函谷关天险，为唐军后来顺利东出奠定了坚实的基础。为了确保东都的安全，在消灭李密之后，王世充立即就部署军队，试图夺回洛阳西部的这两个州，武德元年十二月十二日，就在李密降唐一个月后、又策划着东归黎阳之时，王世充就率领三万隋军包围了穀州，唐穀州刺史任瑰固守城池，最终将隋军击退了。

武德二年一月二日，王世充把隋朝的高官、名士们全都任命为太尉府的官员，杜淹、戴胄也名列其间。杜淹，字执礼，是杜如晦、杜楚客兄弟的叔父，从小聪慧，多才艺，与同郡韦福嗣为莫逆之交，二人曾商量说："皇上（指隋文帝）喜欢重用隐士，苏威就是一例。"于是，二人一起进入太白山"隐居"，对外却大张旗鼓地宣传，隋文帝听说后，非常厌恶二人，结果，二人弄巧成拙，不仅没能受到重用，反而被隋文帝流放到了江南。后来，杜淹回到家乡，被高孝基举荐，被任命为承奉郎，到大业末年，杜淹已官至御史中丞。戴胄，字玄胤，相州安阳人。他性格正直，通晓法律，尤其善于文字工作。大业末年，担任门下录事，纳言苏威、黄门侍郎裴矩对他都非常礼遇，皇泰主杨侗任命他为给事郎。

此时，在大业十三年（公元617年）七月奉命增援东都洛阳的隋朝将军王隆率领屯卫将军张镇周、都水少监苏世长等人带着的山南隋军，经过一年半的长途跋涉，如今才抵达洛阳。王世充总揽朝政，东都政务事无大小均需禀报太尉府，其他机关门可罗雀。王世充在太尉府门前树立了三块木牌，一块上写：寻找有文学才能，又能济世安邦的人才；第二块上写：搜寻武艺高强，有勇有谋，能冲锋陷阵的人才；第三块上写：寻找那些有冤无处申的人。于是，每天都有数百人上书言事，王世充都要亲自接见，一一交换意见，殷勤勉励，大家听了，都满心欢喜，自以为肯定会言听计从，然而，结果是毫无结果。王世充对待所有的人都非常和蔼，下到那些地位很低的普通一兵、马夫奴仆，都甜言蜜语，说得大家非常高兴，却没有给大家一点实惠。

隋马军总管独孤武都深受王世充的信任，独孤武都的堂弟、司隶大夫独孤机与虞部郎杨恭慎（杨达之子）、前渤海郡主簿孙师孝、步兵总管刘孝元、李俭、崔孝仁密谋引来唐军，遂让崔孝仁劝说独孤武都道："王大人只会做出小儿女一般的姿态来取悦那些低贱的蠢人们，又贪婪残忍，狭隘无知，不顾及亲戚旧友，岂能创立一番大业？图谶书上写得明白，天下当归于李氏，这是人尽皆知之事。李唐起于晋阳，很快就夺占了关中，部队通行无阻，各路豪杰纷纷归附。况且，李唐朝廷坦诚待人，虚怀若谷，不念旧恶，又占据了险要的地势，以此来争夺天下，谁能抵挡？我们投靠错了地方，只能坐等被消灭。如今，任瑰的军队就近在新安，又是我们的老朋友，如果派人前去，让其率军趁夜来到城下，我等从中接应，打开城门，大事可成！"独孤武都答应了。然而，他们还没有发动，阴谋就败露了，王世充将他们全都斩杀了。

王世充在半年前刚杀死元文都和卢楚时，地位还不稳固，担心人心不服，对皇泰主非常谦恭，百般巴结奉迎，又请求当刘太后的义子，尊称刘太后为圣感皇太后，但等到击破李密之后，王世充逐渐开始傲慢起来。一次，王世充在宫中饮宴，回家后呕吐不止，遂怀疑皇泰主给他下毒了，从此以后，就不再入宫朝见了。而皇泰主也深知王世充终归会背叛自己，却毫无办法，只有把宫中的绫罗绸缎制造了大量幡花，又拿出很多财物，让僧人施舍给贫民以祈福，但王世充命令自己的心腹张绩、董濬把守皇宫的章善门和显福门，宫中的东西一根线都不许拿出宫去。

武德二年一月，王世充又让人献上金印和宝剑，又称黄河水清了，想以此向大家显示是自己的福瑞，为自己篡位造势。闰二月十六日，唐高祖李渊任命李世勣为黎阳总管，次日，李唐骠骑将军张孝珉率领五百猛士偷袭了王世充的汜水城（今河南省荥阳市境内），攻进外城，凿沉五十艘运粮船。

十九日，王世充率军进攻李唐的穀州。王世充以秦叔宝为龙骧大将军，程知节为将军，对二人都很优厚，但二人对王世充的虚情假意非常厌恶。程知节对秦叔宝说："王大人气度狭隘，又经常信口开河，还喜欢巫术、诅咒，这不过是一个老巫婆罢了，岂是一位拨乱反正的雄主？"王世充率领隋军与唐军在九曲（今河南省宜阳县北）对垒，双方还未开战，只见秦叔宝和程知节、吴黑闼、牛进达等数十骑突然离开隋军大阵，西去一百多步，下马向王世充叩拜道："我等蒙受大人厚待，本欲报恩，怎奈大人本性猜忌，身边又有很多进谗言的小人，不是我等托身之地，如今再也不能侍奉大人了，请从此拜别！"说完，众人翻身上马，驰往唐军军中，王世充不敢追赶。李渊命秦叔宝和程知节侍奉李世民，李世民久闻二人大名，对二人非常看重，以秦叔宝为马军总管，程知节为左三统军。当时，王世充的猛将还有骠骑将军李君羡、征南将军田留安，也厌恶王世充的为人，相继率众投降了唐朝，李世民把李君羡安置在自己身边，而以田留安为右四统军。

王世充把李唐陟州刺史李育德的哥哥李厚德关押在获嘉（今河南省获嘉县）监狱，但李厚德与守将赵君颖一起驱逐了隋殷州（获嘉）刺史段大师，归降了唐朝，唐朝任命李厚德为殷州刺史。

闰二月二十三日，李唐陟州刺史李育德攻下王世充在河内（今河南省沁阳市）一带的三十一座堡垒，二十五日，王世充派侄儿王君廓进攻陟州，李育德率军迎战，将王君廓击败，斩杀一千多人。李厚德回家探亲，命李育德驻守获嘉，王世充集合大军向获嘉发起猛攻，二十七日，获嘉陷落，李育德及其三个弟弟均为乱兵所杀。二十九日，原李密部将李公逸以雍丘（今河南省杞县）投降唐朝，被李唐朝廷拜为杞州总管，其族弟李善行也被任命为杞州刺史。

武德二年三月三日，王世充在消灭了河内方向的威胁之后，再次转兵西进，朝李唐穀州发起进攻，穀州刺史史万宝迎战，唐军失利。王世充进攻穀州，表面上是为了夺取土地，实际上却是想通过此举把自己的亲信招到军中商议篡位事宜。

李世英坚决反对，说道："四面八方的人士之所以纷纷归附东都，就是大人能中兴隋朝之故啊。如今，九州之地，大人尚未平定一州，却匆忙要登基称帝，我担心远来归附之人都将纷纷叛去了！"

王世充说："你说得很对！"

长史韦节、杨续等人却说："隋朝已经穷途末路，这非常明白。非同寻常的事情，从来就不是和寻常之人讨论的。"

太史令乐德融也说道："去年，长星（类似彗星）出现，这预示着将要除旧布新了；今年，岁星在角、亢之间，而角、亢是郑国的地盘，如果不赶快顺应天意，我恐怕王气会减弱了。"

王世充又转而采纳了他们的意见。

外兵曹参军戴胄对王世充说道："君臣之间，就如同是父子一般啊，当休戚与共，始终如一。大人以文武全才，又担当社稷重任，是存是亡，就在今日。不如尽心竭力报效国家，效法伊尹、周公，这样一来，国家将获得泰山之安，您家也将世代享受尊贵的待遇，万民也将获益。"

王世充假装称善，就把他打发走了。

九〇 世充称帝（二）

不久，王世充又商议让皇泰主给自己加九锡之礼。

戴胄苦苦劝谏，王世充拒不采纳，将其外派为郑州长史，令他辅佐自己的侄儿王行本镇守虎牢关。赶走了戴胄，王世充又让段达等人对皇泰主建议，给王世充加九锡之礼。

皇泰主回答：“郑公近日平定李密，已经拜为太尉，从此以来，并未建立大功，等到天下稍稍平定，再商议此事也不晚。”

段达说道：“太尉想要。”

皇泰主死死地盯着段达看了好大一会儿，才从牙缝里挤出三个字：“随便你！”

武德二年三月十二日，段达等人以皇泰主的名义对外宣布任命王世充为相国，假黄钺，总百揆，进爵位为郑王，加九锡之礼，郑国设置丞相以下百官。

三月二十五日，王世充派遣部将高毗进攻李唐的义州（今河南省卫辉市）。

东都道士桓法嗣向王世充献上《孔子闭房记》一书，声称书中有“相国当代隋为天子”之句，王世充闻言，不禁大喜，立即任命桓法嗣为谏议大夫。王世充又让人捕来各种飞鸟，把写满吉祥文字的布条系在鸟的脖子上，然后放飞，下令凡是捕到这种鸟的，一律授官封爵。当时，段达等人以皇泰主的名义授予王世充非同寻常的礼遇，王世充上书推辞再三，东都百官又一致劝说，并在国务院议事厅上设置面南的座位。纳言苏威已经年迈，赋闲在家，王世充因苏威是隋朝老臣，想迷惑百姓，百官每次劝进，王世充都让把苏威的名字列为百官第一位。等到他接受特殊礼遇时，他又命人搀扶着苏威站在百官之前，然后，才面向南方接受了。

王世充令长史韦节、杨续、太常博士孔颖达等人设置举行禅让时的礼仪，又派遣段达、云定兴等人十余人进入皇宫，奏请皇泰主说："天命不会永远眷顾一家，郑王功德很盛，希望陛下能遵循尧舜禅让之礼。"皇泰主双手抵住桌子，火冒三丈，厉声回答："天下，是高祖的天下，如果隋朝的国祚不亡，你们就不该说出这话；如果天命确实已经改变，又何须禅让！你们这些人有的祖上是我大隋的旧臣，有的如今身居高位，可是，你们口中吐出这种话，我还有什么指望！"皇泰主杨侗说出这句话时，一脸严肃，咄咄逼人，在场的人们都不觉冒出一身冷汗。等到退朝后，皇泰主来到后宫，对着太后哭得是一塌糊涂。王世充又让人前来传话说："如今四海不安，朝廷需要一位年纪大的君主，等到天下平定以后，一定会让你复辟的，我发誓。"

四月五日，王世充称接到皇泰主的命令，要把帝位传给自己。他又派哥哥王世恽把皇泰主软禁在含凉殿内，在接下来的禅让典礼中履行的三次退让和皇泰主诏书的敦劝，其实皇泰主都是一概不知。王世充接受禅让后，他还非常迷信，派众将率军进入皇宫，进行大扫除，又命术士们用桃木煮过的水和苇草火把，来去除皇宫各处的晦气。

四月七日，王世充在皇帝专用的仪仗队的陪伴下，浩浩荡荡进入皇宫，登基即皇帝位。第二天，他宣布大赦天下，改元为开明元年。

四月十日，王世充立儿子王玄应为太子，儿子王玄恕为汉王，其余宗族亲戚共十九人都被封王。尊奉皇泰主为潞国公。以苏威为太师，段达为司徒，云定兴为太尉，张仅为司空，杨续为纳言，韦节为内史，王隆为尚书左仆射，韦霁为尚书右仆射，齐王王世恽为尚书令，杨汪为吏部尚书，杜淹为少吏部，郑颋为御史大夫。不久，王世充又以自己的哥哥王世伟为太保，王世恽为太傅，领尚书令。王世充又任命国子助教陆德明为汉王王玄恕的老师，命王玄恕亲自前往陆德明家拜师。陆德明不愿与王世充为伍，故意吃下巴豆散，自称得了痢疾，卧病在床，王玄恕入内后跪在床下，陆德明竟当着他的面拉屎，却始终不与他搭一句话。

当上皇帝的王世充一开始显出亲民爱民的姿态。他下令在皇宫的正门和后门以及其他数个地方安置了座榻，时常随意前往各处，亲自接受百姓们递上的奏章；还有的时候，他会主动走出皇宫，在集市中穿行，也不清道，百姓只需避让即可。王世充骑在马上，徐徐前行，一边走一边对身边的大臣们说："过去的天子身居大内，民间的事情无由得知，如今我王世充并非贪图皇位，只是为了拯救国家而已，平日里，我岂不是只像过去的一个刺史一样，要亲自处理日常事务？我要与大家一起讨论政务，即便如此，还担心门禁之限会妨碍我听到民间的声音，如今我在皇宫门外设置座榻，直接倾听朝政，大家务必尽量说出内心想法。”他还在西朝堂处理冤狱，在东朝堂接纳意见，于是，每天都有数百人上书献策，奏表多了，王世充根本看不过来，数日后，就不再出来接受了。

王世充将军丘怀义居住在门下内省，召来越王王君度（王世充侄儿）、汉王王玄恕、将军郭士衡与一群妻妾们饮宴游戏，受到侍御史张蕴古的弹劾。王世充得知后，勃然大怒，命武士们各打王君度和王玄恕数十个耳光，又命拉入东上阁，又各打了四十棍。对丘怀义和郭士衡却不予追究，又赏赐给张蕴古一百段丝绸，晋升为太子舍人。

王世充每次上朝，总是连篇累牍，说个不停，对臣下反复教诲，非常啰唆，侍卫人员非常困倦，奏事的官员听得也是不胜其烦。御史大夫苏良劝说道：“陛下您的话太多了，但没有重点，只需说出结论即可，何必费那么多口舌呢！”王世充听后，沉默许久，然后向苏良道歉，但常言道，江山易改本性难移，他本性如此，根本改不了。

王世充称帝后，多次派兵进攻自己眼皮底下的已经投降唐朝的尹州（今河南省嵩县）总管张善相。尹州城内粮食吃尽，但唐朝一直无力东援，武德二年四月二十五日，尹州城破，张善相破口大骂王世充，结果被杀。唐高祖李渊听说张善相的死讯，叹息道：“我对不起张善相，张善相没有对不起我啊！”将其子赐爵为襄城郡公。

五月，王世充的军队又北上，攻克了义州（今河南省卫辉市），继而进逼西济州（今河南省济源市）。唐朝政府派遣右骁卫大将军刘弘基率军前去救援。

王世充急于自立为帝，其实是得不偿失，也是不得人心的。首先，王世充称帝之后，让他失去了窦建德这一重要的盟友和外援。虽然隋炀帝的所为导致民怨沸腾，天下大乱，但社会上依然有怀念隋朝的人，不少城池都愿意听命于皇泰主的东都政权就是一个例子，为了争取这一部分人，李渊在进攻关中时就曾打出了反对隋炀帝而不反对隋朝的旗号，取得了意想不到的效果，在短短时间内占领了关中，尤其是不费一兵一卒就夺取了益州，占尽地利。论起出身，窦建德出自乱民，但与李渊相似，此时的他在收降了大量宇文化及带来的隋朝降众之后，突然要摆出一副隋朝忠臣的模样来，因此，在他听说王世充废皇泰主自立为帝后，就与他断绝了友好关系，追谥隋炀帝为隋闵帝。齐王杨暕死后，有一个遗腹子杨政道，窦建德立他为郧公。此后，窦建德开始设置天子的旌旗，出入清道，下书称诏书；在对外政策上，窦建德依然依附于突厥，以提高自己对周围割据势力的威慑力。隋义成公主派人前来迎接萧皇后以及南阳公主，窦建德派遣一千多骑兵把二人护送到了突厥，并把宇文化及的人头也一同献给了义成公主。其次，王世充称帝后，加剧了东都政权内部的矛盾。王世充原本就猜忌礼部尚书裴仁基、左辅大将军裴行俨父子的威名，而裴仁基父子对此也有耳闻，内心十分不安，于是，二人就与尚书左丞宇文儒童及其弟弟、尚食直长宇文长温，散骑常侍崔德本密谋发动政变，刺杀王世充及其党羽，重新迎立皇泰主杨侗，然而事情败露，几人均被王世充诛灭了三族。裴仁基等人的未遂政变之后，齐王王世恽对王世充说："宇文儒童等人谋反，就是因为皇泰主还活着，不如趁早把他也杀了，就断了众人的念想。"王世充听从了，就派遣侄儿唐王王仁则及家奴梁百年毒死了皇泰主。皇泰主对二人说道："希望你们再去请示一下太尉，依他过去的誓言，不会做出这种事。"梁百年打算替皇泰主再向王世充求证，王仁则却不让。皇泰主又请求与太后诀别，但依然未被允许，于是，他摆下香案，焚香向佛祖祷告道："希望从今往后，生生世世永远也不要让我托生在帝王之家！"他喝下毒药之后，却一直没有气绝，王仁则等人又命人用布条将其勒死，追谥为隋恭帝（与李渊追谥的杨侑谥号一样）。最后，王世充称帝后，东都将领们又掀起了另一轮降唐的浪潮。王世充派部将罗士信进攻穀州，罗士信率领本部人马一千多人投降了唐朝。罗士信原本与秦叔宝一起投降了李密，李密兵败之后，又转投了王世充。王世充对罗士信非常看重，与他同桌吃饭，同榻而眠，然而，等到王世充得到邴元真等人之后，也像对待罗士信一样对待邴元真等人，这引起了罗士信的不满。不过，导致罗士信降唐的直接原因却是一件并不起眼的小事。罗士信有一匹骏马，王世充的侄儿赵王王道询想据为己有，但罗士信不给，王世充竟强行把那匹骏马从罗士信那里夺走，赏赐给了王道询，罗士信一怒之下，就投降了唐朝。李渊听说罗士信投降，非常高兴，派人远远迎接，并赏赐给他五千段丝绸，给其部众发放了充足的军需物资，并任命他为陕州道行军总管。罗士信降唐之后，王世充的左龙骧将军席辩以及杨虔安、李君义等人也相继率部投降了唐朝。

九一　李渊灭凉（一）

武德元年的确是一个大乱之年，在这一年里，中华大地风云突变，各路豪杰你争我夺，普天之下发生了太多的事情，令我们觉得仿佛经过了很多年。

武德元年：

一月，王世充在洛北大败；李渊命令李建成、李世民率军十万东出洛阳。

二月，李渊派兵企图夺取南阳、荆襄；李密派兵招抚周边地区。

三月，隋炀帝被杀；沈法兴夺取江南。

四月，李建成、李世民来到洛阳后，进攻受阻，夺下宜阳、新安之后，西撤；宇文化及率军从江都北上，因东都隋军和李密瓦岗军的阻挡，只好折向东郡；萧铣称帝，占据荆州以及岭南地区。

五月，隋恭帝让位给李渊，李渊建立唐朝；皇泰主继位。

六月，薛举进攻泾州，李渊命令李世民率军抵御；皇泰主打算结好李密，令李密与宇文化及两虎相斗；李密与宇文化及在黎阳相斗。

七月，童山大战，瓦岗军险胜宇文化及；第一次浅水原大战，唐军大败；东都发生政变，王世充诛杀亲李密的元文都等人，李密不敢进入东都；窦建德打下河间，定都乐寿。

八月，李渊试图结好凉州李轨，以期牵制薛举；江都附近的杜伏威以及江南的沈法兴归顺东都政权。

九月，邙山之战，王世充大破瓦岗军，李密降唐；宇文化及在魏县称帝。

十月，唐军与朱粲在南阳一带缠斗。

十一月，第二次浅水原之战，唐军大破薛仁杲，薛仁杲投降后被杀；魏徵说降黎阳的徐世勣；李密密谋东归；窦建德立国号为夏，并占领易州、定州、冀州等地。

十二月，罗艺降唐，窦建德进攻罗艺失利；李密东归被杀。

而武德二年上半年则主要有几件大事：武德二年一月，王世充大权独揽；李神通将宇文化及赶出魏县，宇文化及逃到聊城，继而被窦建德消灭；四月，王世充称帝。

回顾这一年多来，面对纷繁复杂的局势，刚刚建立的唐朝在唐高祖李渊的带领下，步履稳健，一切干得是有板有眼。

首先，唐高祖李渊深谙中国地势，占尽天下地利。唐高祖在太原起兵，留幼子李元吉镇守太原，雄视河北、河内；夺取关中之后，又兵分两路，趁机东进，不仅占有潼关天险，又夺取函谷关天险，进逼洛阳，还东出武关，经营南阳；与此同时，还利用隋朝仅存的影响力，轻松夺取了益州，占领三峡，虎视荆襄；到武德元年，幽州罗艺又归顺了唐朝，从北面牵制了河北的窦建德。至此，可以说，新生的唐朝已经占据了中国几乎所有的有利地形，这在冷兵器时代有着极其重要的战略作用。

其次，李渊深谙纵横捭阖之术，充分利用各个势力，赢得最大的利益。李渊深知东突厥实力强大，不敢得罪，同时，他又洞悉东突厥企图利用自己、充当附庸的心态，极力拉拢东突厥，在起兵之初，就于无形中化解了东突厥、刘武周、梁师都等北边势力可能在自己背后的袭击；夺取长安之后，李渊并没有急于称帝，而是利用代王杨侑的影响力，打出了反隋炀帝、而不反隋朝的旗号，不费一兵一卒就轻松夺取关中以及巴蜀等大片具有重要战略地位的土地；此后，又担心李密会夺取洛阳，一支独大，李渊又匆匆忙忙命令大军东出潼关，下山摘桃子，打出了要解救东都的旗号，但不仅东都杨侗不买账，瓦岗军李密同样不买账，见桃子尚未成熟，李渊又审时度势，灵活地命令军队撤去；当薛举大举进攻关中之时，李渊放眼远方，派人西去凉州，结好李轨，这一系列动作，都是大手笔，也极具战略眼光。

最后，李渊深谙帝王权术，把实际权力逐渐纳入皇太子李建成、秦王李世民、齐王李元吉三人的手中，牢牢控制了大权。李渊称帝之后，曾颁布了一道《褒勋臣诏》，对太原功臣们只是给予免死的特权，而用一句“官爵之荣，抑惟旧典；勋贤之议，宜有别恩”就打发了，说明了李渊并不想让太原功臣们在新朝中担任非常重要的职务，而实际上，太原功臣中也只有李世民、裴寂、刘文静三人担任三省长官，任六部侍郎的只有殷开山一人，任门下侍郎的也只有唐俭一人，由此也说明了李渊意欲将太原功臣们限制于军事系统之内的意图，避免他们过多地染指朝政。刚刚建立的唐朝，有来自方方面面的人物，除了太原功臣之外，尚有关中功臣、瓦岗军降将、旧隋官吏、变民头领等等，李渊根据他们各自的背景、实力等逐渐将他们纳入三个儿子的手下，巩固了自己的地位。在权术方面，李渊对待李密尤其显得非常明显、老辣。在起兵之初，当李渊要招诱李密时，李密反而想让李渊归附自己，李渊以退为进，采取十分谦恭的态度，提出自己早已年迈，表达了推戴李密的愿望，成功麻痹了李密，令李密与东都隋军死磕，顾不上与李渊争夺关中，为李渊迅速夺取关中赢得了宝贵的时间；等到听说李密大胜王世充之后，李渊又担心李密趁机夺下洛阳，势必在将来成为自己东下的绊脚石，遂不惜与李密翻脸，匆匆发兵东下，打出帮助东都隋军的旗号；再到李密归降之后，李渊佯装与李密亲密，却暗中命令部下慢待李密及其部众，试图激变李密，李密果然产生背叛的念头，李渊将计就计，听任李密东归，但在李密临行之前，又向其透露出很多人不愿其东归的说法，让李密心生疑虑。其实，李渊此时早已布下了天罗地网，一方面命李密将一半部众留在华州，一半带走，这等于把李密的两万人马分置于潼关东西两侧，等到李密进入陕县一带地势险恶之处后，又命令李密丢下军队返回长安，这时，李密已处于李渊布置的口袋之中，如果李密只身返回长安，两万部众一万在华州、一万滞留在陕县，李密就成了长安城南的一介布衣，生杀予夺全在李渊之手，而以李渊果断诛杀已投降的薛仁杲的前例判断，李渊指控李密试图叛逃，可以说是举手之劳，李密也极有可能是性命不保，而李密如果真的铤而走险，这就更中了李渊的下怀，事情的进展也正是如此。

李唐一切向好，但李渊也不是没有败招：当李密的瓦岗军瓦解之后，李渊对关东局势的估计过于乐观，遂派遣淮安王李神通率领偏师沿河内直出河北，结果，虽然在前期取得了一系列胜利，也招降了不少瓦岗军旧部，夺得了一些土地，但由于王世充盘踞在洛阳、窦建德又已成为河北最大的一股力量，唐军在河北一带进展并不顺利。

与此同时，在李渊的眼皮底下也有几个人给他添堵：一个是河东的尧君素；一个是河西的李轨；还有一个是马邑的刘武周。

自义宁元年（公元617年）九月屈突通留下尧君素驻守蒲坂以来，到同年年底屈突通归降李渊，李渊派他前去招降尧君素，但遭到尧君素的严词拒绝。蒲坂是联系关中地区与山西的枢纽，在这里盘踞着一股异己势力，让李渊坐不安席，必欲除之而后快，因此，在劝降不成的情况下，唐军一直没有放松对蒲坂的围攻。李渊先派吕绍宗，继而又派虞州（今山西省运城市）刺史韦义节进攻蒲坂，但久攻不下，唐军多次被尧君素击败，到武德元年九月十日，李渊改派工部尚书独孤怀恩又接替了韦义节，然而，唐军依然毫无进展，相反，在激战中，李渊的女婿、行军总管赵慈景（娶李渊第五女长广公主）被隋军抓获，尧君素下令将赵慈景在蒲坂城外斩首示众，以表示自己绝不降唐的决心。

当时唐军已经取得了第二次浅水原之战的胜利，解除了西顾之忧，可以集中力量向蒲坂发起猛攻，蒲坂的形势越来越危急了。尧君素写了一道奏章，在奏章上详细分析当时的局势，然后，又制造了一种木鹅，把奏章绑在鹅脖子上，让它顺流而下。东都驻守河阳的隋军得到了木鹅，把奏章上报给了皇泰主，而此时的皇泰主已经大权旁落，他看到奏章后，只能发出阵阵叹息，拜尧君素为金紫光禄大夫，秘密派人前去蒲坂将尧君素安慰一番而已，根本无能为力。东都将领监门直阁庞玉、武卫将军皇甫无逸归降唐朝，李渊让他们来到蒲坂城下，向尧君素陈述利害关系，但尧君素是充耳不闻；李渊又赏赐给尧君素金券，答应赦免他一死，尧君素依然不从。最后，李渊又让尧君素的妻子来到城下，说道："隋朝已经灭亡，天命已经有了归属，大人为何自找痛苦，自取灭亡呢？"尧君素回答："你一个妇道人家怎知天下之事！"说完，他弯弓搭箭，一箭射去，其妻应弦而倒。

尧君素自知无力回天，但决心以死报国，誓死不降，每当谈及天下大事，未尝不唏嘘流泪。他曾经对将士们说："我是陛下（指隋炀帝）称帝前的王府旧臣，屡屡受到提拔重用，在大义上我不能不以死报恩。假如真的大隋将永远灭亡，天命另选君王，我自会砍下我的头颅交给诸位，任由大家拿着换取荣华富贵。如今城内的粮食足够吃上几年，城池坚固，仓储充足，天下之事究竟如何还未可知，不可横生二心！"尧君素性情严厉，善于统领部众，因此，虽然被唐军围困了一年多，但城内守军一直不敢背叛。时间久了，城内的粮食吃尽，城内军民发生人吃人的惨剧，又抓获外面的俘虏，多多少少得知隋炀帝已经被杀的消息，士气低落。武德元年十二月六日，尧君素的亲随薛宗、李楚客杀害了尧君素投降了唐军，尧君素的人头被送到了长安。尧君素原来派朝散大夫王行本（与王世充的侄儿同名，不是一人）率领七百精兵驻扎在别处，得知薛宗、李楚客叛乱的消息，王行本火速赶回蒲坂，但等他赶到蒲坂时，尧君素已经被杀，王行本下令将薛宗一党数百人全部诛杀，重新登城固守。独孤怀恩率领唐军重新把蒲坂包围了起来。

九二 李渊灭凉（二）

给李渊添堵的还有河西的李轨。

武德元年十一月四日，凉王李轨登基即皇帝位，改元为安乐。

李轨起事之初，梁硕是他的参谋，被李轨任命为吏部尚书。梁硕有智慧谋略，他见河西的胡人实力膨胀，暗中劝说李轨要加以防范，因此，与胡人、户部尚书安修仁发生了矛盾。一次，李轨的儿子李仲琰曾去拜访梁硕，而梁硕却对他非常怠慢，这令李仲琰大为不满，遂与安修仁一起向李轨进谗言，诬陷梁硕将要谋反，李轨信以为真，派人毒死了梁硕。从此以后，李轨手下的旧臣大多心存疑虑，河西政权内部逐渐离心离德。

有一位胡人巫师对李轨说："上帝将要派遣玉女从天而降。"李轨竟然也相信了，调发百姓修筑高台，迎接玉女，耗费了大量资财。河西之地发生了饥荒，人吃人的惨剧再次上演，李轨拿出自己的家财赈济百姓，但远远不够，打算开仓赈济，召集群臣商议。曹珍等人均说："国家以民为本，岂能爱惜仓库的粮食而坐视不顾百姓的死活？"谢统师等人都是隋朝的旧臣，对李轨并不服气，他们暗中与胡人沆瀣一气，排挤李轨的旧臣，听到曹珍等人的话，谢统师等人立即反唇相讥道："饿死的百姓都是身体本来就虚弱的人，那些强壮的根本不会饿死。国家的粮食是为了防备不测事件，岂可随便散去，去救那些羸弱之人的性命？仆射只是为了取悦百姓，根本不是替国家着想，不是忠臣！"李轨听了，又觉得谢统师说的对，从此，西凉百姓也开始对李轨怨恨起来了。

还是在武德元年八月唐军与薛举父子相持时，李渊联络李轨，企图一起夹击薛举。李渊在给李轨的信中，称其为堂弟，李轨接到书信后，不禁大喜，遂派弟弟李懋来到长安。李渊任命李懋为大将军，又命鸿胪少卿张俟德再去西凉，拜李轨为凉州总管，封为凉王。张俟德还在途中时，武德元年十一月李轨就自立为帝了，等到张俟德来到河西，李轨与群臣商议道："大唐天子是我的堂兄，如今已经在长安登基即位，一家人不可自己争夺天下，我打算去掉帝号，接受他授予的官爵，你们看如何？"曹珍说道："隋朝失去政权，天下各路豪杰都在争夺，称王称帝的，岂止一人？唐朝皇帝控制关中，西凉皇帝占据河西，互不妨碍，况且，您已经登基称帝了，为何要自贬身价呢！假如真想以小国侍奉大国的话，请像后梁主萧察侍奉西魏那样。"李轨听从了。

武德二年二月二十八日，李轨派遣尚书左丞邓晓来到长安，递上了国书，李轨在国书上自称皇从弟大凉皇帝臣李轨，但不接受唐朝授予他的官爵。李渊见状，不禁大怒，扣下了邓晓，开始计划发兵前去讨伐。

当初，吐谷浑被隋炀帝击败后，吐谷浑伏允率领数千骑兵投奔党项，隋炀帝立伏允的儿子顺统领吐谷浑残余部众，但顺未能顺利进入吐谷浑腹地，又回到了长安。等到隋末大乱后，伏允又回到旧地。李渊建立唐朝之后，顺从江都回到了长安，李渊派人联络伏允，命其进攻李轨，并答应让顺回去。伏允多次派人请求让顺回去，李渊最终答应了，然而，等到顺回到吐谷浑之后，似乎并没有起到应有的效果，吐谷浑并未与李轨为敌。

一计不成，李渊又心生一计。

安修仁的哥哥安兴贵在唐朝做官，他上书请求前往西凉，说服李轨。李渊说道："李轨依托险要，联合吐谷浑、突厥，我发兵前去讨伐，尚担心难以得手，就凭你三寸之舌岂能成功？"安兴贵却胸有成竹，回答道："臣家世代居住在凉州，为当地豪强，为各族百姓所拥护；我的弟弟安修仁又深得李轨的信任，我家子弟在李轨身边担任要职的又有十几人。臣前去劝说，李轨听从了，自然是件好事，假设他不从命，伺机结果了他，这非常容易。"于是，李渊派安兴贵回到了凉州。

安兴贵来到姑臧（今甘肃省武威市）后，李轨任命其为左右卫大将军。安兴贵趁机劝说李轨道："凉州之地方圆不过一千里，土地贫瘠，百姓穷困。如今唐王起兵太原，夺取函谷关、占据关中，遥控中原，战必胜，攻必取，这确实是上天的旨意，不是人力能做到的。不如献出河西，归顺大唐，那么，窦融归顺光武帝刘秀的情况，又将出现在今日了！"李轨说道："我占据山川险要，他就算再强大，又能拿我怎么样呢？你从大唐而来，是替他们当说客的吧。"安兴贵赶忙道歉道："臣听说富贵而不归乡，就好像是深夜穿着一身华丽的衣服一样，索然无味。臣全家都深受陛下的厚恩，岂肯暗中投靠唐朝？只是想提出一点愚见，至于该如何决定，全在陛下。”于是，安兴贵退下后，就开始与安修仁一起暗中联络胡人，进攻李轨。李轨出兵迎战，却被击败，只好闭城固守。

安兴贵在城外宣布：“大唐皇帝派我前来诛杀李轨，胆敢帮助他的，也一并诛灭三族！”城内守军听了，争相翻越城墙，投奔安兴贵。李轨无计可施，与妻子儿女一起登上玉女台，摆下宴席，相互诀别。

武德二年五月十三日，安兴贵逮捕了李轨，河西就此被平定。邓晓在长安，听说李轨被擒后，手舞足蹈，拍手称快，李渊说道：“你身为人家的臣子，听说国家灭亡了，竟然毫无悲痛之色，反而拍手称快，这不过是为了讨好朕罢了。你既然不能尽忠于李轨，岂能为朕所用？”遂终身不予录用。

李轨被押到长安后，李渊下令将他与他的子弟们一起诛杀；又任命安兴贵为右武候大将军、上柱国、凉国公，赏赐一万段布帛；以安修仁为左武候大将军、申国公。

安兴贵兄弟二人不费吹灰之力就搞定了李轨，可谓奇迹。史书上说李渊在接到李轨国书后，因怒而计划发兵讨伐西凉，其实并不可信。以当时唐朝周边的态势和李渊的才略而言，他是根本不会作出武力进攻凉州这一决策的，这是因为：一是李轨虽然登基称帝了，却表示服从唐朝，并非唐朝的敌人，在这种情况下，李渊不会无故给自己树立一个敌人。二是凉州地处偏远，在李唐争夺中原的过程中，战略地位有限。虽然一个敌对的凉州会威胁到关中，但毕竟在凉州与关中之间尚有陇西作为缓冲，对关中的威胁并不直接，而凉州的重要性主要还在于隔绝漠北与西域之间的联络，起到联系中原地区与西域各国的作用，因此，经营凉州在目前并非当务之急。三是凉州情况复杂，一旦兵连祸结，唐军极易陷入泥潭，无法全身而退，影响到统一中国的进程。凉州的南面是吐谷浑，东面和北面分别是梁师都和突厥势力，凉州内部又有不少胡人势力，况且，凉州距离关中路途遥远，唐军要想大举进攻凉州，既要解决粮食补给问题，又要分兵防备一直虎视眈眈的梁师都、刘武周以及洛阳王世充、荆州萧铣等势力，难以确保万无一失。四是北边局势渐趋恶化，与突厥之间的关系貌合神离，在突厥的支持下，梁师都和刘武周已经开始不断骚扰北方，给关中腹地造成巨大的威胁，在这种情况下，唐军长途西进从客观上根本是不可能的。

因此，趁李轨不备，利用安兴贵打入李轨统治集团内部，进而发动政变，不战而拿下凉州，这当属于李渊的既定战略，至于史书上刻意渲染此事是基于安兴贵的主动请缨，大约在于，从儒家正统观念上来看，此事毕竟是李渊对自己的"盟友"和"御弟"下的黑手，并不是一件多么光彩的事情，史书为尊者讳之故，而故意掩盖李渊、李建成在整个事件中所处的主导地位。《旧唐书·隐太子传》称："高祖忧其（太子李建成）不闲政术，每令习时事，自非军国大务，悉委决之。"因此，在唐朝建立之初，大事李渊说了算，小事李建成全权处理，实际上，史书的这种掩盖，也抹杀了李渊、李建成父子的雄才大略和他们对世事敏锐的洞察力以及处理事务的灵活性。

就在安兴贵兄弟阴谋发动内乱、搞定李轨前后，梁师都和刘武周与李唐之间的关系也逐渐恶化了。梁师都和刘武周胆敢大举南下，进攻李唐，与突厥的支持有着密切关系。义宁元年七月李渊在太原起兵，即以"坐受宝货""若入长安，民众土地入唐公，金玉缯帛归突厥"等高昂的代价联络突厥，换取了突厥对自己的支持。等到李渊顺利进入长安之后，虽然史书对此只字未提，但可以想见，李渊以隋恭帝的名义履行了原来的约定，而原本巴望着义军到来的长安百姓，却遭受了一场浩劫，突厥贵族也着实大赚了一把，史书仅仅以寥寥数字描绘了当时李唐与突厥之间的关系："帝以初起资其兵马，前后饷馈，不可胜纪。突厥恃功骄倨，每遣使者至长安，多暴横，帝优容之。"即便如此，在武德元年年初，当薛举拉拢梁师都和突厥夺取长安时，突厥莫贺咄设差一点就答应了，幸赖张长逊从中斡旋，莫贺咄设才打消了这一主意。武德元年下半年，当李唐与薛秦鏖战之际，李渊又派遣堂侄襄武公李琛、太常卿郑元璹向突厥始毕可汗献上女伎，进一步拉拢突厥上层，以确保突厥在其间保持中立。武德元年九月二十日，始毕可汗派遣骨咄禄特勤回访，十月七日，李渊设宴款待骨咄禄特勤，席间，为了表示亲密，他下令让骨咄禄特勤与自己同坐在御床之上。

九三 争夺并州（一）

刚刚建立的李唐朝廷与突厥维系着脆弱的和平，但在接下来数月内发生的几件事情，让二者之间的关系急剧地恶化了。

其一，武德元年十一月第二次浅水原大捷。这次大捷让李唐彻底消灭了薛秦政权，顿时解除了西顾之忧，又得到薛秦精兵万人，实力增强，土地也向西拓展至陇右地区，李唐也消除了两面作战的危险，让李渊对突厥人的腰板硬了起来。

其二，武德元年十月李密归唐之后，全国各地掀起了降唐的浪潮，李唐实力发展迅猛。李密归唐之后，李唐在关东的影响力大幅度增强，据史料记载，以李密归唐为界限，关东地区此前归降唐朝（或李渊建唐之前的长安政权）的主要有：义宁元年十二月十九日，平凉（今宁夏回族自治区固原市）留守张隆归顺；二十一日，河池（今陕西省凤县东北）太守萧瑀、扶风郡（今陕西省凤翔县）和汉阳郡（今甘肃省西和县）相继归顺；刘文静夺取弘农郡，占领了新安以西地区。武德元年三四月间，窦抗、张长逊等人率领榆林（今内蒙古自治区鄂尔多斯市东胜区、准格尔旗、达拉特旗一带）、灵武（今宁夏回族自治区灵武市以南）、五原（今陕西省定边县，一说在今内蒙古自治区五原南）、平凉（今宁夏回族自治区固原市）、安定（今甘肃省泾川县）、武都（今甘肃省陇南市武都区）、宕渠（今甘肃省宕昌县）诸郡归降。四月二十七日，李密部将王君廓投降。五月十日，林州变民头领王德仁与武安通守袁子干归降。

李渊建立唐朝后，六月五日，隋安阳（今河南省安阳市）县令吕珉投降，被任命为相州刺史。二十三日，隋信都郡丞麹稜归降，被拜为冀州刺史。七月，原依附于李轨的西突厥阙可汗归降。阙可汗原依附于李轨，隋朝西戎使者曹琼据守甘州（今甘肃省张掖市）招诱，阙可汗又转而投靠了曹琼，后被李轨击败，逃至达斗拔谷之中，与吐谷浑相表里，至此归降。同月，榆林郭子和归降，被任命为灵州总管。八月二十五日，临洮（今甘肃省岷县）等四郡归降。九月，隋襄国（今河北省邢台市）通守陈君宾归降，被任命为邢州刺史。

李密归唐之后，李密总管李育德以武陟（今河南省武陟县）归降，被拜为陟州刺史。十一月七日，滑州总管王轨以滑州（今河南省滑县）归降。到武德二年一月二十六日，李密任命的伊州（今河南省嵩县）刺史张善相归降。闰二月，楚帝朱粲也表示归降。二十四日，隋朝夷陵郡丞许绍率领黔安（今重庆市彭水县）、武陵（今湖南省常德市）、澧阳（今湖南省澧县）等郡归降，被任命为峡州（今湖北省宜昌市）刺史。李育德之兄李厚德归降，被任命为殷州（今河南省获嘉县）刺史。二十九日，李公逸以雍丘（今河南省杞县）归降。三月十一日，隋朝北海（今山东省青州市）通守郑虔符、文登（今山东省威海市文登区）县令方慧整以及占据东海（今江苏省东海县）、齐郡（今山东省济南市）、东平（今山东省郓城县）、任城（今山东省济宁市）、平陆（今山东省汶上县）、寿张（今山东省梁山县）、须昌（今山东省东平县）变民头领王薄等人全部献出土地，表示归顺唐朝。十九日，淮南五州表示归降。李渊下令将前后归降的隋朝旧官以及变民头领分别加官晋爵，以王薄为齐州（今山东省济南市）总管，伏德为济州（今山东省东阿县）总管，郑虔符为青州（今山东省青州市）总管，綦公顺为潍州（今山东省潍坊市）总管，王孝师为沧州（今河北省沧县东南）总管。四月九日，隋朝御卫将军陈棱以江都投降，被拜为扬州（今江苏省扬州市）总管。

在李渊称帝之前，其影响力主要在关中地区，又利用隋恭帝的影响力拿下了巴蜀，并开始派人经营关东；称帝后，关东部分郡县开始归降，随着瓦岗军瓦解之后，关东旧隋势力、瓦岗军旧部及其他小股变民集团也开始纷纷归降，尤其是王世充废掉皇泰主、自立为帝后，群龙无首的各种势力又掀起了降唐的浪潮，这都与李渊采取武力打击与说服劝诱两手策略是密不可分的。

这对于李唐政权来说固然是件好事，但对于突厥人而言就未必，这是因为，突厥当初扶植李渊的目的就是想在中原扶植一个傀儡政权，他们原打算像对待梁师都、刘武周一样对待李渊，保持李渊集团与其他依附于自己的梁师都、刘武周、李轨甚至窦建德等集团力量的平衡，这对突厥将是最为有利的。随着瓦岗军、宇文化及的灭亡以及隋朝的灭亡，环顾天下，李渊集团发展迅猛，一支独大，显然，这不符合突厥人的利益，也使得突厥支持梁师都等人与李唐对抗成为可能。

其三，李唐接纳西突厥曷娑那可汗，直接导致了突厥的不满。西突厥曷娑那可汗原本在宇文化及军中，当他看到继续追随宇文化及毫无前途，遂于武德元年十二月三日投降了唐朝，李渊晋封他为归义王。武德元年七月四日，在第一次浅水原之战前夕，梁师都曾经发兵进攻灵州（今宁夏回族自治区灵武市），但这只宜看作一次孤立的行动，到了十月，李渊还曾命人向始毕可汗送去女伎，始毕可汗也派人进行了回访，其间不见梁师都、刘武周发兵骚扰，然而，等到过了新年，到武德二年情况就急转直下了。东西突厥是世仇，虽然史书没有明言，但自从唐朝接纳西突厥曷娑那可汗之后，突厥人就开始公然支持梁师都和刘武周南下进攻唐朝，这使得我们有理由认为，这极有可能是双方关系闹僵的一个导火索。

武德二年新年刚过，李渊就派遣金紫光禄大夫靳孝谟前往北方边境，招抚边地，结果，靳孝谟被梁师都抓获，被杀。梁师都控制着朔方（今陕西省榆林市横山区西）、雕阴（今陕西省绥德县）、弘化（今甘肃省庆阳市）、延安（今陕西省延安市）、盐川郡（今宁夏回族自治区盐池县北）等郡，并引导东突厥人入住黄河以南，被始毕可汗封为大度毗伽可汗。关中虽说是四塞之地，但如今有梁师都盘踞在关中腹地北面，北面就被撕开了一个口子，关中立马陷于岌岌可危的境地，因此，在消灭了薛秦之后仅仅一个多月，李渊集团就将目光转向了北方。值得注意的是：靳孝谟前往北边招诱各郡与张俟德前去凉州几乎同时，也仅仅在安兴贵前去凉州三四个月之前，由此可知，派遣靳孝谟和张俟德是李渊在消灭薛秦集团之后，经营陕北、河西的重要举措，其目的就是进一步稳定后方，为以后东进争夺天下打下创造条件，不过，靳孝谟和张俟德二人的努力均告失败了：靳孝谟被杀；张俟德虽没有被杀，但李轨并未臣服。李轨没有臣服，李渊并未心灰意冷，又派遣安兴贵返回凉州，并在两三个月后成功地从内部瓦解了李轨，而靳孝谟的被杀，却直接导致了梁师都联络突厥，准备给予唐朝一次致命的打击。

武德二年二月（《旧唐书》记作二月，《资治通鉴》记作闰二月），突厥始毕可汗亲自率领大军渡过了黄河，南下一直进抵夏州（今陕西省榆林市横山区）。梁师都调集军队，与突厥军队会师，准备大举南下；又分拨给马邑的刘武周五百突厥骑兵，打算命其从句注（今山西省代县西）南下，进攻太原。

刚刚建立不久的李唐王朝就要面临一场灭顶之灾！

得知突厥即将大举南侵，李唐朝廷顿时惊慌失措，赶忙派遣右武候大将军高静带着大量金银财宝送给始毕可汗。然而，还在高静北上途中，始毕可汗突然病死了！突厥集团内部立即陷于一场继承人的争斗之中：始毕可汗的儿子什钵苾年幼，其弟俟利弗设夺取了汗位，被立为处罗可汗。处罗可汗以什钵苾为泥步设（突厥官号），令其居住在帝国东部，在隋唐幽州地区的正北面。

始毕可汗的突然死亡，让新生的唐朝暂时躲过了一场浩劫。李渊听说后，立即派人命令高静停止向突厥交付，将财物暂时交由所在地的仓库保管，李渊的使者赶上高静时，高静已行至丰州（今内蒙古自治区五原县），于是，就把财物留了下来。突厥处罗可汗听说后，不禁勃然大怒，又将发兵南下，丰州总管张长逊赶忙派高静出塞，把这批财物当作唐朝送给突厥人的治丧礼品，突厥人这才又掉头北还了。

九四　争夺并州（二）

突厥大军虽然北还了，但梁师都并没有停止行动。

武德二年三月一日，梁师都再度发兵进攻灵州，被灵州长史杨则击退。也许是机缘巧合，也许是蓄谋已久，与梁师都密切配合，刘武周也于二十二日发兵朝李唐的太原杀来。

刘武周发兵南下，还有一个原因：当初，上谷人宋金刚拥有一万多人，在易州一带当强盗，与定州的魏刀儿相互呼应，等到魏刀儿被窦建德消灭后，宋金刚率军救援，又被窦建德击败，率领残余的四千部众逃奔马邑，投靠了刘武周。刘武周早就听说宋金刚善于用兵，见宋金刚前来投奔自己，不禁心中大喜，封其为宋王，并把一半家产赠给他。宋金刚深受感动，遂休掉自己的妻子，请求娶刘武周的妹妹为妻，又趁机劝说刘武周南下晋阳，进而争夺天下。

四月，刘武周以宋金刚为西南道大行台，率领两万军队、五千骑兵并带着突厥军队进抵黄蛇岭（今山西省晋中市榆次区北），兵锋甚盛。齐王李元吉命令车骑将军张达率领一百步兵进行一次试探性攻击，张达以兵力太少为由拒绝前往，但李元吉固执己见，强令张达出战。果然，张达出城之后，很快就连同这一百人落入敌手。被俘之后，张达心怀怨恨，四月二日，他引导着刘武周和突厥联军奔袭榆次（今山西省晋中市榆次区），一举将其攻克。

李元吉是李渊的第四子。李渊起兵后，被授予太原郡守，封姑臧郡公，不久，又晋封为齐国公，授十五郡诸军事、镇北大将军，留镇太原，许以便宜行事。武德元年，晋爵为齐王，授予并州总管。武德二年年初，为了防备刘武周南下，李渊派殿内监窦诞、右卫将军宇文歆来协助李元吉。窦诞是窦抗的儿子，娶了李渊的次女襄阳公主。李元吉本性奢侈，他家中奴仆、婢女就多达数百人，还经常让这些奴仆、婢女身穿铠甲模仿打仗，致使死伤了很多人。李元吉本人也曾经在演习中负伤，他的乳母陈氏出于善意，苦苦相劝，不巧，正值李元吉喝醉了，顿时大怒，下令壮士将陈氏活活打死。李元吉还特别喜欢打猎，光他的捕兽工具就有三十多车，他经常说："我宁可三天不吃饭，也不能一天不打猎。"还放纵手下抢夺民财，宇文歆屡屡劝谏，但李元吉就是不听。无奈，宇文歆上书向李渊报告，他在奏表上称："齐王在并州期间，经常出外，曾经与窦诞一起打猎，践踏百姓庄稼，放纵部下，公然抢夺，境内牲畜，全被抢光。还当街射箭，看着人们四处躲避，以此为乐。派遣身边的人以战斗为游戏，相互刺杀致死。深夜打开府门，在他处公然淫乐。百姓愤怒，民心不稳，以此守城，岂能保全！"李渊见到宇文歆的奏表后，闰二月二十二日，下令免去了李元吉的官职。李元吉暗示百姓前去长安，挽留自己，仅仅过去二十余日，到了三月十五日，李渊又下令让他官复原职了。

四月十八日，攻克榆次之后，刘武周乘胜包围了太原，李元吉将其击退。二十日，李渊下令太常卿李仲文率军前去解救。

五月十九日，刘武周的军队又攻陷了平遥（今山西省平遥县）。

六月十日，刘武周的军队进逼介州（今山西省介休市），一名叫道澄的和尚用佛幡从城墙上垂下，把刘武周的军队引入城内，介州随即陷落。李渊下令左武卫大将军姜宝谊与行军总管李仲文迎战。刘武周的部将黄子英派遣小股部队不断穿行于雀鼠谷之间，向唐军挑战，双方刚一交手，黄子英的军队就佯装不胜，掉头就跑，如此再三，惹得姜宝谊和李仲文性起，遂率领全军发起追击，结果，黄子英早已设下埋伏，唐军陷入伏击圈内，被打得大败，姜宝谊和李仲文二人也被生擒。不久，二人从刘武周军中逃了出来，李渊既往不咎，又命二人率军抵御刘武周。

李渊刚刚拿下凉州，准备让自己的次子李世民经营西方，遂于五月十五日任命李世民为左武候大将军、使持节、凉州、甘州等九州诸军事、凉州总管，其太尉、尚书令、雍州牧、陕东道行台不变；又派遣黄门侍郎杨恭仁前去安抚凉州。但李渊的高兴劲还没过去，这边的刘武周就打到了介州，切断了太原与关中的联系，更何况在蒲坂还有一个王行本横亘在那里拒不投降，如今，姜宝谊和李仲文又遭受惨败，全军覆没，这让李渊感到非常担心。

尚书右仆射裴寂主动请缨，武德二年六月十六日，李渊任命裴寂为晋州道行军总管，率军讨伐刘武周，授予全权处理各种事务之权。

打下介州之后，刘武周的军队开始清扫口袋之内的城池，七月二十五日，宋金刚率军西进，进攻浩州（今山西省汾阳市）。浩州刺史刘赡率军抵御，战败之后逃归的李仲文和姜宝谊也率军来到这里，协防浩州。宋金刚连续进攻十天，没有攻下，只得撤离了。此时，梁师都也率领数千骑兵与突厥人一起南下，推进到延州（今陕西省延安市），李唐行军总管段德操（段孝先的儿子）因众寡不敌，闭城固守，一直相持到九月，段德操观察到敌人放松了警惕，遂命令副总管梁礼率军出击。梁师都与梁礼激战正酣，段德操突然率领轻装骑兵，携带大量战旗，绕到梁师都军队的背后，梁师都军顿时溃败。唐军乘胜追击了二百多里，反而攻克了梁师都占领的魏州（今陕西省清涧县），俘虏了两千多人。

就在前方鏖战之时，李唐朝廷内部又发生了一件影响深远的大事——民部尚书、太原功臣的代表刘文静竟然被李渊下令诛杀了！

刘文静一直自以为才能、功劳都在裴寂之上，然而，等到李唐建立之后，裴寂当上了尚书右仆射，而自己仅仅是个尚书，因此，内心非常不满。每次在朝堂商议国事，裴寂认为正确的，刘文静必然要提出反对意见，还屡屡羞辱裴寂，从此二人反目成仇。刘文静曾经与弟弟、通直散骑常侍刘文起一起饮宴，酒酣耳热之际，他口吐怨言，抽出佩刀，猛砍房柱说道："我一定要砍下裴寂的脑袋！"刘文静的家中不时发生一些怪事，刘文起就招来巫师在星光之下披散头发，口噙钢刀，作法镇邪。当时，刘文静有一位爱妾失宠了，就把这事告诉了自己的哥哥，于是，他的哥哥又向朝廷告发了。

唐高祖李渊下令逮捕了刘文静，派裴寂和萧瑀审讯。刘文静在供词中说："起义之初，我担任司马，地位与长史（裴寂当时的官职）差不多。如今，裴寂已成了仆射，住上了豪华的宅邸，而臣的官职与其他人等没有什么两样。臣东征西讨，老母留在京师，连一个遮风挡雨的地方都没有，心中确实不满。喝醉了酒，也许会口出怨言，我不敢保证没说过。"李渊看了刘文静的供词，立即下了断言，说："刘文静这话，已清楚地表明他要谋反了！"李纲和萧瑀都认为刘文静绝对没有谋反之意。秦王李世民替刘文静求情说："过去在晋阳，刘文静最先定下非同寻常的策略，才告诉给了裴寂，而等到攻克京师之后，二人的待遇却相差太大。刘文静心存不满倒是真的，但他绝不敢谋反。"而唐高祖李渊素来就对刘文静心存猜忌，裴寂又说："刘文静的才能谋略确实超过常人，可是，其性格又粗鲁、阴险，盛怒之下会铤而走险。如今，天下尚未平定，外面还有强敌，如果赦免了他，一定会后患无穷的。”李渊素来宠信裴寂，他低头沉思了半天，最终采纳了裴寂的意见。九月六日，李渊下令斩杀刘文静、刘文起兄弟，没收了他们的家产。刘文静临刑时，拍着胸膛叹息说：“高鸟逝，良弓藏，这话真的不假啊！”他被杀时，五十二岁。

屈指算来，从太原起兵到如今，仅仅过去短短两年的时间，太原功臣之一的刘文静竟然就身首异处了，刘文静说到“高鸟逝，良弓藏”，但此时的唐朝才刚刚建立，高鸟还远没有逝去，为何李渊要把良弓匆匆藏起呢？透过史书，对于刘文静的死，我们似乎还可以探寻出其他一些原因来。

一是从李渊的性格上分析。由于唐初留下的史料大多经过了唐太宗李世民的过目、删削，突出了李世民在唐朝初年的功绩，有意抹杀唐高祖李渊、隐太子李建成等人的功劳，致使我们印象中的李渊就是一个平庸无能、人云亦云、贪淫好色，多少有些宽厚之人，实际上，从唐初一系列正确决策看来，李渊绝对是一个雄才大略的君主，但他绝非一个宽厚之人。真实的李渊不仅不宽厚，反而气量狭隘，斤斤计较，甚至还非常嗜杀，这一点，我们可以从他惯于杀降一事上看得出来：他诛灭了已经投降的薛仁杲及其部下、诛灭了被押到长安的李轨全家、杀死了归降后的李密以及后来杀死归降的王行本等等，李渊根本不像昔日那些气度非凡的君主那样会赦免甚至表彰那些替敌人卖命的人，也没有能力团结那些可能会给自己制造麻烦的人，他唯一的办法就是杀戮。刘文静是李密的亲戚，又心怀不满，当李渊感到不安时，他最先想到的办法就是杀掉。

二是从当时的对外关系上分析。晋阳起兵之后，李渊之所以能迅速夺占关中，很大程度得益于突厥的支持，而有得有失，在占领长安之前，长安是别人的，子女玉帛随便可以答应给突厥人，但等得到长安之后，长安就成了自己的，给突厥人一分钱那也心疼啊。更何况，突厥人得到了李渊承诺的一切，长安百姓被洗劫一空，势必对李渊政权产生很大的不满，动摇着李唐政权的统治基础，而在不明真相的老百姓眼里，招致突厥到来的人正是刘文静！如今，突厥人又暗中支持梁师都和刘武周与李唐为敌，如果不杀掉刘文静，李渊就无法推卸自己对长安百姓犯下的罪行，因此，刘文静必死无疑。刘文静临死之前说到的“高鸟逝，良弓藏”，大约仅指这一层意思吧。

三是从李唐朝廷内部矛盾上分析。任何一个王朝建立之后，首先需要解决的就是如何处理功臣问题。能在乱世之中建功立业的人大多数不是安分的良民，就像裴寂对刘文静评价的那样，是“忿不思难”敢于铤而走险的人，处理这些人不外两个办法：一是和平的办法，如宋太祖赵匡胤的杯酒释兵权；二是杀戮，如朱元璋的大肆杀戮功臣。李唐建立之后，太原功臣集体失势，他们被限制在军队系统之内，而不允许他们插手政事，虽然李渊并没有采取杀戮的办法，而代之以《褒勋臣诏》指出将予以物质奖励，但这毕竟与赵匡胤的杯酒释兵权不同，只是一个空头支票，像刘文静这样的人尚且“家口无托”，其他功臣们的境遇更是可想而知了。刘文静对裴寂的抗争实际上是曲折地向李渊表露了功臣们普遍的不满，大敌当前，如果不能果断把这一苗头打压下去，可能后患无穷。另外，从太子李建成与秦王李世民之间的关系上分析，虽然在刘文静被杀之时没有证据表明李世民已有夺嫡之心，二人已经产生了矛盾，但据《旧唐书·隐太子传》记载，李唐建立之后，虽然太子李建成已开始全权处理政务，而“皇太子令及秦、齐二王教与诏敕并行，百姓惶惑，莫知准的”。这种情况无疑会让李建成产生一种危机感，也会诱发李世民的夺嫡野心。李渊目睹了隋文帝废长立幼所带来的悲剧，因此，他是站在李建成一边的，而心怀不满的刘文静又“领陕东道行台左仆射。武德二年，从太宗镇长春宫”。是李世民的直接下属，因此，杀掉刘文静，防患于未然，可能也是李渊决心除掉刘文静考虑的因素之一吧。在救援太原之初，李渊派遣的是裴寂而不是李世民，大约就是出于这个原因。

九五 消灭武周（一）

裴寂率领唐军来到介休，宋金刚固守不战。

裴寂的唐军以度索原（今山西省灵石县东）为大本营，以山谷中的涧水为水源，宋金刚派军切断了唐军取水的要道，唐军营中开始缺水，士兵们饥渴困乏。裴寂打算把军营移往接近水源的地方，就在唐军移动过程中，宋金刚抓住战机，向唐军发起了突然袭击，唐军顿时溃败，几乎全军覆没。裴寂吓得魂不附体，仓皇南逃，一天一夜狂奔到了晋州（今山西省临汾市）。

度索原惨败后，晋州以北的城池除了太原、西河（浩州）之外，全部沦陷。姜宝谊又被宋金刚俘虏，他再次密谋逃跑，宋金刚发现后，下令将其诛杀。战后，裴寂上书谢罪，李渊下诏安慰一番，并没有追究他的责任，而是令他继续镇守河东。

度索原之战击败了唐军援军，等于完成了关门打狗这一步，刘武周遂集中兵力回过头来向晋阳（今山西省太原市）发起总攻。早已吓破了胆的齐王李元吉决定弃城逃跑，他骗司马刘德威说："你率领老弱之兵守城，我率领精锐部队出城与敌人决一死战！"

武德二年九月十六日深夜，李元吉趁夜打开城门，携带自己的妻妾，丢掉晋阳逃归长安。李元吉刚出城，刘武周的军队就进抵城下了，晋阳当地豪强薛深开城迎接刘武周，晋阳陷落。

消息传来，唐高祖李渊大怒，他对礼部尚书李纲说道："元吉年幼无知（时年19岁），不懂世事，因此，我才派遣窦诞、宇文歆前去辅佐。晋阳拥有数万强兵，粮食足够吃上十年，那里是我龙兴之地，竟然在一天之内就放弃了！我听说是宇文歆最先出的这个馊主意，看我不宰了他！"李纲说道："齐王年轻骄傲，过惯了安逸的生活，窦诞从未劝谏，反而替他遮掩，致使晋阳民怨沸腾，今日之败，都是窦诞的罪过。宇文歆曾劝谏齐王，齐王不听，不久，他就上书向陛下禀报，他是位难得的忠臣啊，岂能杀掉！”第二天，李渊把李纲召入宫中，命他坐上御座，说道：“我身边有了你，才不致滥用刑罚，元吉自己做了错事，二人也无能为力。”连同窦诞一起赦免了。卫尉少卿刘政会在太原，被刘武周俘虏，刘政会派人将刘武周在太原的兵力部署偷偷报告给了李唐朝廷。占领太原之后，刘武周又派遣宋金刚率部南下，进攻晋州，并将其攻克，生擒唐朝右骁卫大将军刘弘基。刘弘基从晋州逃归长安，宋金刚进而兵临绛州（今山西省新绛县），又攻克了龙门（今山西省河津市），刘武周的军队已经打通了通往关中的道路。

然而，黄河对岸的梁师都进展缓慢。九月三十日，梁师都再度发兵南下，进攻延州，段德操指挥唐军奋勇杀敌，斩杀两千多人，梁师都率领一百多名骑兵仓皇退去。段德操因功被李渊拜为柱国，赐爵平原郡公，但此战中，李唐鄜州（今陕西省富县）刺史梁礼战死。与此同时，随着刘武周军队的节节胜利，突厥人的态度却转而变得暧昧起来了。从武德元年年底李渊接纳西突厥曷娑那可汗之后，突厥人与李唐朝廷关系突然恶化，到武德二年年初，始毕可汗即准备大举南下，二月始毕可汗去世，突厥高层忙于安定内部，大军北撤，但仍留有部分军队协助梁师都和刘武都与李唐朝廷为敌，不过，到了六月十二日，情况却发生了些许的变化——突厥人派来使者，正式向李唐朝廷通报了始毕可汗去世的消息。始毕可汗二月去世，在四个月后的六月，突厥人才向李唐朝廷通报了这一消息，这非常耐人寻味：这种通报一般通行于友邦之间，也就是说，在此之前，突厥人并没有把李唐朝廷看作友邦，如今突然又把李唐朝廷视为友邦，很显然，在过去的四个月里，李唐朝廷作出了许多鲜为人知的巨大努力，而对于突厥人来说，他们并无夺取中原土地的野心，他们关心的仅是子女玉帛，如果谁能满足他们这些东西，他们就会与谁结为朋友，更何况处罗可汗刚刚继位，似乎也并不愿意过多地陷入中原内斗之中。李渊在皇宫正南门最中间的长乐门前举办了隆重的哀悼仪式，并停止三天朝会，还派李唐朝廷全体官员前往突厥使者居住的馆驿吊唁。不久，突厥人又派人前来长安，要求李渊杀掉西突厥曷娑那可汗，起初，李渊没有答应。李唐群臣纷纷说道：“保护一个人而失去一个国家的支持，将来必定带来灾难！”李世民说：“他人走投无路投靠我们，如果被我们杀掉，这不仗义。”李渊犹豫了很久，不得已，于九月二十一日邀请曷娑那可汗到内殿饮宴，继而，又将他送到中书省内，让突厥使者把他杀掉了。史书记载，李渊起初不答应以及李世民说的话，令人生疑，也许这样记载的目的是替他们父子二人遮丑，实际上，他们父子二人干过的不义之事并不少，此时的他们怎能在乎一个素无交情、寄人篱下的曷娑那可汗呢?

突厥人态度的微妙变化势必影响到并州的局势，然而，此时的刘武周似乎对此并没有引起高度的重视，他将目光死死地盯住李唐在河东地区的数个残余据点。十月，刘武周命令宋金刚率部进攻浍州（今山西省翼城县），又将其攻克。裴寂素来胆小，并无将帅之才，他在河东期间，并无其他应对措施，只是不断向虞州（今山西省运城市）、泰州（今山西省河津市东南）派去使者，敦促两地坚壁清野，让百姓焚烧粮食，退入城堡。百姓们惊恐不安，都想起来作乱，响应刘武周的军队。不久，夏县（今山西省夏县）人吕崇茂杀掉了唐朝的县令，自称魏王，起兵造反，响应刘武周。裴寂派兵征讨，反被吕崇茂击败。河东局势危若累卵，李渊不得不下诏命令永安王李孝基、工部尚书独孤怀恩、陕州总管于筠、内史侍郎唐俭等人率军增援裴寂。

当时隋将王行本尚固守着蒲坂，也与刘武周遥相呼应，而河东的百姓又纷纷起义，反抗李唐王朝的统治，再加上宋金刚的兵锋甚盛，李渊竟然顿生退缩之意，他给李世民亲笔写信道："敌人如此强盛，难以争锋，应该丢掉黄河以东地区，牢牢守住关西也行。"李世民上书道："太原，是王业的根基，国家的根本；河东殷实，是京师的依靠，如果统统放弃，臣深感愤恨。希望能交给我三万精兵，我一定消灭刘武周，收复汾、晋。"李渊见李世民说出这一番豪言壮语，就答应了他的请求，把关中能调动的军队全部交给了李世民。

李渊深知，这将是一场关乎李唐帝国命运的决战，也是李唐建立以来面临的一次最大的考验。十月二十日，他亲自来到长春宫（今陕西省大荔县境内），为李世民壮行。

十一月，李世民率领唐军从龙门（今山西省河津市西北）踏着坚冰，东渡黄河，驻扎在柏壁（今山西省新绛县西南），与宋金刚的军队相持。当时，河东各地饱受兵灾，粮食扫地无余，百姓人心惶惶，逃入城堡躲避，唐军到来之后，征发不到粮食，军中开始缺粮。李世民向河东百姓发布公告，百姓们听说唐军主帅是李世民，遂由近及远，纷纷前来投靠，唐军逐渐征收百姓的粮食，军粮也开始充足起来，于是，李世民下令休养士卒，厉兵秣马，大军固守不战，只是派出小股部队趁机四处劫掠敌人，敌人的气势逐渐被压制下来。

一次，李世民曾经亲自率领轻装骑兵侦察敌情，来到前线后，他命随从的骑兵们四散前去侦察，身边只留下一名卫兵，登上一座土丘躺下休息，竟然睡熟。谁知敌人已经发现了他们，不一会儿，就从四面八方朝这座土丘而来。李世民二人毫无觉察，正巧一条蛇追赶一只老鼠，尾巴扫到那名卫兵的脸庞，那名卫兵猛然从睡梦中惊醒，四下张望，突然发现了黑压压正往土丘上爬来的敌人。卫兵赶忙把李世民叫醒，二人翻身上马，打马突围，刚跑一百多步，就被敌人追上了。李世民武艺高强，尤其擅长骑射，据《尚书故实》记载，李世民所用的弓比一般的大，箭比别人的长，眼看敌兵就要赶上，只见李世民弯弓搭箭，扭身一箭射去，射死追在最前面的刘武周军队的猛将，追兵这才退去。

在河东战场，刘武周军与唐军处于犬牙交错状态。唐军驻扎在柏壁，在它的东面和北面则是被刘武周军占领的浍州（今山西省翼城县）和晋州（今山西省临汾市），柏壁南面的夏县（今山西省夏县）是与唐军为敌的吕崇茂，而夏县的西面又是唐军的虞州（今山西省运城市），可在虞州的西南又是隋将王行本驻守的蒲坂。唐军以主力部队前突至柏壁，就扼住了刘武周军继续南下的咽喉，便于自己逐次消灭处于自己侧翼和后方的吕崇茂、王行本所部，只有消除了侧翼和后方的威胁，唐军才敢放心大胆地与刘武周决战。

于筠劝说永安王李孝基速速进攻吕崇茂，独孤怀恩建议先修造攻城器具，然后再发起进攻，李孝基答应了。吕崇茂向宋金刚求救，宋金刚派遣尉迟敬德、寻相率军增援夏县。李孝基内外受敌，被打得大败，李孝基、独孤怀恩、于筠、唐俭、刘世让全被俘虏。据《旧唐书·裴寂传》称，此战系裴寂指挥，战后，李渊把裴寂召回京师，斥责道："起义之初，你有拥戴之功，给你的官爵也够高了。不久前，命你抵御刘武周，我军的兵力足以破敌，反而遭到如此惨败，你难道就不感到对不起我吗？"将他打入大牢，但不久就又把他放了，反而比过去更宠爱。

九六 消灭武周（二）

尉迟敬德，本名尉迟恭，字敬德，以字行，是朔州善阳（今山西省朔州市）人。

尉迟恭在隋朝末年从军，后官至朝散大夫，刘武周叛乱后，被任命为偏将。唐军主力在前线固守不战，而在后方丝毫没有放松对王行本和吕崇茂的打击，然而，李孝基在进攻夏县中被增援夏县的尉迟敬德、寻相所部打得大败，全军覆没。

唐军在夏县遭到惨败之后，见硬的不行，又想软刀子杀人。为了离间尉迟敬德与吕崇茂之间的关系，李渊派人偷偷来到夏县，宣布赦免了吕崇茂的罪过，并拜其为夏州刺史，命其结果了尉迟敬德。吕崇茂原为一介平民，本无争夺天下的野心，得到李渊的诏书后，就改变了立场，决心除掉尉迟敬德，然而，在行动之前走漏了风声，尉迟敬德果断出手，将吕崇茂杀死。杀死了吕崇茂，尉迟敬德和寻相所部在夏县也失去了有力的支持，只好带着战利品返回浍州。秦王李世民获取了这一情报后，即派遣陕东道大行台兵部尚书殷开山、行军总管秦叔宝等人率军在美良川（今山西省闻喜县南）伏击刘武周军，尉迟敬德等人毫无防备，结果被打得大败，被斩杀了两千多人，被俘的唐工部尚书独孤怀恩也趁乱逃归唐军。尉迟敬德退去后，吕崇茂的余党再度占据了夏县。李渊这一离间之计达到了预期目的，成功分化瓦解了吕崇茂与尉迟敬德之间的关系，使得宋金刚所部在与唐军的对垒中侧翼失去了一个有力的支援，从战略态势上逐渐扭转了被动局面。

美良川之战后，唐军加强了对后方蒲坂的进攻，王行本连连向宋金刚告急，宋金刚又派尉迟敬德和寻相率领精锐骑兵，长途增援蒲坂。李世民得知尉迟敬德等人出动后，也亲自率领三千步骑趁夜从小路直插安邑（今山西省运城市东北），再次截击尉迟敬德，又大破了敌军。刘武周全军覆没，尉迟敬德和寻相二人只身逃脱，唐军得胜而还，又回到了柏壁。

失去外援的王行本已岌岌可危。武德三年（公元620年）一月，唐高祖李渊命令将军秦武通、独孤怀恩向蒲坂发起了猛攻。王行本困兽犹斗，出城决战，结果战败。此时的蒲坂已粮尽援绝，王行本打算突围，但无人响应，一月十四日，他只好开门投降。十七日，李渊亲自驾临蒲坂，余怒未消的他竟然下令斩杀了已归降的王行本。李世民率领轻装骑兵前来拜谒父亲，与此同时，宋金刚则加强了前线的攻势，包围了绛州（今山西省新绛县）。一月二十九日，李渊才返回了长安。

唐军经过两年多的苦战才拔下蒲坂这颗钉子，也解除了柏壁前线的后顾之忧，这当然让李渊非常高兴，然而，就在他兴奋之余，一个巨大的阴谋几乎要了他的性命！

如前所述，独孤怀恩的父亲既是李渊的舅舅，也是隋炀帝杨广的舅舅，他与李渊和杨广都是表兄弟。李渊命令独孤怀恩进攻蒲坂，一直没能攻下，又伤亡惨重，李渊屡次下诏对他百般嘲弄，横加指责，令独孤怀恩非常怨恨。过去，李渊对独孤怀恩开玩笑说："你姑姑家的孩子们都已当上了天子，下次该轮到舅舅家的孩子了吧？"独孤怀恩虽然嘴上没说什么，但内心想想觉得也对啊，有时握住自己的手腕说："我们独孤家难道只有女儿们尊贵？"遂与下属元君宝（《资治通鉴》称元君宝，《旧唐书》称元君实）阴谋造反。等到夏县战败后，独孤怀恩与元君宝、唐俭等人都被尉迟敬德俘虏。同为俘虏，元君宝就松懈了下来，他对唐俭说："独孤大人近日将要办一件大事，如果早一天决定，我们岂能遭受今日被俘的屈辱？古人说：'当断不断，反受其乱。'独孤大人迟疑之间，竟然到了这个田地，岂不全是因为没有当机立断吗？"等到李世民在美良川击败尉迟敬德之后，独孤怀恩又趁乱逃归，李渊命其率军继续进攻蒲坂。

这时，元君宝又对唐俭说："独孤大人能顺利脱离大难，再返蒲坂，这正应了那句'王者不死'的话啊！"言者无意，听者有心。独孤怀恩是皇帝的近亲，李渊虽然对他多有责备，但丝毫不会想到他会怀有二心。唐俭听了元君宝的话，担心一旦独孤怀恩发动政变，李渊真的会猝不及防，遭遇不测，于是，就劝说尉迟敬德，请求让自己的亲信刘世让返回唐营，说服唐朝与刘武周讲和。尉迟敬德信以为真，就答应了，唐俭让刘世让返回唐营议和是假，实际上是命令他回去向李渊报告独孤怀恩的阴谋。

刘世让赶回蒲坂时，王行本已经投降，独孤怀恩也已率军进入了蒲坂城内。唐高祖李渊闻讯，也已摆驾来到了蒲坂，正准备进入蒲坂城内，龙舟已经行至黄河河心，恰恰在这时，刘世让乘船请求面见李渊，声称有重要机密要禀报皇上。李渊读完刘世让的奏表后，不禁大惊失色，脱口说道："我脱离了险境，这岂不是天意吗！"于是，他当即返回，并派人前去蒲坂城内召独孤怀恩来见。独孤怀恩根本不知道自己的阴谋已经败露，他乘坐一叶轻舟，很快就来到黄河西岸。等到他一登上河岸，就被人拿下，接着，李渊又命人前往独孤怀恩军中，将其同党一一逮捕。

武德三年二月二十二日，唐朝诛杀了独孤怀恩及其同党。

就在唐军加强对蒲坂的进攻前后，刘武周的军队也对唐军展开了全面的进攻，除了宋金刚包围了绛州，二月，刘武周又派兵进攻潞州（今山西省长治市），接连攻陷了长子（今山西省长子县）、壶关（今山西省壶关县）二地。唐朝潞州刺史郭子武无力抵御，向唐廷连连告急，李渊派王行敏率军增援，但王行敏与郭子武不和，有人告发郭子武将要谋反，王行敏遂将其斩首示众。二月十一日，刘武周的军队进攻潞州，被王行敏击退。

二月二十日，在拿下蒲坂之后，李渊又命令桑显和率军进攻夏县的吕崇茂。三月二日，刘武周则派遣部将张万岁进攻浩州（今山西省汾阳市），李仲文将其击退，斩杀俘虏了数千人。二十一日，行军副总管张纶再次在浩州击败了刘武周的军队，又斩杀了一千多人。接着，张纶、李仲文率领唐军乘胜进攻石州（山西省吕梁市离石区），变民军头领刘季真诈降，三月二十二日，李渊任命刘季真为石州总管，赐姓李，封为彭山郡王。

刘武周一直拿不下后方被唐军占领的浩州，到了四月，前线的宋金刚所部粮食吃尽，四月十四日，宋金刚率领部队开始北撤，秦王李世民立即下令唐军实施追击。

李世民率领唐军在吕州（今山西省霍县）追上了宋金刚的后卫部队寻相所部，唐军奋勇杀敌，大破寻相。得胜后的唐军更是士气高涨，乘胜追杀，一日一夜狂追了二百多里，连续打了数十场战斗，一直追到了高壁岭（今山西省灵石县南）。总管刘弘基拉住李世民的马缰绳，劝谏道："大王击破敌人，乘胜追击，来到此地，所立之功也就够了！大王却追杀不止，难道不爱惜自己的身体吗？况且，士兵们都已疲惫不堪，饥饿难耐，应该在此稍作停顿，等到军粮送上之后，再继续向北挺进，也还来得及啊！”李世民回答：“宋金刚无计可施才率军北撤，此时敌人军心大乱，士气全无。最难建立的就是功勋，却也是最容易丢掉的；机会难得而容易失去，一定要把握住这个机会彻底消灭他们。如果我们在此滞留，会让敌人得以喘息，想出对策，做好防御，届时，就难以再攻取了。我尽心竭力，为了国家，岂能爱惜自己！”于是，他扬鞭打马，指挥唐军继续前进，士兵们见主帅冲在最前面，也无人再敢说肚子饥饿了。

唐军在雀鼠谷（今山西省灵石县汾河河谷）追上了宋金刚的主力，一天之内，八次激战，唐军全部取胜，斩杀俘虏了数万敌军。当天晚上，唐军就在雀鼠谷的西面高地上宿营，李世民已两天两夜没有吃一点东西，三天三夜没有脱去铠甲了，当时军中只有一只羊，李世民下令将那只羊宰杀后，与全军将士们一起分吃了。四月二十三日，在去年十二月夏县会战中被尉迟敬德擒获的于筠也从敌营中逃出。李世民率领唐军继续向北挺进，直逼介休（今山西省介休市）。此时，宋金刚手中尚有两万军队，四月二十五日，他率军从介休西门出城，背靠城墙列下阵势，南北七里，要与李世民决一死战。李世民以总管李世勣（这时，李世勣已被窦建德赶出了黎阳，具体内容见下）、程咬金、秦叔宝为北军，翟长悊、秦武通为南军率军迎击，却被宋金刚击败，唐军稍稍向后退却，宋金刚指挥大军开始追杀。眼看唐军的退却即将演变成一场大的溃败，说时迟那时快，就在这千钧一发之际，李世民率领自己身边的精锐骑兵绕到宋金刚军队的背后，像一把尖刀突然杀来，宋金刚猝不及防，顿时大败，所部被斩杀了三千多人。宋金刚来不及逃入城内，骑马仓皇北逃，李世民率军猛追了数十里，一直追到介休以北的张难堡（在介休市以北四十里）。唐朝浩州行军总管樊伯通和张德政一直固守张难堡，拒不投降，当李世民率领的唐军来到堡外，他脱去头盔让他们辨认，堡垒之内的唐军将士们没有想到竟有今日，顿时悲喜交加，欢声雷动，满含热泪。李世民身边的将士告诉张难堡中的守军说，秦王还饿着肚子，守军这才送上浑浊的酒和粗糙的米饭。

九七 消灭武周（三）

宋金刚北逃之后，尉迟敬德搜集残余部众退入了介休城内，寻相、张万岁则退守永安（今山西省灵石县西），苟延残喘。

李世民派任城王李道宗和宇文士及分别前去两地招降，尉迟敬德和寻相双双献出城池，投降了唐军。据《隋唐嘉话》《大唐传载》及《独异志》记载，尉迟敬德骁勇异常，他有一门独门绝技，那就是在两军阵前非常善于躲避对方长枪，当敌人用枪刺来时，尉迟敬德总能侧身躲过，不仅伤不到他，他还能夺过对方的长枪，再把敌人刺死。齐王李元吉擅长使枪，“力敌十夫”，听说尉迟敬德的能力后根本不信，建议把枪尖去掉二人比试一下。尉迟敬德说：“让大王带上枪尖，我的去掉，也伤不到我。”接着，二人相斗，李元吉刺了数次，都无法伤到尉迟敬德。李世民问尉迟敬德：“躲避长枪与夺取长枪，哪个难？”尉迟敬德回答：“夺枪难。”于是，李世民让尉迟敬德去夺李元吉的长枪。李元吉跨马挺枪，直取尉迟敬德，一心想把尉迟敬德刺死，但尉迟敬德从容淡定，一会儿工夫竟然三次夺下了李元吉的长枪。李元吉深感羞耻，虽然嘴上对尉迟敬德连连称赞，却怀恨在心。

李世民得到尉迟敬德之后，非常高兴，他用人不疑，当即任命尉迟敬德为右一府统军，命其仍旧率领本部八千人马，与各营驻扎在一起。屈突通担心有变，赶忙提醒李世民，但李世民就是不听。

刘武周听到宋金刚战败的消息，不禁大惊失色，率领五百骑兵仓皇逃离并州（今山西省太原市），逃奔突厥。宋金刚搜集残兵败将，准备再战，但部下无人听从，只好与手下的一百多骑兵也北逃到了突厥。李世民来到晋阳．刘武周任命的仆射杨伏念献出城池，投降。唐俭封好仓库，等到李世民的到来，刘武周夺取的唐朝郡县也都纷纷反正。

唐军之所以能够顺利消灭刘武周、夺回并州，与李世民卓越的前敌指挥才能有着直接的关系，但也与李渊高超的战略眼光以及纵横捭阖的外交能力有着密不可分的关系。对此，虽然史书没有明言，但我们还是能够从一些蛛丝马迹中看出端倪。在唐军东渡黄河之初，唐军在河东地区的局势是非常不妙的：宋金刚已经兵临绛州（今山西省新绛县），又攻克了龙门（今山西省河津市），只是由于后方尚有浩州（今山西省汾阳市）、绛州等数个唐军据点没有拿下，宋金刚不敢贸然西渡黄河，踏上关中的土地；在河东地区的东南部又有夏县的吕崇茂、河东的蒲坂有隋军王行本这两颗钉子，与宋金刚遥相呼应，威胁到唐军的后方。针对这一态势，唐高祖李渊命令一部唐军继续包围、进攻蒲坂，以解除后顾之忧，另外，则命令秦王李世民率领唐军主力从龙门东渡黄河，收复龙门，然后沿着汾河一线向东推进，一直前突到柏壁，既有力地支援了绛州唐军，又扼住了宋金刚南下与吕崇茂、王行本联络的通道。唐军主力驻扎在柏壁，类似于围棋的圈地，柏壁唐军固守不战，而由后方唐军逐次消灭蒲坂、夏县敌人，在消灭夏县吕崇茂时，李渊又成功地运用了离间之计，扭转了李孝基夏县大败之后的颓势。除此之外，李渊还加大了对突厥人的拉拢力度，可能唐人出于忌讳，在史书上没有详细记载，但从当时的事态发展上来看，我们就能得出这一结论：在刘武周南下之初，是得到了突厥人的大力支持的，刘武周军中就有突厥军队相助，但到了后期，当李世民北上进攻晋阳时，唐军军中竟然出现了两千突厥军队，而刘武周军的突厥军队则再也不见了踪迹。史书称，李世民讨伐刘武周时，突厥处罗可汗派他的弟弟步利设率领两千军队帮助唐军，此后，突厥又在晋阳以北各地留驻了守军。显然，突厥人不可能向交战双方都派出军队，其间，唐高祖李渊一定与突厥处罗可汗达成了一项不足给外人道的秘密交易：唐军占领晋阳之后，晋阳以及以北地区让给突厥。刘武周占领晋阳后，虽然也听命于突厥人，但并没有答应把晋阳以北让给突厥人，如今唐朝提出这一条件，再加上唐朝送来的丰厚礼物，短视的突厥人自然就答应了。如果没有突厥人的全力支持，唐军也难以如此顺利地夺回晋阳，从这一点来说，虽然李渊对突厥人作出了巨大的让步，但大行不顾细谨，暂时的退让是为了将来大踏步的前进，这种退让也是值得的。

逃入突厥境内的刘武周和宋金刚不久就被突厥人杀掉了。宋金刚阴谋率众逃归自己的家乡上谷，被突厥人抓获，腰斩；岚州（今山西省岚县）刺史刘六儿追随宋金刚在介休，为李世民所杀，他的哥哥刘季真丢掉石州，投奔刘武周的部将高满政，也为高满政所杀。刘武周南下之前，他的内史令苑君璋劝谏道："唐主率领一州的军队，直取长安，所向无敌，这是上天要把江山交付给他，不是人力所能办到的。晋阳以南，道路险要，悬军深入，没有后援，假设大人出征不利，将如何北还！不如北与突厥相连，南与唐朝结好，在此称王，这也是上策。"但当时刘武周不从，留下苑君璋驻守朔州（今山西省朔州市）。等到败还后，刘武周对着苑君璋哭泣道："我后悔没有听从你的话，以致今天这一步！"后来，刘武周阴谋从突厥人那里逃归马邑，被突厥杀掉。突厥人以苑君璋为大行台，统领刘武周的残余部众，又派部将郁射设率军协防。刘武周以义宁元年（公元617年）二月起兵至此灭亡，共计三年有余。《新旧唐书》称六年，错误。

并州对于唐朝来说，地位非常重要。虽然这里有来自突厥的威胁，但它地势高峻，俯瞰河内、河北、关中三地，又是李唐朝廷联络幽州罗艺的孔道，李唐如果占据并州，对于河北的窦建德和洛阳的王世充就有了一种地理优势：既与幽州的罗艺连为一体，从北、西两个方向威胁到窦建德集团，又可以出兵河内，切断窦建德与王世充之间的联系，并从北面威胁到洛阳的王世充。相反，如果李唐丢掉了并州，幽州的罗艺就陷于孤立无援的境地，李唐朝廷势必失掉幽州，刘武周也会坐大，在并州、河北、河南这一局部地区，刘武周、窦建德、王世充也许会联合起来，与李唐对抗，维系割据一方的局面，届时，李唐统一中国的步伐就将被迟滞。

因此，当李渊听说收复并州之后，不禁大喜，四月二十九日，他设宴款待群臣，宴会结束后，他还下令赏赐给大家财物，命众人进入皇家仓库内，能拿多少，就拿多少。李渊不忘唐俭的救命之恩，恢复了他的官爵，仍命其为并州道安抚大使，把没收的独孤怀恩的田庄全部赏赐给了他。

李世民留下李仲文驻守晋阳后，就率领唐军南返了。在南返途中，李世民捎带着率军又进攻夏县，五月二十日，唐军攻克夏县，实施残酷的屠城。二十九日，李世民回到了长安。据《隋唐嘉话》称，李世民消灭刘武周之后，河东百姓在道路上载歌载舞，军人们编成乐曲《秦王破阵乐》，该曲后来也编入《乐府》之中。《近事会元》亦称，该舞曲舞者身披铠甲，手持长戟，等到唐太宗登基之后，贞观元年元旦，上演此曲，唐太宗叹息道："我没有想到该曲今天竟然成为乐府雅乐，朕虽然以武功平定天下，但决心用文德安抚四海。"遂命虞世南等人进行改编，定名为《七德舞》，舞者共计一百二十人。

李渊任命李仲文为检校并州总管。李世民南返的当月，根据双方的协议，突厥处罗可汗就率军来到了晋阳，把晋阳城内的妇女劫掠一空，李仲文也拿突厥人无可奈何。抢完了晋阳城内的妇女，突厥人又留下伦特勤及其数百突厥军队，声称协助李仲文守城；从石岭（今山西省阳曲县以北）以北，全部予以占领，留下了突厥守军。

唐高祖李渊以晋阳以北的土地给予突厥人，起码换取了两个好处：一是换取了突厥人对自己暂时的支持，消除了北方的威胁，为统一中国换来宝贵的时间。二是消除了刘武周异己势力，夺回了并州这一战略要地。李渊必须把握住这一宝贵时机，尽快东下，消灭王世充，于是，在李世民回到长安后，唐高祖李渊就紧锣密鼓地部署军队，准备东击王世充了。

从武德二年四月刘武周南下到武德三年四月唐军收复晋阳，并州争夺整整持续了一年之久，在这一年里，整个华夏大地波诡云谲，各个势力之间你争我夺，此消彼长，又发生了很多大事。

首先是河北的窦建德。

如前所述，武德二年闰二月，窦建德在没有打下幽州罗艺的情况下，只好南下，消灭了宇文化及，相继攻陷了邢州等地，打掉了李唐从河内、并州伸向河北的触角。等到刘武周四月发兵南下进攻李唐并州后，洛阳的王世充也自立为帝，得知这一消息，窦建德就与王世充断绝了关系。六月，窦建德率部攻克了沧州（今河北省沧县东南）。八月，窦建德率领十万大军进逼洺州（今河北省邯郸市永年区），李唐淮安王李神通率领唐军南撤，退守相州（今河南省安阳市）。八月三日，窦建德大军来到洺州城下。八月十一日，窦建德攻克洺州，总管袁子干投降。十九日，窦建德率军南下，直扑相州，李神通率军再撤，投奔黎阳（今河南省浚县）的李世勣。九月四日，窦建德攻克了相州，杀掉李唐刺史吕珉。而在这一月，刘武周也攻克了晋阳，齐王李元吉弃城逃归长安。二十五日，窦建德又攻陷赵州（今河北省赵县），逮捕李唐赵州总管张志昂和李神通派遣的慰抚使张道源。窦建德认为他们二人与邢州刺史陈君宾不早早投降，打算把三人统统杀掉。国子祭酒凌敬劝谏道：“臣子各为自己的君主效命，他们三人能够坚守城池，拒不投降，这才是忠臣啊！大王今天杀了他们，将如何劝勉群臣呢？”窦建德发怒道：“我来到城下，他们还不投降，如今力尽被擒，为何不杀？”凌敬又说：“如今大王命令大将高士兴前去易水（今河北省易县）抵御罗艺，假如罗艺刚到，高士兴就投降了，大王你觉得如何？”窦建德听了，顿时醒悟，当即下令把三人都放了。就这一点来看，窦建德要比杀降的李渊和屠城的李世民强多了。

在分兵抵御刘武周和梁师都的同时，为了因应咄咄逼人的窦建德，李唐朝廷于十月四日给幽州总管、燕公罗艺赐姓李，加封为燕郡王，命其发兵南下，牵制窦建德。六日，李艺即率军在衡水（今河北省衡水市）击败了窦建德的军队。同月，窦建德的主力没有顾及北方一直捣乱的李艺，而是继续南下直逼卫州（今河南省卫辉市）。窦建德每次行军，经常兵分三路，中央一路是辎重、老弱，两边两路是步骑兵，三路大军各自相距两里左右。窦建德率领一千多精锐骑兵走在队伍的最前面，一直越过黎阳三十里，李世勣派骑兵将领丘孝刚率领两百骑兵前去侦察。丘孝刚素来十分骁勇，擅长在马上使枪，与窦建德遭遇后，遂率军向窦建德发起了猛攻，将窦建德击败，幸赖右路军前来接应，才杀掉了丘孝刚。原本窦建德没有打算进攻黎阳，正因为受到丘孝刚这一惊吓，让他勃然大怒，立即掉过头来，命令大军进攻黎阳。很快，窦建德就攻克了黎阳，俘虏李唐淮安王李神通、李世勣的父亲李盖、魏徵以及李渊的妹妹同安公主（嫁给隋州刺史王裕）。只有李世勣率领数百骑兵南渡黄河，脱逃，数日后，因其父已被窦建德抓获，李世勣又回到黎阳，向窦建德投降。卫州听说黎阳陷落后，也望风归降了。

窦建德以李世勣为左骁卫将军，命其继续驻守黎阳，把其父李盖带在身边当人质；又以魏徵为起居舍人。滑州（今河南省滑县）刺史王轨的奴仆杀掉王轨投降，窦建德说：“奴仆杀死主人，这是大逆之罪，我岂能接受！”当即下令斩杀了那位奴仆，把王轨的人头又送还滑州，滑州百姓非常感动，当天就投降了，于是，周边郡县以及盘踞在兖州一带的徐圆朗也都投降了窦建德。十月二十二日，窦建德返回洺州，修筑万春宫，定都于此，把李神通软禁在下博（今河北省武邑县），待以客人之礼。

九八 关东局势（一）

李世勣虽然被迫投降了窦建德，但一直心向唐朝，他打算投奔唐朝，又担心父亲被害，一直左右为难。

他向郭孝恪问计。郭孝恪回答："我们刚刚投靠窦建德，稍有风吹草动，必然受到怀疑，应当先立下战功，取得信任之后，再说不迟。"李世勣答应了，遂率军袭占了王世充的获嘉（今河南省获嘉县）。此战，李世勣缴获了大量物资，全部献给窦建德，从此以后，就获取了窦建德信任。

刘黑闼是窦建德的同乡，二人都是漳南（今河北省故城县）人，还是好朋友。此人在当地是一个无赖，嗜酒如命，又喜欢赌博，家里很穷，窦建德经常资助他。隋末大乱中，刘黑闼追随郝孝德当了强盗，后又跟了李密，担任裨将。李密失败后，被王世充俘虏。王世充素来听说刘黑闼骁勇，就任命他为骑兵将领。刘黑闼根本看不上王世充的所作所为，经常暗中耻笑。王世充命他驻守新乡（今河南省新乡市），被李世勣俘虏，献给了窦建德，窦建德任命他为将军，封为汉东郡公。刘黑闼不仅勇猛，而且狡猾，窦建德经常命其率领奇兵四处掩袭敌人，有时则命他负责侦察，深入敌境探听虚实，刘黑闼往往能出其不意，得胜而还，在窦建德的军中号称神勇。

当李世民率领唐军在柏壁与宋金刚相持、独孤怀恩寻找机会试图刺杀唐高祖李渊之时，无独有偶，黎阳的李世勣也在酝酿着一个除掉窦建德的惊天计划。他派人劝说窦建德道："曹州（今山东省曹县）和戴州（今山东省成武县），户口充实，如今被孟海公占领，与郑国人（指王世充）貌合神离，如果我们率领大军前去，将唾手可得。一旦平定了孟海公，再兵临徐州（今江苏省徐州市）、兖州（今山东省济宁市兖州区），黄河以南之地可不战而得。"李世勣阴谋趁窦建德来到黄河以南，伺机掩袭他的大营，一举将其诛杀，而窦建德却浑然不觉，他觉得李世勣说得有理，遂打算亲自率军南下，夺取黄河以南的土地，就派行台曹旦（窦建德妻子的哥哥）等人率领五万大军先行渡河，李世勣则率领三千人马与曹旦会合。

正巧窦建德的妻子生产，窦建德本人一直没有南下，而曹旦在黄河以南地区却胡作非为，无法无天，弄得原本表示归降的郡县都非常怨恨。魏郡（今河南省安阳市）人李文相，绰号李商胡，拥有五千部众，盘踞在孟津的中潬城（黄河河中小岛），其母霍氏，也擅长骑射，号称霍总管。李世勣与李商胡结为兄弟，拜见霍氏。霍氏向李世勣哭诉道："窦家无道，为何要归顺他！"李世勣说："母亲不必担忧，不出一个月，我将杀死此人，一起投唐！"李世勣辞别后，霍氏对李商胡说："东海公（指李世勣）答应与我们一起除掉此贼，拖得太久，就会出现意外，不如速速行动。"当天晚上，李商胡请曹旦手下二十三名将领们前来饮宴，等到把他们灌醉之后，全部将其诛杀。曹旦的另外两名将领高雅贤和阮君明二人尚在黄河北岸没有南渡，李商胡用大船把其中的三百多人运到南岸，船行至黄河中心，又将这三百多人全部杀掉了。有一名兽医跳入黄河，游到南岸，向曹旦报告，曹旦赶忙整顿军队，做好了戒备。李商胡行动之后，才派人告诉了李世勣。李世勣的军营与曹旦的军营相距不远，郭孝恪劝他偷袭曹旦，李世勣犹豫不定，还没有发动，不久，就听说曹旦已经戒备，就与郭孝恪一起率领数十名骑兵，丢下军队，逃归唐朝。李商胡又率领两千精兵偷袭黄河北岸的阮君明所部，将其击败。高雅贤搜集残兵败将仓皇而逃，李商胡追赶不上，只好折返。

听说李世勣叛逃的消息，众人均劝说窦建德杀掉李世勣的父亲李盖，但窦建德没有同意，他说："李世勣是唐朝的大臣，被我俘获，却不忘本朝，这样的人是忠臣啊，他的父亲又有什么罪过呢？"遂赦免了李盖。

武德三年一月三十日，李世勣、郭孝恪逃到长安，不久，李渊就把李世勣派到了并州前线。曹旦夺取了济州（今山东省东阿县），又率军回到了洺州。不久，窦建德发兵进攻李商胡，将其斩杀。窦建德在洺州劝课农桑，把境内治理得井井有条，很快就出现了夜不闭户、路不拾遗的太平景象。

五月，在秦王李世民夺回并州之后，窦建德又派遣高士兴进攻幽州的李艺，再次遭到挫败，退回笼火城（今北京市南）。李艺发动袭击，大破高士兴，斩杀五千多人。窦建德的大将军王伏宝勇冠三军，众将对他都非常嫉妒，向窦建德进谗言，称王伏宝将要谋反。窦建德不辨真假，就下令杀掉王伏宝，临刑前，王伏宝说道："大王为何听信谗言，要自断左右手呢！"但窦建德置之不理。

再说王世充。

武德二年四月王世充称帝之后，也一直试图扩充自己的地盘。五月，他派兵攻克义州（今河南省卫辉市），继而进逼西济州（今河南省济源市）。唐朝政府派遣右骁卫大将军刘弘基率军前去救援。七月，王世充又派罗士信、郭士衡进攻穀州（今河南省新安县），结果，罗士信降唐，郭士衡战败；同月十八日，刘弘基又派遣部将种如愿袭击王世充军队驻守的河阳城（今河南省孟州市），捣毁了黄河大桥。八月十日，唐朝将领秦武通率军进逼洛阳，击败了王世充的部将葛彦璋。十月，唐行军总管罗士信率领猛士趁夜突入洛阳外城，纵火焚毁了清化里，二十七日，罗士信攻下了青城堡（今河南省洛阳市西北）。

此时，窦建德已经率军南下，夺取了相州、黎阳等地，为了与窦建德争夺黄河沿岸的各个据点，王世充也率军离开洛阳，进抵滑台，尉氏（今河南省尉氏县）城主时德叡、汴州（今河南省开封市）刺史王要汉（王伯当的哥哥）、亳州（今安徽省亳州市）刺史丁叔则都派人前来，表示归降。夏侯端在李密降唐之后，被唐高祖李渊拜为大将军、河南安抚大使，出关安抚河南各地。他来到黎阳后，李世勣派兵护送他从澶渊（今河南省濮阳市）渡过黄河，向黄淮之间的郡县发送檄文，有二十多个州都表示归顺唐朝。当他来到谯州（今安徽省宿州市）时，恰逢汴州、亳州投降了王世充，返回关中的道路已被切断。夏侯端素来很得人心，虽然粮食吃尽，但他手下的两千人都不忍弃他而去，他端坐在草丛之中，杀死马匹犒劳大家，对大家说："你们的家乡已经投靠了敌人，只因你我有共事之情，你们才不忍离我而去。我接受皇上的命令，誓死不会屈服，你们都有妻子儿女，不用效仿我。可以砍下我的人头，投降敌人，可以换取富贵。"众人都哭着说道："大人并不是唐朝的皇亲国戚，仅仅因为心怀忠义，才决心一死。我等虽然贫贱，但我们的心也是人心，岂肯杀害大人去换取富贵？"夏侯端又说："你们既然不愿杀我，那我将自刎而死！"众人上前把他抱住，不让他自杀，于是，大家又继续前行。他们在荒山野岭之间穿行了五天五夜，因饥饿而死的有十之三四，又遭遇了强盗，随从四散而逃，他的身边只剩下了三十多人（《资治通鉴》称五十三人），靠采摘野菜勉强维持生命。当时，黄河以南的土地都被王世充占领，只有杞州（今河南省杞县）刺史李公逸还替唐朝坚守着。李公逸派兵迎接夏侯端一行，王世充也听说了夏侯端将要过境，他脱去自己的衣服派人送给夏侯端，并任命其为淮南郡公、尚书少吏部。夏侯端当着使者的面焚毁了王世充送来的衣服，说道："我夏侯端是天子使者，岂能接受王世充的官职！你如果想让我去洛阳，除非砍下我的人头！"他把符节揣在怀中，把匕首绑在竹竿上面，披荆斩棘，一路西行。一路上，跌入悬崖摔死、落入河中淹死、被虎豹吃掉的，又有一大半，侥幸回到宜阳的人大多胡须头发都斑白脱落，再无人形。夏侯端回到长安，却只字不提自己的种种辛苦，只是谢罪，称没有立功，李渊又以他为秘书监。同样出使山东的郎楚之也被窦建德抓获，后被放回。

王世充派堂弟王世辩率领徐州亳州的军队进攻雍丘（今河南省杞县）。李公逸派人来到长安向李渊求救，但此时李渊正全力对付咄咄逼人的宋金刚，根本抽不出军队东援。李公逸只好留下部将李善行守城，自己率领轻装骑兵准备逃回关中，行至襄城（今河南省襄城县），被王世充的伊州刺史张殷抓获。王世充说："你穿越我郑国国境，却要去效忠远方的唐国，这究竟有什么道理？"李公逸回答："我只知道天下只有一个唐，并不知还有一个郑国！"王世充大怒，遂下令把李公逸杀了，很快，雍丘就被郑军攻下，李善行也落入了敌手。

九九　关东局势（二）

再说萧铣和朱粲。

李渊入主长安之后，就开始经营东进关东的辅助方向，即武关方向，在这个方向，李渊先派出太常卿郑元琇、左领军府司马马元规东出武关进行招抚。出了武关就是南阳盆地，而当时盘踞在南阳盆地的就是以吃人为生的楚帝朱粲。马元规分别于武德元年五月与归顺唐朝的旧隋军队以及其他变民军击败朱粲，并占领了南阳和邓州，但由于薛仁杲大举东进、西线吃紧，马元规手中没有足够的兵力，因而没有乘胜对朱粲予以毁灭性打击，结果，到了同年十月，朱粲又搜罗残兵败将，兵势大振，卷土重来，进行反攻，重新打下了南阳、邓州，驻守南阳的马元规和驻守邓州的邓州刺史吕子臧均为朱粲所杀。拿下南阳、邓州之后，朱粲继续向关中方向推进，但此时秦王李世民已经西破了薛仁杲，唐朝政府能腾出手来阻击朱粲，到该年十二月十一日，太常卿郑元琇在商州（今陕西省商洛市商州区）击破朱粲，将其又赶回了南阳盆地。两个月后，到武德二年闰二月，朱粲派人表示投降，李渊任命其为楚王，将其羁縻起来。

李唐周边局势逐渐向好，然而，这一情况仅仅持续两个月，到了四月，东北方向的刘武周就发兵南下了，同月，东南方向的朱粲这里也发生了意想不到的事情。刘武周起兵后，为了稳定东南方向，李渊特意派遣散骑常侍段确前往朱粲的驻地菊潭（今河南省内乡县）进行安抚，然而，这个段确嗜酒如命，而且酒醉之后还胡言乱语。四月三日，段确来到菊潭之后，朱粲当然是好酒好肉进行款待，席间，喝醉之后的段确借着酒劲，开始出言不逊，当面羞辱朱粲道："我听说你喜欢吃人肉，你给我说说人肉是什么滋味啊？"朱粲顿时火冒三丈，反唇相讥道："吃醉酒人的肉就像是吃糟猪肉一般！"段确不知好歹，也火了，大骂道："你这个狂妄之贼，一旦归朝，不过是个奴才罢了，看你还能吃人吗？"段确低估了朱粲。朱粲当即下令部下将段确以及数十名随从全部拿下，活活煮死，让手下吃掉。然后，他集合部队，将菊潭屠城，然后，投奔了王世充，王世充任命其为龙骧大将军。段确不仅未能完成李渊交给的使命，反而激变了朱粲，自己也丢掉了性命，这可谓酒后误事的一个极端的例子了。朱粲投降王世充后，由于整个武德二年以及武德三年年初，唐朝的注意力主要集中在并州方向、无暇兼顾，王世充趁机南下染指南阳一带，到武德三年四月，也就是李世民刚刚夺回晋阳的同月，王世充的军队攻下了邓州。

在这一方向，还有淮安（今河南省泌阳县）当地豪强杨士林。杨士林家一直是山蛮头领，隋朝末年，他本人又曾经担任鹰扬府校尉，杀死郡守而割据一方。在朱粲劫掠江淮一带时，杨士林与田瓒一起起兵进攻朱粲，将其赶到了菊潭，武德二年一月二十九日，杨士林、田瓒派人前往李唐信州（今重庆市奉节县东）总管、庐江王李瑗（李渊堂侄）那里，献出汉水以东的四个郡，归降了唐朝（该处称李瑗的驻地在遥远的奉节，似乎不确；另据《旧唐书·萧铣传》："四年，高祖命……庐江王瑗从襄州道。"据此，李瑗驻地当在襄州，而襄州似指今湖北省襄阳市，与此地也相近，较为符合实际；又《旧唐书·李靖传》："轻骑至金州，遇蛮贼数万，屯聚山谷。庐江王瑗讨之，数为所败。"按：金州是今天的陕西省安康市，李瑗在襄阳经营金州也在情理之中；且据《新唐书·李孝恭及李瑗传》，当时的信州总管是李孝恭，而李瑗是山南东道行台右仆射，治所原在邓州，后移至襄州，因此，《资治通鉴》称李瑗为信州总管当属误记，似为襄州总管）。李唐改淮安郡为显州道，以杨士林为显州道行台，杨士林以田瓒为长史，后又以杨士林为显州道行台尚书令。杨士林虽然表示归顺了唐朝，但暗中又与洛阳的王世充和江陵的萧铣来往，李渊曾下令庐江王李瑗和安抚使李弘敏前去讨伐，唐军还未成行，杨士林与田瓒二人就发生了内讧，武德三年六月，田瓒杀死了杨士林，向王世充投降，王世充任命其为显州总管。

武德元年四月，萧铣称帝，迁都江陵，占领了北到汉水，南到岭南，西至三峡，东达九江的广大地区。此后，萧铣一直企图占领巴蜀，确保上游的安全，他于武德二年曾派遣部将杨道生进攻峡州（今湖北省宜昌市），被李唐峡州刺史许绍击败。稍后，到了同年九月，萧铣又命令部将陈普环率领水军逆流而上，准备越过峡州，直接西进，进入巴蜀腹地。许绍派遣儿子许智仁以及录事参军李弘节等人率军追赶，在西陵（今湖北省宜昌市西）追上陈普环所部，将其击败，生擒陈普环。萧铣派兵驻守在安蜀城（今湖北省宜昌市对岸）以及荆门城（今湖北省荆门市）。

在此之前，李渊曾派开府李靖前去夔州（今重庆市奉节县），对付萧铣。李靖率领数名骑兵从长安一路南下，他路过金州（今陕西省安康市）时，当地山蛮头领邓世洛拥兵数万，屯聚在山谷之间，庐江王李瑗屡屡讨伐，却不能取胜。李靖替李瑗想出一条计策（计策失传），遂将邓世洛击退。等李靖来到峡州之后，却受到萧铣的阻击，迟迟没有进展。李渊对李靖一直耿耿于怀，原来李靖在李世民的幕府，李渊不好意思下手，如今，李靖孤身一人，远在峡州，正好是个机会，于是，他借口李靖逗留不进，暗中指使许绍将李靖就地正法。许绍却是个明白人，他爱惜李靖是个人才，就上书李渊替李靖求情。许绍是李渊的老友，又刚刚带着峡州等地归顺唐朝，看在许绍的面子，李渊只好作罢，李唐朝廷也就此保住了一个旷世名将。

萧铣在举事前期进展神速，很快就占领了一片广大的地域，然而，接下来一直没有什么作为，连近在咫尺的峡州都毫无办法，更不要说北上争夺襄阳、邓州、南阳，西进夺取巴蜀了。究其原因，大致如下：一是先天不足。萧铣虽然是后梁宗室，但在隋朝名微众寡，只是一个区区的县令，他的起事是受人推举，个人并无多大实力。二是政策改变。由于第一个原因，继位之后的萧铣就加强了集权，他手下的众将都是飞扬跋扈，独断专行，根本不把萧铣放在眼里，这让本来就气量狭窄的萧铣十分不满，于是，他就想了一个办法，对外宣称要罢兵务农，其目的实际上是想夺去众将的实权。面对虎视眈眈的李唐军队以及外界此消彼长的各方势力，萧铣竟然像个缩头乌龟一样作出如此荒唐的决定，显然是不分主次矛盾——众将专权问题，等天下平定之后再予以解决，此时，要想夺取天下，只能对此暂时隐忍。三是内讧不断。虽然萧铣说的好听，但众将也都心知肚明，到了武德三年，大司马董景珍的弟弟心生怨恨，阴谋发动政变，结果事情败露，被杀。当时，董景珍镇守长沙，萧铣下诏赦免了董景珍，命其回到江陵。武德三年十一月五日，董景珍献出长安，投降唐朝，李渊下令峡州刺史许绍出兵接应。十二月十五日，许绍率领唐军一举攻克了萧铣的荆门镇（今湖北省荆门市）。萧铣派遣齐王张绣进攻长沙，董景珍对张绣说：“前年杀彭越，往年杀韩信，你难道没看见吗？”张绣不听，率军将长沙团团包围。董景珍打算突围逃走，却为手下所杀。张绣平定董景珍之乱后，萧铣任命其为尚书令，但张绣故态复萌，专权恣肆，又让萧铣猜忌起来，痛下杀手，将其诛杀。从此以后，萧铣的群臣猛将都离心离德，国势也逐渐衰落下来。四是地盘虽广，但没有险阻。萧铣虽然占领了大片土地，但处于长江中游，不得地利，他所占领的岭南等地大多是羁縻之地，名义上服从于他，实际上毫无用处，因此，实力并不强。

最后再提江淮。

活动于江淮地区的势力在隋末也是转换得像走马灯一样迅速。大业九年（公元613年），杨玄感叛乱时，江南首义的是余杭刘元进，接着是吴郡的朱燮和晋陵管崇，在淮南地区的则是杜伏威、辅公祏。同年，隋将吐万绪、王世充斩杀了刘元进、朱燮、管崇三人，将叛乱扑灭，但杜伏威、辅公祏一直在淮南地区活动。其间，杜伏威军中又分出一股李子通势力，李子通占据海陵，并于大业十一年（公元615年）称将军。到武德元年（公元618年），平静了五年之久的江南再度发生动乱，沈法兴听到宇文化及杀害隋炀帝后，遂以讨伐宇文化及为名起兵，很快就占领了江南十几个郡，于是，在江淮地区就出现了江北杜伏威、李子通以及江都隋将陈棱与江南沈法兴四股势力相持的局面。

沈法兴在武德元年攻下毗陵（今江苏省常州市）之后，就觉得江淮指日可定，遂自称梁王，定都毗陵，改元延康，设置百官。他性格残忍，崇尚杀伐立威，部下犯个小错，就被他杀掉，而他还谈笑自若，由此部下开始离心离德。当时，杜伏威盘踞在历阳（今安徽省和县），李子通驻扎在海陵（今江苏省泰州市），陈棱驻守在江都（今江苏省扬州市），江北三方势力都想南渡长江，夺占富庶而又相对安全的江南地区，也多次击败沈法兴的军队。

正巧李子通包围了陈棱的江都，陈棱向沈法兴和杜伏威送去人质，向二人求救，沈法兴就派儿子沈纶率领数万人马与杜伏威一起救援。杜伏威的军队驻扎在清流（今安徽省滁州市境内），沈纶的军队驻扎在扬子（似在今江苏省扬州市西南），两军相距数十里。李子通采纳了部下毛文深的计策，招募江南人假扮成沈纶的士兵，趁夜偷袭杜伏威的军营，杜伏威十分恼火，也发兵偷袭沈纶，由此双方都心存疑虑，不愿继续前进。李子通趁机组织精锐部队向江都发起了猛攻，很快攻下了江都，陈棱逃奔杜伏威那里。李子通占领江都之后，调转兵锋，乘胜转攻沈纶，又把沈纶打得大败而逃，杜伏威见独木难支，也只好退去。武德二年九月，李子通登基即皇帝位，国号吴，改元明政。丹阳变民头领乐伯通率领数万人马投降了李子通，李子通任命其为尚书左仆射。在这种情况下，大树底下好乘凉，杜伏威向蒸蒸日上的唐朝派去使者，表示投降，唐高祖任命其为淮南安抚大使、和州总管。到武德三年六月，李渊又晋升和州总管杜伏威为使持节、总管江淮以南诸军事、扬州刺史、东南道行台尚书令、淮南安抚使，晋封为吴王，赐姓李。又以辅公祏为行台左仆射，封舒国公。